A ARTE DE EMPREENDER

AUTOR DO BEST-SELLER
Transformando sonhos em realidade: a trajetória do ex-engraxate que chegou à lista da Forbes

JANGUIÊ DINIZ

A ARTE DE EMPREENDER

Manual do empreendedor e do gestor das empresas de sucesso

SÃO PAULO, 2019

A arte de empreender: manual do empreendedor e do gestor das empresas de sucesso
Copyright © 2019 by Janguiê Diniz
Copyright © 2019 by Novo Século Editora Ltda.

COORDENAÇÃO EDITORIAL: SSegovia Editorial
PREPARAÇÃO: Andrea Bassoto
PROJETO GRÁFICO E DIAGRAMAÇÃO: João Paulo Putini
REVISÃO: Adriana Bernardino • Silvia Segóvia
CAPA: Brenda Sório

EDITORIAL
Jacob Paes • João Paulo Putini • Nair Ferraz
Rebeca Lacerda • Renata de Mello do Vale • Vitor Donofrio

Texto de acordo com as normas do Novo Acordo Ortográfico da Língua Portuguesa (1990), em vigor desde 1º de janeiro de 2009.

Dados Internacionais de Catalogação na Publicação (CIP)

Diniz, Janguiê
A arte de empreender : manual do empreendedor e do gestor das empresas de sucesso
Janguiê Diniz
Barueri, SP: Novo Século Editora, 2019.

1. Empreendedorismo 2. Sucesso nos negócios 3. Autorrealização I. Título

19-0106   CDD-658.421

Índice para catálogo sistemático:
1. Empreendedorismo 658.421

Alameda Araguaia, 2190 – Bloco A – 11º andar – Conjunto 1111
CEP 06455-000 – Alphaville Industrial, Barueri – SP – Brasil
Tel.: (11) 3699-7107 | Fax: (11) 3699-7323
www.gruponovoseculo.com.br | atendimento@novoseculo.com.br

DEDICATÓRIA

Dedico este livro a todos os futuros empreendedores e também aos já consagrados. Àqueles que acreditam que o potencial individual pode ser desenvolvido por meio dos sonhos, da educação, do trabalho, da resiliência e, sobretudo, do empreendedorismo ético. Àqueles que não desistem nunca de transformar seus sonhos em realidade.

APRESENTAÇÃO DO AUTOR EM CORDEL
"UM GRANDE EMPREENDEDOR"

"Falar em empreendedorismo
Pensei, repensei e fiz
Em forma de poesia
Uma mensagem que diz
Vencer não é coisa rara
Siga o exemplo do cara
José Janguiê Diniz

Era um dos 7 filhos
Do casal Lourdes e João
Nasceu na Paraíba
Cidade lá do sertão
E aos seis anos de idade
Mudou pra outra cidade
De uma outra região

Com 8 anos montou
O primeiro empreendimento
Uma caixa de engraxate
Mas foi pouco o rendimento
Aí passou a vender
Laranjas, pra tentar ter
Melhor desenvolvimento

E já com 14 anos
Ele teve que deixar
Toda a sua família
Pois resolveu viajar
E pra o Recife partiu
Encontrou um tio e pediu
Ajuda pra estudar

Seu tio era advogado
Lhe conseguiu um emprego
E um lugar pra dormir
Simples mas um aconchego
De dia ele trabalhava
E a noite só estudava
Nada de farra e sossego

Sonhava com Medicina
Mas o destino mudou
E o curso de Direito
Algo de bom despertou
Começou se preparar
Prestou o vestibular
Na UFPE e passou

No 4º ano do curso
Se via um empresário nele
Com trinta funcionários
Que trabalhavam pra ele
Mas o lucro diminuiu
E Janguiê decidiu
Voltar pra os livros dele

Em 92 conseguiu
Uma vaga de juiz
No Tribunal do Trabalho
Mas seguir carreira não quis
Eu acho que ele pensava
Que algo ainda faltava
Para que fosse feliz

E em 93 passou
Num concurso pra professor
Da Faculdade de Direito
E outro pra Procurador
Encontrou na educação
O sucesso e realização
De um grande empreendedor

O Pernambuco ganhou
O Ser Educacional
O BJ Colégio e Curso
Foi o ponto inicial
O empreendedor cresceu
E em 2003 nasceu
Faculdade Maurício de Nassau

A faculdade Joaquim Nabuco
Em 2007 é fundada
E três anos depois a NASSAU
No Nordeste é espalhada
Rio Grande do Norte, Ceará
Alagoas, Paraíba, Pará
E Bahia também foi contemplada

O Grupo em 2013
Entrou em outras cidades
Abriu capital na Bolsa
Expandiu suas atividades
Em São Paulo e Belém
Com a aquisição também
De mais três universidades

Janguiê é um exemplo
De sucesso e superação
Que o homem é capaz de vencer
Basta determinação
Hoje seu nome é sinônimo
De talento e obstinação... "

Ediangelo Alves
Graduando em Psicologia, Faculdade Uninassau – João Pessoa (PB)

ABREVIATURAS
AD (Autor Desconhecido)
AsDs (Autores Desconhecidos)
JD (Janguiê Diniz)

SUMÁRIO

APRESENTAÇÃO 15

PREFÁCIO 17

PARTE I | **A ARTE DE EMPREENDER**

CAPÍTULO I. CONSIDERAÇÕES INICIAIS SOBRE EMPREENDEDORISMO 21

CONCEITO DE EMPREENDEDORISMO 21

O EMPREENDEDORISMO É UM FENÔMENO CULTURAL 24

BRASIL: PAÍS DE EMPREENDEDORES 26

DIFERENÇA ENTRE O EMPREENDEDOR E O ADMINISTRADOR NÃO EMPREENDEDOR 28

INTRAEMPREENDEDORISMO 30

EMPREENDEDORISMO SOCIAL 31

A IMPORTÂNCIA DO SISTEMA DE GESTÃO DA RESPONSABILIDADE SOCIAL EMPRESARIAL NOS EMPREENDIMENTOS DE SUCESSO 36

Considerações iniciais sobre os ativos ou indicadores intangíveis 36

Indicadores ambientais 37

Indicadores sociais 38

Indicadores culturais 38

Indicadores éticos 38

Indicador capital humano e intelectual (colaboradores) 38

Indicador marca 39

Clientes e consumidores 39

Fornecedores e parceiros 39

Responsabilidade social das instituições de ensino superior 40

A IMPORTÂNCIA DA GOVERNANÇA CORPORATIVA NOS EMPREENDIMENTOS DE SUCESSO 41

CAPÍTULO II. SORTE NO EMPREENDORISMO   43

CONHECIMENTO   43

HABILIDADES E COMPETÊNCIAS   44

DETERMINAÇÃO   45

MUITO TRABALHO   45

NÃO DESPERDIÇAR OPORTUNIDADES   45

ILUMINAÇÃO DIVINA   46

CAPÍTULO III. CARACTERÍSTICAS DOS EMPREENDEDORES DE SUCESSO   49

TER IDEIAS E SONHOS PARA CRIAR UM EMPREENDIMENTO   50

TER CORAGEM E OUSADIA EM TOMAR INICIATIVAS E ARRISCAR   55

PLANEJAR – PLANEJAMENTO ESTRATÉGICO   56

INFORMAÇÕES E CONHECIMENTO ACERCA DO EMPREENDIMENTO, DO MERCADO, DOS CONCORRENTES E DOS POTENCIAIS CLIENTES   57

DETERMINAÇÃO   61

PERSISTÊNCIA, PERSEVERANÇA E OBSTINAÇÃO   62

OTIMISMO E POSITIVIDADE   64

AUTOCONFIANÇA   67

AUTOESTIMA ELEVADA   68

RESILIÊNCIA   69

Qualquer que seja o problema, grande ou pequeno, veja o seu lado bom e aprenda com ele   70

Procure, dentro do possível, ser tolerante, flexível, maleável, complacente, condescendente e transigente com as situações adversas   71

Tenha compaixão e seja bondoso com o seu semelhante   72

CRIATIVIDADE E INOVAÇÃO   72

Criatividade   74

Inovação   77

TER FOCO	86
DESCENTRALIZAÇÃO	87
CAPACIDADE DE LIDERANÇA E HABILIDADES GERENCIAIS	88
Considerações iniciais sobre liderança	88
Qualidades do líder	88
1. Inteligência emocional	88
2. Motivação	89
3. Empatia	89
4. É paciente, não se afoba, não se precipita	89
5. Autoridade	90
6. Resistência	90
7. Extrema preocupação com os colaboradores e liderados	90
8. Resiliência	90
9. Sagacidade, perspicácia, determinação, tenacidade, persistência, perseverança, contumácia, constância e afinco	90
Características do líder	90
1. Cria bons times	90
2. Capacita os membros do time	90
3. Incentiva e motiva os liderados	91
4. Acredita em seus liderados	91
5. Delega, descentraliza e compartilha informações com os liderados	91
6. Acompanha as atividades delegadas	91
7. Avalia	91
8. Comemora	91
ORGANIZAR, OTIMIZAR E APROVEITAR MUITO BEM O TEMPO	91
TRABALHAR MUITO PARA TER SUCESSO NO EMPREENDIMENTO	93
LUTAR SEMPRE PARA FAZER MAIS E MELHOR	96
PROGRAMA-SE MENTALMENTE PARA EMPREENDER E TER SUCESSO	97
VALORIZAR A MERITOCRACIA	98
TER PAIXÃO E ENTUSIASMO PELO QUE FAZ	99
DESENVOLVER VISÃO EM LONGO PRAZO	100
PROCURA CERCAR-SE SEMPRE DE GENTE BOA E COMPETENTE	100

VIVER EM CONSTANTE BUSCA PELA EFICIÊNCIA — 100
SER MOTIVADO PELA AUTORREALIZAÇÃO — 101
TER A COMPULSÃO DE FALAR SOBRE O EMPREENDIMENTO — 101

CAPÍTULO IV. TIPOS DE EMPREENDEDOR — 102
EMPREENDEDOR PREMEDITADO — 102
EMPREENDEDOR NATO — 102
EMPREENDEDOR SERIAL — 103
EMPREENDEDOR DE OPORTUNIDADES — 103
EMPREENDEDOR POR NECESSIDADE — 104
EMPREENDEDOR HERDEIRO — 104
EMPREENDEDOR CORPORATIVO — 104
COMO ME CLASSIFICO — 105

CAPÍTULO V. A IMPORTÂNCIA DA NEGOCIAÇÃO COMO ESTRATÉGIA DE CRESCIMENTO DO EMPREENDIMENTO — 106
CONSIDERAÇÕES INICIAIS SOBRE A NEGOCIAÇÃO — 106
CARACTERÍSTICAS DOS BONS EMPREENDEDORES NEGOCIADORES — 107
Determinação — 107
Prepare-se para negociar e adquira conhecimento sobre o negócio — 108
Escolha o local da negociação — 109
Crie uma relação de empatia e de confiança — 109
Estabeleça uma zona de aceitação e faça a proposta sempre com margem de negociação — 110
Com autocontrole, escute mais e fale menos — 110
Paciência. Faça do tempo um amigo. Jamais se apresse ou se precipite — 111
Seja otimista, confiante, tenha pensamento positivo, suponha sempre que o melhor vai acontecer — 112
Persistência, perseverança e obstinação — 112
Não se mostre muito disponível — 112
Blefar quando possível. O blefe, às vezes, é importante — 113

Numa negociação, ambas as partes têm que ficar satisfeitas … 113
Sempre terceirize a decisão final … 113
Use a criatividade, tenha sempre um plano B e até um C em mente … 114
Nunca negocie sozinho … 114

CAPÍTULO VI. EMPREENDEDORISMO NO SETOR DE EDUCAÇÃO … 115
CONSIDERAÇÕES INICIAIS … 115
REPETÊNCIA E EVASÃO … 116
ALTO PERCENTUAL DE ANALFABETISMO … 116
Perenizar o ProUni – Programa Universidade para Todos … 118
Aumentar e flexibilizar o Fies … 118
Incentivar o oferecimento do EAD (Ensino a Distância) … 119
Incentivar e flexibilizar a instalação de novas instituições de ensino superior … 120
MÁ QUALIDADE DA EDUCAÇÃO … 120
CONCLUSÕES SOBRE O EMPREENDEDORISMO NO SETOR DE EDUCAÇÃO … 124

CAPÍTULO VII. EMPREENDEDORISMO NO SETOR DE SAÚDE … 126

CAPÍTULO VIII. EMPREENDEDORISMO NO SETOR DE ENGENHARIA … 129

CAPÍTULO IX. EMPREENDEDORISMO NO SETOR JURÍDICO … 132
CONHECER O MERCADO E TAMBÉM O CLIENTE PARA QUEM VAI TRABALHAR … 134
USAR A TECNOLOGIA COMO INSTRUMENTO DE INOVAÇÃO … 134

CAPÍTULO X. EMPREENDEDORISMO TECNOLÓGICO E DIGITAL … 138
EMPREENDEDORISMO TECNOLÓGICO … 138
EMPREENDEDORISMO DIGITAL … 139
1. Baixo investimento inicial para começar e operacionalizar o negócio … 140

2. Facilidade de acesso à internet e consequente crescimento do ambiente virtual — 140
3. Maior dinamismo nas negociações on-line — 140
4. Alta escalabilidade — 141
PRINCIPAIS NEGÓCIOS DIGITAIS — 141
E-commerce — 141
Infoprodutos — 141

CAPÍTULO XI. EMPREENDEDORISMO NO MERCADO FINANCEIRO — 142
CORRETORAS — 142
FINANCEIRAS — 143
FACTORINGS — 143
FINTECHS OU BANCOS ON-LINE OU DIGITAIS — 144

CAPÍTULO XII. EMPREENDEDORISMO NO AGRONEGÓCIO — 146

CONCLUSÕES — 148

PARTE II | **DICIONÁRIO TÉCNICO DE EMPREENDEDORISMO** — 149

PARTE III | **DICIONÁRIO DO EMPREENDEDOR** — 167

REFERÊNCIAS E PUBLICAÇÕES — 329
BIBLIOGRAFIA — 329
LIVROS PUBLICADOS PELO AUTOR — 330
PUBLICAÇÕES EM COORDENAÇÃO — 331
CURRÍCULO — 333

APRESENTAÇÃO

Empreender é uma arte ou a arte é empreender? Esta é a primeira pergunta que faço a você, que começa a leitura deste livro.

O Brasil é um dos países com o maior número de empreendedores do mundo. Por aqui, empreender é considerado por muitos, inclusive por mim, como uma arte e um dom; por outros, é uma técnica. A verdade é que, independente se você decidiu empreender por necessidade, por ser um empreendedor nato ou porque é descendente de uma família de empreendedores, empreender exige informações, e isso na sua forma mais ampla.

A arte de empreender chega para apresentar conceitos e técnicas que aprendi estudando e desenvolvi na prática ao longo de todos esses anos em que vivi o empreendedorismo. Desde a criação de empresas até a forma de negociação com os mais diversos públicos.

Para quem vai empreender, é obrigatório gostar do que irá fazer, ter consciência de que os desafios virão e que não se pode desistir no primeiro obstáculo.

Passados mais de 40 anos desde o meu primeiro negócio – uma caixa de engraxate lá em Naviraí, no Mato Grosso do Sul –, aprendi que empreender é transformar pensamentos em ação e sonhos em realidade, com determinação, perseverança, trabalho, foco e muita paciência. Ademais, é fundamental saber organizar, planejar e administrar também.

Para ser um empreendedor, definitivamente, não basta ser dono de um negócio, é preciso desenvolver a arte de empreender para fazer a diferença no mundo em que vive.

Empreender é modo de pensar e agir de forma criativa e inovadora, identificando e criando oportunidades, inspirando, renovando e liderando processos; combatendo a rotina e assumindo riscos em favor do seu objetivo maior, tornando possível o impossível e entusiasmando pessoas.

A gestão eficiente é, sem dúvida, um importante processo para a sustentabilidade e perenidade do empreendimento. Quem quer empreender não deve apenas achar que basta fazer a abertura da empresa, começar a vender ou prestar determinado serviço e pronto. Além disso, é preciso administrar, liderar e motivar o time de colaboradores rumo ao sucesso do empreendimento.

Não menos importante é a utilização de tecnologia moderna como instrumento de inovação do empreendedorismo. Elemento indispensável para a prosperidade de qualquer empreendimento. Sistemas, plataformas, máquinas, inteligência artificial e automação estão disponíveis para auxiliar o desenvolvimento dos empreendimentos. Os empreendimentos nesta sociedade tecnológica, digital e disruptiva, em que os maiores competidores são as ferramentas e programas de computadores com domicílio global, prescindir de tecnologias modernas consiste em suicídio.

Então, empreender é um grande desafio. É paixão, afinco e dedicação. Uma tarefa árdua e, por vezes, solitária. Entretanto, é uma experiência completamente libertadora, capaz de abrir um mundo de oportunidades e sonhos impossíveis de se viver de inúmeras formas. Um bom empreendedor tem que ter em mente que nem tudo é como ele quer, sabe ou acredita. Muitas vezes precisa rever suas escolhas e conceitos, adaptar, mudar. Precisa fazer o que é certo e não o que é mais fácil ou o que acredita.

Convido vocês para aprender sobre ou um pouco mais de empreendedorismo. As características essenciais de empreendedores e quais as que você pode ou precisa desenvolver, os jargões, as palavras mais usadas no mundo dos negócios e os erros mais comuns. Enfim, espero poder ensinar um pouco de tudo que aprendi a vocês. Não apenas com teorias, mas com a experiência de quem, empreendendo, já passou pelo fracasso antes de alcançar o sucesso.

Desejo a todos uma ótima leitura.

Janguiê Diniz
Recife, novembro de 2018

PREFÁCIO

Ser empreendedor nos dias atuais é diferente de ter empreendido no passado, mesmo que, na essência, o empreendedorismo continue com características plenamente válidas para o sucesso de novos negócios.

Sonhar grande, desafiar-se, assumir riscos, contagiar pessoas e não medir esforços para transformar uma oportunidade em uma ideia e, na sequência, transformar uma ideia em um negócio vitorioso são características que não mudaram. O que mudou foi a concorrência, o prazo de validade das inovações, o apoio dos recursos necessários, sejam financeiros ou de conteúdo, e a conexão do mundo.

A concorrência ganhou escala global. Qualquer que seja o negócio, desde um serviço até um produto, passando pela distribuição e pelo próprio conhecimento necessário para fazer, distribuir ou utilizar estão, cada vez mais, ao alcance de quem quer empreender.

O prazo de validade das inovações está se reduzindo à medida que a tecnologia impõe novas formas de fazer as mesmas coisas em tempo reduzido.

Os recursos financeiros necessários ao desenvolvimento de novos negócios estão se profissionalizando e mais disponíveis do que foi no passado, bem como o conteúdo acadêmico cada vez mais disseminado nas escolas, universidades e nas entidades que apoiam o empreendedorismo.

O mundo conectado permite que empreendedores possam rapidamente conhecer o que está sendo feito do outro lado do mundo sobre o mesmo tema ou correlatos.

O conhecimento não é mais um limitador.

No passado existia o benefício de menor concorrência e prazo de validade maior para as inovações; entretanto, o recurso financeiro necessário era escasso, e o empreendedor usava mais o seu perfil nato de desafio e apetite para correr riscos aliado ao seu conhecimento técnico, habilidade de execução e liderança.

Atualmente, existe o benefício do conhecimento, da conexão, da disponibilidade de recursos em contrapartida a uma grande concorrência e um tempo menor para o desenvolvimento do novo e sua perpetuação como um negócio diferenciado. O desafio e apetite a risco continuam intactos.

Tudo isso obriga o novo empreendedor a ser cada vez mais completo e focado no seu desejo de fazer algo diferente e de valor. Ter inteligência emocional, conhecimento técnico e de mercado aliados às 25 características descritas no capítulo 3 deste livro.

O livro não se limita somente aos empreendedores. Executivos de sucesso devem viver várias das características e situações elencadas no texto.

Durante a leitura deste livro, será possível conhecer vários *cases* de sucesso bem como frases relevantes e conceitos que contribuirão para que empreendedores se desafiem e transformem suas ideias em negócios. Não podemos esquecer que, atualmente, só temos uma certeza: "O que nos trouxe até aqui não garante o nosso futuro" (Marcelo Porto); ou seja, como o próprio título do livro diz – *A arte de empreender: manual do empreendedor e do gestor das empresas de sucesso* –, cada leitor deve ler, interpretar e adicionar uma "pitada" de sua individualidade em cada ponto, brilhantemente, escrito pelo autor.

O livro aborda, adicionalmente, questões relevantes para a boa gestão de uma empresa com ênfase à governança corporativa baseada em critérios econômicos, sociais, éticos e culturais, discutindo os valores tangíveis e intangíveis. Não foram esquecidos os temas da estratégia e da negociação, fundamentais em um mundo tão concorrido e sem fronteiras.

Uma ótima leitura!

Laércio Cosentino
Fundador e CEO da TOTVS

PARTE I

A ARTE DE EMPREENDER

CAPÍTULO 1
CONSIDERAÇÕES INICIAIS SOBRE EMPREENDEDORISMO

CONCEITO DE EMPREENDEDORISMO

Inicialmente, é importante conceituar o instituto do empreendedorismo. O verbo *empreender* quer dizer realizar, fazer, executar. Ainda, se abrirmos qualquer dicionário vamos constatar que empreendedor é aquele que faz, que executa, que realiza, que cria; enfim, que empreende e gera recursos e riqueza. Também é considerado aquele que se aventura na realização de coisas difíceis ou fora do comum. Raymond Kao[1] frisa que empreender consiste "em fazer algo novo, criativo, diferente e inovador com o objetivo de criar riqueza para o indivíduo e adicionar valor para a sociedade". Ademais, Peter Drucker[2] enfatiza que "o termo *entrepreneur* é de origem francesa e é usado para se referir à pessoa que em seu benefício assume riscos na criação de um produto ou serviço qualquer ou aquele que se lança à realização". Para ele, "qualquer indivíduo que tenha à frente uma decisão a tomar pode aprender a ser um empreendedor e se comportar empreendedoramente. O empreendimento é um comportamento, não um traço de personalidade. Suas bases são o conceito e a teoria, e não a intuição ou a imaginação".

Por outro lado, Robert D. Hisrich[3] frisa que o empreendedorismo consiste no "processo de criar algo diferente e com valor, dedicando-se tempo e esforço necessários, assumindo os riscos financeiros, psicológicos e sociais correspondentes e recebendo as consequentes recompensas da satisfação econômica e pessoal".

Eu, pessoalmente, prefiro asseverar que o empreendedor é aquele indivíduo que apresenta certas características, habilidades e competências para idealizar, ousar, criar e conduzir um negócio com sustentabilidade, perenidade e lucratividade. É o indivíduo que, munido de uma força extraordinária que surge do

---

1 KAO, Raymond. *Administration*, The Catholic University of America, 1997.
2 DRUCKER, Peter. *Administrando para obter resultados*. Primeira Edição 1964. Pioneira Thomson Learning, 2002.
3 HISRICH, Robert D. *Empreendedorismo*, 9ª ed. Porto Alegre: AMGH Editora, 2014.

seu eu interior, transforma pensamentos em ação, sonhos em realidade e não desperdiça oportunidades.

"Empreender não é apenas fazer, é ser, é razão, é instinto e emoção" (Sidharta Costa Pinto). "É pensar em atmosferas utópicas e concretizá-las antecipadamente" (Pablo de Paula Bravin). "É captar na frente dos outros o que o universo tem de melhor a nos oferecer" (Gedália Santos). "É o pensamento seguido da atitude de fazer acontecer" (Bruno Bezerra). "É sentir uma coceira mental contínua por transformar ideias em lucros" (Evelyn Cordeiro). "É um jeito de ser, e não de saber. Está vinculado mais à atitude do que ao conhecimento. Deve ser não apenas aprendido, mas apreendido. Não apenas compreendido, mas vivenciado" (Tom Coelho). "É monetizar a sua paixão" (Leonardo Oliveira). "Não depende de algo externo e, sim, de algo interno, latente, de dentro da gente, coisa que corre nas veias, coisa que pulsa o coração. Coisa? Sim, só consigo resumir como uma 'coisa sem explicação'" (João Paulo Ruciretta Junior). Logo, "aqueles que vivem na riqueza, sem empreender nada de belo e generoso, não podem ser considerados ricos. Apenas guardiões de suas infelizes fortunas" (Wallace Barbosa).

Com efeito, "*empreendedorismo* é uma ponte invisível... é preciso uma visão especial para caminhar sobre ela" (Dum). "É uma revolução silenciosa, que será para o século XXI mais do que a Revolução Industrial foi para o século XX" (Jeffry Timmons). "É, sim, visão e ação, sem medo de errar quantas vezes forem necessárias até acertar" (Rodolfo Queiroz).

Ampliando o quadro de análise, é importante frisar que *empreendedores* são, antes de tudo, "pessoas que têm a capacidade de enxergar o invisível" (Rafael José Pôncio), pois, "sempre conseguem enxergar o céu quando o tempo está fechado" (AD). Ademais, "são os responsáveis pelo processo de destruição criativa, sendo o impulso fundamental que aciona e mantém em marcha o motor do capitalismo, constantemente criando novos produtos, novos métodos de produção, novos mercados e, implacavelmente, sobrepondo-se aos antigos métodos menos eficientes e mais caros" (Joseph Alois Schumpeter).[4] "Eles nunca são derrotados para sempre e esperam sempre pelo tal 'click' que, de repente, juntam várias ideias próprias, ou de outros, e são capazes de transformar tais ideias num produto, ou processo, ou novo serviço". "Um empreendedor não se faz, mas faz-se" (Belmiro Azevedo). Haja vista que "se o dinheiro é a mola mestra do mundo, o empreendedor é o mágico que faz essa mola surgir do nada" (Laplace Rodrigues).

---

4 SCHUMPETER, Joseph Alois. *Capitalismo, socialismo e democracia*; Tradução de Luiz Antonio Oliveira de Araújo. São Paulo: Editora Unesp Digital, 2017.

| considerações iniciais |

"O *verdadeiro empreendedor* não é aquele que vê o vencedor e tenta desafiá-lo, e, sim, aquele que vê o desafio e tenta vencê-lo" (Rone Tadeu). Nesse sentido, "ser um empreendedor é executar os sonhos, mesmo que haja riscos. É enfrentar os problemas, mesmo não tendo forças. É caminhar por lugares desconhecidos, mesmo sem bússola. É tomar atitudes que ninguém tomou. É ter consciência de que quem vence sem obstáculos triunfa sem glória. É não esperar uma herança, mas construir uma história" (Augusto Cury). O verdadeiro empreendedor "é aquele que tira de onde não tem e põe onde não cabe" (Nizan Guanaes). "É aquele capaz de pegar uma simples ideia e transformá-la num grande negócio" (Jovol). "O empreendedor de excelência é como um artista que percebe mais que seus companheiros e que registra mais do que vê" (Diosemberg Marques). Eu, particularmente, penso que o verdadeiro empreendedor é um mágico autodidata que transforma sonhos e ideias em negócios reais. É aquele que tem espírito revolucionário, pois é um criador em sua essência, um realizador, um materializador; enfim, um concretizador de sonhos e não apenas um sonhador. Ele está sempre lutando para fazer história e mudar o mundo. É que "o bom empreendedor não faz do limão apenas uma limonada e, sim, uma grande plantação de limoeiros" (Osmar Valentim). "A diferença entre um louco e um empreendedor é que o empreendedor é aquele que tem a capacidade de convencer os outros da sua loucura" (AD). "Todo mundo nasce empreendedor. Alguns têm a chance de libertar esse potencial. Outros nunca vão ter a chance ou nunca souberam que tinham essa capacidade" (Muhammad Yunus). "A realidade é que 'empreendedor' não é cargo. É o estado mental de alguém que deseja mudar o futuro" (Guy Kawasaki). "Numa garagem algures, um empreendedor está a preparar uma bala que tem o nome da sua empresa nela" (Gary Hamel).

Com efeito, "um empreendedor de sucesso pode significar extrema riqueza. Mas com extrema riqueza vem extrema responsabilidade. E a responsabilidade para mim é investir na criação de novos negócios, criar trabalho, empregar pessoas e colocar dinheiro de parte para lidar com questões onde possamos fazer a diferença" (Richard Branson).

Auspicioso trazer à baila que Robert Kiyosaki assevera que os empregados buscam segurança, diferentemente dos empreendedores que buscam liberdade. Tem pensamento diferente Renan Quintanilia, que vaticina que "a maior mentira que podem te contar é que o empreendedorismo é a liberdade. Não! O empreendedorismo te prende! Mas a diferença é que ele te prende naquilo que é seu, naquilo que você ama". Ora, a prisão do empreendedorismo é temporária. Você se prende no início para, posteriormente, conquistar a sua verdadeira liberdade pessoal e financeira.

O conceito *"empreendedorismo"* foi popularizado na década de 1950, pelo economista francês Joseph Schumpeter, quando tratava da teoria da destruição criativa. Ele definia os empreendedores como sendo aquelas pessoas que adquiriam sucesso com criatividade e inovação. Segundo ele, o empreendedor é um indivíduo versátil, detentor de habilidades técnicas e capitalistas e que consegue criar, produzir, captar recursos, organizar e conduzir as operações do empreendimento com sucesso e lucratividade.

Nesse sentido, o empreendedorismo constitui-se no principal fator promotor do desenvolvimento econômico e social de uma nação, de importância capital na geração de empregos, riqueza e renda para promover o crescimento econômico e melhorar a vida dos indivíduos de uma nação.

Por fim, cumpre perquirir: será que o empreendedorismo é ciência, dom ou arte? Por um lado, Peter Drucker diz que o "empreendedorismo não é ciência nem arte e, sim, prática". Luiz Henrique Moreira e Robert Menezes enfatizam, respectivamente, que "empreender é uma arte, da qual são necessárias coragem e determinação". "É a arte de fazer acontecer com motivação e criatividade". Eu considero o empreendedorismo uma mistura de dom com arte. Acho que todas as pessoas já nascem com o dom de empreender. Uns com menos, outros com mais. Entretanto, com a prática, o dom é desenvolvido e se transforma em arte. Logo, na minha ótica, o empreendedorismo constitui-se de um dom que se transforma em arte. A arte da prática ou a prática da arte de criar e fazer acontecer com ousadia, determinação, coragem, motivação e criatividade. Por isso denominei este livro de "A Arte de Empreender".

Entretanto, antes de você empreender nos negócios, você tem que ter consciência de que precisa empreender na sua vida, pois você sempre será o maior empreendedor da sua história.

O EMPREENDEDORISMO É UM FENÔMENO CULTURAL

É auspicioso vaticinar que o empreendedorismo é um "fenômeno cultural". Com efeito, o pressuposto básico é que todas as pessoas têm um potencial empreendedor, que dependendo do fenômeno cultural, pode ser ou não desenvolvido. Ou seja, se a pessoa possui uma família empreendedora, a tendência é que ela seja uma pessoa empreendedora. Se a família não é empreendedora, a tendência é a pessoa procurar um emprego formal com carteira assinada ou até procurar passar num concurso público para adquirir estabilidade.

O meu pai sempre tentou empreender. Ao longo de sua vida criou vários empreendimentos. Entretanto, nenhum deles deu certo, haja vista que ele não era detentor das características básicas do empreendedorismo, características estas que serão analisadas mais adiante. Eu, seguindo as pegadas do meu pai, criei meu primeiro empreendimento aos oito anos de idade. Uma caixa de engraxate. Posteriormente, aos nove, empreendi vendendo laranjas, também chamadas de mexericas ou ponkans, dependendo da região do país, de porta em porta, na cidade de Naviraí, no Mato Grosso do Sul. Aos dez anos já vendia picolés de casa em casa. Aos 21, montei meu primeiro empreendimento formal, que foi uma empresa de cobranças chamada "Janguiê Cobranças".

Entretanto, na busca por uma estabilidade financeira, fiz alguns concursos públicos. Inicialmente, reprovei em vários. Mas, com o acúmulo do conhecimento também fui aprovado em diversos. Exerci, inicialmente, todos por meio de concursos públicos, o cargo de Juiz Federal do Trabalho e, posteriormente, por cerca de vinte anos, o de Procurador Regional do Trabalho do Ministério Público da União e também o de professor da Faculdade de Direito da Universidade Federal de Pernambuco. Durante o exercício do cargo de Procurador do Ministério Público da União, e o de professor da UFPE, criei o Bureau Jurídico – Cursos para Concursos e posteriormente a Faculdade Maurício de Nassau, embrião do Grupo Ser Educacional, hoje um dos maiores do Brasil. Entretanto, a ânsia de empreender me fez pedir exoneração de todos os cargos públicos, mesmo perdendo os quase trinta anos de tempo de serviço, desprezando qualquer aposentadoria.

A questão cultural é tão forte, segundo T. Harv Eker,[5] que os filhos podem ser condicionados ou programados mentalmente pelos pais a acreditar que os empreendedores ricos e de sucesso são gananciosos, ambiciosos e nocivos. Consequentemente, devido a esta programação eles teriam em mente que os empreendedores ricos são ambiciosos e maus. Logo, "como eles não querem ser nocivos e maus, nunca vão conseguir ser empreendedores ricos e de sucesso".

Com efeito, caros amigos, para ilustrar a asseveração de que o empreendedorismo é um fenômeno cultural, citamos a história de que "a fruta só cai perto da árvore" (AD). Nessa perspectiva, conta-se que "uma mulher recém-casada estava preparando um pernil para o jantar e cortou as duas pontas da peça de carne. Sem entender, o marido lhe perguntou por que ela fazia isso. Ela respondeu que era assim que a sua mãe fazia. Justamente naquela noite sua mãe foi jantar com eles. Eles aproveitaram a oportunidade e perguntaram a ela por que ela sempre cortava as duas extremidades do pernil quando cozinhava. Ela respondeu que

---

5   EKER, Harv T. *Os segredos da mente milionária*. Rio de Janeiro: Sextante, 2006.

"era assim que a mãe dela fazia". Então resolveram telefonar para a avó e perguntar por que ela cortava as pontas do pernil. A resposta foi: "Porque a minha panela era pequena". Qual a lição que se extrai dessa história? É que em matéria de empreendedorismo, dinheiro e sucesso, tendemos a ser idênticos aos nossos pais, a um deles em particular ou a uma combinação dos dois (AD).

BRASIL: PAÍS DE EMPREENDEDORES

É particularmente triste consignar que é extremamente difícil empreender no Brasil por vários motivos. Ilustrativamente, citamos alguns:

1) Mão de obra altamente desqualificada.
2) Uma carga tributária das maiores do planeta.
3) Uma das maiores taxas de juros do mundo.
4) Um dos países mais corruptos do mundo.
5) Um país extremamente burocrático.
6) Um país com alta taxa de desemprego etc.

Mesmo assim, há menos de duas décadas, o Brasil era considerado o país mais empreendedor do mundo. Hoje, entretanto, de acordo com uma pesquisa da União Europeia realizada com as maiores economias do mundo, que incluiu 27 membros da União Europeia e mais 13 nações – dentre elas China, EUA, Rússia, Índia, Brasil e Japão – o Brasil ainda fica entre os quatro países mais empreendedores do mundo. Em 2009, de acordo com o Ministério do Trabalho e Emprego, havia aproximadamente 20 milhões de pessoas consideradas empreendedoras no Brasil. Três em cada quatro pessoas pretendem abrir o seu próprio negócio. Além disso, mais de 60% dos jovens universitários brasileiros possuem o desejo de empreender. Entretanto, apenas 14% dos empreendedores brasileiros têm formação superior, enquanto que nos países desenvolvidos a média é de 58%. Do total de empreendedores brasileiros, 30% sequer concluíram o ensino fundamental. Logo, a maioria dos que empreendem no Brasil é empreendedora por necessidade. Ou seja, pertence às classes mais baixas, que não tem acesso à educação formal, e, por via de consequência, não tem acesso a empregos de bons níveis. Empreendem porque não querem passar necessidade, não querem morrer de fome.

Por conta disso é que o Sebrae afirmou, com base em pesquisa, que o empreendedorismo no Brasil é exercido de uma forma "atabalhoada", sem quaisquer critérios, disciplina ou responsabilidade empresarial. Segundo a entidade, e as razões são diversas, a taxa de mortalidade das empresas no Brasil é de 49,4% com até dois anos de existência; de 56,4% com até três anos; e 59,9% com até quatro anos de existência. Ademais, o IBGE, também por meio de pesquisa, enfatiza que nos primeiros cinco anos de existência, a taxa de mortalidade das empresas no Brasil chega à casa dos 85%. Esse índice altíssimo de mortalidade das empresas brasileiras decorre, dentre outras coisas, mas principalmente, da falta de estudo e planejamento do negócio, do mercado e da concorrência. Por outro lado, embora o Japão seja uma das nações mais desenvolvidas do mundo, a terceira potência econômica mundial, por uma questão cultural e em virtude de existir uma competitividade muito grande com as empresas já estabelecidas e consolidadas, o "ímpeto empreendedor" dos japoneses não é dos maiores.

O fenômeno do empreendedorismo brasileiro reflete um "comportamento cíclico". Em períodos de crises econômicas, as pessoas se encorajam para colocar em prática o desejo de montar o próprio negócio. Entretanto, apesar de essa ser uma postura extremamente positiva, enfatizamos que empreender não deve ser uma decisão "tomada por impulso", de forma "atabalhoada". Nesse contexto, é importante registrar que mesmo o Brasil sendo um dos países mais empreendedores do mundo, em recente pesquisa realizada pela principal organização de pesquisa que promove o conhecimento sobre a relação entre empreendedorismo, desenvolvimento econômico e prosperidade, que é o Instituto Global de Empreendedorismo e Desenvolvimento (Gedi), com sede em Washington D.C., EUA, o Brasil encontra-se na 98ª posição entre 137 países no Índice Global de Empreendedorismo ou Global Entrepreneurship Index (GEI). Ou seja, somos grandes empreendedores em quantidade e não em qualidade. Para o instituto, se nosso país melhorasse as condições para o empreendedorismo em apenas 10%, poderia adicionar na economia cerca de US$ 407 bilhões de dólares.

Para o Gedi, de cerca de 7 bilhões de pessoas que existem no mundo, 1,9 bilhão são jovens demais para empreender, pois possuem idade até 15 anos; 1,7 bilhão trabalham prestando serviços; 1,4 bilhão trabalham na agricultura; 800 milhões trabalham na indústria; 577 milhões têm idade acima de 64 anos e não empreendem; 430 milhões são desempregados e não empreendem; e apenas aproximadamente 400 milhões de pessoas são empreendedoras, o que dá menos de 10% da população mundial.

Finalmente, não basta apenas ter a ideia ou o sonho, tampouco a ousadia e a coragem; é extremamente importante que o empreendedor busque adquirir as condições para empreender, ou seja, as habilidades, requisitos ou características para ser um bom empreendedor, características essas que analisaremos no Capítulo III deste livro.

Por fim, importa ressaltar que o empreendedorismo é tão importante na vida de um país que a maioria dos cursos de graduação das instituições de ensino superior brasileiras já está inserindo em seus currículos e grades curriculares uma disciplina específica sobre empreendedorismo.

DIFERENÇA ENTRE O EMPREENDEDOR E O ADMINISTRADOR NÃO EMPREENDEDOR

O empreendedor sonha, idealiza e começa a lutar sem medo para transformar seu sonho em realidade, com metas, disciplina e muito trabalho. Ele é ousado, corajoso, visionário, estrategista, corredor de riscos, disciplinado, compromissado, criativo e inovador. "Vive sempre no futuro, nunca no passado e usa o presente como ferramenta para o futuro" (AD). O não empreendedor sonha, tem ideias bonitas, mas não age. Permanece apenas no mundo fantasioso das ideias. Ele apenas sonha e continua sonhando e sonhando... pois tem medo de ousar e falta coragem para testar seu sonho de forma concreta no mundo real, globalizado, tecnotrônico e disruptivo. Ele vive no presente, seguindo as regras do passado, sem ao menos pensar no futuro.

É importantíssimo trazer à baila a lição de Carlos Alberto Sucupira,[6] um dos maiores empreendedores do Brasil, acerca da diferença entre empreendedor, que é o dono da empresa; e o executivo, que é o colaborador: "O dono (empreendedor) faz qualquer papel. O executivo não faz qualquer papel. O executivo está permanentemente pensando no próximo passo da carreira dele. Os empreendedores não estão pensando no próximo passo da carreira deles. Eles estão pensando na próxima coisa que a empresa deles vai fazer. Isso é uma visão completamente diferente. Quando o executivo está pensando no próximo passo da carreira dele, começa: 'Bom, não vou bater muito no concorrente, porque ele pode não ficar gostando de mim, porque se eu sair daqui ele não vai me contratar. O fornecedor tem que gostar muito de mim, porque se eu o apertar muito, ele vai ficar com uma ideia errada e não vai me contratar. Porque o cara que trabalha aqui abaixo de mim, ao invés de falar para ele todas as verdades, é melhor eu ficar bem com ele e não dizer todas as verdades, ser desleal, porque ele vai sempre ficar gostando de mim'. Conclusão, a criação desse ecossistema de gente gostando dele (executivo) visa ao segundo

---

6   Texto extraído da palestra proferida para empreendedores por Carlos Alberto Sucupira.

passo da carreira ou ao passo seguinte da carreira, que é o próximo emprego. Nós, donos (empreendedores), não temos essa opção. O nosso negócio dá certo ou dá certo. Então, nós não podemos medir o que vamos fazer. 'Ah, não vou fazer isso porque o cara não vai gostar muito de mim...; Ah, sinto muito, eu prefiro ele não gostar muito de mim e eu continuar gostando muito de mim'".

E para ilustrar a diferença entre empreendedor e executivo não empreendedor, conta-se que um empreendedor e um executivo não empreendedor foram caçar na floresta. Ao chegarem ao local, eles armam a barraca. O empreendedor pede para o executivo terminar de arrumá-la, enquanto ele vai caçar o almoço. Depois de certo tempo, o executivo, que estava terminando de limpar a barraca, escuta gritos. Ao sair da barraca para ver o que está acontecendo, depara-se com o empreendedor gritando e correndo em direção à barraca com uma onça pintada atrás dele. Ao chegar próximo à barraca, o empreendedor grita para o executivo: "Fulano! O almoço eu já consegui. Resolva aí, que agora vou buscar a sobremesa". Qual a conclusão que se extrai dessa anedota? Qual a moral da história? Que o empreendedor é ousado, corajoso, desbravador e corredor de riscos. O executivo geralmente é mais pacato, cuidadoso, comedido, cauteloso, metódico, sistemático. Enfim, é gestor e administrador.

Apesar de haver diferenças entre empreendedores e executivos, muitos executivos também são empreendedores, mesmo exercendo a função de executivos. São aqueles que, apesar de meros gestores, são ousados, corajosos, corredores de riscos, criativos e inovadores, focados, determinados, persistentes e obstinados na função que exercem. São os chamados *intraempreendedores.*

Sendo empreendedor ou executivo, o cliente tem que estar acima de qualquer coisa. Os clientes têm que ser sempre surpreendidos, encantados e seduzidos com o produto e com o serviço da empresa. É que, segundo o fundador da rede Walmart, não são os donos, os empreendedores ou os executivos de uma empresa quem podem demitir todos os seus funcionários, mas os clientes. Basta que eles deixem de ser clientes e passem a ser clientes dos concorrentes. É que "o melhor cliente é aquele que já temos" (AD), e "se não tomarmos conta do nosso cliente, alguém tomará" (AD), pois "não é o empregador quem paga os salários. Os empregadores só manipulam o dinheiro. É o freguês quem paga os salários" (Henry Ford). Por isso, tanto o empreendedor quanto o executivo têm que tratar o cliente como se fosse o seu médico em mesa de cirurgia: com o maior cuidado do mundo.

INTRAEMPREENDEDORISMO

Ampliando a seara de considerações, importante tecermos apontamentos sobre o empreendedorismo interno realizado nas empresas pelos seus colaboradores, também chamado de intraempreendedorismo, que é de importância capital para a sobrevivência, sustentabilidade, perenidade e rentabilidade das empresas de qualquer setor, tamanho, serviços ou produtos.

O intraempreendedorismo é considerado uma modalidade do empreendedorismo. O termo utilizado pela primeira vez em 1985 por Gifford Pinchot III é uma versão em português da expressão *intrapreneur*, que significa empreendedor interno, ou seja, empreendedorismo dentro dos limites de uma corporação já em funcionamento. Ele consiste na atuação empreendedora dos colaboradores da empresa, realizada no ambiente interno da instituição de forma criativa e inovadora, com o intuito de criar não apenas novos negócios, mas, sobretudo, outras atividades e orientações inovadoras, como o desenvolvimento de novos produtos, serviços, tecnologias, técnicas administrativas, estratégias e posturas competitivas.

Essa atuação proativa tem, cada vez mais, se tornado comum dentro das organizações empresariais, pois permite que os profissionais, chamados de intraempreendedores, possam analisar cenários, criar ideias e inovar, compartilhando esses mecanismos com os seus superiores, sem ter que ter medo de serem prejudicados pelo fato de procurarem criar e inovar. O objetivo é focar sempre na melhoria contínua da empresa, buscando constantemente novas oportunidades para que a organização tenha sempre uma melhor performance.

Atualmente, o intraempreendedorismo que recria a cultura empreendedora interna é um dos mais importantes elementos e recursos das empresas de alta competitividade, imprescindível para o crescimento e a sustentabilidade delas. Essa prática tem se mostrado muito positiva, não somente para a corporação, mas, sobretudo, para os colaboradores, pois faz com que eles sejam mais valorizados internamente.

Por fim, cumpre registrar que algumas das características dos empreendedores, que não são inatas nem inerentes a eles, mas podem ser desenvolvidas e adquiridas, são as mesmas do intraempreendedor: ousadia, atenção às novas ideias, criatividade, inovação, determinação, dedicação, persistência, autoconfiança, otimismo, proatividade, paixão pelo que faz, resiliência etc. Outrossim, é de fundamental importância que o colaborador que pratica o intraempreendedorismo mantenha sempre consigo o espírito empreendedor desbravador.

| considerações iniciais |

EMPREENDEDORISMO SOCIAL

Ampliando o quadro de considerações, é importante corroborar o que foi asseverado por Fernando Dolabela,[7] de que "empreendedorismo pode ocorrer no terceiro setor, no serviço público ou em qualquer atividade". Com efeito, o empreendedorismo não é apenas um conceito econômico, não consiste em apenas criar empreendimentos. Muito mais que isso, o empreendedorismo possui também "uma conotação social", cujo preceito ou conteúdo ético consiste em gerar utilidade e benefícios para o bem comum e para a sociedade. Logo, qualquer que seja a atividade em que você esteja envolvido, se você estiver idealizando, ousando, inventando e criando valores para o bem de todos, você está socialmente empreendendo.

Na minha ótica, existem dois tipos de empreendedorismo social: *o empreendedorismo social de primeira ordem ou grandeza, que eu chamo de empreendedorismo puramente, eminentemente ou exclusivamente social*, que é aquele que não visa ao lucro, pois os empreendimentos dessa natureza trabalham exclusivamente para melhorar a qualidade de vida da comunidade e da sociedade; e o *empreendedorismo social de segunda ordem ou grandeza ou empreendedorismo social*, que é aquele empreendimento que, mesmo visando ao lucro, ao produto ou ao serviço, gera valor e benefício para o bem comum e para a sociedade. Entretanto, qualquer que seja a natureza deles, eles integram o gênero de empreendedorismo social.

O empreendedorismo exclusivamente social é um braço do empreendedorismo tradicional, do qual os empreendedores, em vez de trabalharem para criar uma empresa objetivando vender serviços ou produtos – cujo foco principal seja gerar lucro para aumentar o patrimônio da corporação e gerar riqueza para o empreendedor –, utilizam recursos financeiros, emocionais, criativos, inovadores etc., exclusivamente para melhorar a qualidade de vida da comunidade em que ele está inserido. O empreendedor exclusivamente social é motivado por objetivos eminentemente sociais ao invés de benefícios materiais individuais, e investe seus recursos e seus conhecimentos (financeiros, emocionais etc.) exclusivamente na nobre missão de realizar ações sustentáveis para mitigar o sofrimento alheio, dando aos que precisam uma oportunidade de mudar seu *status quo* e sua situação social. Ou seja, o empreendedor exclusivamente social é o sujeito que realiza e transforma a partir de "quase nada", gerando formas inovadoras de promoção de bem-estar social, procurando efetivamente ajudar a

---

7 DOLABELA, Fernando. *Oficina do empreendedor*. São Paulo: Editora Cultura, 1999.

transformar para melhor a comunidade em que está inserido, visando a buscar soluções para os diversos problemas sociais, ambientais, étnicos, culturais, econômicos, éticos etc. Esses empreendimentos são chamados de instituições sem fins lucrativos, Oscips ou ONGs.

Além das características básicas do empreendedorismo tradicional, que também devem estar presentes nesses empreendimentos, de acordo com Melo Neto e Froes (2002), o empreendedorismo social, que eu chamo de empreendedorismo exclusivamente social, apresenta outras características que o diferencia dos outros tipos de empreendedorismo, quais sejam: a) é coletivo e integrado, pois envolve várias pessoas e segmentos da sociedade, principalmente a população atendida; b) produz bens e serviços para a comunidade local e global; c) tem o foco na busca de soluções para os problemas sociais e para as necessidades da comunidade; d) sua medida de desempenho é o impacto e a transformação social; e) visa a resgatar pessoas da situação de risco social e promovê-las, e gerar capital social, inclusão e emancipação social. Ademais, as ações realizadas por esse tipo de empreendedorismo têm que provocar impacto social e devem ser multiplicadas em outras localidades, gerando um processo de "rede de atendimento ou de Franquia Social", até que se transformem em uma "política pública".

Para Melo Neto e Froes (2002), o empreendedorismo social que eu chamo de exclusivamente social pode ser visto como um modelo de desenvolvimento humano, cuja base social garante a solidariedade, o que, por sua vez, viabiliza o surgimento de empreendimentos cooperativos em um processo de transformação da sociedade, que se caracteriza pela presença dos seguintes elementos: a) aumento do nível de conhecimento da comunidade local com relação aos recursos existentes, capacidades e competências disponíveis em seu meio; b) aumento do nível de consciência da comunidade com relação ao seu próprio desenvolvimento; c) mudança de valores das pessoas que são sensibilizadas, encorajadas e fortalecidas em sua autoestima; d) aumento da participação dos membros da comunidade em ações empreendedoras locais; e) aumento do sentimento de conexão das pessoas com sua cidade, terra e cultura; f) estímulo ao surgimento de novas ideias que incluem alternativas sustentáveis para o desenvolvimento; g) transformação da população em proprietária e operadora dos empreendimentos sociais locais; h) inclusão social da comunidade; i) melhoria da qualidade de vida dos habitantes.

O empreendedor exclusivamente social, em vez de buscar melhorar sua própria vida financeira, busca, por meio de suas ações e atitudes, melhorar o ambiente de toda comunidade. Sua atuação concentra-se na obtenção de vantagens para a comunidade, visando a transformar o próprio modo de agir das pessoas envolvidas.

Citamos como grande exemplo de empreendimento de primeira ordem a instituição filantrópica Pastoral da Criança, criada em 1983, no município de Florestópolis (PR), pela Dra. Zilda Arns, médica pediatra e sanitarista, que já foi agraciada com dezenas de prêmios em face ao seu relevante trabalho social. Na época em que foi criada, naquele município morriam aproximadamente 127 crianças para cada mil nascidas vivas. A instituição desenvolveu uma metodologia comunitária de multiplicação do conhecimento e da solidariedade entre as famílias mais pobres, que consiste na educação das mães por líderes comunitários qualificados e capacitados, baseando-se no milagre da multiplicação dos dois peixes e pães que alimentaram milhares, narrados no evangelho de João (6: 1-15). O objetivo era o de ajudar as famílias a reduzirem o índice da mortalidade. A metodologia revelou-se a melhor forma de combater a maior parte das doenças facilmente preveníveis e a marginalidade das crianças. Logo após um ano de atividades, a ação fez o índice de mortalidade cair 28 mortes para cada mil crianças nascidas vivas.

O trabalho da Pastoral da Criança se baseia nas seguintes ações:

1. **PROGRAMA DE ALIMENTAÇÃO ALTERNATIVA.** Esse programa tem como base o reaproveitamento de folhas e raízes, e foi decisivo na melhoria da nutrição das crianças carentes e na redução da mortalidade infantil. Eis que, em geral, as folhas e raízes vão para o lixo.

2. **REDE DE VOLUNTARIADO FORMADA POR PESSOAS DAS PRÓPRIAS COMUNIDADES.** Esta rede, altamente organizada, depois de treinar e qualificar os voluntariados, orienta as famílias e acompanha as crianças etc.

Podemos afirmar que a Pastoral da Criança é uma instituição que assiste pessoas necessitadas. Mas, muito mais do que isso, ela também ajuda na recuperação de milhares de pessoas em diversos países, com o mais nobre dos propósitos dos empreendimentos sociais: "salvar vidas e promover a esperança". Em aproximadamente 35 anos de trabalho, a Pastoral da Criança expandiu sua atuação pelo mundo, desenvolvendo o programa de atendimento em Moçambique, Timor Leste, Angola, Guiné-Bissau, México, Venezuela, Bolívia, Uruguai, Peru, Argentina, Paraguai, Honduras, Panamá, República Dominicana, Colômbia, Guatemala, Filipinas, Haiti e Guiné, além do próprio Brasil, e atua em mais de 40 mil comunidades pobres. Ela está presente em mais de quatro mil municípios, conta com mais de 250 mil voluntários e assiste a aproximadamente mais de dois milhões de crianças e 100 mil gestantes.

O trabalho da Pastoral da Criança serviu de paradigma para o programa do Governo Federal de Saúde da Família, em que os agentes comunitários de saúde vão de casa em casa atendendo as pessoas.

O empreendedorismo social ou empreendedorismo social de segunda ordem ou grandeza, também chamado de *empreendimentos ou negócios sociais, empreendimentos ou negócios de impacto positivo, empreendimentos ou negócios com causa*. É também um braço do empreendedorismo no qual os empreendedores criam empresas objetivando vender serviços ou produtos no afã principal de auferir lucros e dividendos e, por via de consequência, aumentar o patrimônio do empreendedor e da corporação, mas, ao mesmo tempo, a própria característica, essência ou categoria do empreendimento, ou do serviço ou do produto oferecido, *tem o condão de impulsionar os empreendedores a impactar positivamente a vida das pessoas*, visando a melhorar a qualidade de vida dos indivíduos e da comunidade em que o empreendimento está inserido, oferecendo uma valiosa contribuição à sociedade. Sua intenção inicial é se *autossustentar e auferir lucros* a partir da comercialização de produtos ou serviços, pois não tem como fonte de renda doações e patrocínios. Em segundo lugar, visa a gerar valores úteis para sociedade, ou seja, benefícios sociais.

O empreendedorismo social surge a partir da criação de uma empresa que tem finalidade lucrativa, mas, ao mesmo tempo, possui uma *proposta de valor social voltada para oferecer* produtos ou serviços demandados por determinado público-alvo. Ou seja, o modelo de atuação é o mesmo, mas a parte central, o cerne do negócio, tem a ver com a resolução de algum problema social.

Com efeito, há quem enxergue empresários apenas como seres capitalistas e individualistas. Entretanto a busca por lucros não impede que o negócio, o empreendimento social, também vise ao bem-estar da comunidade em que o empreendimento está inserido. No caso, a própria essência do empreendimento dessa categoria se relaciona à preocupação básica com o coletivo e com o bem-estar da sociedade.

O empreendedor social é motivado não apenas por objetivos capitalistas, individuais, materiais e financeiros, mas, sobretudo, por objetivos coletivos e sociais, assim entendidos como situações recorrentes que afetam várias pessoas ou toda uma comunidade e que não são resolvidas a contento pelo poder público. Essas situações podem estar relacionadas com educação, saúde, distribuição de renda, direitos humanos, moradia, meio ambiente etc. Uma *empresa social*, portanto, tem no seu modelo de negócio uma solução que visa a atacar um problema eminentemente social. Grande exemplo desses empreendimentos são as instituições educacionais com fins lucrativos como a Uninassau, Uninabuco, Unama, Univeritas, UNG, todas do Grupo Ser Educacional, que visam a oferecer educação de qualidade para desenvolver e qualificar a população e também as instituições particulares de saúde com fins lucrativos que objetivam oferecer serviços de saúde para a população, já que os serviços educacionais e de saúde oferecidos pelo poder público não conseguem ser entregues a contento e beneficiar a todos.

Nesse sentido, essas instituições são enquadradas no chamado "setor dois e meio", que consiste numa referência à divisão sociológica que classifica o Estado como o primeiro setor; as empresas de uma forma em geral como o segundo setor; e as instituições sem fins lucrativos, como as Oscips e ONGs, como terceiro setor. Os empreendimentos sociais que visam ao lucro, mas que geram benefícios sociais, ocupam uma posição intermediária entre o segundo e o terceiro setor.

Sendo assim, "empreender é crescer todos os dias, enxergar os próprios erros e ajudar a sociedade. É aceitar as críticas das pessoas, é se importar com o mundo, fazer o melhor de si e para o mundo" (Pricila Lima dos Santos), pois "empreender é saber lidar com a ida do 'céu' ao 'inferno' em fração de segundos e conseguir fazer o caminho inverso na mesma proporção de tempo, mantendo-se firme no seu propósito de servir" (César Henrique Vendrame).

Nesse sentido, "um grande empreendedor é aquele que sente sua vida transformada depois de transformar a vida de outras pessoas" (Simone Tavares). Logo, "se for empreender, não busque somente o lucro, mas seu desenvolvimento pessoal, do seu negócio, de seus colaboradores e de uma região" (Marcelo de Aguiar), haja vista que "o empreendedorismo é a forma capitalista de servir à sociedade com produtividade e inovação. Empreender de forma individualista apenas para visar ao lucro levará a sociedade à ruína" (Luciano Skorianez), pois "todo empreendedor de sucesso tem um propósito, uma causa em servir pessoas" (Rafael José Pôncio).

Finalmente, é importante fazer distinção entre os empreendimentos sociais ou empresas do setor "dois e meio", cuja essência é a preocupação com práticas socioambientais e com o bem-estar da sociedade na qual estão inseridas, mesmo visando lucro, como os empreendimentos educacionais, os de saúde etc., e aqueles empreendimentos que, na maioria dos casos, conseguem mobilizar um público consumidor diferente e sobrevivem justamente por conta de seu apelo social, como é o caso daquelas empresas que apenas bolam ações e campanhas de apelo social como parte de sua estratégia de marketing. São dois tipos distintos de empreendimentos. Os primeiros podemos chamar de empreendimentos sociais de primeira ou segunda ordem ou grandeza. Os segundos de meros empreendimentos empresariais travestidos de sociais.

A IMPORTÂNCIA DO SISTEMA DE GESTÃO DA RESPONSABILIDADE SOCIAL EMPRESARIAL NOS EMPREENDIMENTOS DE SUCESSO

Considerações iniciais sobre ativos ou indicadores intangíveis

A responsabilidade social consiste na responsabilidade que uma determinada pessoa física ou jurídica tem de cumprir os seus deveres e os preceitos legais para com a sociedade. Por seu lado, a Responsabilidade Social Empresarial consiste em um sistema ou modelo de gestão empresarial que leva em consideração, na gestão da performance e do desenvolvimento organizacional, além dos ativos ou indicadores tangíveis, também os intangíveis.

É que, antigamente, os modelos ou sistemas de gestão da performance ou do desenvolvimento organizacional baseavam-se, apenas, em indicadores econômicos, financeiros e contábeis, os chamados ativos ou indicadores tangíveis, como qualidade dos serviços ou produtos, preço competitivo e maximização do lucro.

Entretanto, hoje, muito mais que se preocupar apenas com os ativos ou indicadores tangíveis, as empresas devem estar preocupadas com o seu entorno e com a comunidade em que estão inseridas e devem levar em consideração, para a performance do desenvolvimento organizacional, não somente os ativos ou indicadores tangíveis, mas, também, outros intangíveis, que na atualidade são considerados imprescindíveis, tais como: 1) *ambientais*: respeitar, preservar e ensinar a preservar o meio ambiente; 2) *sociais*: comprometimento com a comunidade em que a empresa está inserida, promovendo ações para o bem da região; 3) *culturais*: preservar e ajudar a preservar e divulgar a cultura regional e nacional; 4) *éticos*: respeitar a legislação, a moral e os bons costumes – daí a importância do *compliance*, que significa conformidade com a legislação, a ética e os bons costumes, bem como das cláusulas contratuais anticorrupção etc.; 5) *o capital humano e intelectual*: respeitar os direitos de todos os colaboradores, valorizando o seu trabalho e a sua qualidade de vida, e, acima de tudo, motivá-los; 6) *marca*: cuidar, divulgar e preservar o valor da marca e do branding, valor inestimável de uma corporação.

Pelo sistema de gestão da Responsabilidade Social Empresarial existe uma maior valorização do relacionamento da empresa com todos os públicos ou *stakeholders* envolvidos naquele negócio, sejam internos ou externos, como os acionistas, os funcionários, os investidores, os fornecedores, os clientes e também o próprio governo. Ele surgiu como forma de resgatar a função social da empresa, na medida em que valoriza a imagem institucional da marca e objetiva, de forma transcendental, o desenvolvimento humano sustentável.

É importante registrar que, nos dias de hoje, cerca de 60% dos consumidores, sejam de produtos ou serviços, punem as empresas que não são socialmente responsáveis, preferindo instituições transparentes, que não se envolvem em corrupção, que respeitam o meio ambiente e a comunidade em que estão inseridas. Ademais, os profissionais mais preparados e qualificados escolhem para trabalhar aquelas empresas que respeitam os direitos de seus colaboradores e valorizam a qualidade de vida dos mesmos.

Nesse sentido, existem hoje em dia inúmeras certificações que corroboram a atuação socialmente responsável das corporações. A título ilustrativo citamos a ISO 14.000, que certifica as empresas que privilegiam ações de controle e preservação ambiental; a AA1000, que certifica as instituições que destacam a relação da empresa com todos os seus *stakeholders*; a SA80000, que certifica as empresas cujas relações trabalhistas garantem a não existência de ações antissociais ou discriminatórias, como o trabalho escravo, infantil, de menores de 14 anos etc.; a NBR16001, que certifica as empresas que têm políticas claras de *compliance*, que são compromissadas com a ética e se preocupam com a cidadania, com o desenvolvimento sustentável e com a transparência de suas atividades.

Nesse contexto, não é ocioso analisarmos com mais vagar cada elemento que compõe o conceito do sistema de gestão da Responsabilidade Social Empresarial:

Indicadores ambientais

Uma empresa ambientalmente responsável trabalha diuturnamente visando à melhoria das condições ambientais da comunidade em que está inserida, lutando constantemente para minimizar riscos e ações agressivas à natureza, limitando o uso de recursos naturais e de descargas nocivas ao meio ambiente. Ela atua na construção de estações de tratamento de poluentes, reciclando produtos e lixo, investindo em tecnologias antipoluentes e procurando manter estreito relacionamento com todos os órgãos de fiscalização ambiental.

Indicadores sociais

A responsabilidade social em relação à comunidade ocorre quando a empresa respeita os valores, os costumes, as culturas e as crenças da comunidade local, investindo em melhorias sociais, realizando projetos comunitários e disseminando os valores sociais para com seus habitantes. Na sociedade em que vivemos, as empresas passaram a ser responsáveis pelo desenvolvimento da comunidade e da sociedade em que estão inseridas, devendo levar benefícios para a comunidade como forma de justa contrapartida pelo impacto que elas criam. Nesse sentido, é de extrema importância que adotem ações que aumentem o bem-estar comum dos habitantes daquela comunidade.

Indicadores culturais

Na contemporaneidade, as corporações devem envidar esforços para criar, preservar e divulgar a cultura local e regional, haja vista que a cultura de uma região é de extrema importância para a história de uma sociedade.

Indicadores éticos

Ética empresarial consiste no respeito aos valores, à legislação, à moral e aos bons costumes compartilhados pela sociedade no âmbito da organização. Nesse contexto, o *compliance* e as normas ou cláusulas contratuais anticorrupção devem ser sempre nortes a serem observados por todos os que fazem a organização empresarial, sejam os acionistas, os gestores, os colaboradores, os fornecedores e até mesmo os clientes.

Indicador capital humano e intelectual (colaboradores)

Os recursos humanos, também chamados de capital humano ou intelectual de uma organização empresarial, constituem-se no diferencial de qualquer instituição. Só eles são capazes de inovar e, por via de consequência, de levar a instituição ao sucesso ou ao fracasso. Dessa forma, mister se faz prepará-los, capacitá-los, valorizá-los e motivá-los para que a empresa sobreviva e cresça com sustentabilidade e perenidade.

Uma empresa age de forma socialmente responsável em relação ao seu RH quando faz a seleção ou recrutamento com transparência e retidão, oferecendo igualdade de condições e oportunidades para todos, independentemente de raça, cor, religião, sexo ou idade. Após a celebração do contrato de trabalho ou de prestação de serviços, conforme o caso, oferece salários compatíveis com o mercado, investe em treinamento para o desenvolvimento profissional, estimula a qualidade de vida, proporciona segurança no local de trabalho, institucionaliza regras transparentes de comunicação, de aposentadoria etc.

Indicador marca

Uma corporação empresarial age de forma socialmente responsável em relação a sua marca quando cria, preserva, divulga, valoriza e respeita o valor inestimável do *branding*, fazendo com que a sociedade a veja como um símbolo que gera atributos e valores que enaltecem e engrandecem a comunidade.

Clientes e consumidores

A preocupação com o consumidor no Brasil ganhou bastante relevo a partir da publicação do Código de Defesa do Consumidor. Nesse sentido, a responsabilidade social em relação aos clientes e consumidores está relacionada ao desenvolvimento de produtos e serviços de qualidade, honestos, confiáveis e que não provoquem danos à saúde deles. É que a dimensão social do consumo é muito mais importante que as políticas de marketing e de comunicação. Elas devem sempre ter caráter informativo, elucidativo e educativo do produto ou serviço, jamais podendo exceder às expectativas do consumidor em relação ao que realmente é ofertado. Além disso, é imperativo não provocar desconforto ou constrangimento ao consumidor.

Fornecedores e parceiros

Os fornecedores e parceiros devem compartilhar dos mesmos valores da empresa, adotar posturas semelhantes, pois são uma extensão da empresa. Com efeito, a escolha dos fornecedores deve basear-se em critérios claros e transparentes, valorizando os processos licitatórios e a livre concorrência.

Responsabilidade social das instituições de ensino superior

Historicamente, as instituições de ensino superior constituem-se em espaços onde se discute a evolução da humanidade, realiza-se pesquisa e extensão e se transmite conhecimento de qualidade para formar e capacitar os recursos humanos necessários para o desenvolvimento das nações. Entretanto, cada vez mais, elas estão preocupadas com a sobrevivência do planeta Terra e, para tanto, têm discutido e agido em prol das chamadas "ações conscientes", que respeitam e protegem a sustentabilidade, em especial o meio ambiente.

Entretanto, a principal forma de desempenhar a responsabilidade social das instituições de ensino superior constitui-se em oferecer educação de qualidade para formar, qualificar e capacitar os recursos humanos, o capital intelectual e as cabeças pensantes imprescindíveis para o desenvolvimento das nações. É que as chamadas ações comunitárias ou formas de intervenção social, que são de primacial importância e que também se constituam em ações de responsabilidade social, são apenas formas secundárias ou acessórias de responsabilidade social das instituições de ensino superior.

A instituição de ensino superior socialmente responsável é aquela que, além de formar profissionais para o mercado de trabalho, realizar projetos de pesquisa e extensão, gera e transmite novos conhecimentos, oferece ações comunitárias ou formas de intervenção social e exerce um papel social relevante diante das crescentes demandas sociais. O objetivo é colaborar na formação de pessoas que tenham consciência do seu papel no contexto social e utilizem o seu potencial criativo na transformação da realidade em que estão inseridas, na busca de uma sociedade mais igualitária.

Nesse pilar de Responsabilidade Social Empresarial, o Grupo Ser Educacional, mantenedor de diversas marcas de instituições de ensino superior – como a Uninassau, Uninabuco, Unama, Univeritas e Univeritas/UNG –, tem se destacado profundamente. Inicialmente, realizando projetos de pesquisa e extensão, gerando e transmitindo educação e conhecimento de qualidade para formar profissionais preparados e qualificados para o mercado de trabalho. Em segundo lugar, agindo e se norteando sempre por normas de conduta que dizem respeito ao comprometimento ambiental, social, cultural, ético, da valorização do capital humano e intelectual e preservando os valores de suas marcas. Em terceiro lugar, realizando diversos projetos e ações de intervenção social comunitários, onde suas instituições estão inseridas. Ilustrativamente, citamos alguns: 1) *faculdade na comunidade* – semestralmente, os alunos de diversos cursos vão para as comunidades oferecer serviços inerentes às suas áreas de conhecimento; 2) *crucifixo automotivo* – conscientização da população para combater a imprudência no trânsito; 3) *impostômetro* – divulgação da arrecadação de impostos no Brasil para a população se conscientizar e cobrar retorno dos governantes; 4) *praia sem barreiras* – criação de espaço acessível nas praias para portadores de deficiência; 5) *capacita* – oferta semestral de cursos gratuitos de aperfeiçoamento profissional para a comunidade. Ademais, o grupo Ser Educacional oferece mais de 11 mil empregos diretos e milhares de indiretos, oferta milhares de bolsas de estudos, forma cerca de doze mil egressos todos os anos e paga anualmente milhões de reais em impostos, ajudando as comunidades em que seus *campi* estão inseridos, gerando o desenvolvimento local.

A IMPORTÂNCIA DA GOVERNANÇA CORPORATIVA NOS EMPREENDIMENTOS DE SUCESSO

Governança corporativa consiste na implementação de uma gestão profissionalizada com a utilização de processos sistematizados e estruturados, conduzidos por um Conselho de Administração composto por membros internos e externos independentes, cujos objetivos são: gerir o empreendimento, passar as principais diretrizes para os administradores executivos no afã de dar sustentabilidade e perenidade ao negócio, proteger os acionistas e buscar rentabilidade. O Conselho de Administração visa, ademais, a proporcionar discussões sobre os diversos temas afeitos às atividades da corporação, principalmente sobre as melhores e mais saudáveis formas de gestão do empreendimento, ajudando sempre o acionista controlador a tomar as melhores decisões.

Todas as empresas de capital aberto listadas na Bolsa de Valores têm que possuir uma governança corporativa efetiva e eficaz implantada em sua gestão. Por outro lado, as empresas não listadas na bolsa não têm essa obrigação de implementar; no entanto, aquelas companhias que prezam por uma gestão profissionalizada, sejam grandes ou pequenas, o ideal é criar um conselho, que inicialmente pode ser consultivo, e que, posteriormente, venha a se transformar em um conselho administrativo, cujo objetivo primacial é traçar o norte e as diretrizes para uma gestão que possa fazer a empresa ter sustentabilidade e perenidade com rentabilidade. O conselho estipula as diretrizes e metas e as encaminha para que a diretoria executiva cumpra-as com eficácia e eficiência.

No particular, apenas a título de curiosidade, alguém poderia afirmar que inexiste profissionalização nas empresas que possuem familiares dos sócios trabalhando nela. Sobre esse assunto, é importante afirmar que não há que se confundir empresa familiar – que possui vários familiares como sócios e que também trabalham como gestores da empresa – com aquelas empresas que têm membros das famílias dos sócios, inclusive do controlador, mas trabalhando apenas como profissionais habilitados, qualificados, competentes e que observam todas as regras objetivas de governança, de partes relacionadas e de *compliance*. No primeiro caso, podemos dizer que inexiste uma profissionalização ampla, efetiva e eficaz da gestão. Entretanto, no segundo, a profissionalização ampla e eficaz existe. É que a profissionalização de qualquer empresa não significa expurgar totalmente a família do negócio. Se fosse assim, não existiriam membros da família Moraes no Grupo Votorantim, membros da família Gerdau na empresa Gerdau, membros da família Marinho na TV Globo etc., e nem por isso esses conglomerados empresariais deixam de ser considerados profissionalizados.

Desde a fundação do Grupo Ser Educacional, em agosto de 2003, iniciamos a empresa com uma gestão profissionalizada, adotando uma governança corporativa efetiva, com a utilização das melhores práticas e princípios de governança corporativa. Inicialmente, por meio de um Conselho Consultivo, depois o transformando em Conselho de Administração. O Conselho de Administração do grupo tem proporcionado excelentes discussões sobre os diversos temas educacionais brasileiros e, principalmente, sobre as melhores e mais saudáveis formas de gestão da empresa. Isso nos ajuda sempre, na qualidade de acionista controlador, a tomar as melhores decisões. Outro ponto importante da governança corporativa implementada na empresa foi contar com um Fundo de Investimento, investido na empresa de 2008 a 2013, como sócio minoritário, antes da abertura de capital. Ademais, também foi possível contar com os investimentos do International Finance Corporation (IFC), braço do Banco Mundial, como um dos nossos financiadores e sócios que nos ajudou, sobremaneira, a amadurecer, fazer crescer a empresa e implementar as melhores práticas de governança.

A utilização das melhores práticas e princípios de governança corporativa nos impôs a criar, por iniciativa do próprio Conselho de Administração, o Conselho Fiscal, os Comitês de Estratégia, Finanças, RH etc.

CAPÍTULO II
SORTE NO EMPREENDEDORISMO

Antes de analisar *per se* ("por si só") cada característica dos empreendedores de sucesso, não podemos deixar de lembrar que muitas pessoas indagam se para empreender é necessário ter sorte. Na minha ótica, inexiste sorte no empreendedorismo. Sorte, para mim, consiste na junção de uma série de elementos: ela nada mais é do que a conjugação de conhecimento, habilidades, competência, determinação, muito trabalho, não desperdiçar oportunidades e ter iluminação divina.

Com efeito, "alguns se contentam em se colocar confiantes à porta da deusa (sorte), esperando que ela aja. Entretanto, ela conta com a ajuda do esforço" (Baltasar Gracián).[8] Nesse sentido, "as pessoas não sabem o quanto de preparo é necessário para ter sorte" (André Buric). Logo, "eu acredito demais na sorte e tenho constatado que, quanto mais duro eu trabalho, mais sorte eu tenho" (Coleman Cox). Com efeito, "sorte é o nome que vagabundo dá ao esforço que ele não faz" (Leandro Karnal). Nesse diapasão, nas palavras de Caio Carneiro,[9] "fuja da ideia de que sucesso é um golpe de sorte. A sorte não existe, não acontece, ela é criada. Você cria a atmosfera, o ambiente e as condições para que a sorte aconteça".

Analisemos cada elemento que compõe o conceito "sorte":

CONHECIMENTO

Vivemos, hoje, na era ou na sociedade da informação e do conhecimento. Nessa sociedade, a informação e o conhecimento, chamados de "capital intelectual", são muito mais importantes que os recursos materiais como fator de desenvolvimento humano, considerados instrumentos de poder. Nessa nova era, nenhum país do mundo consegue sair de um estágio de subdesenvolvimento

---

8 GRACIÁN, Baltasar. *A arte da prudência*. São Paulo: Martin Claret, 1998.
9 CARNEIRO, Caio. *Seja foda*. São Paulo: Buzz Editora, 2017.

para desenvolvimento senão por meio do aperfeiçoamento profissional e educacional de seu povo. E isso só ocorre por meio de um investimento forte, real, eficaz e eficiente na educação, desde a básica, passando pela superior e chegando à pós-superior. Importante, também, investir maciçamente no desenvolvimento da inovação, da ciência e da tecnologia.

Faz-se refletir que "o ser humano é aquilo que a educação faz dele" (Emanuel Kant), pois "sua mente é como um banco. Você só saca o que deposita" (Bento Augusto). E "você é o tanto quanto sabe, e se for sábio, é capaz de tudo. Homem sem saber, mundo às escuras" (Baltasar Gracián). "O saber a gente aprende com os mestres e os livros. A sabedoria se aprende é com a vida e com os humildes" (Cora Coralina). "Conhecimento é poder e custa muito pouco, é a coisa mais barata do mundo. Se você acha que o conhecimento, a informação ou a instrução são caros, experimente a ignorância"... "Ao falhar em se preparar, você está se preparando para falhar" (Benjamin Franklin).

No contexto, é importante trazer à baila duas máximas sobre o conhecimento: 1) "Ninguém nasce burro ou inteligente. O cérebro é maleável e tem um potencial de 100 bilhões de neurônios. Ou seja: todo mundo é capaz de aprender se tiver os estímulos certos"; 2) Para aprender é preciso querer aprender. Isto é, acreditar na própria capacidade e ter determinação" (AD).

Ampliando-se o quadro de considerações sobre o assunto, trazemos à tona os ensinamentos de Sun Tzu,[10] estrategista de guerra e escritor do best-seller *A arte da guerra*, escrito durante o século IV a.C. Naquela época, ele já ensinava que "se você conhece o inimigo e conhece a si mesmo, não precisa temer o resultado de cem batalhas. Se você se conhece, mas não conhece o inimigo, para cada vitória ganha sofrerá também uma derrota. Se você não conhece o inimigo nem a si mesmo, perderá todas as batalhas".

HABILIDADES E COMPETÊNCIAS

A competência consiste na qualidade, capacidade ou aptidão que o indivíduo tem de analisar e resolver determinado problema. Segundo Vasco Moretto,[11]

---

10 TZU, Sun. *A arte da guerra* – Tratado Militar. Século IV. a.C.
11 MORETTO, V. P. Reflexões construtivistas sobre habilidades e competências. *Dois pontos: teoria & prática em gestão*. Belo Horizonte, v. 5, n. 42, p. 50-54, maio/jun. 1999.

"competência é fazer bem o que nos propomos a fazer". Registre-se que na sociedade em que vivemos, as competências são imprescindíveis para que o indivíduo seja bem-sucedido e tenha sucesso em sua vida pessoal e profissional. Apenas aqueles indivíduos competentes têm mais chances de serem bem-sucedidos.

Habilidade, segundo Moretto, por outro lado, consiste "na aplicação prática de uma determinada competência para resolver uma situação complexa".

DETERMINAÇÃO

Segundo Anthony Robbins,[12] a "determinação é o toque de despertar para a vontade humana". Por conseguinte, para criar e termos sucesso em nossos empreendimentos temos que ser determinados e ter fome de sucesso e a nossa jornada em busca dele terá que ser do tamanho da nossa determinação e da nossa obstinação, pois sucesso e fracasso caminharão sempre juntos, lado a lado. Logo, é de crucial importância sermos decididos, destemidos, destemerosos, ousados, denodados, audazes, intrépidos e determinados em alcançar os nossos sonhos e criarmos os nossos empreendimentos.

MUITO TRABALHO

O trabalho enaltece o homem, engrandece a alma e enriquece o bolso. Portanto sempre faz bem ao ser humano. Trabalho só faz mal aos preguiçosos e de mentalidade pobre. Trabalhar duro por algo que se acredita chama-se propósito e jamais deixará o ser humano cansado, principalmente quando é feito com alegria. O ócio, entretanto, pode levá-lo à exaustão.

Procure trabalhar naquilo que você gosta. Dificilmente alguém que não gosta de seu trabalho irá progredir. É esse amor que motiva, dá força para enfrentar as dificuldades do dia a dia e, principalmente, que leva a um trabalho de excelência. É como diz aquela máxima: "Escolha um trabalho que você ame e não terás que trabalhar um único dia em sua vida" (Confúcio).

NÃO DESPERDIÇAR OPORTUNIDADES

O sucesso e a prosperidade estão inexoravelmente vinculados à preparação *a priori*. Nesse sentido, frise-se que a oportunidade costuma aparecer disfarçada em nossa frente. Se a pessoa não estiver alerta e preparada, não vai percebê-la.

---

12 ROBBINS Anthony. *Desperte o gigante que há em si*. Portugal: Lua de Papel, 2015.

Geralmente, ela vem disfarçada de perspicácia, sagacidade e muito trabalho, pois o sucesso e a prosperidade só acontecem quando a preparação adrede encontra uma oportunidade.

Nesse contexto, "não devemos confundir falta de oportunidade com falta de vontade. Se as oportunidades não aparecem temos que criá-las" (AD). "Às vezes, não há uma próxima vez. Às vezes, não há segundas oportunidades. Às vezes, é agora ou nunca" (AD). É que "o futuro pertence àqueles que veem as oportunidades antes que elas sejam óbvias" (John Sculley), pois "aquele que não aproveita a oportunidade, passa o resto da vida pensando nela" (AD). Logo, "empreendedores são aqueles que entendem que há uma pequena diferença entre obstáculos e oportunidades, e são capazes de transformar ambos em vantagens" (Nicolau Maquiavel).

Nesta linha de considerações é auspicioso observar o ensinamento de Graham Greene, quando enfatiza: "Haverá um momento em que a porta se abrirá e deixará o futuro entrar! Aproveite". Logo, não desperdice a oportunidade quando a porta se abrir. Mas para não a desperdiçar você tem que estar preparado. Isto posto, mister se faz preparar-se sempre, adredemente, aprioristicamente. É que, segundo certo provérbio popular, o cavalo selado só passa uma vez. Quando ele passar, devagar ou correndo, pule em cima dele, porque você não terá uma segunda oportunidade.

Nessa perspectiva, "empreender é envolver-se em um mundo de oportunidades" (Jairo Backes), pois "o empreendedor é a pessoa que vê oportunidades onde todos veem problemas; assume os riscos da empreitada, estabelece metas claras e objetivas, cheias de significados pessoais, que serão o apoio necessário nos momentos de crise" (Luciano Aulicino). Com efeito, "as dificuldades e os obstáculos são matérias-primas para o verdadeiro empreendedor" (Carlos Hilsdorf), já que a "dificuldade transforma-se em oportunidade aos olhos de um empreendedor" (Wellyton Barbosa).

ILUMINAÇÃO DIVINA

Quando eu falo de iluminação divina eu não me refiro à religião, mas em buscar a nossa origem divina, ou seja, ter fé em Deus, no Criador, num ser superior. Estou falando, também, em observar e em se pautar sempre pelos princípios, preceitos e valores supremos e transcendentais para uma vida humana digna, quais sejam: ser correto, honesto, reto, probo, decente, honroso, íntegro, ético e fazer a coisa certa. Quando você faz a coisa errada jamais contará com a iluminação divina. Logo, você tem que criar uma relação de confiança com a sociedade e com Deus, e procurar sempre ser e mostrar sua honestidade, retidão, probidade, honradez, decência, integridade e ética. Temos que seguir a lição de Baltasar Gracián, que ensinou: "As coisas não passam pelo que são, mas pelo que parecem. Raros são os que olham por dentro e muitos os que se contentam com as aparências. Apenas ter razão não basta; que o semblante também o demonstre. O que não se vê é como se não existisse. A própria razão não é venerada quando não exibe um rosto razoável. São mais numerosos os iludidos que os precavidos. O engano prevalece e as coisas são julgadas pelo seu aspecto, raramente sendo o que parecem. Um bom exterior é a melhor recomendação da perfeição interior".

A ética não se resume apenas a comportamentos individuais. No mundo das corporações, ela deve ser um princípio básico a ser observado, no qual todos os colaboradores devem conhecer e agir em sua conformidade. Ela está inexoravelmente vinculada à transparência. Uma não existe sem a outra. Se determinada empresa não trabalha com ética e transparência, o ambiente interno dos colaboradores torna-se péssimo, extremamente nocivo e nefasto. Empresas que têm a ética e a transparência como princípios básicos e norteadores das suas condutas são percebidas pela sociedade como positivas e tendem a se firmar no mercado com mais competitividade e sustentabilidade. Com efeito, "seja ético: a vitória que vale a pena é a que aumenta sua dignidade e reafirma valores profundos" (Roberto Shinyashiki).

Alvissareiro asseverar que a observância dos valores supremos e transcendentais para uma vida humana digna, principalmente a ética, é quem vai lhe dar brio e orgulho de sua trajetória. A inobservância apenas lhe trará vergonha e desonra. Não basta conquistar sucesso, prosperidade, ganhar dinheiro sobrepujando esses valores, sob pena de você "ser tão pobre que a única coisa que possuirá será dinheiro" (AD). Nesse sentido, já ensinava, com a propriedade que lhe era peculiar, Baltasar Gracián: "É melhor se desvair com pessoas de bem do que triunfar sobre os maus. Não há como se dar bem com a vilania, pois ela não tem compromisso com a integridade, nem convém tratá-los com fidalguia, pois não entendem o que é honradez. Eis porque não existe amizade verdadeira entre os maus. Evite quem não tem honra, pois quem não estima a honra não preza a virtude. E a honra constitui o trono da integridade".

Outrossim, "empreender sem princípios é criar uma pirâmide abjeta e vã" (Pablo de Paula Bravin), haja vista que "um empreendedor sem caráter usará pessoas como objetos, e não como coparticipantes do seu empreendimento" (Elson Medeiros).

E por falar em fé em Deus, conta-se que "um homem que dizia ter muita fé em Deus, mas, muita mesmo, estava andando à beira de um penhasco, quando, de repente, perde o equilíbrio, escorrega e cai no precipício. Felizmente, agarra-se a um arbusto no penhasco e fica pendurado. Depois de algum tempo nessa situação começa a gritar: 'Socorro! Socorro! Tem alguém aí em cima que pode me ajudar?'. Ninguém responde. Não se ouve nada. Ele continua gritando. De repente, uma voz estrondosa responde. 'Tem sim. Eu posso ajudá-lo'. Ele pergunta: 'Quem é?'. 'Sou eu, Deus. Solte-se e confie em mim'. Passam-se alguns minutos e o que se ouve em seguida é: 'Há mais alguém aí em cima que pode me ajudar?'" (T. Harv Eker). Homem de pouca fé! Qual a lição que se extrai dessa história? A lição é a seguinte: "Se você quer sair de um determinado *status quo*, de uma determinada condição ou de um determinado nível de vida, e passar para outro nível mais elevado, tem que estar disposto a abrir mão dos seus velhos modos de ser, pensar e agir, e adotar novas opções ou posturas" (T. Harv Eker).

E falando sobre os preceitos supremos e transcendentais para uma vida humana digna, quais sejam a honestidade, integridade ética etc., certa vez perguntaram a um grande matemático árabe, o fundador da Álgebra, sobre a definição do ser humano. Ele respondeu: "Se tiver ética atribua a nota um. Se for inteligente, acrescente o zero e ele terá dez. Se for nobre, acrescente mais um zero e ele terá cem. E se também for vistoso e formoso, acrescente mais um zero e ele terá mil. Mas, se perder o um que corresponde à ética, então perderá tudo, pois restarão apenas zeros".

Com efeito, a mais "extraordinária dádiva" em crescer, desenvolver-se, conquistar, progredir, vencer, ter sucesso e prosperidade não é a vitória em si mesmo, mas, acima de tudo, poder ensinar aos seus semelhantes como e quais valores foram utilizados em sua caminhada até o sucesso. De nada adianta ter sucesso e prosperidade se tudo não tiver sido feito com ética, honestidade, probidade, decência e integridade. O antiético, o desonesto, o réprobo e o indecente pode até conseguir riqueza, mas será "tão pobre que só terá dinheiro", e nunca será feliz, já que riqueza não é sinônimo de felicidade. Nunca conseguirá colocar a cabeça no travesseiro na hora de dormir e ter um sono tranquilo e profundo, salvo utilizando tranquilizantes.

CAPÍTULO III

CARACTERÍSTICAS DOS EMPREENDEDORES DE SUCESSO

De partida, é importante enfatizar que quem possui o sonho de criar um empreendimento tem necessariamente que buscar ser detentor das diversas características, requisitos, condições, habilidades e competências dos empreendedores. É que empreender não pode ser uma decisão "tomada por impulso", de forma atabalhoada, haja vista que a maioria dos que tentam empreender quebra a cara e sucumbe porque não procura se cercar de cuidados imprescindíveis e adquirir as chamadas características dos empreendedores de sucesso. Inúmeras são elas.

Neste capítulo, vamos analisar as mais importantes, que citamos ilustrativamente:

- TER IDEIAS E SONHOS PARA CRIAR UM EMPREENDIMENTO.
- TER CORAGEM E OUSADIA EM TOMAR INICIATIVAS E ARRISCAR.
- PLANEJAR – PLANEJAMENTO ESTRATÉGICO.
- INFORMAÇÕES E CONHECIMENTO ACERCA DO EMPREENDIMENTO, DO MERCADO, DOS CONCORRENTES E DOS POTENCIAIS CLIENTES.
- DETERMINAÇÃO.
- PERSISTÊNCIA, PERSEVERANÇA E OBSTINAÇÃO.
- OTIMISMO E POSITIVIDADE.
- AUTOCONFIANÇA.
- AUTOESTIMA ELEVADA.
- RESILIÊNCIA.
- CRIATIVIDADE E INOVAÇÃO.
- TER FOCO.
- DESCENTRALIZAÇÃO.
- CAPACIDADE DE LIDERANÇA E HABILIDADES GERENCIAIS.
- ORGANIZAR, OTIMIZAR E APROVEITAR MUITO BEM O TEMPO.
- TRABALHAR MUITO PARA TER SUCESSO NO EMPREENDIMENTO.

- LUTAR SEMPRE PARA FAZER MAIS E MELHOR.
- PROGRAMA-SE MENTALMENTE PARA EMPREENDER E TER SUCESSO.
- VALORIZAR A MERITOCRACIA.
- TER PAIXÃO E ENTUSIASMO PELO QUE FAZ.
- DESENVOLVER VISÃO EM LONGO PRAZO.
- PROCURA CERCAR-SE SEMPRE DE GENTE BOA E COMPETENTE.
- VIVER EM CONSTANTE BUSCA PELA EFICIÊNCIA.
- SER MOTIVADO PELA AUTORREALIZAÇÃO.
- TER A COMPULSÃO DE FALAR SOBRE O EMPREENDIMENTO.

TER IDEIAS E SONHOS PARA CRIAR UM EMPREENDIMENTO

Sonhar em criar um empreendimento, na minha ótica, é a mais importante característica do empreendedorismo. Mas não basta sonhar, pois o sonho é apenas o primeiro passo, ou seja, o "mapa" ou o caminho para o sucesso. Tem que transformar o sonho em um projeto de vida, traçar metas, buscar cumprir as metas com métodos, disciplina, determinação, compromisso e muito trabalho. A partir disso é que o universo conspira a seu favor.

"Pessoas comuns têm desejos e sonhos, pessoas extraordinárias têm, além de desejos e sonhos, planos e metas". "Estabeleça uma meta tão alta que você não possa conquistá-la até se tornar a pessoa que pode". "Vá firme na direção das suas metas porque o pensamento cria, o desejo atrai e a fé realiza" (AD).

Com efeito, "as conquistas da humanidade foram precedidas pelo estágio do sonho ou pela ambição na mente de algum visionário" (AD). É que "nada acontece a menos que sonhemos antes" (Carl Sandburg). E "nada é tão nosso quanto os nossos sonhos" (Friedrich Nietzsche). "Quando você deixa de sonhar, você deixa de viver" (Malcolm Forbes). E nós "somos o que somos e estamos onde estamos porque primeiro o imaginamos e sonhamos" (Donald Curtis). Logo, "seja qual for o seu sonho, comece. Ousadia tem genialidade, poder e magia" (Johann Goethe).

Recrudescendo o âmbito de ponderações, auspicioso enfatizar que "seu futuro depende de muitas coisas, mas principalmente de você" (Frank Tyger). "Acredite em si próprio e chegará um dia em que os outros não terão outra escolha senão acreditar em você" (Cynthia Kersey). "Os dois dias mais importantes da sua vida são o dia em que você nasce e o dia em que você descobre o porquê" (Mark Twain). E "toda fortuna tem sua origem na mente. A riqueza está nas ideias e não no dinheiro" (Robert Collier). Nessa perspectiva, "a lógica pode

| características dos empreendedores |

levar você de um ponto 'A' a um ponto 'B'. A imaginação, que é mais importante que o conhecimento, pode levar a qualquer lugar" (Albert Einstein). Eis que "o homem que não tem imaginação, não tem asas" (Muhammad Ali).

Por outro lado, "o principal motivo que impede as pessoas de conseguirem o que querem é não saber o que querem" (T. Harv Eker). E "a melhor maneira de prever o futuro é criá-lo" (Peter Drucker).

Nesse contexto, não é ocioso, também, observarmos que:

- Walt Disney sonhou a criação de um grande parque de diversões olhando para um terreno pantanoso na Flórida.
- Júlio Verne, há 140 anos, foi chamado de maluco ao sonhar com inventos como os submarinos e as naves espaciais.
- Juscelino Kubitschek sonhou com Brasília muito antes de as obras começarem.
- Ayrton Senna sonhou subir no pódio da Fórmula 1 muito antes de ganhar a primeira corrida de kart.

Logo, não se esqueçam de que "sua mente é poderosa. Quando você idealiza, você é capaz de realizar sem qualquer limite, já que o limite é apenas um bloqueio criado pelos outros e pela sua própria mente" (AD). Nesse sentido, "você não deve se limitar por causa da imaginação limitada dos outros" (AD). Tenha sempre em mente que o que existe entre nós e nossos sonhos é a nossa força de vontade, pois todos nós somos movidos por ideais, sonhos e desejos, e a vontade de conquistar algo grandioso é, muitas vezes, a melhor motivação para que nós continuemos caminhando, correndo, lutando e superando as nossas adversidades e nossos desafios. "O sonho não é o sucesso em si, mas é apenas o primeiro passo ou ponto de partida na trilha do tão almejado sucesso" (AD). Entrementes, sonhos são inúteis se não trabalharmos de forma árdua e extenuante, diuturnamente, para executá-los. Enquanto estamos apenas pensando, ou dormindo, é como se estivéssemos hibernando, pois, nossos sonhos estão perdendo a chance de se tornarem realidade. Os nossos sonhos, que existem para serem realizados, não vão se realizar se continuarmos dormindo em estado de hibernação. Por isso, ao invés de ficarmos escutando palavras de desalento e desânimo, nunca é tarde demais para embarcarmos em uma nova direção, viver uma nova história ou construir um novo sonho, sem sequer olhar para trás.

Nessa perspectiva, sonhe um sonho, apaixone-se por ele, amando-o até a sua realização. E quando o realizar, sonhe outros. Tenha convicção de que ou você constrói o seu próprio sonho, apaixonando-se por ele e lutando diuturnamente, de forma árdua e extenuante para realizá-lo, ou "fará parte da construção do sonho de alguém" (AD). Sonhe, transforme esse sonho num projeto de vida, planeje, trace metas para concretizá-lo, trabalhe muito com métodos e disciplina e esteja certo de que o resultado será a vitória. Com planejamento, metas, métodos, disciplina, compromisso, luta e trabalho diário, a força universal vai ajudá-lo. Mas nunca se esqueça de se perguntar constantemente quanto vale o seu sonho, pois quando você conseguir afirmar que o seu sonho não tem preço, não abrirá mão dele por nada e lutará cada minuto, cada hora, cada dia, cada semana, cada mês e cada ano, com todas as suas forças e energia, até que consiga realizá-lo. "Existem três tipos de pessoas: as que sonham, as que matam seus sonhos e as que vivem insanamente suas vidas para realizá-los" (Leandro Vieira). Logo, "nunca deixe que suas memórias sejam maiores que os seus sonhos" (Douglas Ivester).

E nessa empreitada pelo empreendedorismo, a primeira pessoa que você vai ter que vencer é você mesmo, pois você é a única pessoa capaz de desistir, ou não, dos sonhos de criar um empreendimento de sucesso. Com efeito, "se você desistir uma vez, isso se torna um hábito. Logo, nunca desista" (AD). Ou, pelo menos, "não desista nas primeiras tentativas. A persistência é amiga da conquista". Se for desistir de criar algum empreendimento nesta vida, desista de desistir ou, especialmente, "desista de ser fraco" (Bill Gates). Melhor dizendo, nunca desista daquilo que não sai da sua cabeça e você pensa todos os dias, pois quando você desiste de algo na vida, desiste de tudo que vem depois. Com efeito, "se não puder voar, corra. Se não puder correr, ande. Se não puder andar, rasteje. Mas continue em frente de qualquer jeito" (Martin Luther King), pois "sempre é cedo demais para desistir" (Norman Vincent Peale). Por fim, "não importa quão forte você bate, mas quanto aguenta apanhar e continuar sem desistir". É assim que se ganha, haja vista que "todo campeão foi um dia um competidor que se recusou a desistir" (Rocky Balboa). Onde você não chega com talento, chega com raça e sacrifícios.

Entretanto, nunca se esqueça de que "sonho é igual planta: se você não a regar diariamente, ela morre" (Caio Carneiro). Logo, você tem que alimentar o seu sonho diariamente para mantê-lo vivo até ser concretizado e, depois, começar a sonhar de novo, e de novo, e de novo.

Não tenha medo de sonhar e de realizar o seu sonho. Mas se tiver medo, apenas respeite-o, sem deixar que ele o afete, pois segundo Franklin Roosevelt,

| características dos empreendedores |

"a única coisa que devemos temer é o nosso próprio medo", pois uma "mente cheia de medos não tem espaço para sonhos, já que a vida começa onde nossos medos terminam" (AD). Saiba que as pessoas de sucesso e bem-sucedidas também têm medo e respeitam os seus medos, mas que jamais se deixam afetar ou paralisar por eles. É que o medo, o friozinho na barriga, sempre estará presente no nosso dia a dia, consistindo num "estado de alerta". Entrementes, o medo é importante e benéfico para que tenhamos a consciência de nos prepararmos da melhor forma possível para enfrentar as nossas tarefas diuturnas. Apenas o pânico ou o excesso de medo é que pode ser prejudicial, pois causa a incapacidade de nossas ações.

Tenham sempre em mente que "sonhos ou pensamentos conduzem a sentimentos. Sentimentos conduzem a ações. Ações conduzem a resultados" (T. Harv Eker).

Nessa linha de ponderação, importante registrar que eu sou um homem de sonhar muitos sonhos. Já que "o homem de um sonho só, é um pobre de espírito e de um espírito pobre. Nasci para sonhar muitos sonhos e venho ao longo desses anos sonhando vários, realizando alguns, tentando outros e uns poucos restam sepultados na cova do tempo" (AD). E a sonhar sonhos impossíveis, pois "só o impossível é digno de ser sonhado. O possível colhe-se facilmente no solo fértil de cada dia" (AD).

Quando eu me refiro a sonhos impossíveis, eu me refiro a sonhos grandes, mas plausíveis, exequíveis e realizáveis. Jamais a sonhos irrealizáveis, inexequíveis, mirabolantes ou delirantes, como criar uma máquina para voltar no tempo. Nesse sentido, já ensinava Steve Jobs quando asseverou que "ser o mais rico do cemitério não é o que mais importa para mim... Ir para a cama à noite e pensar que fiz alguma coisa grande: isso é o que mais importa para mim". Logo, "nutra a sua mente com grandes pensamentos, pois você nunca irá mais alto do que você pensa" (Benjamin Disraeli).

Todos os nossos sonhos grandiosos e impossíveis podem ser tornar realidade se tivermos paciência, coragem e persistência para persegui-los, pois "é sempre divertido fazer o impossível" (Walt Disney) e "a única forma de chegar ao impossível é acreditar que é possível" (Lewis Carroll). Nesse contexto, "não deixe mentes pequenas convencerem você de que seus sonhos são grandes e impossíveis" (Lenildo Silva). "Se você pode sonhar, você pode fazer" (Walt Disney). E "cada sonho que você deixa para trás é um pedaço do seu futuro que deixa de existir" (Steve Jobs). Haja vista que "não é verdade que as pessoas param de perseguir os sonhos porque elas envelhecem, elas envelhecem porque param de perseguir sonhos" (Gabriel Garcia Marquez).

Além disso, "o impossível é dividido em várias partes possíveis. É extremamente importante se dedicar sempre e diuturnamente às partes possíveis, para conquistar o impossível. Foque na execução da etapa de hoje, e depois na de amanhã, e assim por diante. O cumprimento e a execução das diversas fases farão com que você atinja o impossível. As metas de longo prazo são construídas pela soma das várias metas de curto e de médio prazo. Trabalhe e concentre-se na meta de hoje e não pense no quanto falta para atingir a meta maior. Suba um degrau de cada vez e pare de se preocupar com quantos degraus ainda faltam subir. Faça isso um dia após o outro. Só vai existir um amanhã vitorioso se você tratar muito bem tudo o que fizer hoje" (Caio Carneiro).

Logo, é imperativo pensar grande. Queira ser "Alexandre, o Grande", nunca "Alexandre, o Médio" e jamais, "Alexandre, o Pequeno". Se você pensa grande, você pode não conseguir tudo que pensa, mas o pouco que conseguir já será enorme. Se pensa pequeno, não conseguirá quase nada ou até mesmo nada. Jorge Paulo Lemann, o maior empreendedor do Brasil e um dos maiores do mundo, ensina que sonhar grande dá o mesmo trabalho que sonhar pequeno. De fato, o trabalho é o mesmo.

Nesse sentido, "insculpir o caráter! Suba alto. Suba longe. Seu objetivo é o céu; seu alvo, as estrelas" (texto insculpido no Willians College – EUA). Outrossim, "não falta dinheiro no mundo, o que falta são pessoas pensando grande" (AD). Logo, "não tenha medo da grandeza. Alguns nascem grandes, alguns alcançam a grandeza e alguns têm a grandeza imposta a eles" (William Shakespeare). "Vá até onde a sua vista alcançar e, ao chegar lá, você conseguirá enxergar mais longe" (J. P. Morgan). "Só aqueles que arriscam ir longe demais podem descobrir até onde é possível chegar" (T. S. Eliot).

Nesse diapasão, registramos que todas as pessoas de sucesso pensam grande. Aquelas mentalmente fracas pensam pequeno, pois é máxima universal que "só conseguimos aquilo que verdadeiramente almejamos" (T. Harv Eker). É muito verdadeiro o adágio que diz que "se você atirar nas estrelas, atingirá pelo menos a lua" (AD). Por outro lado, as pessoas de mentalidade pequena e pobre não atiram nem no telhado de sua própria casa, e depois ficam se lastimando, lamuriando-se e se perguntando por que não acertam nem na cumieira. "Quem pensa pequeno é porque morre de medo do fracasso e do sucesso e também porque se sente inferior e não merecedor do sucesso" (T. Harv Eker).

| características dos empreendedores |

Nessa perspectiva, ao longo desses meus anos de vida, venho sonhando meus sonhos grandes e impossíveis, carregando minhas cargas e meus fardos, mas seguindo sempre a filosofia de Nietzsche que, outrora respondendo a uma pergunta de um discípulo seu que lhe indagara: "Mestre, qual o melhor modo de subir esta montanha?", respondera: "Sobes sempre e não penses nisso". Tenha coragem e meta a cara, não fique pensando nas consequências que você vai conseguir. É que o feito é melhor que o perfeito, e o bom é inimigo do ótimo. Logo, é melhor fazer, mesmo que não seja perfeito e ótimo, mas faça. Ademais, além de sonhar e tentar realizar meus sonhos grandes e impossíveis, carregar minhas cargas e fardos, subir meus montes e montanhas, procuro ter sempre em mente o pensamento de Carlos Drummond de Andrade, que enfatizou: "Tenho apenas duas mãos e o sentimento do mundo". Ou seja, com apenas as minhas mãos, mas com muita sensibilidade, muito sentimento e muito amor. Para viver bem neste mundo cheio de adversidades, é necessário fazer tudo com muita sensibilidade, benquerência, compaixão e amor.

TER CORAGEM E OUSADIA EM TOMAR INICIATIVAS E ARRISCAR

A coragem, a ousadia, ter iniciativa e arriscar sempre são características constantes na vida do empreendedor de sucesso. Já ensinava Jeff Bezos que "se você decidir fazer apenas o que sabe que dará certo, estará deixando um monte de oportunidades para trás". Por outro lado, conforme enfatizou Christopher Robin, "sempre lembre que você é mais corajoso do que pensa, mais forte do que parece e mais esperto do que acredita". E nas palavras de Jim Rohn, "se você não está disposto a arriscar, esteja disposto a uma vida comum", pois conforme Mark Zuckerberg, "o maior risco é não correr nenhum risco". Nesse sentido, "existem dois tipos de riscos: aqueles que não podemos nos dar ao luxo de correr e aqueles que não podemos nos dar ao luxo de não correr" (Peter Drucker).

Não podemos deixar de trazer à baila a lição de Jorge Paulo Lemann, o maior empreendedor do Brasil, sobre tomar riscos. Para ele, o empreendedor tem que "aprender a tomar riscos aos poucos. Risco é importante. Quem não toma risco não faz coisas grandes". Entretanto os riscos têm que ser divididos em partes menores, têm que ser calculados e de preferência compartilhados com outros. Riscos desnecessários são suicídios.

Nesse contexto, como foi assinalado anteriormente por Augusto Cury, "ser um empreendedor é executar os sonhos, mesmo que haja riscos. É enfrentar os problemas, mesmo não tendo forças. É caminhar por lugares desconhecidos, mesmo sem bússola. É tomar atitudes que ninguém tomou. É ter consciência de que quem vence sem obstáculos triunfa sem glória. É não esperar uma herança, mas construir uma história".

Por fim, é alvissareiro afirmar que o empreendedor é altamente corajoso, ousado, corredor de riscos, além de ser determinado, perseverante, persistente e obstinado. Entretanto, "muitas coisas não ousamos empreender por parecerem difíceis, mas são difíceis porque não ousamos empreendê-las" (Sêneca), pois "empreendedorismo significa, antes de tudo, ousadia" (Fernando Scheuermann).

Cumpre registrar que eu sempre fui um sujeito altamente ousado, corajoso e tomador de riscos em diversas oportunidades em minha vida. A começar quando deixei minha família, em Rondônia, com apenas quatorze anos, e fui sozinho morar no Nordeste. Depois, quando deixei o emprego no escritório de advocacia do meu tio Nivan Bezerra, mesmo antes de me formar, para montar a minha empresa de cobrança. Posteriormente, quando pedi exoneração do cargo vitalício de Magistrado Federal do Trabalho para assumir a função de Procurador do Trabalho do Ministério Público da União. Mas sempre com um propósito maior, o de criar coisas e projetos, empreender e transformar sonhos em realidade.

PLANEJAR – PLANEJAMENTO ESTRATÉGICO

É oportuno frisar que "uma meta sem um plano é somente um desejo" (Saint-Exupéry). E, para vencer, é preciso transformar o talento em ação, a vontade em planejamento, a insegurança em determinação, ter os pés no chão e vencer a insegurança, subindo um degrau de cada vez. Com efeito, "um plano razoável executado hoje é melhor que um plano perfeito que sempre fica para semana que vem" (George Patton).

Entretanto, não basta criar um plano e deixá-lo no papel. É mister elaborar o plano, traçar metas e, com métodos, disciplina e muita determinação, trabalhar muito para cumprir o plano. Não tenha apenas planos. Planeje. "Viver nesta sociedade digital e disruptiva é como viver em tempos de guerra. E, em tempos de guerra, planejamento é imprescindível. Planos são inúteis" (Dwight Eisenhower).

Nesse contexto, há de ser rememorado que não existe empreendimento de sucesso sem planejamento eficaz. O planejamento eficaz faz com que você erre menos e alcance os resultados de forma mais rápida e efetiva. Logo, coloque no papel o plano de negócios. Ele deve reunir todas as informações que você precisa saber sobre o negócio, sobre o mercado e sobre a concorrência. Vale a pena investir em pesquisas de mercado, tanto para sondar a concorrência e o que ela está oferecendo quanto para conhecer melhor seus futuros clientes e o que eles querem. O plano também deve conter o planejamento financeiro detalhado para o período em que o negócio ainda não estiver dando lucro.

E por falar em planejamento estratégico, conta-se que Joãozinho foi se confessar. "Padre. Eu pequei. Transei com uma mulher casada que se diz séria". "Com quem estivestes, Joãozinho?". "Padre, eu disse meu pecado. Ela que confesse o dela". "Joãozinho, mais cedo ou mais tarde, vou descobrir. É melhor que me digas logo. Foi Maria Carolina, da padaria? Silvia Pascoal, da pastelaria?". "Por mim, jamais saberá". "Neide Furtado, da sorveteria?". "Nunca direi". "Simone Silva, da banca de revista?". "Não insista". "Dalva Cristina, da loja de roupas?". "Já disse para não insistir, padre". O padre rói as unhas e diz: "Joãozinho, você é um cabeça-dura. Mas, no fundo, no fundo, admiro sua discrição e reserva. Reze 20 Pai Nossos e 10 Ave Marias e vá com Deus". Joãozinho sai e se encontra com seu amigo Tião, que lhe pergunta: "E aí, conseguiu a lista?". Ele responde: "Sim. Tenho o nome de cinco mulheres casadas que estão pulando a cerca". Qual a conclusão que se extrai da anedota? É que o planejamento estratégico começa com a análise do mercado.

INFORMAÇÕES E CONHECIMENTO ACERCA DO EMPREENDIMENTO, DO MERCADO, DOS CONCORRENTES E DOS POTENCIAIS CLIENTES

O estudo, que proporciona conhecimento e visa a "substituir uma mente vazia por uma mente aberta é o nosso passaporte para o futuro, pois é capaz de abrir nossos horizontes e nos mostrar caminhos jamais conhecidos" (AD), haja vista que consoante Robert Fisher "o conhecimento é a luz através da qual você encontrará seu caminho".[13] Por outro lado, "é sempre possível alcançar a sabedoria calando-se, ouvindo, lembrando, mas, principalmente, estudando. E é a educação, e não o dinheiro, que faz a diferença e acrescenta valor ao caráter de uma pessoa" (AD). Mas, nunca deixe de escutar, porque escutar é mais importante do que falar. Por isso que temos dois ouvidos e apenas uma boca. "A arte de escutar é como uma luz que dissipa a escuridão da ignorância" (Dalai Lama).

Nesta linha, lembramos uma passagem do evangelho de João (8:32) que ensina: "Conhecereis a verdade e a verdade vos libertará". Ademais, auspicioso

---

13 FISHER, Robert. *O cavaleiro preso na armadura: uma fábula para quem busca a trilha da verdade.* Tradução de Luiz Paulo Guanabara. 28. ed. Rio de Janeiro/São Paulo: Record, 2018.

rememorar o que Freud ensinava: "Nunca tenha certeza de nada. A sabedoria começa com a dúvida". Por outro lado, "prefiro contratar um homem entusiasmado a um homem que sabe tudo" (John D. Rockefeller). Ainda, "pessoas que sabem de tudo trabalham para pessoas que estão sempre aprendendo" (AD), pois "aprender é a única coisa de que a mente nunca se cansa, nunca tem medo e nunca se arrepende" (Leonardo da Vinci). Nessa mesma linha, "viva como se fosse morrer amanhã. Aprenda como se fosse viver para sempre" (Mahatma Gandhi). "O dinheiro faz homens ricos, o conhecimento faz homens sábios e a humildade faz grandes homens". (Mahatma Gandhi). E "se você tiver ambição e conhecimento, poderá chegar ao topo na sua profissão, independentemente de onde começou" (Peter Drucker).

Agora, não se esqueçam de que para adquirir informações e conhecimento, a educação e o estudo devem ser assíduos, contínuos, ou seja, nunca podem ser interrompidos. É o chamado "conceito do aprendizado contínuo", uma vez que não apenas o conhecimento avança, mas ele também se transforma. Foi-se o tempo em que a pessoa se formava numa instituição de ensino superior, conquistava o diploma, colocava o anel no dedo e vivia o resto da vida com os conhecimentos que ela tinha adquirido na graduação. A necessidade de um aprendizado contínuo e constante consiste numa característica de um mundo em constante mudança, cujo aprendizado adquirido fica obsoleto mais rapidamente.

É que "o velho modelo de conquistar um diploma e depois adquirir experiência foi substituído por um modelo em que continuamos voltando à escola para reaprender. As pessoas precisam se perguntar continuamente o que farão nos próximos 12 meses para se manterem atualizadas. É importante continuar aprendendo independentemente do passado ou idade" (Martyn Davies).

Doutro lado, nas palavras de Samuel Arbesman em seu livro *The half life of facts*,[14] "nosso conhecimento tem uma vida útil, que está ficando mais curta [...]. O conhecimento é uma selva, em que uma teoria mata a teoria anterior, ou a engloba. Além disso, um mundo mais complexo exige mais especialidades e, ao mesmo tempo, a inovação ocorre pelo trânsito entre áreas de conhecimento distintas. Ou seja, há uma dança entre especializações e criação, de pontes com outras áreas para desenvolver a rede de conhecimento da sociedade".

A velocidade da vida aumentou drasticamente. O mundo não está convergindo, mas divergindo. Logo, "os analfabetos do século XXI não serão aqueles

---

14 ARBESMAN, Samuel. *The half life of facts: why everything we know has an expiration date*. Nova York: Penguin Putnam Inc., 2013.

que não sabem ler e escrever, mas aqueles que não sabem desaprender e depois reaprender" (Martyn Davies).

Hoje, pessoas que se destacam são aquelas que buscam qualificação contínua, que não se conformam com o comum, que não desistem no primeiro "não", que vencem suas limitações, que planejam com cautela as suas atividades e que são proativas.

As pessoas vencedoras, ricas, de sucesso e prosperidade passam a vida estudando e se aprimorando diuturnamente. As pessoas negativas, pobres de espírito e de mentalidade, pensam que já sabem de tudo e não se qualificam e se aprimoram. "As três palavras mais perigosas que depõem contra as pessoas são escritas com apenas sete letras: eu já sei. Uma planta que não cresce mais está morrendo. Isso também vale para as pessoas e para quaisquer outros organismos vivos. Os que aprendem continuadamente herdarão a terra, enquanto os que já sabem tudo estão magnificamente equipados para viver no mundo que não existe mais. Se você não estiver aprendendo continuadamente, será deixado para trás" (T. Harv Eker). Ademais, um dos maiores sábios do mundo, que foi Sócrates, afirmou há muito tempo: "Eu só sei que nada sei".

Logo, comprometa-se a aprender e a se qualificar ao máximo que puder, de forma constante e perene, pois a repetição é a "mãe da aprendizagem". E, para tanto, aconselha-se a gastar um percentual de seus rendimentos na chamada "conta da instrução", ou seja, comprando livros, revistas, vídeos, filmes etc. Mas não basta comprar material que lhe proporcione conhecimento. Mister se faz estudar neles e fazer tudo para aprender (T. Harv Eker).

Agora, não podemos nos esquecer da importância da prática, pois tão importante quanto aprender é colocar em prática o que aprendemos, já que "nós somos o que fazemos sempre. A excelência não é uma ação, ela é um hábito" (Aristóteles). Ademais, "a prática sem teoria é como embarcar em um mar inexplorado. A teoria sem a prática é não embarcar de jeito nenhum" (Mervyn W. Susser). Teoria sem prática é o mesmo que engordar a nossa mente, é como uma "obesidade mental".

Outrossim, um grande sinal de inteligência é procurar conhecer a si mesmo, eis que "a maior sabedoria que existe é a de conhecer a si próprio" (Galileu Galilei). Por outro lado, procure amizades e companhias apenas de pessoas que podem aumentar os seus conhecimentos. É preciso conviver com pessoas que constantemente acrescentem algo ao seu preparo intelectual e com isso ajudá-lo a conquistar o sucesso.

Por outro lado, muita gente acredita que o conhecimento é algo intrínseco às pessoas empreendedoras e colocam o conhecimento em segundo lugar. Ledo engano. Muita gente tem vontade de empreender e abrir o próprio negócio, mas acaba desistindo por falta de informações e de conhecimento sobre o negócio, sobre os concorrentes, sobre a clientela e sobre o mercado.

"Os grandes empreendedores nunca souberam empreender, mas sabiam aprender" (Condiolov), pois "empreender é aprender, que é conhecer, que é viver, que é vencer" (Isaac Ramiris Zetune). "Um empreendedor não pode ficar cego e navegando a derivas sem conhecer o mar em que se está trafegando" (Marina Santana Marcos). E saiba que "os maiores empreendedores da história, no mesmo estágio em que você se encontra, não tinham tanto conhecimento e nem acesso a ele como você tem hoje" (Frank Betin). Na sociedade digital e conectada em que vivemos, está muito mais fácil aprender, pois tudo está disponível na internet. Difícil era outrora, quando ela não existia, e foi nessa época que surgiram grandes empreendedores que o mundo conhece. Nesse sentido, "um grande empreendedor possui três pilares como sustentáculos de seus empreendimentos: conhecimento, resultado e lucro" (Duilho Laviola Pedrosa).

Apesar de todas as dificuldades, eu passei a minha vida inteira tendo o estudo como um pilar de sustentabilidade de minha existência, sempre na busca de informações e conhecimento para construir uma vida melhor. Na minha adolescência, mesmo tendo estudado em escolas públicas, sempre buscava me preparar para estar entre os melhores da sala. Na idade universitária fiz dois cursos superiores ao mesmo tempo. Direito, na UFPE, e Letras, na Unicap, além de estudar simultaneamente inglês e francês. Após a conclusão das graduações, fiz o curso de especialização em Direito Processual do Trabalho, pela Esmape; pós-graduação Latu Senso em Direito do Trabalho, pela Unicap; pós-graduação em Direito Coletivo, pela Organização Internacional do Trabalho (OIT), além de ter realizado, na Universidade Federal de Pernambuco, os cursos de mestrado e doutorado em Direito Público. Ainda, sempre procurei fazer cursos de preparação e qualificação profissional nas diversas áreas em que ousava empreender, pois o conhecimento outrora já era a base de tudo. Imagina hoje, nessa sociedade do conhecimento, tecnológica, digital e disruptiva em que estamos vivendo.

Por fim, o conhecimento angariado por meio da educação é tão importante que vou ilustrar com uma anedota. Conta-se que um padre está dirigindo por uma estrada quando vê uma freira em pé, no acostamento. Ele para, oferece uma carona e a freira aceita. Ela entra no carro, cruza as pernas, revelando como eram lindas. O padre se descontrola e quase bate com o carro. Depois de controlar o carro e evitar um acidente, ele não resiste e coloca a mão na perna da freira. A freira olha para ele e diz: "Padre, lembre-se do Salmo 129!". O padre, sem graça, responde: "Desculpe irmã, a carne é fraca...", e tira a mão da perna da freira. Mais uma vez, a freira assevera: "Padre, lembre-se do Salmo 129!". Só que o padre não tinha conhecimento do Salmo 129. Chegando ao seu destino, a freira agradece e, com um sorriso enigmático, desce do carro e entra no convento. O padre, assim que chega à igreja, corre, pega a Bíblia e vai ler o Salmo 129, que diz: "Siga em frente, não desista, mais acima encontrarás a glória do paraíso". A conclusão que se extrai da anedota ou a moral da história é a seguinte: se você não está bem informado e não tem profundo conhecimento sobre o seu trabalho, suas atividades, seu mister, sobre o seu empreendimento, sobre o mercado e sobre seus concorrentes, você pode perder excelentes oportunidades.

DETERMINAÇÃO

Outra importante característica do empreendedor de sucesso é a determinação. Com efeito, é de crucial importância sermos decididos, ousados, audazes e determinados em alcançar os nossos sonhos e criarmos os nossos empreendimentos, pois como já foi asseverado anteriormente por Anthony Robbins,[15] a "determinação é o toque de despertar para a vontade humana". E para sermos determinados, decididos e destemidos na busca de realizarmos nossos sonhos, temos que ter sempre conosco uma motivação para nos dar energia e força para tal realização.

À guisa de ilustração, trazemos à baila o exemplo do amigo e juiz federal William Douglas. Ele ensina em suas palestras e escritos que, quando estudava para o concurso de juiz federal, sempre andava com um contracheque deste cargo no bolso e constantemente ficava observando aquele documento e quanto um juiz federal recebia de salário. Isso fazia com que ele ficasse extremamente motivado para estudar para o concurso, não desanimasse ou desistisse das longas e infindáveis horas de estudo e continuasse na luta, estudando dia e noite para conseguir passar no concurso. Com a determinação e a motivação necessárias, passou no concurso para juiz federal entre os primeiros colocados. Essa simples lição de determinação e motivação para conseguir um cargo público se aplica, da mesma forma, ao empreendedorismo.

---

15 ROBBINS Anthony. *Desperte o gigante que há em si*. Portugal: Lua de Papel, 2015.

Por conseguinte, como já assinalado anteriormente, para criar e termos sucesso em nossos empreendimentos temos que ser determinados e ter "fome de sucesso" e a nossa jornada em busca dele terá que ser "do tamanho da nossa determinação" e da nossa obstinação, pois sucesso e fracasso caminharão sempre juntos, lado a lado. "Seja você quem for, seja qual for a posição social que você tenha na vida, a mais alta ou a mais baixa, tenha sempre como meta muita força, muita determinação e sempre faça tudo com muito amor e com muita fé em Deus, que um dia você chega lá. De alguma maneira você chega lá" (Ayrton Senna).

Uma das minhas fortes características é a determinação. Quando decidi fazer o concurso para a Magistratura Federal do Trabalho, no afã de ser aprovado, eu tracei planos e metas de estudar seis horas por dia durante três anos. E com muita determinação, compromisso e disciplina, eu estudava diariamente as seis horas planejadas, inclusive aos sábados, domingos e feriados. Mesmo quando eu não podia estudar as seis horas em um determinado dia, por qualquer motivo que fosse, inclusive doença, nos dias seguintes eu tinha que pagar as horas que eu tinha deixado de estudar. Era uma regra que eu tinha que cumprir em face da meta estabelecida de estudar seis horas por dia. Graças a isso, mesmo antes de completar os três anos de planejamento, consegui estudar o programa três vezes e, depois de reprovar em alguns concursos, passei entre os primeiros colocados no concurso da Magistratura Federal do Trabalho do Tribunal Regional do Trabalho da 6ª Região.

PERSISTÊNCIA, PERSEVERANÇA E OBSTINAÇÃO

Além de sermos determinados, ousados e audaciosos em criar os nossos empreendimentos, temos que ser persistentes, perseverantes e obstinados. Só assim seremos superadores de dificuldades e de adversidades. "Não importa o quão devagar você vá, desde que você não pare" (Confúcio). O que separa os bem-sucedidos dos malsucedidos é a persistência, e aquele que não luta pelo futuro que quer, tem que aceitar o que vier. Com efeito, seja persistente, perseverante e até obstinado naquilo que você quer fazer que você vai conseguir, pois água mole em pedra dura, tanto bate até que fura.

Nesse sentido, "empreendedores viajam em um carro chamado imaginação, tendo a criatividade como copiloto, a meta como motor e a persistência como combustível" (Tom Coelho). "Os empreendedores falham, em média, 3,8 vezes antes do sucesso final. O que separa os bem-sucedidos dos outros é a persistência" (Lisa M. Amos). E "eu estou convencido de que metade do que

| características dos empreendedores |

separa os empreendedores bem-sucedidos dos malsucedidos é pura perseverança" (Steve Jobs).

Outras características que aprendi a cultivar em minha vida foram a persistência e a perseverança. Antes de montar o Grupo Ser Educacional, eu fui sócio de uma universidade em Recife. Entretanto, por motivos diversos, a sociedade não prosperou. Eu saí da parceria e lutei com perseverança para criar a minha própria instituição. Com a ajuda de um consultor, preparei os projetos para o credenciamento da Faculdade Maurício de Nassau com seis cursos de graduação e protocolei os projetos perante o Ministério da Educação no ano 2000. De forma persistente e obstinada, lutei com todas as minhas forças para aprová-los. Em maio de 2003, tive o privilégio de ter a primeira faculdade credenciada, cujas atividades iniciaram-se em 11 de agosto daquele mesmo ano.

E por falar em persistência, conta-se que certo dia, na missa, o padre ganhou um pássaro chamado curió para rifar na quermesse e angariar fundos para a igreja. Quando termina a missa, Joãozinho vai ao padre e diz: "Padre, me dá esse curió de presente". O padre responde: "Não, Joãozinho. É para rifar na quermesse para a igreja ganhar um dinheirinho". Quando abre a igreja para a missa da noite, lá está Joãozinho: "Padre, dá o curió para mim". O padre responde: "Já disse que é para rifar na quermesse para a igreja angariar fundos. Não posso". Joãozinho vai embora e o padre vai dormir, mas logo acorda com alguém batendo na janela: era Joãozinho: "Padre, me dá o curió de presente". O padre, tão irritado pela insistência, persistência e perseverança de Joãozinho, diz: "Leva essa merda e não me enche mais o saco! Que Deus me perdoe". No outro dia, no confessionário, Mariazinha vai se confessar com o padre. "Seu padre, o Joãozinho me cantou. Disse que quer transar comigo". O padre responde: "Quem? Joãozinho? Então dá logo, dá logo, dá logo, que não tem jeito, não. Esse moleque, além de ser muito chato, é muito persistente e não vai desistir nunca. Que Deus me perdoe". Qual a moral da história? A lição que ela nos passa? Seja persistente, perseverante e até obstinado naquilo que você quer fazer, que você vai conseguir.

Portanto sejamos persistentes, perseverantes e até obstinados para superarmos os nossos obstáculos e às nossas adversidades e transformarmos os nossos sonhos de criar nossos empreendimentos em realidade, mas, com muita paciência, sem pressa, sem afobação e sem precipitação. É que a calma, a paciência e a tranquilidade constituem-se num poder extraordinário, num "superpoder". Basta observarmos e aprendermos com a Lua, pois ela se move devagar, em velocidade constante, e atravessa o mundo milhões de vezes. Logo, tenha sempre grandes reservas de paciência, "nunca se afobe ou nunca dê vazão às emoções. Domine-se e dominará os outros. Vagueie pelas vastas dimensões do tempo rumo ao centro da oportunidade. A hesitação sábia tempera os acertos e amadurece os segredos. A muleta do tempo é mais poderosa do que a clava de aço de Hércules. Um maravilhoso ditado: "O tempo e eu enfrentamos quaisquer outros dois. A sorte dá recompensas maiores àqueles que esperam" (Baltasar Gracián). Lembre-se sempre que a pressa é inimiga da conquista. "É paixão dos tolos a pressa: como não descobrem o fundamental, agem afobadamente. Os sábios, ao contrário, costumam pecar por hesitação, pois é da previsão que nasce o preparo. Os tolos não param ante nada, os sábios, ante tudo. Um lema grandioso: apressar-se devagar" (Baltasar Gracián).

Logo, tenha calma e paciência. Não se apresse, não se afobe, não se precipite, porquanto, na sua luta para vencer é mais importante a direção do que a pressa e a velocidade. Quanto mais pressa e precipitação numa direção errada, mais você se afasta do sucesso e da prosperidade.

E por falar em precipitação, conta-se que nasceu um bebê e minutos depois ele começou a falar: "Eu nasci para viver só quatro dias. Minha mãe vai morrer daqui a seis dias. Meu pai vai morrer daqui a 15 dias". Em quatro dias, o menino morreu. Em seis dias, a mãe morreu. O pai ficou apavorado porque o próximo seria ele. Vendeu tudo que tinha e gastou todo o dinheiro, com farras, bebidas e mulheres. Quinze dias depois, morre o vizinho. A conclusão, a moral da história é a seguinte: não se precipite, não se afobe, não tenha pressa. Tenha paciência, pois a precipitação pode jogar você num precipício, num abismo sem fim.

OTIMISMO E POSITIVIDADE

O otimismo e a positividade constituem-se em características essenciais do empreendedor. Com efeito, auspicioso notar que o otimismo consiste na certeza de que o melhor virá sempre, pois "é a fé que leva à realização". É que "o mundo pertence aos otimistas: os pessimistas são meros espectadores" (Dwight Eisenhower). Eis que "o pessimista vê dificuldade em cada oportunidade; o otimista vê oportunidade em cada dificuldade" (Winston Churchill). Com efeito, "otimistas demais não enxergam o abismo. Pessimistas demais não percebem que dá para atravessar" (AD). Ademais, eu penso como Jorge Paulo Lemann, quando frisou que: "Eu nunca conheci nenhum pessimista bem-sucedido".

Nesse contexto de reflexões, "existem duas maneiras de encarar qualquer coisa na vida: de forma positiva ou de forma negativa. A positiva vai sempre lhe ajudar,

| características dos empreendedores |

dando ânimo e energia para seguir em frente. A negativa sempre vai lhe atrapalhar anulando os seus esforços. Você não pode fazer tudo apenas com o pensamento positivo. Mas, pode fazer tudo muito melhor do que se estiver com o pensamento negativo. A positividade não faz você vencer sozinho, mas sem ela é impossível obter vitórias. Entretanto, ser positivo não é ser alienado, não é achar que um milagre vai acontecer e resolver a questão. Você tem que ser o milagre, é você quem deve fazer o milagre acontecer, haja vista que a positividade nunca deve ser utilizada para negar uma realidade ou fugir de uma desafio, achando que tudo vai se resolver por conta própria" (Caio Carneiro).

Lembre-se sempre que por si só o nosso cérebro já tem um mecanismo chamado de "viés otimista" e implica a propensão do cérebro humano em enxergar o amanhã como uma grande promessa, ou seja, o nosso cérebro tem a capacidade de elaborar uma estratégia que faz com que nossos neurônios tendenciem ao otimismo, sobretudo para o futuro.

Por outro lado, a negatividade é "contagiosa como um vírus". "Toda pessoa negativa tem um problema para cada solução. Para cada solução que se apresenta a pessoa negativa traz um novo problema" (Mário Sergio Cortella). Para essas pessoas "não há o que fazer". Doutra parte, a positividade não é uma qualidade intrínseca ao ser humano, não é uma característica inata ou inerente a ele. É uma habilidade que pode ser desenvolvida, adquirida e assumida como opção de vida. Portanto, é imperativo você desenvolver o otimismo e a positividade, pois isso vai fazer com que a sua vida seja muito mais prazerosa e vitoriosa. Além disso, "é muito fácil ser positivo quando as coisas estão dando certo, quando a sua família está com saúde e os seus negócios estão progredindo. A positividade é testada e deve ser utilizada quando o mundo ao seu redor estiver desmoronando" (AD). Nesse momento é que esse "padrão de comportamento" deve aparecer. É muito fácil ser positivo quando tudo está dando certo. Bom no bom é muito bom. Quero ver bom no ruim ou bom no péssimo.

Entrementes, ser otimista e positivo é difícil e dá muito trabalho, porquanto a pessoa tem que estudar, preparar-se, lutar e trabalhar duro. Por outra parte, "ser pessimista é muito mais simples, pois a pessoa não precisa fazer nada, apenas esperar que as coisas não aconteçam" (Mário Sergio Cortella).

Eu defino o pessimista, o negativista, como uma pessoa desprovida de qualquer coragem, um folgado, um fraco, um doente, detentor de uma doença chamada de esquizofrenia mental. Muito mais radical que a minha definição é a de Mario Sergio Cortella, que assevera: "[...] o pessimista é antes de tudo um vagabundo. A única coisa que o pessimista faz é sentar e esperar dar errado. Ele fala: 'Espera que você vai ver que não vai dar certo. Espera mais um pouco que você vai ver a merda que vai dar'".

Portanto não deixe seus pensamentos negativos mandarem em você. Quem manda na sua mente e em seus pensamentos, positivos ou negativos, é você. De agora em diante, decida que quem irá mandar em seus pensamentos é você. Logo, qualquer pensamento negativo deve ser substituído por um positivo que te favoreça, já que é você quem manda em sua mente e pode escolher os seus pensamentos. Os pensamentos negativos podem lhe custar caro, principalmente em "energia e saúde". "Você tem o poder de controlar sua mente. Nenhum pensamento mora de graça na cabeça de ninguém... Escolha então alimentar somente aqueles que o fortalecem e recuse-se a se manter concentrado nos que o debilitam e o prejudicam. Quando surgir em sua mente um pensamento negativo ou prejudicial a você, simplesmente cancele esse pensamento e pense em outra coisa. Esse processo é chamado de 'pensamento poderoso'" (T. Harv Eker).

Finalmente, jamais poderemos permitir que pessoas *pessimistas* e *negativas*, os chamados "matadores de sonhos", os "desaceleradores de pessoas", os que sofrem da doença, da patologia ou síndrome do vitimismo, do miseralismo, do sem sortismo ou do coitadismo, atrapalhem a realização de nossos sonhos. Devemos fechar os ouvidos e ignorar essas pessoas, que, por não terem coragem de sonhar, ousar, trabalhar e lutar, tentam nos convencer de que nós não temos esse direito. Façamos como "Ulisses, o herói grego, na Odisseia de Homero, que tampou os ouvidos ao canto das sereias que queriam lhe matar" (Carlos Wizard).

Temos que aprender com a lição das águias. Elas não têm medo de voar sozinhas e em grandes alturas. Isso nos ensina que temos que nos manter longe de quem só quer nos empurrar para baixo. Pense que "será necessário se afastar dos pombos para começar a voar com as águias" (AD). Ademais, "quando pessoas negativas começarem a sair da sua vida, coisas positivas vão começar a chegar" (Leandro Lima). Com efeito, afaste-se dos falsos amigos, e lembre-se: "Para conhecermos os amigos é necessário passar pelo sucesso e pela desgraça. No sucesso, verificamos a quantidade e, na desgraça, a qualidade" (Confúcio). Por fim, sejamos criadores de sonhos e incentivadores da realização deles, além de sermos aceleradores de pessoas, jamais matadores de sonhos ou desaceleradores de pessoas. "A pessoa pessimista, negativa e que só faz se queixar, torna-se um "ímã de coisas ruins" vivo e pulsante. Nunca fique na companhia de pessoas que vivem reclamando, pois a energia negativa é contagiosa" (T. Harv Eker).

Nesse sentido, seja sempre otimista com positividade. Acredite em você, pois tudo que você desejar na vida, você alcançará, principalmente o sucesso no empreendedorismo, já que querer é poder. O pensamento positivo tem poder, mas o negativo tem muito mais. Quem acredita que vai falhar "precisa vencer o desafio de sua própria negatividade, esforço desnecessário". "Uma mente negativa, não te permite ter uma vida positiva" (AD).

AUTOCONFIANÇA

Importante frisar que a autoconfiança também consiste numa característica imprescindível do empreendedor de sucesso. A autoconfiança que consiste em ter confiança em si mesmo é muito mais do que ter meros conhecimentos técnicos ou práticos, experiência de mercado etc. Trata-se de acreditar no seu potencial. Achar-se capaz de alcançar seus objetivos, acreditando em si mesmo. É uma característica necessária em tudo o que fazemos. Pessoas autoconfiantes inspiram confiança, transmitem mais credibilidade e acabam sendo mais poderosas e influentes.

A importância da autoconfiança está na capacidade de um empreendedor se sobressair em ambientes cada vez mais competitivos e que exigem uma postura diferenciada daqueles que almejam alcançar o ápice. Quanto mais autoconfiante a pessoa se tornar, mais segura ela será em seu trabalho, em seu empreendimento, enfim, na realização de seus sonhos e projetos.

Nesse sentido, empreendedores autoconfiantes, cuja característica não é inerente nem inata e pode ser desenvolvida com o tempo, não recuam diante dos obstáculos que encontram no caminho pessoal e profissional, principalmente na criação do seu empreendimento. Não desistem jamais, mesmo quando tudo parece estar contra e conspirar contra seus objetivos. Tomam para si a responsabilidade sobre seus atos e conseguem reunir forças para se levantar e seguir em frente. Sabem que podem criar e construir empreendimentos e chegar ao sucesso melhorando suas próprias estratégias. Cultivam bom humor, que influencia seus liderados no ambiente de trabalho, e procuram tentar aprender sempre mais para fazer o seu melhor. A história nos traz grandes exemplos de empreendedores que falharam, mas que por serem autoconfiantes, nunca desistiram: Walt Disney foi demitido de seu trabalho em um jornal por sua falta de imaginação e de boas ideias; Abraham Lincoln perdeu sete eleições antes de se tornar presidente dos Estados Unidos; Steve Jobs foi demitido da própria empresa; J. K. Rowling foi rejeitada por diversas editoras antes de conseguir publicar o primeiro livro de

"Harry Potter". Jack Ma, fundador e presidente da empresa Alibaba, reprovou três vezes nos exames para a faculdade; foi rejeitado 10 vezes por Harvard; candidatou-se 30 vezes a empregos, mas foi recusado por todos; foi o único entre 24 candidatos rejeitados pelo KFC, na China; o único entre seis candidatos rejeitados pela polícia. Mas graças à determinação e à autoconfiança, criou a empresa Alibaba e se tornou o homem mais rico da China, com uma fortuna de aproximadamente 39 bilhões de dólares. Finalmente, antes da fama, os Beatles fizeram uma audição com a gravadora Decca e foram recusados com a desculpa de que a guitarra elétrica estava saindo de moda e que eles não tinham nenhum futuro na música. Como bem sabemos, eles não desistiram. Três meses depois foram contratados por outra gravadora e se tornaram um fenômeno mundial. O que há em comum em todos esses exemplos de empreendedores é que eles não desistiram nunca e acreditaram em seu potencial e em sua autoconfiança.

AUTOESTIMA ELEVADA

Nunca despreze a autoestima como característica dos empreendedores de sucesso. A autoestima consiste na capacidade de a pessoa gostar de si mesmo. É o julgamento que cada um faz de seu próprio eu. É importante registrar que a autoestima se forma ao longo da infância, com base na educação e no tratamento recebido dos familiares, amigos e professores. É de primacial importância o ambiente e o contexto em que a criança cresce, pois esse meio pode edificar ou destruir a confiança dela. Se os pais tornam a criança um ser dependente, ela pode se tornar imbuída de falsas crenças, o que contribui para sua baixa autoestima.

Por outro lado, "se a criança tem uma capacidade inata para o aprendizado e é produtiva na escola, isso contribui automaticamente para sua autoestima. Nessa relação com a esfera educativa, incluindo o relacionamento com os colegas, vê-se esse sentimento se desenvolver bem cedo. Nesse momento a criança é facilmente influenciada e moldada pelos que a cercam, especialmente os pais, que são para ela o modelo de comportamento, a imagem em que ela se reflete. Assim se formam os elos de amor ou de ódio, que refletirão imediatamente na formação da sua autoestima. Se os filhos crescem em um ambiente depreciativo, em meio a zombarias e ironias, sua autoimagem será naturalmente inferior. Esse mesmo padrão pode se repetir na escola e com o círculo de amigos, o que reforçará esse sentimento" (Ana Lúcia Santana).

Há maneiras que podem elevar a autoestima dos indivíduos. Uma delas é o autoconhecimento. Ademais, eleva-se também a autoestima o simples ato de cuidar da aparência física com o objetivo de adquirir prazer ao olhar no espelho. Por outro lado, valorizar as qualidades, deixando de superestimar os defeitos, aprender com as vivências experimentadas ao longo da vida, saber desenvolver amor e carinho, ouvir a intuição acreditando que se tem o merecimento de ser feliz, de ser amado, bem como desfrutar os prazeres mais simples da vida, também se constituem em formas de ampliar a autoestima das pessoas. Nesse contexto, "o indivíduo receberá mais tranquilamente os elogios e afetos, e aprenderá a retribuí-los, diminuindo sua ansiedade, tendo mais coerência em seus sentimentos; não terá tanta necessidade de receber a aprovação alheia, será mais flexível, sua autoconfiança crescerá, bem como seu amor próprio, sua produtividade profissional será incrementada e, acima de tudo, ele sentirá uma intensa paz interior" (Ana Lúcia Santana).

Logo, na busca pela construção do empreendimento de sucesso, perene e sustentável é preciso ter consciência de suas qualidades e de suas fraquezas, ou seja, é preciso ter autoconhecimento e autoestima. A percepção que temos de nós mesmos precisa ser honesta para que possamos melhorar a cada dia.

Por conseguinte, temos que cultivar e potencializar a autoconfiança e a autoestima em nossas vidas. Mister se faz sair do óbvio, do padrão, da caixa, do lugar comum e do piloto automático e viver sempre com otimismo, positividade, autoconfiança e autoestima. O cultivo do otimismo, da positividade, da autoconfiança e da autoestima estimula nossa "eficiência, resiliência e produtividade", levando-nos a níveis mais elevados de desempenho.

RESILIÊNCIA

Importante frisar que foi por meio da educação e de muito estudo que eu consegui adquirir certo grau de conhecimento. E foi por meio de muito trabalho e de muita resiliência que eu consegui empreender e construir vários e importantes empreendimentos em minha vida.

O estudo e muito trabalho me fizeram passar em diversos concursos públicos. A resiliência me permitiu empreender com sucesso e ingressar na lista da Forbes. Inicialmente, criei o Bureau Jurídico – Cursos para Concursos; mas, para criá-lo e fazê-lo crescer, tive que vender o meu carro, uma linha telefônica, que na época valia dinheiro, e pagar todos os investimentos e dívidas com parte do salário que recebia como procurador do Trabalho. O estudo, o trabalho, o empreendedorismo e a resiliência também me proporcionaram criar a Faculdade Maurício de Nassau, embrião do Grupo Ser Educacional, o maior grupo educacional do Norte e Nordeste, e o quinto do país; ter fundado a Associação Brasileira das Faculdades Isoladas (ABRAFI), da qual fui presidente por quase dez anos; ter sido vice-presidente da Associação Brasileira das Mantenedoras do Ensino Superior (ABMES) por dois mandatos e, hoje, atual presidente; ter sido presidente do Fórum das Entidades Representativas do Ensino Superior; ter casado com uma das mulheres mais lindas e inteligentes do planeta e ter sido agraciado por ela e por Deus com três lindos filhos, além de ter podido ajudar meus pais e irmãos, me transformado num bom palestrante, apesar de ser extremamente tímido, e ter escrito vinte livros. Devo tudo isso ao estudo, ao trabalho, ao empreendedorismo e, principalmente, à resiliência.

Não estou dizendo isso para me gabar, mas para mostrar a potência de quatro forças extraordinárias e insuperáveis, quais sejam: educação, trabalho, empreendedorismo e resiliência.

Nas palavras de Leo Babauta,[16] "a resiliência consiste na capacidade de superar os problemas, desafios e adversidades que surgem na vida, adaptar-se e aprender com eles, sem ser tragado pelos mesmos".

É sabido e consabido por todos que os empreendedores passam por inúmeras dificuldades e problemas diariamente, sejam grandes ou pequenos. Só não têm dificuldades e problemas quem já é defunto. O que os faz superarem essas dificuldades e problemas é uma força extraordinária chamada de resiliência.

Saiba que a resiliência não é intrínseca nem inerente ao ser humano. Ela pode ser desenvolvida e adquirida gradativamente, desde que o empreendedor aprenda a se nortear por três princípios fundamentais:

Qualquer que seja o problema, grande ou pequeno, veja o seu lado bom e aprenda com ele

Toda situação – de adversidade, erro ou fracasso – pode ser uma grande aprendizagem, um professor para o seu crescimento pessoal. Encontre nela o prazer e a alegria, pois cada dificuldade ou problema traz com ela um encantamento. Todas as adversidades pelas quais passar, tenha-as como parte de seu crescimento pessoal. É que as jornadas de sua vida só valem a pena pelas dificuldades e adversidades que você vai passar. Veja-as como parte de seu crescimento pessoal.

---

16 BABAUTA, Leo. Artigo *Como desenvolver uma resiliência extraordinária*. Portal Administradores, 2018.

Segundo Shawn Achor,[17] devemos ver os problemas como desafios, não ameaças. Ele chama isso de cair para cima, ao invés de cair para baixo. Para ele, após cada falha, crise ou catástrofe, três coisas podem acontecer: ou nada muda, ou a pessoa fica presa em um espiral negativo e mais coisas ruins acontecem, ou a pessoa fica mais forte do que nunca. Em suas palavras, a parte boa é que sempre que algo ruim acontece, o cérebro cria vários cenários e alternativas imaginárias, e é aí que a pessoa deve assumir o controle. Ela tem que escolher e acreditar no cenário alternativo que vai fazê-la trabalhar mais em vez de fazê-la desistir. Um grande exemplo disso é Michael Jordan, que conta: "errei mais de 9 mil cestas e perdi quase 300 jogos. Em 26 diferentes finais de partidas fui encarregado de jogar a bola que venceria o jogo... e falhei. Eu tenho uma história repleta de falhas e fracassos em minha vida. E é exatamente por isso que sou um sucesso".

Com efeito, o "fracasso é sinônimo de sucesso se aprendermos as lições" (Malcolm Forbes). "Se você não falhar em pelo menos 90% das vezes, seus objetivos não foram suficientemente ambiciosos" (Alan Kay). É que o sucesso é 90% feito de fracassos, porquanto, "o sucesso é ir de fracasso em fracasso sem perder o entusiasmo" (Winston Churchill). E "nossos melhores sucessos vêm depois das nossas maiores decepções e fracassos" (Henry Ward Beecher). Na mesma linha, "o fracasso ou insucesso é apenas uma oportunidade para recomeçar de novo com mais inteligência" (Henry Ford). E tenha sempre em mente que "quando tudo parecer estar contra você, lembre-se que o avião decola contra o vento, não com a ajuda dele" (Henry Ford). E saiba que é "na escola que você aprende a lição e depois faz a prova, mas é na vida que você faz a prova e depois aprende a lição" (AD).

Ademais, aprendam com os erros dos outros. Aprender com os erros dos outros é mais barato e menos doloroso que aprender com os seus. Mas, se errar, aprenda também com os seus próprios erros e levante-se mais fortalecido para não errar de novo.

Procure, dentro do possível, ser tolerante, flexível, maleável, complacente, condescendente e transigente com as situações adversas

A tolerância e a flexibilidade são qualidades que ajudam os empreendedores a viverem melhor e mais felizes. Adapte-se a todas as situações para superar

---

17 ACHOR, Shawn. *O jeito Harvard de ser feliz*. São Paulo: Saraiva, 2012.

todas as adversidades, vencer na vida mais facilmente e ser mais feliz. Nesse sentido, escreveu Baltasar Gracián: "Epicteto diz que a mais importante regra da vida está em saber tolerar todas as coisas: com isso ele resumiu metade da sabedoria. E quem não sabe como aguentar os outros deve se recolher em si próprio, se é que consegue tolerar". Quando estiver numa adversidade, pergunte-se como é possível ser tolerante e flexível para sofrer menos. A aspereza, a rigidez, a dureza, a austeridade, a severidade, a inflexibilidade, a rudeza e o rigor trazem muitas frustrações.

Tenha compaixão e seja bondoso com o seu semelhante

Tenha sempre o sentimento da compaixão. Deseje sempre o melhor para você e também para o seu próximo, procurando ajudá-lo na medida do possível. "A missão da nossa vida é acrescentar valor à vida das pessoas desta geração e das gerações seguintes" (Buckminster Fuller). "Quanto mais gente nós ajudarmos, mais sucesso teremos nos planos mental, emocional, espiritual e financeiro" (T. Harv Eker). E "enquanto respirarmos é porque nossa missão ainda não chegou ao fim" (Richard Bach).

Entretanto, use a compaixão sempre levando em consideração o princípio da razoabilidade, haja vista que "a bondade que nunca repreende não é bondade: é passividade; a paciência que nunca se esgota não é paciência: é subserviência; a serenidade que nunca se desmancha não é serenidade: é indiferença; a tolerância que nunca replica não é tolerância: é imbecilidade" (AD).

Nesse diapasão, se me perguntassem: "Quais as principais características mais importantes de todas para quem quer ser empreendedor?", eu responderia: sonhar sonhos impossíveis e ser resiliente! A capacidade de sonhar, transformar o sonho em um projeto de vida, trabalhar muito e seguir em frente mesmo com os obstáculos e as adversidades que surgem no caminho até concretizá-lo, pois "os melhores empreendedores foram aqueles que saíram do fundo do poço" (Luciano Rodrigues).

CRIATIVIDADE E INOVAÇÃO

Estamos vivendo uma nova era, uma nova sociedade que deixou de ser meramente globalizada, mundializante, aldeia global, para se transformar numa sociedade tecnotrônica, tecnológica, digital, disruptiva. Como criar um empreendimento, sobreviver, crescer e ter sucesso com perenidade, sustentabilidade e rentabilidade nessa nova era disruptiva e cheia de desafios?

Importante lembrar que, hoje, os competidores das pessoas físicas não são mais apenas aquelas pessoas domiciliadas na sua cidade, no seu Estado, na sua região, ou no seu país. São aquelas que têm domicílio mundial, ou seja, que vivem em qualquer parte do planeta, em virtude da aldeia global. Por outro lado, os competidores das pessoas jurídicas, ou seja, das corporações empresariais, não são mais as empresas tradicionais, que fazem a mesma coisa que a sua companhia faz. "Trata-se de um novo exército de players que estão atacando os players tradicionais" (AD). São, na verdade, as empresas de softwares, ou empresas de programas ou ferramentas de computadores, como a Google, Apple, Microsoft, IBM, Amazon etc. Essas empresas de softwares irão, em pouco tempo, levar à bancarrota a maioria das empresas arcaicas e tradicionais que existem hoje, caso elas não adotem, de forma rápida e eficaz, as inovações tecnológicas que estão surgindo, pois, segundo Marshal Goldsmith, "o que nos trouxe até aqui não tem o poder de nos levar para a frente".

Essa nova era, que deixou de ser apenas globalizada, mundializante, aldeia global, para se transformar em tecnotrônica, tecnológica, digital e disruptiva, faz com que haja um acirramento da competição e da concorrência, e isso está afetando radicalmente a vida das pessoas físicas e jurídicas. Com efeito, como sobreviver nessa nova era em que o mercado se mostra cada vez mais multiespecializado e competitivo?

As pessoas físicas só conseguirão sobreviver, superar os desafios e as adversidades, desenvolver-se, ter sucesso, prosperidade e vencer na vida por meio da qualificação e do aperfeiçoamento profissional constante e perene. A qualificação e o aperfeiçoamento profissional se obtêm adquirindo conhecimento e informação. Conhecimento e informação só se adquirem por meio da educação, eis que a educação hoje é universal, e o conhecimento e a informação, chamados de capital intelectual, são muito mais importantes que os recursos materiais, como fator de desenvolvimento humano, considerados instrumentos de poder.

Por outro lado, os empreendimentos e as empresas só conseguirão sobreviver neste mundo digital e disruptivo com sustentabilidade, perenidade e lucratividade, oferecendo serviços e produtos, principalmente para as gerações Y (ou *millenials*) e Z (ou *centennials*), se, constantemente e diuturnamente, reinventarem-se em sua inteireza. Nesta era, "não é o mais forte quem sobrevive, nem o mais inteligente. Quem sobrevive é o mais disposto à mudança" (Charles

Darwin). Nesse sentido, a reinvenção passa por diversas ações, a começar pela reflexão constante sobre como sobreviver em caso de ameaças radicais, indagando-se constantemente o que pode aniquilar a empresa e buscando respostas rápidas e eficazes. Em segundo lugar, é extremamente necessário viver em estágio constante de *esquizofrenia fecunda, rendosa e produtiva*, que consiste no processo em que todos os colaboradores da companhia vivam e trabalhem no mais alto índice de *estresse lucrativo*. Em terceiro lugar, imperativo se faz que a empresa não prescinda da utilização de modelos ou sistemas modernos de gestão para a performance organizacional, especialmente o chamado *Sistema da Responsabilidade Social Empresarial*. E, por fim, nunca deixar de utilizar a *criatividade* e, principalmente, a *inovação*, na performance do desenvolvimento organizacional.

Criatividade

É neste mundo globalizado, tecnológico, digital e disruptivo que a *criatividade* dos indivíduos cada vez mais vem sendo requisitada. Hoje, ser criativo é pré-requisito em casa, na escola, no trabalho, no amor, na relação interpessoal, na criação dos filhos, enfim, na vida como um todo. Urge, portanto, que busquemos de todas as maneiras, novas formas de pensar, de idealizar, de agir, de atuar, de criar, de realizar, de concretizar e de transformar.

No contexto, frise-se que *criatividade* e *inovação* são conceitos inexoravelmente vinculados, entretanto, totalmente diferentes, mas usualmente confundidos.

A *criatividade* é o passo anterior à inovação. Ela começa com uma ideia, que, colocada em prática, inicia-se o processo de *inovação*. Com efeito, podemos dizer que a *criatividade* consiste no instrumento essencial da inovação, pois usar a criatividade para criar coisas e processos, nada mais é do que inovar. Por outro lado, "o melhor conceito de *"inovação"* é o que a define como "execução de ideias", desde que essas criações ao serem implementadas, de fato gerem valor para as pessoas" (Henrique Carvalho).

Logo, importa registrar que a criatividade humana é ilimitada. Em todos os povos, tempo e espaço existem inúmeros exemplos de como os seres humanos foram capazes de criar para descobrir, proteger, defender, curar, libertar, superar, vencer, sobrepujar, enfim, para viver. "Um exemplo secular para ilustrar nosso ponto de vista foi o grande cavalo de madeira dado como presente pelos gregos. Em seu interior, um exército pronto para invadir e dominar a cidade de Troia" (Marcus Tavares).

| características dos empreendedores |

Com efeito, "a *criatividade* é uma das principais chaves para conseguir sobreviver num mundo caótico e de poucas oportunidades. Não é à toa que as livrarias oferecem livros de autoajuda que ensinam o caminho para potencializar a criatividade" (Marcus Tavares).

Não é ocioso dizer que a *criatividade* não é inerente nem inata ao ser humano nem tampouco fruto de talento ou dom. Por mais que uns possuam ela mais forte do que outros, todos possuem plena capacidade de desenvolvê-la, pois ela pode ser desenvolvida e aprimorada com o passar do tempo desde que haja muito treino.

O século XXI será o século das criações e das mudanças. Nos últimos 50 anos, mais coisas foram criadas que nos últimos cinco mil anos. Nos próximos dez anos, mais coisas serão criadas e modificadas do que nos últimos 100 anos. Daí a importância de as empresas incentivarem os seus colaboradores em todos os seus departamentos a serem criativos, oferecendo, inclusive, premiações para os que mais se destacarem no item criatividade.

"Em tempos de crise econômica, o que se destaca é a criatividade. Empreendedor não é somente aquele que busca algo novo e, sim, aquele que consegue usar as ferramentas que tem e fazer do seu negócio um verdadeiro atrativo" (Sara Azzo). Nessa perspectiva, "o empreendedor utiliza os recursos disponíveis de forma criativa, transformando o ambiente social e econômico onde vive" (José Carlos Assis Dornelas). "Por meio da criatividade, o empreendedor identifica uma oportunidade e cria meios para persegui-la e realizá-la" (AD).

Para ilustrar a importância da criatividade, conta-se que um pequeno fazendeiro lá do sertão de Pernambuco resolve colher algumas pinhas em sua propriedade. Pega um balde vazio e segue rumo às árvores frutíferas. No caminho, ao passar por um açude, ouve vozes femininas e acha que, provavelmente, algumas garotas devem ter pulado a cerca e estão tomando banho no referido lago. Quando chega ao local, observa várias garotas nuas tomando banho. Quando elas percebem a sua presença, nadam até a parte mais profunda do açude e gritam: "Nós não vamos sair daqui enquanto o senhor não deixar de nos espiar e for embora". O fazendeiro pensa, pensa, aguarda e depois responde: "Eu não vim aqui para espiar vocês, não, moças, eu só vim aqui alimentar os jacarés!". Qual a conclusão, a ilação que se extrai da anedota? Qual a moral da história? É que a criatividade é o que faz a diferença na hora de atingirmos os nossos objetivos mais rapidamente e mais facilmente.

Sempre procurei ser criativo em minha vida. Desde a época em que era engraxate de rua, com oito anos de idade, na cidade de Naviraí, no Mato Grosso, quando engraxava sapatos e tocava samba com a flanela de envernizar o sapato. Até hoje não esqueci a técnica de tocar samba com a flanela. Os clientes adoravam. Quando vendia laranjas e depois picolés de casa em casa, eu gritava na porta da casa que o picolé era importado da América, procurando ser criativo para despertar o interesse do comprador. Eles ficavam sem entender. Mas dava certo! Procurei ser extremamente criativo quando abri a empresa de cobrança com a marca Janguiê Cobranças, criando modernas técnicas de cobrar com o mínimo de aborrecimento para o cliente. Posteriormente, fui muito criativo quando fundei o Bureau Jurídico – Desenvolvimento Profissional, encarregado de preparar os estudantes para os concursos públicos da Magistratura, do Ministério Público e de delegado de Polícia Civil e Federal, utilizando técnicas modernas de ensino, unindo a teoria à prática.

A criatividade também imperou quando eu próprio criei a marca da minha primeira faculdade, a Faculdade Maurício de Nassau, hoje UNINASSAU, o brasão e a combinação de cores do próprio brasão. Ademais, acho que fui criativo quando repassei para a agência de publicidade que contratei para fazer a primeira campanha da faculdade, a ideia de como deveria ser a primeira campanha em que eu utilizava o sucesso e a credibilidade do Bureau Jurídico para dar suporte ao novo empreendimento que eu estava iniciando.

Não menos criativa foi a idealização, por mim, da segunda faculdade que fundei, a Faculdade Joaquim Nabuco, hoje UNINABUCO; a criação da marca do Centro Universitário do Rio de Janeiro, chamado de Centro Universitário Universus Veritas, a Univeritas; pois eu queria criar uma marca universal para poder ser implantada em qualquer lugar do planeta; a criação do programa sobre empreendedorismo, apresentado por mim no Youtube, no Portal de Notícias Leiajá e na TV Caras, chamado Vem Ser S/A – A Trajetória de Empreendedores de Sucesso; a marca, a metodologia e o currículo da nova escola de ensino médio, sensação da atualidade, denominada de Escola Conecta – uma escola de Pensamento Global.

Mas a maior demonstração de criatividade ocorreu quando eu estudava para o concurso da Magistratura Trabalhista. Naquela época, criei uma técnica que, para mim, foi inovadora e decisiva na aprovação rápida do concurso. O objetivo da técnica visava a fazer com que eu pudesse memorizar o vasto programa do concurso mais rapidamente e com mais eficácia. Na preparação para a realização da primeira prova, que era composta por questões objetivas, a técnica consistia na resolução das questões de todos os concursos pretéritos. Resolvi, na época, quase cinco mil questões de concursos anteriores. Para a realização da segunda prova, a chamada prova subjetiva, eu estudava a matéria em três livros diferentes. Ou seja, utilizando três autores diferentes. Sublinhava os principais pontos dos textos. Posteriormente, com a minha velha máquina de datilografar Remington, eu datilografava os principais pontos sublinhados, fazendo o primeiro resumo. Depois, estudava o resumo, sublinhando os principais pontos dele. Posteriormente, datilografava-os novamente, criando um resumo do resumo. E, por fim, sublinhava os pontos-chaves daquele novo resumo e, mais uma vez, datilografava os pontos-chaves, fazendo o resumo do resumo do resumo, o que me fazia memorizar com mais profundidade a essência de cada ponto. Além disso, para mostrar aos examinadores erudição, eu criei o meu próprio dicionário de brocardos, que são máximas ou axiomas sobre cada assunto, inclusive de axiomas em latim. Cheguei a ter um dicionário próprio de quase três mil axiomas. E na segunda prova subjetiva, e também na terceira, que consistia na elaboração de uma sentença, utilizei vários dos axiomas para mostrar aos examinadores conhecimento e erudição sobre o assunto.

Inovação

Sobre *inovação*, é alvissareiro ressaltar que muitos empreendedores acreditam que inovação está ligada apenas à utilização de novas tecnologias, ou ao uso de estratégias de comunicação. Ledo engano. A utilização de novas tecnologias ou de estratégias de comunicação constituem-se apenas em instrumentos ou aspectos de inovação.

Entretanto, a tecnologia ainda é um dos mais importantes instrumentos de inovação. As empresas precisam evoluir tecnologicamente em virtude da Revolução Digital, também chamada de Quarta Revolução Industrial, que estamos vivendo. Elas têm, necessariamente, que migrar para o mundo digital, sob pena de padecer da síndrome ou da doença da antiga empresa Kodak, que faliu por não acompanhar as mudanças tecnológicas.

Nesse contexto, embora o Brasil esteja entre as dez maiores economias do mundo e seja a maior economia da América Latina e Caribe, do ponto de vista de inovação tecnológica, ele ocupa uma posição muito modesta na lista dos países mais inovadores do mundo. Enquanto a Suíça é considerada o país mais inovador do mundo, situando-se em primeiro lugar por sete anos consecutivos, o Brasil, entre 2017 e 2018, ocupa apenas a 64ª posição, atrás de todas as economias emergentes, como China, Turquia, México, Índia e África do Sul, de acordo com o Índice Global de Inovação (IGI), por meio de estudo realizado pela universidade de Cornell, dos Estados Unidos, em parceria com a Organização Mundial da Propriedade Intelectual (OMPI, ou, em inglês, Wipo), que avalia o grau de inovação de 127 nações. Mesmo se compararmos os 18 países da América Latina, a lista tem o Chile em primeira colocação (47ª no mundo) e a Costa Rica em segundo (54º no mundo), México (56ª), Uruguai (62ª) e Colômbia (63ª), ficando o Brasil apenas na sexta colocação.

A inovação, hoje, é tão importante para a sobrevivência das empresas que muitas companhias já estão criando departamentos de inovação e direcionando um percentual da receita líquida para investir nesse setor, como sempre fizeram em relação à publicidade. Como exemplo citamos o setor químico, petroquímico e farmacêutico, que já gasta cerca de 3.8% da receita líquida em inovação. Por outro lado, grande parte das empresas de serviço, incluindo as educacionais, também já estão gastando cerca de 2% da receita líquida com inovação, o que mostra que já está havendo uma mudança radical de tendência.

Com efeito, "a inovação é um requisito primordial para uma sociedade sustentável. É uma questão imperativa para o Brasil se destacar como fator de competitividade" (Paulo Afonso, vice-presidente da Confederação Nacional da Indústria). Nesse mesmo sentido, "a inovação é o grande caminho para uma revolução produtiva" (Guilherme Afif Domingos, presidente do Sebrae).

Apesar de o Brasil ter empresas líderes em inovação tecnológica, como a fabricante de aviões Embraer, considerada a empresa mais inovadora do Brasil na lista das 150 mais do anuário Valor Inovação Brasil de 2017, os recursos da União destinados a esse setor são baixíssimos, além de faltar um planejamento eficiente e eficaz do Governo Federal para promover pesquisas voltadas para a ciência e tecnologia.

Gostaria de lembrar a todos que o orçamento para a Inovação, Ciência e Tecnologia deve ser considerado como investimento, jamais como gasto. Nesse contexto, é urgente que os governantes tomem medidas radicais para melhorar a capacidade do país em Inovação, Ciência e Tecnologia, sob pena de as empresas brasileiras serem profundamente penalizadas e não terem capacidade de competir em uma economia global.

As empresas que não conseguiram se reinventar e inovar, sucumbiram, faliram ou foram engolidas ou incorporadas por outras, porquanto as fórmulas

| características dos empreendedôres |

e os segredos de gestão de sucesso do passado se tornaram obsoletos e sucumbiram às mudanças radicais do presente, pois não servem mais para o mundo globalizado, tecnológico, digital e disruptivo. Empresas que, no passado, foram exemplos de uma gestão bem-sucedida quebraram, como a Atari, que era líder mundial em games até os anos 1980, e quebrou em 2013, pois não conseguiu concorrer com a Nintendo; A Polaroid, que era ícone no passado, foi à falência, pois não tem mais sentido carregar um grande equipamento para imprimir fotos na hora quando os smartphones trazem câmeras com alta resolução e memória interna que permitem escolher as melhores fotos; a Blockbuster, rede americana de locadoras de vídeo, quebrou com a chegada da Netflix, por não acompanhar a evolução tecnológica do mercado audiovisual para streaming; a Kodak, empresa que popularizou a fotografia no mundo, quebrou em 2012, com o advento da fotografia digital, dando origem ao brocardo "Síndrome da Kodak", em referência às empresas que não conseguem acompanhar a revolução tecnológica e vão à falência.

Logo, nos dias de hoje a inovação não é apenas um diferencial ou uma vantagem da empresa. Ela é considerada uma questão de sobrevivência, uma das condições para permanecer no jogo competitivo e até mesmo a única fórmula da sobrevivência. Com efeito, na atualidade, é imprescindível que a inovação esteja no DNA, ou seja, na cultura da empresa, sob pena de ela chegar à bancarrota ou ser vendida para outra inovadora.

Entrementes, como já asseverado, inovação não consiste apenas em utilizar tecnologias modernas. Inovar, no empreendedorismo, ou inovação empresarial, é muito mais do que isso. É um modelo ou um sistema de gestão que consiste *na forma rápida e eficaz de constatar os desejos, os desafios, as demandas e as necessidades apresentadas pelos clientes, atuais e potenciais, e, com a utilização de todos os instrumentos legais e todos os meios eticamente lícitos, principalmente o tecnológico, solucioná-los, equacioná-los e superá-los de forma útil, econômica, efetiva, célere, surpreendente e encantadora*. Ou seja, inovar, hoje, é prestar atenção e escutar os clientes, atuais e potenciais, identificar suas necessidades e desejos e atendê-los de forma *surpreendente e encantadora* por meio de todos os meios lícitos e legais utilizados no mundo do empreendedorismo. Daí a necessidade de valorizar e motivar o capital humano, as cabeças pensantes, o capital intelectual, único capaz de inovar.

Esse novo panorama exige das empresas, principalmente, investimento na inovação. É preciso cativar o cliente de forma cada vez mais especial e diferenciada. Isso porque, no mundo multiconectado, você pode comprar o mesmo produto de uma empresa local ou de uma do outro lado do globo. Os fatores decisivos serão detalhes que farão a oferta mais atraente para cada cliente. Daí a importância de estar conectado com a clientela, analisando constante e reiteradamente as tendências de consumo, as necessidades do público-alvo, para atendê-las de forma criativa e inovadora. É preciso, mais do que nunca, ser "amigo" do seu cliente, criar laços, ter intimidade, entusiasmá-lo e encantá-lo.

O mundo tem mudado cada vez mais rápido. O mercado, então, ganha novas "regras" constantemente e a tendência é que esse movimento se identifique com as próximas gerações. Cabe às marcas saberem acompanhar essa evolução e oferecerem produtos e serviços sempre atrativos, diferenciados e personalizados. A pena para a não observância dessas premissas é, inevitavelmente, a falência.

E para surpreender e encantar o cliente, seja de qualquer geração, com responsabilidades redobradas, estão na linha de frente das empresas os seus respectivos colaboradores, que devem estar altamente motivados. Segundo Carlos Glosn, presidente mundial da Renault, uma das principais coisas que fazem a diferença é a motivação. Se a pessoa perder a motivação, aos poucos, perde tudo. Uma empresa nunca quebra hoje. Quebra cinco anos antes. Não é a falência financeira, é a falência motivacional. Os motivados enxergam oportunidades nas dificuldades... os desmotivados enxergam dificuldade nas oportunidades. "É preciso ter *motivação* para entrar na academia, mas principalmente para continuar frequentando. O mesmo vale para o empreendedorismo" (Samy Dana), haja vista que "a *motivação* é o que faz o empreendedor começar e o hábito é o que o faz continuar" (Jim Rynn), pois "a *motivação* induz o empreendedor a buscar respostas e soluções para suas habilidades e seus talentos" (Helgir Girodo).

"Empreender não está restrito à abertura de empresas. Uma atitude empreendedora está relacionada à maneira como você conduz a sua vida no âmbito profissional e pessoal. Pensar além, *inovar* e reinventar-se são formas de despertar o empreendedor que existe dentro de cada um de nós" (Helena Machado), já que "o empreendedor é um indivíduo que é criativo, *inovador*, arrojado, que estabelece estratégias que vão delinear seu futuro" (AD). Nesse sentido, "as cinco essenciais habilidades empreendedoras para o sucesso são concentração, discernimento, organização, *inovação* e comunicação" (Michael Faraday), e "a *inovação* é o instrumento específico do empreendedorismo, o ato que confere aos recursos uma nova capacidade de criar riqueza" (Peter Drucker).

| características dos empreendedores |

A inovação, hoje, faz parte do meu DNA e também da cultura do Grupo Ser Educacional. Logo quando criei a Faculdade Maurício de Nassau, embrião do Grupo Ser, inovamos criando a chamada prova colegiada. Ela consiste numa prova elaborada pela própria instituição e não pelo professor. Isso faz com que o professor seja obrigado a ministrar todo o programa da grade curricular e não apenas assuntos que ele domina ou gosta. Se não ministrar, os alunos serão prejudicados, pois, a prova da instituição cobra todo o programa da disciplina e o professor será responsabilizado. Isso tem ajudado, sobremaneira, a recrudescer a qualidade de ensino das nossas instituições. Inovamos, ademais, com a criação do Centro de Relacionamento com o Aluno (CRA), objetivando melhorar o nível de satisfação do aluno. Estamos inovando, implementando a transformação digital do Grupo Ser Educacional. A partir de 2019, todas as instituições do Grupo deixam de ser instituições educacionais transmissoras de conhecimento para se transformarem em instituições de tecnologia digital, transmissoras de conhecimento. Mas o que muito me orgulha como característica consagradora de nossa cultura de inovação foi a criação, em Recife, Pernambuco, do Centro de Inovação e Aceleração de Startups, chamado de Overdrives, conforme as considerações a seguir.

Overdrives – Centro de Inovação e Aceleração de Startup em Recife-PE
Startups são empresas nascentes, cujo produto e/ou serviço digital tem capacidade de ser repetível e escalável em seu mercado-alvo, mesmo em condições de incertezas devido ao alto grau de inovação nas soluções apresentadas. Quando falamos das comunidades de *startups* estamos falando de uma das principais estratégias que reduzem o risco de morte desses negócios. Assim como o conhecido Vale do Silício, diversas cidades no mundo ficaram conhecidas por atrair e desenvolver diversas *startups* e é normal perguntar: o que faz de uma cidade uma boa comunidade para essas empresas?

Segundo Brad Feld, que estudou um fenômeno em Boulder (Colorado), cidade com uma das maiores concentrações de *startups* por habitantes no mundo, as comunidades que se destacam são as que estão pautadas nos seguintes pilares, que direcionam seu sucesso:

Quem lidera as comunidades são os empreendedores, eles identificam problemas locais e criam formas de resolvê-los.

Esses líderes veem a comunidade no longo prazo, segundo a pesquisa, uma visão de vinte anos à frente.

Os ambientes devem ser totalmente abertos às *startups* e pessoas que queiram interagir com a comunidade.

A comunidade deve executar atividades regulares que estimulem as interações entre empreendedores e possibilitem o desenvolvimento dos negócios.

Recife é uma das cidades com maior potencial de desenvolvimento tecnológico. A cultura digital é parte importante da economia local, resultado da permanência de muitas empresas que desenvolvem seus produtos e/ou serviços digitais na cidade. Além disso, nos últimos anos, diversas multinacionais viram em Recife um local para desenvolver uma base operacional forte. É fácil inferir que essa situação só aconteceu por histórico de boa formação tecnológica, especialmente na Universidade Federal de Pernambuco (UFPE).

Por outro lado, importa registrar que o Mindset Digital que está instalado em Recife também promoveu a evasão de muitos talentos técnicos para outras cidades e países. Muitos talentos da cidade migraram para as principais empresas de tecnologia do mundo, reflexo da qualidade dos profissionais que são formados na cidade. Felizmente, com o movimento das *startups*, iniciado por volta de 2010, muitos talentos que buscavam novos desafios fora de Recife decidiram ficar e empreender seus próprios negócios. Com o Manguez.al – nome atribuído à comunidade de *startups* do Recife –, muito mais pessoas viram um caminho para iniciar seus negócios na cidade, e hoje são mais de 150 *startups* criadas na capital pernambucana. Em pouco tempo, Recife se tornou uma das cidades com maior cultura de *startups* do país. Várias delas ganharam destaque por conquistas importantes e forte presença nos seus mercados-alvo. Hoje, as *startups* do Manguez.al são responsáveis pelas principais soluções inovadoras no contexto digital da cidade. Contudo, Recife nunca conseguiu se tornar atrativo para *startups* de outras cidades e/ou estados. As estruturas locais, até então, suportavam bem os empreendimentos da região. Por um lado, mais *startups* surgiam na cidade; por outro, a cidade deixou de ter maior diversidade nos negócios cujo objetivo era de se aproximar com empreendedores de outras localidades. Quando falamos das principais *startups* do país, há que ser enfatizado que existe uma concentração em sete cidades, quais sejam: São Paulo, São José dos Campos, Belo Horizonte, Florianópolis, Rio de Janeiro, Porto Alegre e Recife, todas com forte potencial de surgimento local e atração.

O surgimento do Overdrives tem o propósito de ser uma plataforma que apoia a criação e desenvolvimento de *startups* locais, mas também ser um ponto de atração de bons negócios para Recife. Com uma nova estratégia, o Overdrives se posiciona como um centro de inovação focado em *startups* de diversos mercados, com potencial de crescimento nacional e internacional, estando aberto às comunidades de *startups* pelo país, conectado com universidades, instituições e grandes empresas, além de estar inserido no ecossistema local. "Overdrives é a junção do legado cultural pernambucano com o Mindset Digital disruptivo que cresce fora de ciclos ou cadeias tradicionais de negócio" (AD). O Grupo Ser Educacional mantenedor do Overdrives, por meio dela conseguiu desenhar programas para descobrir e atrair boas oportunidades de negócio locais e externas. Ações que podem ser o primeiro passo para tornar Recife uma das capitais atraentes para o desenvolvimento de *startups*.

Importante lembrar que há um *gap* de suporte às *startups* que buscam o rompimento da primeira grande barreira para sucesso, a adequação do produto e/ou serviço com o mercado alvo. Nessa fase inicial, os riscos de falhas são grandes e demandam acompanhamento adequado, voltado à geração rápida e consistente de resultados e aprendizados que promovam o desenvolvimento do negócio. Os programas hoje executados pelo Overdrives cobrem dois problemas críticos na jornada de desenvolvimento dos negócios, por isso todo o processo foi pensado para promover mais e melhores resultados junto com os empreendedores desde os primeiros dias da jornada.

PROGRAMA DE RESIDÊNCIA. O programa de residência tem como principal objetivo acolher *startups* e apoiá-las para atingir resultados significativos em curto prazo. Nesse programa, as *startups* podem submeter seus negócios em qualquer nível de desenvolvimento. Elas serão analisadas e as selecionadas terão acesso aos mais de 1.200 metros de área de trabalho e às metodologias criadas para gerar resultados relevantes. A residência tem chamada contínua; nela, as *startups* são avaliadas sob alguns aspectos fundamentais: 1) que o negócio esteja ativo com fundadores dedicados; 2) ter pelo menos dois fundadores dispostos a estar no programa; 3) participar das atividades regulares de mentoria e eventos internos; 4) disposição para interagir com os demais empreendedores no escritório; 5) promover atividades de difusão do conhecimento com a comunidade local.

Todas as *startups* que entram no programa de residência passam por um processo inicial para definição de metas trimestrais – todos os times selecionados permanecem no programa por pelo menos dois ciclos desses. Com as metas definidas, o Overdrives se torna um agente facilitador na busca pelo resultado planejado. Ao longo do processo, o Overdrives promove conexões com o mercado, potenciais investidores e especialistas que troquem experiências com os empreendedores, reduzindo as chances de fracasso. Não há investimento financeiro do Overdrives nessas *startups*, nem participação societária, nesse programa. As *startups* apenas pagam importâncias que vão de R$ 250,00 a R$ 1.000,00 por mês para estarem no espaço como residentes.

PROGRAMA DE ACELERAÇÃO. No programa de aceleração, principal programa do Overdrives, foi criada uma metodologia pautada nas melhores práticas do mercado. Foram analisadas mais de 10 aceleradoras referência e como elas conquistaram o patamar dos melhores programas de aceleração do mundo. A metodologia de aceleração do Overdrives tem como objetivo identificar *startups* que estejam no momento de atingir o encaixe entre o produto e/ou serviço criado com o mercado-alvo – baseado do *Customer Development do Steve Blank* – para unir um investimento adequado com um processo de acompanhamento ativo e pontes fortes de conexão com o mercado. O processo acontece por chamadas – a primeira foi aberta até dia 13 de dezembro de 2018 – e dura seis meses, nos quais as *startups* são submetidas a um trabalho pautado em entregas e aprendizados rápidos, aumentando a assertividade na tomada de decisão. Por isso que para ser uma das *startups* selecionadas é preciso atender a alguns pré-requisitos, que são: 1) ter pelo menos dois sócios dedicados ao negócio e papéis distintos na estratégia do negócio; 2) ter claro o encaixe da solução com as demandas de mercado, mesmo que ainda não tenha clientes pagantes; 3) ter disposição para passar pelo processo em Recife; 4) vislumbrar os próximos passos do negócio no curto prazo de seis meses; 5) estar focado totalmente no desenvolvimento do negócio; 6) aceitar abrir as estratégias do negócio com o Overdrives, de modo que seja possível potencializar os resultados esperados.

Durante o Programa de Aceleração, os empreendedores terão acesso a uma rede de mentores, profissionais especialistas em diversas áreas. Além disso, a metodologia de acompanhamento suporta evoluções, mudanças e definições estratégicas do negócio, colocando os empreendedores para darem o máximo de si e buscarem resultados efetivos em pouco tempo. É esperado que nesse período os negócios evoluam numa velocidade acima do esperado pelo mercado, por isso que, desde a escolha dos negócios ao investimento, tudo é pensado no potencial de crescimento acelerado de cada *startup*.

No 1º ciclo há foco em seis mercados que estão ganhando força no cenário nacional; são eles: Educação, Finanças, Saúde, Logística, Varejo e Construção

Civil. Esse foco não impede que *startups* que atuam em outros mercados possam se inscrever. Hoje o investimento nas *startups* selecionadas no programa de aceleração é de aproximadamente R$ 100.000,00 por cerca de 10% do negócio, valores competitivos com outros programas já reconhecidos no mercado brasileiro.

Por fim, há um trabalho adicional do Overdrives em facilitar que as *startups* aceleradas continuem crescendo. O Overdrives busca futuros potenciais investidores, com isso os negócios podem continuar crescendo de forma consistente. O papel da aceleradora é buscar um resultado relevante e passar o negócio para uma próxima etapa da jornada.

POR QUE IR PARA O OVERDRIVES? Recife é uma das cidades mais promissoras para a operação de negócios digitais. Lá há talentos técnicos que veem Recife como lugar para se desenvolver profissionalmente. Existe uma comunidade madura e conectada para gerar melhoria contínua no ambiente de modo a facilitar o surgimento e o crescimento de mais *startups*. Ter o Grupo Ser Educacional, mantenedor da Uninassau, Unama, Uninabuco, UNG e Univeritas, apoiadora e também mantenedora do Overdrives, permite o surgimento de novos cursos que colocarão no mercado profissionais capazes de atuar nas áreas fundamentais de uma *startup*. Cursos como *Coding*, *Service Design* e Empreendedorismo Digital trarão um novo perfil de profissionais para o mercado, profissionais com um Mindset Digital intrínseco em suas atividades.

De Recife há conexões rápidas com as principais capitais do país, o que reduz a dificuldade de acesso estando sediado fora de grandes centros como São Paulo. Isso é apoiado por um movimento que cada vez mais as *startups* estão buscando cidades menores para ter como base, uma vez que as cidades mais assediadas geram custos adicionais cruciais para suportar o negócio. Se de Recife é possível reduzir os custos, acessar diversas cidades relevantes e talentos de qualidade, também é possível conectar com mentores de qualquer lugar, por isso o Overdrives tem como meta criar uma rede de especialistas que possam estar em contato com os empreendedores. Esses especialistas podem estar em qualquer lugar, mesmo assim haverá canais de acesso presencial e remoto. Logo, o Overdrives sabe que estar fora do eixo Rio, São Paulo e Belo Horizonte pode ser um fator que afasta empreendedores e suas *startups* da capital pernambucana. Mas, por outro lado, Recife mostra-se preparado para receber pessoas dispostas a fazer a diferença. Daquela cidade pode-se aprender mais sobre como ter uma operação eficiente para um crescimento consistente de qualquer *startup*.

TER FOCO

Sonhe em montar seu empreendimento e mantenha-se focado em seu sonho. Tentar fazer muitas coisas ao mesmo tempo consome muita energia e faz com que o empreendedor perca o foco. O evangelho de Mateus (7:13-14) ensina que: "entrai pela porta estreita: porque larga é a porta, e espaçoso o caminho que conduz à perdição, e muitos são os que entram por ela; e porque estreita é a porta, e apertado o caminho que leva à vida, e poucos há que a encontrem". Então, faça uma coisa de cada vez. Não queira ser pato, queira ser leão. O pato anda, corre, nada e voa, tudo muito mal. O foco auxilia o empreendedor a melhorar a "resolução da imagem" e ilumina o caminho a ser perseguido. O empreendedor focado não se distrai e cumpre todas as metas.

"O empreendedor de sucesso é aquele que, mesmo errando, não perde o foco e tenta outra vez" (AD), haja vista que "o foco é a bússola de todo empreendedor" (Sidharta Costa Pinto).

Um grande exemplo de empreendedor focado é o empresário João Carlos Paes Mendonça, fundador do grupo de supermercados Bom Preço, que depois foi vendido para o Walmart. Depois da venda, João Carlos entrou no ramo de grandes centros comerciais, como Shopping Centers, e hoje é dono do Grupo JCPM, considerado o terceiro grupo de Shopping Centers no Brasil. Para João Carlos, "o que caracteriza um bom empreendedor é a vocação e o *foco* no que faz, ser ético, ter vontade de trabalhar, ser austero nos gastos, persistente, assumir riscos, ter paixão pelo que faz, respeitar as pessoas em todos os níveis e gostar de gente". Segundo ele, "a história de um empreendedor de sucesso não é feita só de acertos. Ele valoriza os erros como aprendizado para fazer mais e melhor". Ele ensina que "errou quando diversificou os investimentos e perdeu o foco. Errou ao entrar em outros estados sem conhecer a cultura local e também a dificuldade de logística".

Outro grande empreendedor extremamente focado que deve ser considerado ídolo de todos nós é Jorge Paulo Lemann, que dispensa comentários por tudo que fez e que ainda fará no empreendedorismo mundial. De acordo com Paulo Lemann: "Foco é essencial. Um pouquinho disso, um pouquinho daquilo não dá certo. Fazer uma coisa de cada vez e com gente sua, que você treina. Escolha o que é bom e o que você gosta. E tem que ter gente disponível para gerir a empresa. Programas de trainee em todos os lugares é essencial".

| características dos empreendedores |

Durante a minha trajetória, errei quando perdi o foco e investi em uma construtora. Entrei para as estatísticas das empresas que não deram certo e perdi alguns milhões de reais. Hoje, só invisto em empreendimentos ligados à educação, ciência e tecnologia. Meu foco principal.

DESCENTRALIZAÇÃO

Uma das caraterísticas do empreendedor é saber delegar, descentralizar e compartilhar informações com o seu time. O empreendedor tem que estar familiarizado com o princípio da delegação. Ele tem que ter em mente que seu tempo e a capacidade de realização são limitados. Com efeito, tem que contar com o talento e com a capacidade de realização dos componentes de seu time e, para tanto, delega as principais tarefas para eles. Nunca e, em hipótese alguma, pode o empreendedor ser centralizador, pois ninguém consegue fazer tudo sozinho, e quem centraliza não consegue realizar todas as tarefas necessárias. Ele tem que descentralizar e compartilhar informações com os seus liderados, mas cobrar resultados daqueles para quem delegou as atividades.

Em toda a minha vida tive o costume de delegar funções para os componentes do meu time, principalmente as atividades que requerem mais detalhes, já que não sou muito bom nesse aspecto. Mas, apesar de delegar, cobro sempre o resultado.

Para ilustrar a importância da delegação, descentralização e compartilhamento de informações, conta-se que um homem vai tomar banho e quando vai entrar no chuveiro, sua mulher está acabando de sair. A mulher, ao sair do chuveiro nua, pega uma toalha e começa a se enxugar, quando a campainha da casa toca. A mulher, que estava se enxugando, pede para o marido ir ver quem é, mas ele já tinha começado a tomar banho e solicita que a mulher vá em seu lugar. Ela se enrola na toalha, desce as escadas e, em seguida, abre a porta. Ao abrir a porta, depara-se com seu vizinho João. Ele olha a mulher enrolada na toalha e, antes que ela fale qualquer coisa, diz: "Eu lhe dou 10 mil reais para você deixar cair a toalha". Ela, assustada, pensa, pensa e, depois de alguns segundos, deixa cair a toalha. João a observa e observa e, então, entrega-lhe os 10 mil reais prometidos e vai embora. Confusa, mas alegre por ter ganhado o dinheiro, a mulher se enrola na toalha e volta para o quarto. Quando entra no quarto, o marido grita do chuveiro: "Quem era?". Ela responde: "Era o vizinho João". Ele diz: "Ótimo! Ele trouxe os 10 mil reais que estava me devendo?". A mulher fica perplexa. Conclusão que se extrai da anedota: se você não delega, não descentraliza e não compartilha informações, você pode passar por situações constrangedoras e desnecessárias.

CAPACIDADE DE LIDERANÇA E HABILIDADES GERENCIAIS

Considerações iniciais sobre liderança

Uma das grandes características do empreendedor de sucesso é a capacidade de liderança. Nesse sentido, para ser um empreendedor vitorioso, mister se faz adquirir capacidade de liderança para poder conduzir de forma altamente producente os seus colaboradores.

Mas saiba que "liderar não é só dar o exemplo. Liderar é também saber enxergar a riqueza que cada membro da equipe traz dentro de si" (Leandro Vieira). Por outro lado, nas palavras de Ronald Reagan, ex-presidente dos EUA: "O melhor líder não é necessariamente aquele que faz as melhores coisas. É aquele que faz com que as pessoas realizem as melhores coisas". Nessa mesma linha é a posição de Oscar Motomura, que afirma que "a grande função de um líder é estimular que os seus colaboradores 'saiam do quadrado', ou seja, saiam do convencional e 'criem soluções diferentes para problemas diferentes'. Logo, sejam criativos e inovadores". Eu, particularmente, penso que a maior função de um líder é "criar novos líderes".

Com efeito, para ser um bom empreendedor vitorioso a pessoa tem que liderar outras pessoas, sejam colaboradores, fornecedores e prestadores de serviços ou até mesmo outros líderes. Nesse sentido, a figura do líder é de extrema valia para que os colaboradores se mantenham motivados e comprometidos. Para tanto, mister se faz que ele tenha capacidade de relacionamento, tenha uma boa comunicação, transmita confiança e seja inspirador. Um bom empreendedor tem que ser um líder, não apenas um chefe, e, melhor ainda, se for um líder servidor, que procure saber dos problemas de seus liderados e tente ajudá-los a solucionar.

Qualidades do líder

Para ser um verdadeiro líder, o empreendedor tem que procurar ser detentor de uma série de qualidades. As mais importantes são:

1) **INTELIGÊNCIA EMOCIONAL.** Consiste no autoconhecimento (capacidade ou aptidão de se autoconhecer e saber as suas potencialidades, habilidades e deficiências) e na autorregulação (capacidade de criar ambiente de confiança, integridade, equidade e justiça).

2) **MOTIVAÇÃO.** O bom líder está sempre motivado com seus projetos. Está sempre cheio de vigor e de energia para transformar seus sonhos em realidade e atingir os seus objetivos. Ele tem paixão e muito amor por conquistar os objetivos, atingir as metas e sacramentar os resultados, independentemente de qualquer recompensa externa como salários, status etc.

3) **EMPATIA.** O bom líder é carismático, solidário, amigo, tem compaixão (quando necessita ter), é rígido (quando precisa ser), sabe ouvir e ser ouvido, confia e inspira confiança e, acima de tudo, não faz pré-julgamentos. Sobre fazer pré-julgamento, conta-se que uma linda garota segurava duas maçãs. Sua mãe, ao vê-la com as frutas, perguntou se ela podia lhe dar uma. A menina olha para a mãe e morde subitamente uma das maçãs e depois a outra. A mãe fica entristecida, perde o sorriso, mas não demonstra sua decepção. A menina olha para a mãe com um sorriso de anjo e diz: "Mãe, é esta a maçã mais doce", e lhe dá a fruta. Qual a conclusão que se extrai? A moral da história: não faça pré-julgamentos. Dê ao outro o privilégio de se explicar. A ação pode parecer errada, mas o motivo pode ser bom.

4) **É PACIENTE, NÃO SE AFOBA, NÃO SE PRECIPITA**, não entra em pânico, não se deixa dominar pela ansiedade nem pela angústia. O bom líder tem sempre paciência e tranquilidade. Procura não se afobar e não entrar em pânico com as adversidades que constantemente surgem na vida e nos negócios. E para ilustrar a importância da liderança com tranquilidade e paciência, conta-se que um empreendedor, líder de uma determinada companhia, e dois colaboradores saem para almoçar. Quando estão andando por uma rua deserta, encontram uma lâmpada antiga. Um deles esfrega a lâmpada e de dentro dela sai um gênio, que diz: "Obrigado por ter me libertado. Pela libertação vou conceder quatro desejos para cada um de vocês". Um dos colaboradores, apressado, precipitado e afobado, grita: "Eu primeiro! Eu primeiro! Quero estar nas Bahamas, pilotando um iate, com uma loira lindíssima, sem ter nenhuma preocupação na vida". Puft. Lá foi ele para as Bahamas, pilotar um iate, na companhia de uma loira lindíssima, sem nenhuma preocupação. O segundo, também apressado, diz: "Agora sou eu! Agora sou eu! Eu quero estar no Havaí, com o amor da minha vida, num hotel seis estrelas, com muitos milhões de dólares no banco". Puft. Lá foi ele para o Havaí, em um hotel seis estrelas, com a mulher da vida dele e a conta cheia de dólares. E, então, o gênio

pergunta para o líder: "Agora é você. Quais os seus quatro pedidos?". Ele responde: "Quero viver com saúde até os 100 anos, que a minha empresa listada na Bolsa de Valores valha 500 bilhões de dólares e quero aqueles dois corintianos de volta ao escritório logo depois do almoço". Conclusão que se extrai: seja paciente, não se afobe, não se apresse nem se precipite e deixe sempre seu chefe e seu líder falar primeiro.

5) **AUTORIDADE**. O bom líder possui e demonstra ter autoridade, mas jamais se faz autoritário, arrogante ou prepotente, pois, apesar do poder de que é detentor e que lhe é inerente, é humilde e mostra alguma vulnerabilidade para tornar-se humanista. Nesse contexto, importante asseverar que o empreendedor nunca deve perder a humildade, mesmo quando chegar ao topo. Quando ele perde a humildade, começa a ser arrogante, prepotente, opressivo, despótico e tirânico, e isso é o início da sua derrocada. Entretanto a humildade tem limite e medida certa. Ela começa quando você respeita os direitos dos outros, mas também exige que os seus sejam respeitados. A humildade em excesso é falta de autoestima e burrice.

6) **RESISTÊNCIA.** O bom líder tem força e energia inesgotáveis, e é incansável.

7) **EXTREMA PREOCUPAÇÃO COM OS COLABORADORES E LIDERADOS.** É o chamado líder servidor, que procura ajudar os seus colaboradores e liderados sempre que necessário.

8) **RESILIÊNCIA**. O bom líder possui extrema capacidade de adaptação, aprendendo com as adversidades e com os erros e fracassos do passado.

9) **SAGACIDADE, PERSPICÁCIA, DETERMINAÇÃO, TENACIDADE, PERSISTÊNCIA, PERSEVERANÇA, CONTUMÁCIA, CONSTÂNCIA E AFINCO.**

Características do líder

1) **CRIA BONS TIMES.** O bom líder sabe selecionar bons colaboradores e criar excelentes times para jogar o jogo competitivo do empreendedorismo. E para tanto, desenvolve excelente relacionamento com os colegas e com os liderados, haja vista que ninguém faz nada sozinho. Ninguém jamais fez algo grandioso sozinho.

2) **CAPACITA OS MEMBROS DO TIME.** O bom líder dedica tempo e recursos necessários para capacitar, qualificar e treinar os seus liderados.

3) **INCENTIVA E MOTIVA OS LIDERADOS.** O bom líder é o principal incentivador e motivador dos que estão sob sua liderança, pois os liderados serão um reflexo direto da personalidade do líder. Com efeito, se ele é alegre e entusiasmado, sua alegria e entusiasmo contagiarão todo o time. Entretanto, se ele é mal-humorado, cabisbaixo e abatido, com certeza serão assim seus liderados.

4) **ACREDITA EM SEUS LIDERADOS**. O bom líder acredita em seus liderados e em sua capacidade de realização, pois os capacitou e os treinou para tanto.

5) **DELEGA, DESCENTRALIZA E COMPARTILHA INFORMAÇÕES COM OS LIDERADOS.** O bom líder sabe delegar e descentralizar as atividades, compartilha informações com o seu time e cobra rigorosamente os resultados.

6) **ACOMPANHA AS ATIVIDADES DELEGADAS.** O bom líder delega as atividades, mas acompanha com cuidado e afinco. É que delegação, sem prazo para cumprimento e solução das tarefas e sem acompanhamento do delegante, constitui-se em enganação tanto para o delegante quanto para o delegado. Nessa perspectiva, o líder que deixa a equipe solta, sem acompanhamento das atividades delegadas, muitas vezes não recebe resultados dessas atividades.

7) **AVALIA.** O bom líder estabelece prioridades, constantemente corrige rumos e avalia os resultados das tarefas delegadas.

8) **COMEMORA**. O bom líder sabe comemorar com os seus liderados as vitórias conquistadas pelo time. É que as pessoas se sentem mais motivadas pelo reconhecimento, pela valorização e pela oportunidade de reconhecimento profissional do que pela própria remuneração.

ORGANIZAR, OTIMIZAR E APROVEITAR MUITO BEM O TEMPO

É lugar comum ouvirmos da boca de muita gente a afirmação de que "não tenho tempo para nada", lamuriando-se sempre de que o tempo deles é escasso. Ora, "o tempo é a única riqueza que é distribuída igualmente para todos os homens: a cada um são dadas precisamente 24 horas em cada dia que passa" (Saint John). Portanto, mister se faz parar de usar essa ladainha, haja vista que o dia tem 24 horas, o que significa dizer que tem 1.440 minutos e 86.400 segundos, e isso é muito tempo. Ademais, lembre-se que, felizmente, o tempo é igual para todos e não é a quantidade de tempo que vai fazer você produzir mais ou menos, mas a forma como você se organiza e utiliza o seu tempo que vai influenciar na sua performance e produtividade.

Nunca se esqueça de que "o tempo dura bastante para aqueles que sabem aproveitá-lo" (Leonardo da Vinci). E "se falta de tempo realmente fosse uma justificativa para não realizar seus projetos, somente os desocupados teriam sucesso" (Flávio Augusto). Ademais, "se quer ver algo feito, peça a alguém que não tenha tempo; para se certificar de que isso não ficará feito, peça a alguém com tempo. A primeira pessoa não tem tempo porque faz tudo que lhe dizem para fazer; a segunda tem tempo porque não faz nada do que lhe pedem" (Alfonso Milagro).

Por conseguinte, organize e aproveite cada minuto de seu tempo. Não desperdice nenhum segundo. Não jogue o seu tempo fora. Não "mate" o seu tempo. "Quem mata o tempo não é assassino, mas suicida" (Caio Carneiro), tendo em vista que está aniquilando o bem mais valioso que tem e que nunca mais ressuscitará. Não deixe o tempo passar sem fazer nada de produtivo; ele é precioso. Pois, como dizia Heráclito 535 a.C., o tempo é como a água de um rio, você nunca poderá tocar na mesma água duas vezes, porque a água já passou, já foi embora, nunca passará novamente. Assim é o tempo. Aproveite, então, cada minuto da sua vida.

Nesse diapasão, pare de dizer que você está ocupado. Não alimente a convicção de que estar ocupado é ser importante. Se, constantemente, você deixa de fazer algo alegando que está atarefado, de duas, uma: ou isso é falta de organização ou você não tem nenhum interesse em fazer. Logo, determine prioridades, retirando do seu dia a dia as atividades que não trazem retorno. Ademais, realize atividades sempre visando ao seu objetivo principal. Tome nota de todas as tarefas prioritárias e tenha autocontrole, pois ele é extremamente essencial para uma boa gestão do seu tempo, e diga não quando necessário, pois dizer não quando é preciso faz com que sua rotina seja mais livre. Sobre dizer não quando necessário, já ensinava Baltasar Gracián, no livro *A arte da prudência*: "Uma das maiores regras da vida consiste em saber negar, e é ainda mais importante recusar tanto certas tarefas quanto aos outros. Dizer não também é tão importante quanto conceder, principalmente para aqueles que mandam. O que importa é como isso é feito. O não de alguns agrada mais do que o sim de outros; um não dourado satisfaz mais do que um sim lacônico. Não se deve negar de chofre, que se saboreie a decepção pouco a pouco. Nunca negue nada por completo, os outros deixariam de depender de você".

Outrossim, use sempre o mecanismo da delegação. Aprenda a delegar sempre que possível, acompanhando os resultados, e não adie ou procrastine as atividades importantes e urgentes em sua vida para fazer outras, mesmo que mais prazerosas.

Tenha sempre em mente que tempo é questão de prioridade. O dia tem 24 horas. Dá para fazer muita coisa. Você pode dormir seis horas, que, na minha ótica, é o tempo necessário para descansar o seu corpo. Dormir mais que seis horas é perda de tempo. Pode trabalhar até 12 horas para sobreviver, desenvolver-se, construir e conquistar, porque todos têm que trabalhar para ganhar o pão de cada dia, ter sucesso e prosperar, e ainda sobram seis horas para você estudar, sonhar, buscar transformar os seus sonhos em realidade e até namorar.

Como o tempo é escasso, é muito importante que aprendamos a disciplinar nossas "frustrações" e "emoções negativas" e fugir delas o mais rápido que pudermos. Se, no passado, permanecíamos chateados com nossos fracassos por muito tempo, na sociedade em que vivemos hoje, precisamos esquecê-los em pouco tempo, pois o tempo é ouro e não vale a pena gastá-lo com frustrações pretéritas.

TRABALHAR MUITO PARA TER SUCESSO NO EMPREENDIMENTO

O trabalho enaltece o homem, engrandece a alma e enriquece o bolso. Procure trabalhar naquilo que você gosta. "Trabalhem, trabalhem, trabalhem. De manhã até à noite, e de madrugada, se for preciso. Trabalho não mata. Ocupa o tempo. Evita o ócio e constrói prodígios. Trabalhe! Muitos de seus colegas dirão que você está perdendo sua vida, porque você vai trabalhar enquanto eles se divertem, porque você vai trabalhar, enquanto eles vão ao mesmo bar da semana anterior, conversando as mesmas conversas. Mas o tempo, que é mesmo o senhor da razão, vai bendizer o fruto do seu esforço e só o trabalho irá levar você a conhecer pessoas e mundos que os acomodados nunca conhecerão. Esse mundo chama-se sucesso" (AD).

O trabalho árduo gera produtividade, imprescindível para o desenvolvimento humano, já que a produtividade consiste no resultado do comprometimento com a determinação, planejamento, organização, esforço, dedicação, persistência, foco e excelência.

E para ser produtivo em qualquer atividade é preciso, além de trabalhar, ter organização, principalmente do tempo. Organizar a programação do dia e de tudo o que é preciso fazer no período. Com efeito, é importante programar na noite anterior tudo o que vai ser realizado no dia seguinte. Definir as tarefas, os objetivos, onde e tudo o que se quer alcançar. Estabelecer prioridades e colocar as tarefas mais difíceis no topo da lista. Assim, conforme elas forem sendo concluídas, o dia vai ficando mais tranquilo, com as tarefas mais leves. É importante também identificar o período mais produtivo do dia para a pessoa, aquele em que ela está mais disposta e produz mais – isso depende de cada pessoa –, e programar as tarefas mais complexas para aquele horário, fazendo uma coisa de cada vez. Eu, por exemplo, gosto muito mais de estudar no período da manhã, pois além de estar mais descansado e disposto, eu sinto que rendo e produzo muito mais nesse turno.

Nessa perspectiva, é importante lembrar que todos os seres humanos têm hábitos que acabam influenciando na produtividade. Um deles é "o famoso botão de "soneca" do despertador. Como o cérebro, ou o relógio biológico, programa o corpo para estar disposto e alerta na hora em que a pessoa costuma acordar, quando ela pede mais 15 minutos extras na cama, está, na verdade, boicotando-se, haja vista que perde o "timing" natural do organismo" (AD). Logo, é mister, no momento exato do alarme, pular da cama e lavar o rosto, respeitando o alarme do despertador. Outro hábito que atrapalha é olhar constantemente a caixa de e-mails e as redes sociais, fazendo isso, inclusive, durante o período de trabalho. Isso é uma tragédia para a produtividade. Cada vez que a pessoa checa seu e-mail e suas redes sociais, está deixando de realizar as atividades que deveria focar e se dedicar, diminuindo drasticamente a produtividade. Com efeito, é de toda prudência estabelecer horários para a leitura das mensagens ou se habituar a só fazê-lo depois que concluir as principais tarefas, vez que já foi comprovado cientificamente que o "cérebro precisa de pelo menos 15 minutos de concentração para entrar no chamado estado de *flow* (disposição), quando a energia está totalmente voltada para a execução de uma tarefa" (Travis Bradberry).

Por outro lado, a produtividade depende, também, da vida pessoal de cada indivíduo. Lembre-se sempre que uma mente cansada e estressada nunca será produtiva. Logo, é imperativo ter horários certos para dormir – e dormir bem –, acordar, exercitar-se – já que exercícios físicos não são só questão de estética, mas de saúde –, tomar café, almoçar, jantar e, inclusive, divertir-se.

Ao falar sobre produtividade, Shawn Achor, em seu livro *O jeito Harvard de ser feliz*, afirma que "só podemos prever 25% do sucesso de um funcionário no trabalho pela sua inteligência e suas habilidades técnicas; os outros 75% são previstos por três características gerais: 1) o *otimismo*, que é a crença de que

| características dos empreendedores |

seu comportamento é importante frente aos desafios; 2) a *conexão social*, que é o quão profundos e amplos são os seus relacionamentos sociais; 3) e *a maneira como ele lida com o estresse*. Vaticina ele que uma determinada empresa, observando esse padrão de comportamento, decidiu contratar parte de seus funcionários com um critério principal: o nível de otimismo que eles apresentavam, mesmo que eles tivessem ido muito mal no teste de aptidão da empresa. No final de um ano, o grupo contratado pelo seu otimismo superou as vendas dos funcionários contratados pelos métodos convencionais em 19%, e no final do segundo ano em 57%.

Ampliando a linha de considerações, "quem não ama o seu trabalho, ainda que trabalhe todos os dias, é um desocupado" (Facundo Cabral). "Trabalhar muito por algo que você não se importa é chamado de estresse. Trabalhar muito por algo que você ama é chamado de paixão" (AD).

Ainda sobre trabalho, é alvissareiro lembrar o que Abraham Lincoln frisou há muitos anos: "O homem que trabalha somente pelo salário que recebe não merece ser pago pelo que faz". O homem tem que trabalhar porque gosta e naquilo que gosta. Tem que trabalhar por prazer, para construir coisas, projetos, realizações, e para transformar sonhos em realidade. Com a transformação dos sonhos em realidade ele pode transformar vidas, histórias e destinos. O salário tem que ser o meio, nunca o fim. Quando o salário for o fim e não o meio, o homem não evoluirá, não prosperará e será eternamente um assalariado.

Nessa linha de ponderações, "o único lugar onde o sucesso vem antes do trabalho é no dicionário" (Albert Einstein). Logo, "estude enquanto eles dormem. Trabalhe, enquanto eles se divertem. Lute, enquanto eles descansam. Depois, viva o que eles sempre sonharam" (AD).

"O sucesso do empreendimento não acontece por acaso. É trabalho árduo, é perseverança, aprendizado, estudo, sacrifício e, acima de tudo, amor pelo que você está fazendo ou aprendendo a fazer" (Pelé). "Você não ganha para trabalhar, você ganha para resolver problemas, criar soluções e encantar clientes. O trabalho é só o meio e não o fim. O que importa é o que ele cria" (Ricardo Amorim).

"Todos querem comer bem. Poucos são os que estão dispostos para o trabalho de caçar". Ademais, "se você não matar um leão por dia, amanhã serão dois". Logo, "trabalhe com o que você tem, até que tenha o que você precisa" (AsDs).

Por fim, digo que "todos devem trabalhar até o caro se tornar barato". "Pague o preço agora para pagar qualquer preço depois" (AD). "Trabalhe duro e em silêncio. Deixe que seu sucesso faça o barulho" (Dale Carnegie).

Logo, para termos sucesso e prosperidade em nossos negócios e empreendimentos e chegarmos ao cume, temos que trabalhar muito, de forma diuturna, árdua e extenuante, pois, "ser um empreendedor ou uma pessoa de sucesso é muito mais do que ter a vontade de chegar ao topo de uma montanha; é conhecer a própria montanha e o tamanho do desafio" (AD). Para o empreendedor, o dia deveria ter 48 horas e não apenas 24. Eu, por exemplo, não tenho hora para trabalhar, e já começo a trabalhar aos domingos, às 19 horas, preparando a agenda da semana, respondendo aos e-mails e escrevendo o artigo semanal para publicar nos diversos jornais do país. Trabalho, em média, 12 horas por dia e vivo muito bem com isso, pois, como já foi asseverado por sábios, "a carga que escolhemos não pesa em nossas costas". Logo, dentre outras coisas, é essa carga de trabalho que me faz estar entre aquelas pessoas de sucesso.

E nunca se esqueça de que "vão te aplaudir quando você chegar ao topo, mas não vão te ajudar a chegar lá" (AD), porque ninguém pode fazer a sua parte por você.

"A visão da águia e a visão do grande empreendedor só têm quem vive nas alturas" (Everardo Alves). E por falar em chegar ao sucesso, ao topo, conta-se que um corvo estava sentado no topo de uma árvore o dia inteiro, sem fazer nada. Um pequeno coelho vê o corvo e pergunta: "Seu corvo, eu posso sentar como você, paradinho, paradinho, e não fazer nada o dia inteiro?". O corvo responde: "Claro, por que não? Você tem o livre arbítrio". O coelho senta-se no chão embaixo da árvore, relaxa e dorme. De repente, uma raposa aparece e come o coelho. Qual a conclusão que se extrai da anedota? Para ficar sentado sem fazer nada, paradinho, paradinho, você deve estar no topo. E tem muitos empreendedores que já chegaram ao topo, mas, mesmo no topo, nunca se sentaram e ficaram parados sem fazer nada, porque têm compulsão por trabalhar e por criar coisas.

LUTAR SEMPRE PARA FAZER MAIS E MELHOR

Uma pessoa que busca sempre fazer mais e melhor sabe que precisa fazer o máximo possível dentro das condições em que ela vive e possui, enquanto não adquire condições melhores para fazer mais e melhor ainda. Se a pessoa, podendo fazer o seu melhor, contenta-se apenas em fazer o possível, ela estará sendo medíocre, e a consequência disso será o fracasso.

A pessoa, para fazer mais e melhor, apropria-se de ferramentas e de todas as possibilidades que possui para chegar ao limite, buscando as melhores alternativas e não apenas o que é "possível", pois "vou fazer o possível", além de constituir-se numa verdadeira enganação, é a máxima ou síndrome dos fracassados.

Uma pessoa que se propõe a fazer mais e dar o seu melhor, corre atrás, reflete, questiona, analisa todos os detalhes, propõe e tenta enxergar as coisas além da caixa, do óbvio e do piloto automático, pois em seu subconsciente não existem termos como "fazer apenas o possível" ou "fazer apenas mais ou menos".

Com efeito, precisamos sempre procurar fazer mais e darmos o nosso melhor em tudo que nos propomos a fazer, e devemos ter como princípio fundamental de nossas vidas: "Faça sempre mais e dê o seu melhor dentro das condições que lhe são impostas".

PROGRAMA-SE MENTALMENTE PARA EMPREENDER E TER SUCESSO

Cumpre afirmar com toda propriedade que o empreendedor, para ter sucesso em seu empreendimento, tem que se programar mentalmente para empreender e para fazer com que o empreendimento tenha sucesso. Pois devemos ter sempre em mente duas máximas, ou brocardos universais: a primeira delas é que "o nosso corpo só realiza e alcança aquilo que a nossa mente acredita"; a segunda é que "nós nos tornamos aquilo em que acreditamos".

Logo, é de pouca valia ao empreendedor sonhar, ousar, ter coragem em arriscar, planejar, persistir etc., se o seu interior, o seu modelo mental, sua programação ou condicionamento mental, não estiver programado para empreender e ter sucesso no empreendimento. Daí a necessidade da programação ou condicionamento mental para empreender e prosperar. "É a programação ou condicionamento mental que determina o seu pensamento; o seu pensamento que determina as suas decisões; as suas decisões que determinam as suas ações que, finalmente, determinam os seus resultados, que podem ser de sucesso e prosperidade, ou não" (T. Harv Eker). Com efeito, é o seu mundo interior que cria o seu mundo exterior. Se você tem um mundo interior voltado para empreender e prosperar, você será um empreendedor conquistador. O contrário também é verdadeiro.

Eu, desde jovem, já tinha minha mente programada para empreender e ter sucesso, mesmo que inconscientemente. Lembro-me muito bem, como se fosse hoje, quando comecei a namorar com minha amada esposa Sandra Janguiê, em fevereiro de 1988. Quando eu visitava a sua casa, comumente minha sogra vinha conversar comigo. Naquela época, eu já dizia que ela podia confiar a vida de sua filha a mim, pois eu iria ser um empreendedor, rico e de sucesso. Fazia aquela afirmação com muita seriedade e com a certeza de que tal fato iria ocorrer, mesmo sem saber qual o empreendimento eu iria criar e se realmente seria de sucesso.

VALORIZAR A MERITOCRACIA

Inicialmente, é auspicioso registrar que ninguém conquista vitórias, sucesso e prosperidade no empreendimento sem se sacrificar e se esforçar e, principalmente, sem se sentir merecedor. Você pode ser uma pessoa extremamente habilidosa, ter inteligência, talento e competência. Entrementes, se não tiver um alto nível de confiança em você mesmo e se não se sentir merecedor do que pretende conquistar, jamais conseguirá ser um vencedor, haja vista que não concentrará energia suficiente e necessária para a conquista. Ou seja, se você não acredita que é digno de elaborar determinado projeto, de construir determinada coisa, de possuir determinado patrimônio, de receber determinado presente, de transformar determinado sonho em realidade, em ser beneficiado com uma determinada graça, em criar determinado empreendimento, enfim, se não acredita que é merecedor, se não tem fé em seu mérito e em sua meritocracia, nunca se permitirá dar o melhor de si entregando-se à exaustão, fazendo mais que o necessário para chegar ao seu desiderato e conquistar o seu objetivo.

Todas as conquistas só ocorrem como consequência da crença no mérito ou na meritocracia, princípio extraordinariamente poderoso. Entretanto muito mais poderosa ainda é a crença limitante no demérito ou na demeritocracia, ou seja, a crença de que você não é capaz nem tampouco digno de obter algo ou de fazer determinada coisa. Se você acredita que não é digno nem merecedor de realizar determinado projeto, jamais realizará.

Nesse contexto, a crença no mérito para a conquista do sucesso em qualquer atividade, ou para criar um empreendimento, é de primacial importância. Muito mais importante ainda é a implantação da meritocracia na gestão dos empreendimentos. Ou seja, os melhores colaboradores, os mais criativos e inovadores, aqueles que tiverem maior produtividade, esses devem ser melhor remunerados e premiados. Esse é um princípio implementado em todas as organizações modernas e vencedoras, especialmente nos empreendimentos empresariais de Jorge Paulo Lemann, um paradigma do empreendedorismo brasileiro. Segundo ele, no mundo moderno e contemporâneo, na sociedade digital e disruptiva, "o senso de *ownership* e *partnership*/propriedade das pessoas é o que vai fazer com que seja gerado resultado da forma mais rápida e eficaz".

| características dos empreendedores |

TER PAIXÃO E ENTUSIASMO PELO QUE FAZ

Dentre as características do empreendedor, ter paixão e entusiasmo pelo que faz é uma condição *sine qua non* para o sucesso do empreendimento. Se o empreendedor tem paixão pelo que faz, outras características podem até ser desenvolvidas com o tempo. Entretanto, sem amor, paixão e entusiasmo, mesmo possuindo outras, estas se tornam quase que despiciendas.

A paixão é um combustível da motivação pessoal. É um sentimento profundo que impulsiona o empreendedor a definir objetivos desafiadores e a usar a criatividade para atingi-los. Quem tem paixão pelo que faz tem brilho nos olhos e interesse em sempre fazer mais e mais e melhor, até fazer mais que o necessário. Já dizia Khalil Gibran: "Trabalho é amor tornado visível. Todo trabalho é vazio a não ser que haja amor". Inegavelmente, ter paixão pelo que faz aumenta, sobremaneira, as chances de sucesso do empreendedor

O empreendedor que têm paixão e entusiasmo pelo o que ele faz nunca permite distrações para desperdiçar seu tempo e consegue perceber e ignorar as distrações inúteis do cotidiano, considerando que isso se constitui em uma das suas habilidades: ser extremamente concentrado naquilo que vai gerar o seu bem-estar e de todos aqueles que fazem parte da comunidade onde ele está inserido.

Não podemos nos esquecer de que empreender é arte. Arte da prática e prática da arte. Arte de transformar sonhos em realidade e de conquistar a simpatia de pessoas por você e pelos participantes de seu empreendimento, já que empreendimentos são feitos eminentemente de pessoas. Se o empreendedor é apaixonado pelo que faz, os outros perceberão isso e darão mais valor ao empreendedor e aos seus projetos e propósitos. Paixão pelo projeto que está realizando dá ao empreendedor autoconfiança e motivação para seguir em frente e constitui-se no principal combustível para o sucesso, já que pessoas apaixonadas inspiram outras pessoas. Neste mundo tecnológico, digital e disruptivo, se com entusiasmo e paixão já é difícil seguir em frente, imagine sem eles.

Por fim, convergimos com o pensamento de Steve Jobs quando afirma que "para se ter sucesso é necessário amar de verdade o que se faz", haja vista que "nada do que é importante no mundo foi realizado sem paixão" (Georg Wilhelm Friedrich Hegel), pois "sem paixão você não tem energia, sem energia você não tem nada" (Donald Trump).

DESENVOLVER VISÃO EM LONGO PRAZO

O sucesso, a sustentabilidade e a perenidade de qualquer empreendimento dependem da visão em longo prazo. Ou seja, o empreendedor não pode ser imediatista, pois as coisas não acontecem da noite para o dia. Tem que ser sempre visionário e mediatista. O empreendedor de sucesso tem que pensar sempre em longo prazo, jamais no curto ou no médio.

PROCURAR CERCAR-SE SEMPRE DE GENTE BOA E COMPETENTE

As corporações são feitas de bens materiais e imateriais, ativos tangíveis e intangíveis, como bens móveis, imóveis, produtos, marca, branding etc., mas, principalmente, elas são feitas de recursos humanos, o chamado capital intelectual. Na minha ótica, o principal ativo de uma empresa é a sua gente, e quando falamos de gente, estamos falando não apenas dos clientes, mas, sobretudo, dos colaboradores. Os colaboradores são o bem mais importante de uma organização. São eles que podem dar sustentabilidade e perenidade, ou não, a uma empresa.

Concordamos com Jorge Paulo Lemann quando diz que "gente é tudo numa empresa. E gente boa é o que faz o sucesso da organização". Ele ensina que se deve contratar pessoas excelentes para ter um exército pronto para quando as oportunidades aparecerem. Segundo ele, a lógica é a seguinte: mais gente boa vai trazer coisas grandes, o que vai exigir mais gente boa, o que vai trazer coisas ainda maiores. Por isso, o sucesso de qualquer empreendimento está inexoravelmente ligado à contratação de Recursos Humanos de primeira qualidade, motivados, criativos e inovadores e, sobretudo, comprometidos com o futuro, a sustentabilidade, a perenidade e a rentabilidade da empresa. É por isso que o slogan do Grupo Ser Educacional, criado por mim, é "Gente criando o futuro".

VIVER EM CONSTANTE BUSCA PELA EFICIÊNCIA

A organização empresarial, para ter vida longa, tem que ser altamente eficiente e ter sempre em mente o pensamento de que tudo pode melhorar. Tem que ter como base a chamada filosofia japonesa *Kaizen*: "hoje deve ser melhor do que ontem; amanhã, melhor do que hoje; e depois de amanhã, melhor do que amanhã". E para ser eficiente e melhorar sempre, mister se faz implementar a cultura diuturna de cortar custos. E aí concordamos mais uma vez com Jorge Paulo Lemann, quando ensina que para manter a eficiência e a lucratividade em qualquer empreendimento, necessário se faz sempre cortar custos e despesas desnecessárias, inclusive diminuindo o excesso de colaboradores da empresa, pois "gente é como coelho: multiplica-se diariamente e gera custos". E "despesas são como unhas: crescem minuto a minuto e têm que ser cortadas todos os dias" (AD).

SER MOTIVADO PELA AUTORREALIZAÇÃO

A autorrealização é a capacidade que o empreendedor tem de desenvolver todas as suas possibilidades de crescimento. Autorrealizar-se é "a motivação mais complexa e profunda, pois desperta no indivíduo a vontade de cumprir seu propósito de vida" (AD). Nesse sentido, "o que uma pessoa poderá ser, deverá ser, pois as pessoas autorrealizadas têm uma consciência clara sobre seus impulsos, seus desejos, suas opiniões e ações como um todo" (Abraham Maslow).

Os empreendedores autorrealizados geralmente são altruístas, primam por independência e privacidade, veem o mundo com um sentido contínuo de apreciação, admiração e reverência e são motivados por um senso de responsabilidade pessoal e ético.

Uma vez autorrealizados, os empreendedores conhecem seus propósitos de vida, são profissionalmente bem resolvidos, aceitam críticas sem se abater, analisam as consequências de seus atos, sentem profunda paz de espírito e têm percepções realistas de si mesmos, dos outros e do mundo ao seu redor.

TER A COMPULSÃO DE FALAR O SOBRE O EMPREENDIMENTO

Todo empreendedor de sucesso é apaixonado pelo seu empreendimento. E por esse motivo adora falar sempre sobre ele para as pessoas que o rodeiam. Falar sobre como o criou, as dificuldades pelas quais passou, como o fez crescer, desenvolver, prosperar e chegar ao topo.

CAPÍTULO IV
TIPOS DE EMPREENDEDOR

Existem diversas classificações dos tipos de empreendedores. Depende de cada autor e de cada empreendedor que escreve sobre o assunto. Eu prefiro classificar os tipos como:

EMPREENDEDOR PREMEDITADO

É aquele empreendedor que busca se cercar, se não de todas as características do empreendedorismo, das mais importantes. É aquele empreendedor que procura fazer a lição de casa antes de criar o empreendimento, visando a minimizar os riscos, quais sejam: sonha em montar o empreendimento, planeja, busca conhecimentos sobre o negócio, sobre o setor, sobre os concorrentes e sobre a clientela; com muita determinação, otimismo, persistência e criatividade, ousa e adquire coragem para criá-lo, utiliza a resiliência para superar os erros e fracassos, procura focar e inovar sempre nos serviços e produtos oferecidos, otimiza sempre o tempo e trabalha dia e noite para ter sucesso e chegar ao ápice com o empreendimento.

Podemos dizer que o empreendedor premeditado, ou na definição de certos autores, "normal ou planejado", seria o mais completo do ponto de vista da definição de empreendedor. É que como foi visto anteriormente, o ter planejamento no empreendedorismo é uma característica das mais importantes, já que aumenta a probabilidade de o negócio ser bem-sucedido.

EMPREENDEDOR NATO

São aqueles empreendedores que já nascem com o tino e com o perfil para empreender. Esses empreendedores começam a trabalhar muito jovens e adquirem habilidades de negociação para comprar, vender, prestar serviços, enfim, para gerar trabalho, renda e riqueza.

Esse tipo de empreendedor é extremamente corajoso e visionário e sempre se compromete de corpo e alma para transformar seus sonhos de empreender em realidade.

Geralmente, começa do zero, tem como paradigmas os familiares, especialmente os pais, e criam grandes empresas.

Podemos citar como empreendedores natos: Jorge Paulo Lemann, Camargo Correia, Sílvio Santos, Roberto Marinho, Carlos Wizard, João Carlos Paes Mendonça, Antônio Hermírio de Moraes, Abílio Diniz, Jorge Gerdau, Luiz Seabra etc. E como não posso deixar de citar alguns grandes empreendedores no ramo educacional, indico como paradigmas Gabriel Mário Rodrigues, fundador da Anhembi Morumbi; Antônio Carbonari Netto, fundador da Anhanguera Educacional; Walfrido Mares Guia, fundador da Kroton Educacional; Hermes Figueiredo, fundador da Cruzeiro do Sul Educacional; Chaim Zaher, da Seb Educacional e, modéstia à parte, o autor deste livro, entre outros.

EMPREENDEDOR SERIAL

O empreendedor serial é aquele que é apaixonado pelo simples ato de empreender. Ele é idealista, inquieto, dinâmico, altamente proativo, sonhador compulsivo, louco pelo ato de criar coisas e negócios. Agarra todas as oportunidades e trabalha diuturnamente até que seus sonhos sejam concretizados e as ideias implementadas.

É uma pessoa que prefere a adrenalina na criação de algum negócio novo a assumir postura de gestor à frente do empreendimento (mesmo criado por ele) por muito tempo. Geralmente, envolve-se em vários negócios ao mesmo tempo e quando cria o empreendimento e o faz prosperar, parte para criar um novo negócio como forma de se sentir motivado.

Podemos citar como exemplo: Jorge Paulo Lemann, Ricardo Bellino, Carlos Wizzard, André Esteves e eu, que lhes escrevo, entre outros.

EMPREENDEDOR DE OPORTUNIDADES

Esse tipo de empreendedor não é tão corajoso, ousado e visionário como os empreendedores natos. É o tipo que aprende a empreender em virtude de oportunidades que surgem em sua vida de criar ou até se associar a um empreendimento já criado.

É uma pessoa que nunca pensou em ser empreendedor, mas, quando menos esperava, deparou-se com uma oportunidade de negócio e tomou a decisão de mudar de vida para se dedicar ao negócio. Geralmente são pessoas que são chamadas para serem sócias de algum empreendimento, ou que recebem participação societária em alguma empresa e aproveitam a oportunidade.

EMPREENDEDOR POR NECESSIDADE

É aquele que cria o próprio empreendimento para sobreviver e não morrer de fome, porque não tem outra opção na vida. Geralmente, são pessoas que não têm acesso à educação formal e, por conta disso, não conseguem emprego ou foram demitidas, e como consequência, não lhes resta outra alternativa a não ser criar um pequeno negócio informal para ganhar o pão de cada dia.

Entretanto, a criação de empreendimentos informais, apesar de, por um lado, fazer com que o empreendedor ganhe dinheiro para sobreviver, por outro, constitui-se num grave problema social para o país, pois esses tipos de empreendimentos, por serem informais, não pagam impostos, logo não contribuem para o desenvolvimento econômico do país.

EMPREENDEDOR HERDEIRO

O empreendedor herdeiro é aquele que recebe o negócio da família de mão beijada, ou seja, herda o empreendimento, mas, com criatividade e inovação, faz o empreendimento crescer e prosperar. O principal desafio do empreendedor herdeiro é multiplicar o patrimônio recebido. Quando isso não acontece, pode-se afirmar que o herdeiro não é empreendedor, apenas herdeiro.

O empreendedor herdeiro aprende a arte de empreender logo cedo, com os fundadores do empreendimento que, geralmente, são seus familiares. E além de seguir os seus passos, lutam com muita coragem, determinação, criatividade, planejamento e inovação para rejuvenescer o negócio e transformá-lo em algo muito maior.

EMPREENDEDOR CORPORATIVO

É aquele empreendedor executivo, que, apesar de não ter criado o negócio, tem capacidade gerencial, conhecimento de ferramentas administrativas e cuida muito bem do negócio e faz gestão dele como se fosse o criador ou dono. É o empreendedor que não criou o negócio, mas que foi contratado para geri-lo e o faz de forma ousada, corajosa, diligente, dinâmica, determinada, persistente, criativa, inovadora e focada, com muita liderança, trabalhando de forma árdua e extenuante para fazer o negócio crescer e prosperar, com perenidade e sustentabilidade. O conceito do empreendedor corporativo está intimamente ligado ao intraempreendedorismo, que consiste no empreendedorismo corporativo realizado pelos colaboradores da companhia.

Este tipo de empreendedor tem entrado em evidência recentemente em virtude da sociedade tecnológica e disruptiva na qual as corporações necessitam cada vez mais de executivos com mentalidades empreendedoras. Entretanto, se se desligarem do negócio, procuram outras corporações para trabalhar como executivos, já que são acostumados com as regalias e as facilidades oferecidas aos executivos pelo mundo corporativo.

COMO ME CLASSIFICO

Analisando as classificações citadas, eu ouso afirmar que me classifico como um empreendedor *nato, premeditado e serial* por vários motivos: em primeiro lugar, porque eu construí do zero, tijolo por tijolo, um dos maiores grupos educacionais do país. Hoje com mais de 60 faculdades, centros universitários e universidades, e mais de 160 mil alunos. Em segundo lugar, porque comecei a trabalhar muito cedo, aos oito anos de idade, quando construí uma caixa de engraxate e comecei a engraxar sapatos nas ruas de Naviraí, no Mato Grosso do Sul. Em terceiro lugar, porque me considero corajoso e visionário, e quando entro numa empreitada para criar algum empreendimento, eu me dedico integralmente até que o resultado seja o sucesso. Em quarto lugar, porque procuro conhecer com profundidade as nuances do negócio que decido empreender, principalmente o setor do qual ele faz parte, conhecer os concorrentes e também os potenciais clientes. Em quinto lugar, porque procuro elaborar um planejamento estratégico para evitar erros e fracassos. Em sexto lugar, porque tão logo o empreendimento é criado, já quero criar outro, e outro, e outro. É que sou um sujeito eternamente e extremamente inconformado e inquieto.

CAPÍTULO V

A IMPORTÂNCIA DA NEGOCIAÇÃO COMO ESTRATÉGIA DE CRESCIMENTO DO EMPREENDIMENTO

CONSIDERAÇÕES INICIAIS SOBRE A NEGOCIAÇÃO

Para falar sobre negociação é importante falar sobre o Grupo Ser Educacional fundado por mim. Inicialmente, importante registrar que o Ser Educacional cresceu de forma orgânica e por aquisições. De todos os campi existentes até hoje, cerca de 40% foi iniciado por via de aquisições, e 60% de forma orgânica, ou seja, criado do zero. Tudo começou com a venda de 11% do capital social do Grupo para um Fundo de Private Equity Norte Americano no ano de 2008, que impulsionou o nosso crescimento. É que naquela data estávamos precisando de capital para financiar nosso crescimento orgânico e por via de aquisições. Entretanto tínhamos um grande dilema: captar recursos em bancos e se endividar ou procurar um sócio investidor que pudesse aportar recursos para fazer o negócio crescer? Decidimos procurar um sócio e vender um pequeno percentual da companhia.

Contratamos uma empresa de consultoria especializada e ela nos trouxe o referido Fundo para negociarmos a sua participação. Foi com essa primeira negociação, na qualidade de vendedor, que eu aprendi, sofrendo na pele, algumas técnicas de negociação, e aprimorei outras que desde criança tinha aprendido e desenvolvido, como: a determinação, a persistência, a perseverança e a obstinação. Foi muito proveitosa essa experiência com os negociadores do Fundo que, com certeza, fizeram aquele curso de negociação da Harvard University, tornando-se negociadores tubarões, pois, se não fosse minha paciência e determinação, teria sido engolido por eles.

Entretanto, sobre negociação é importante fazer algumas considerações: 1) à primeira vista, a arte de negociar parece ser exclusiva dos empreendedores, ou seja, das pessoas que fazem negócios. Mas ela é muito mais comum em nosso cotidiano, no dia a dia de nossas vidas, do que imaginamos. "A esposa, quando quer convencer o marido no shopping a comprar uma joia; o filho, quando quer convencer o pai a lhe emprestar o carro para ir a uma balada; a irmã, querendo emprestada a roupa da outra irmã" (AD). Tudo isso consiste em formas de negociação; 2) na minha ótica, apesar de existirem aqueles negociadores natos, que têm o tino, o dom e a vocação de negociador, a maioria das pessoas não nasce sabendo negociar, ou seja, com as características de um bom negociador. Isso implica dizer que as características de negociação não são inerentes nem inatas aos empreendedores. Para se tornar um bom negociador, elas podem ser adquiridas com o passar do tempo, por meio de estudo e, principalmente, da prática e do conhecimento empírico, ou seja, fazendo e negociando; 3) ademais, a negociação não é realizada, consubstanciada e consagrada apenas com a comunicação verbal. Apenas com palavras. A comunicação não verbal tem papel de extrema importância na arte da negociação, já que é sabido e consabido que nós nos comunicamos não apenas com palavras, mas, sobretudo, com todo o nosso corpo, por meio de gestos, posturas, expressões, movimentos da face, dos olhos, além dos chamados movimentos manipuladores, como coçar o nariz, passar a mão no cabelo, esfregar o queixo etc. Os gestos e movimentos do corpo constituem os chamados elementos não verbais da comunicação, que, segundo estudiosos do assunto, são responsáveis por cerca de 65% das mensagens que enviamos; 4) eu não sou especialista em negociação e nunca fiz cursos de negociação. Entretanto vou contar aqui o que aprendi negociando nesta minha vida de empreendedor. Inicialmente, como vendedor, principalmente quando passei seis meses negociando com o Fundo Norte Americano de Private Equity. Posteriormente, na qualidade de comprador, negociando e fazendo as aquisições das diversas faculdades e universidades que o Grupo Ser Educacional adquiriu ao longo dos 15 anos de existência, bem como com as negociações realizadas para adquirir outras empresas de minha propriedade. Ou seja, vou transmitir para vocês alguns conhecimentos sobre negociação que adquiri estudando, mas, sobretudo, fazendo, ou seja, praticando de forma empírica.

CARACTERÍSTICAS DOS BONS EMPREENDEDORES NEGOCIADORES

Determinação

Segundo Anthony Robbins, escritor e palestrante motivacional e um dos maiores coaches do mundo, "a determinação é o toque de despertar para a vontade humana". Com efeito, uma vez decidido realizar o negócio, é mister saber o quanto está disposto a pagar ou a vender, empenhando-se ao máximo, com muita determinação, para a concretização do negócio. Importante ter noção do valor do negócio, de todos os negócios similares, e quais os valores das operações que se realizaram nos últimos anos.

Em minha negociação com o fundo, os americanos foram extremamente determinados em realizar o negócio, pois não desistiram, por mais que eu estivesse contrário ao fechamento nas condições que eles sugeriam.

Prepare-se para negociar e adquira conhecimento sobre o negócio

Informações e conhecimento constituem-se num elemento imprescindível em qualquer negociação. Eles geram argumentação, que gera convencimento, que, por sua vez, gera mudança de percepção e transmite a tranquilidade necessária para o desenvolvimento de um bom relacionamento.

Segundo Jorge Menezes,[18] em seu livro *Aprenda a negociar com tubarões*, ao bom negociador é importante utilizar a chamada tática do caçador. É que, para capturar lobos, temos que estudar seus hábitos e rotinas. Conhecendo o comportamento deles, podemos nos aproximar de maneira mais favorável e dominá-los.

É de primacial importância pesquisar e adquirir conhecimentos sobre o setor que você quer negociar, sobre o empreendimento que você quer negociar, sobre os concorrentes, sobre negócios similares e sobre a cultura da parte contrária, também chamada de parte adversa, adversária ou opositora negociadora, antes de entrar numa negociação. O objetivo é saber como deve proceder na negociação e utilizar o comportamento adequado para se comportar na cultura da parte adversária. Isso é a chamada inteligência cultural da negociação. Ex.: nos EUA e na Inglaterra, a cultura local é a de decisão individual, já que a maioria dos interlocutores e negociadores tem poder de decisão, dentro das bases predefinidas, decidindo sem consultar os superiores. Acima de tudo, valorizam a atenção e o tempo de negociação. Se você vai negociar com essas pessoas, nunca poderá atender um telefonema em uma reunião com eles, pois eles valorizam extremamente a atenção e o tempo. Diante disso, eu me lembro da negociação com o fundo americano, pois quando o meu telefone tocava, eu simplesmente atendia na frente deles, e eles olhavam para mim com uma cara espantada. Mas,

---

18 MENEZES, Jorge. *Aprenda a negociar com tubarões*. Rio de Janeiro: Alta Books Editora, 2013.

quando o deles tocava, eles jamais atendiam na minha frente. Às vezes, saíam da sala e depois retornavam. Eu nunca sabia o que eles falavam.

Em minha primeira grande negociação como vendedor, lembro que os americanos compradores sabiam de tudo acerca do setor em que eu estava atuando, de tudo acerca dos meus concorrentes e, especialmente, de tudo sobre o meu empreendimento. E para saber tudo sobre o setor, sobre o meu negócio e sobre os meus concorrentes, eles, com certeza, prepararam-se muito, ou seja, estudaram para adquirir as informações necessárias para realizar a negociação.

Escolha o local da negociação

O ambiente da negociação potencializa o autocontrole e pode influenciar substancialmente nos resultados da negociação. Logo, o bom negociador escolhe o local com muita atenção. Tem que ser um local que seja confortável para você e desconfortável para o adversário. É importante levar o adversário para o seu campo, evitando negociar no campo dele (casa ou escritório). Se não puder levar para o seu campo, leve para uma zona neutra.

No início da minha experiência de negociação eu não tinha conhecimento dessa característica. Tanto é que na negociação com o Fundo Americano, começamos a negociar em meu escritório, que era bem confortável para mim. De repente, como a negociação estava demorando, eles resolveram mudar o local e pediram para continuar a negociação numa sala em um hotel. Eu fiquei sem entender, mas aceitei e para lá me dirigi. Alugaram uma pequena sala, onde só tinha uma mesa e algumas cadeiras desconfortáveis, diferente do meu escritório, que tinha boas cadeiras e também um confortável sofá, que me proporcionava deitar e descansar quando eu ficava cansado das discussões. No hotel, isso não era possível. Depois de horas e horas de negociação, já quase morto de cansaço, a minha vontade era fechar logo o negócio, mesmo cedendo em vários pontos, para pôr um fim naquela negociação infindável. Graças a Deus fui determinado e forte e consegui fazer uma boa negociação. Daí a importância de se escolher um bom local, que lhe favoreça, para realizar toda e qualquer negociação.

Crie uma relação de empatia e de confiança

É importante registrar que qualquer negociação tem que ser realizada num clima empático, jamais num clima pesado e trágico. No particular, as pessoas têm que se sentir confortáveis na hora da negociação. Logo, é crucial que seja criada uma sintonia com a parte adversária para evitar litígios.

Com efeito, numa mesa de negociação, ache uma forma de fazer a parte contrária conhecer a sua história de seriedade, honestidade e integridade. Isso eu aprendi na prática, na mesa de negociação com o Fundo Americano. Naquela ocasião, os representantes do fundo me mostraram um portfólio de grandes negócios que já tinham realizado e também os currículos de todos os sócios do Fundo. Pediram-me, inclusive, para ligar para algumas das empresas que eles já tinham investido no Brasil. O objetivo daquelas atitudes era demonstrar que eles eram cumpridores de compromissos para criar uma relação de confiança e empatia.

Estabeleça uma zona de aceitação e faça a proposta sempre com margem de negociação

No contexto, se você é comprador, por mais barato que esteja o negócio oferecido, sempre ofereça um pouco menos do que é pedido. É que se você aceitar de imediato o valor pedido, o vendedor pode achar que estava barato demais e se arrepender. Por outro lado, se você é o vendedor, a melhor maneira de negociar é pedir que o comprador faça uma proposta, ou pedir um valor acima do que vale ou do que está querendo, para poder ter margem de negociação. Ademais, é imprescindível que o negociador tenha previamente estabelecido uma zona de aceitação para o fechamento do negócio, que é o nível máximo e mínimo que ele pode ceder para fechar o negócio.

Com autocontrole, escute mais e fale menos

Na minha primeira grande negociação, os americanos quase não falavam. Passavam infinitos minutos sem dar uma palavra, só escutando, e respondiam o mínimo possível, quando perguntado. Tudo parecia uma eternidade. Só depois eu descobri que eles usavam uma tática de negociação chamada por Jorge Menezes de tática da imprevisibilidade. Segundo Menezes, nesse tipo de tática aconselha-se ao negociador ser moderado com as suas palavras, evitando expor mais que o necessário.

Com efeito, numa negociação, após as fases iniciais em que o negociador tem que criar um ambiente de confiança e empatia, bem como mostrar o histórico de honestidade e seriedade em seus negócios, ele tem que falar pouco e ouvir muito. Só falar quando for estritamente necessário, pois numa negociação o silêncio é seu maior amigo. Negocia melhor quem sabe ouvir mais.

Nesse contexto, é interessante trazermos à baila a posição de Rubem Alves[19] sobre saber ouvir, quando enfatiza que "sempre vejo anunciados cursos de oratória. Todo mundo quer aprender a falar. Nunca vi anunciado curso de escutatória (ouvidoria). Ninguém quer aprender a ouvir".

Logo, empreendedor negociador, tenha autocontrole, fale pouco e ouça muito, e transmita tranquilidade, confiança e seriedade em suas negociações. Quanto maior for o interesse na negociação, maior deve ser o autocontrole. Mister se faz controlar a ansiedade e o desejo de falar ininterruptamente para escutar o interlocutor. Por fim, ao fazer uma proposta, se a outra parte não a aceitar, não refaça imediatamente. Aguarde um determinado tempo antes de refazê-la.

Paciência. Faça do tempo um amigo. Jamais se apresse ou se precipite

Já foi dito por sábios que a paciência é uma das mais importantes virtudes do ser humano negociador. Eu ratifico dizendo que a paciência é uma das grandes armas do negociador, pois é sinônimo de sabedoria e constitui um poder extraordinário.

Nunca devemos ver uma negociação como algo que se pode resolver em poucos minutos. Negociação requer tempo e paciência. Quanto mais tempo um sujeito leva para negociar, visando a finalizar o negócio, mais a parte adversa quer fechar o negócio. Logo, a paciência em negociação é uma das mais importantes características.

Outrossim, nunca quebre a corda ou chute o pau da barraca. Isso pode ser irreversível. Muitas vezes, durante a negociação, vão chegar momentos em que dá uma vontade enorme de você mandar a parte contrária para aquele lugar e dizer enfia o seu negócio também naquele lugar. Isso a gente chama de quebrar a corda ou chutar o pau da barraca. É que se você fizer isso, vai pôr fim à negociação e tornar irreversível o retorno dela. Daí a importância de se adquirir a virtude da paciência em todas as negociações. Paciência é imprescindível. Embora os negociadores não nasçam pacientes, pois não é inata nem inerente aos negociadores, a paciência pode ser adquirida com o tempo. Portanto, numa negociação nunca se apresse, precipite-se ou se afobe. A pressa, a precipitação e a afobação

---

19 ALVES, Rubem. *Escutatória*, Correio Popular, 1999.

numa negociação são altamente nefastas, pois a pressa é inimiga da perfeição e também da negociação.

Seja otimista, confiante, tenha pensamento positivo, suponha sempre que o melhor vai acontecer

Como foi dito anteriormente, o otimismo e a positividade constituem-se em características essenciais do empreendedor negociador. É que "o mundo pertence aos otimistas: os pessimistas são meros espectadores" (Dwight Eisenhower). O nosso cérebro por si só já tem um mecanismo chamado de "viés otimista". Ou seja, ele tem a capacidade de elaborar uma estratégia que faz com que nossos neurônios tendenciem ao otimismo, sobretudo para o futuro. Ademais, existe uma lei universal que ensina que "aquilo que focalizamos se expande".

Nesse sentido, seja otimista e positivo, acredite em você, pois tudo que você desejar na vida você alcançará, principalmente o sucesso nas negociações e no empreendedorismo. Logo, peça o que você quer e vá para a negociação supondo que você conseguirá. Por que não? Seja confiante sobre aquilo que você quer, pois querer é poder.

Persistência, perseverança e obstinação

Como já asseverado em páginas anteriores, a persistência, a perseverança e a obstinação, além de serem características do empreendedorismo, são grandes armas de negociação. Segundo Confúcio, "não importa o quão devagar você vá, desde que você não pare". Ademais, o que separa os bem-sucedidos dos malsucedidos é a persistência, já que, não é ocioso repetir, "aquele que não luta pelo futuro que quer tem que aceitar o que vier" (AD). Com efeito, seja persistente, perseverante e até obstinado numa negociação que você vai conseguir. Água mole em pedra dura tanto bate até que fura.

Não se mostre muito disponível

Quando você se mostra muito disponível está deixando transparecer interesse demasiado no negócio e isso não é bom. Quando estamos muito disponíveis, passamos a imagem de que precisamos mais dos nossos adversários do que eles de nós. Logo, segundo Jorge Menezes, pela tática da valorização da presença, não mostre desprezo acerca do negócio, mas também não se mostre muito disponível ao ponto de permitir que as pessoas se acostumem com a sua presença. É que sua presença deve ser algo especial e deve passar uma mensagem de que você tem muito a oferecer às pessoas.

Blefar quando possível. O blefe, às vezes, é importante

Às vezes, o blefe faz com que a parte adversária abra os olhos e tenha a impressão de que pode perder o negócio. Logo, blefar, às vezes, é importante. Mas o blefe tem limites.

Numa negociação, ambas as partes têm que ficar satisfeitas

Negociar, às vezes, pode parecer um jogo, mas não é. Numa negociação, as duas partes envolvidas têm que ficar satisfeitas. Ninguém deve perder ou ganhar, pois o negócio só é bom quando for bom para ambas as partes negociantes. Com efeito, se o negociador notar que a parte contrária vai se sentir lesada, é melhor não fechar a negociação, a não ser que ele queira arrumar um inimigo e esse não é o objetivo final da negociação. Logo, é importante lembrar que a parte oponente não é sua aliada, e por isso você não pode confiar informações importantes que lhe beneficie. Entretanto ela não deve ser considerada sua inimiga.

Além disso, temos que esquecer essa história de que o negociador deve tirar proveito, ou simplesmente vencer o adversário, como em uma partida de baralho. Numa negociação, temos que tratar o opositor com hombridade e seriedade, convencendo-o de que os resultados da negociação irão beneficiar as duas partes, haja vista que ninguém gosta de ter a sensação de ser vencido. Isso pode fazer com que a parte que não se sentir satisfeita queira renegociar mesmo depois de o negócio estar fechado.

Sempre terceirize a decisão final

Numa negociação, mesmo que a decisão final do seu lado pertença a você, nunca diga que ela o é, para evitar se sentir pressionado ou encurralado. É importante que a decisão final seja terceirizada para, por exemplo, um superior, ou, se você for o superior da empresa, para o conselho de administração.

Às vezes, na sua cabeça você já aceitou a última proposta, mas é importante sair da sala e fazer uma "ligação" para os "conselheiros", ou quem quer que seja, e somente depois de algum tempo retornar com a alegação de que depois de muito argumento você conseguiu convencê-los a aceitar a proposta.

Use a criatividade, tenha sempre um plano B e até um C em mente

Sempre tenha mais de uma bala na agulha. O ideal é ter pelo menos três, pois a primeira, e até a segunda, podem falhar, mas dificilmente a terceira falhará. Logo, tenha sempre um plano B e um plano C numa negociação. É que numa negociação, o negociador identifica uma oportunidade e por meio da criatividade cria meios para persegui-la, realizá-la e fechá-la.

Nunca negocie sozinho

Por maior que seja o seu poder de negociação, é sempre indicado que outras pessoas do seu lado participem da negociação para que sejam obtidos melhores resultados. Quatro olhos e quatro ouvidos veem e ouvem melhor do que dois.

CAPÍTULO VI
EMPREENDEDORISMO NO SETOR DE EDUCAÇÃO

CONSIDERAÇÕES INICIAIS

nicialmente, cabe indagar: por que empreender no setor de educação e de saúde, também chamados *de empreendimentos ou negócios sociais, empreendimentos ou negócios de impacto positivo, empreendimentos ou negócios com causa*? Importa responder enfatizando a obviedade da definição. É porque são negócios que têm o condão de impulsionar os empreendedores a impactar positivamente a vida das pessoas, ajudando, especialmente as que mais necessitam, a terem acesso a dois bens ou direitos fundamentais consagrados na Constituição da República Federativa do Brasil e, além disso, obter lucros. Nesse contexto, é interessante fazermos uma digressão sobre o sistema educacional brasileiro, para, depois, concluirmos acerca da importância do empreendedorismo no setor educacional ou empreendedorismo social.

De maneira inicial, é interessante ressaltar que o sistema educacional brasileiro está entre os dois únicos com verbas constitucionalmente garantidas. Ou seja, o Governo Federal, obrigatoriamente, tem que gastar 18% da receita líquida, pouco mais de 5% do PIB, com o setor. Já os governos estaduais e municipais precisam destinar 25% da receita, sob pena de responderem por infração à Lei de Responsabilidade Fiscal. O outro sistema que tem verba obrigatória e vinculada é o da saúde, com 13,2% da receita líquida. Apesar de ser um dos dois sistemas com verbas constitucionalmente garantidas, ele passa por inúmeras crises, tanto no ensino básico (infantil, fundamental e médio) quanto no superior e até no pós-superior. As mais graves são as crises de "eficiência" e a de "identidade".

A crise de "eficiência" decorre de vários problemas, sendo os mais graves a repetência e evasão ou abandono, seguidos pelo analfabetismo e má qualidade de ensino e infraestrutura.

REPETÊNCIA E EVASÃO

Quando falamos em *repetência* e também em *evasão*, é para poder registrar que, apesar de aproximadamente 95% das crianças brasileiras terem acesso à escola, o índice de repetência e evasão em nosso país é altíssimo. O maior da América Latina. Ganhando até mesmo de países como o Paraguai e a Bolívia. Entre o sexo feminino, a taxa se aproxima de 18%, e entre o sexo masculino atinge 25%. A média fica em torno de 21%.

Em comparação, países como a Rússia tem 0,8%, a China atinge 0,3% e a Coreia do Sul apresenta o menor índice do mundo, com apenas 0,2%, ou seja, menos de 1% de repetência ou evasão. Nossos alunos levam em média três anos para concluir as duas primeiras séries. Da 1ª à 4ª série do fundamental, 1/3, ou seja, 33% ficam pelo caminho, sendo reprovados ou abandonando a escola. Da 5ª à 8ª série, o número sobe para 50%, e o cenário é ainda pior no ensino médio, em que a média dos repetentes ou dos que abandonam alcança mais de 60%. A cada hora, 31 estudantes brasileiros desistem de estudar. A cada dois minutos, um abandona a escola. As principais causas são obrigação de trabalhar e falta de motivação.

Além da repetência e abandono, temos o problema da distorção de alunos por idade/série, ou seja, estudantes que estão fora de faixa de idade. Na faixa dos 15 aos 17 anos, embora 82% estejam na escola, apenas 46% frequentam a série correta.

Qual a consequência disso? Os repetentes custam muito caro para os cofres do país. Muitos bilhões de reais, quantia que daria para reestruturar, todos os anos, milhares de escolas públicas por todo o Brasil.

ALTO PERCENTUAL DE ANALFABETISMO

É particularmente triste, e até estranho, estarmos falando de analfabetismo na atual sociedade do conhecimento, digital e disruptiva em que vivemos. Mas isso ainda é um grave problema no Brasil. Nosso país ainda tem quase 20 milhões de analfabetos. Ou seja, quase 10% da população nacional. O governo afirma que temos apenas 8,5%, entretanto, ouso afirmar que a taxa é muito maior. Apenas para ilustrar, cerca de 53% das crianças com até sete anos que vivem no campo; 26% das que moram nos meios urbanos são analfabetas. Temos, também, um grande número de analfabetos funcionais, que são aqueles que conhecem as palavras, mas não sabem interpretar textos e também não sabem calcular, que ultrapassam a casa de 30 milhões. Quase 50% dos 30 milhões de trabalhadores brasileiros com carteira assinada não passaram do ensino fundamental e são analfabetos funcionais. Segundo o Sistema Nacional de Avaliação do Ensino Básico, quase 50% dos alunos matriculados na 4ª série do ensino fundamental mal sabem calcular e também são analfabetos funcionais. Alguns países, como é o caso da Rússia, só possui 0,5% de analfabetos e o Canadá, com o menor índice de analfabetismo do mundo, com 0%.

Ampliando o quadro de análise, se traçarmos um paralelo entre o Brasil e a Coreia do Sul, importa registrar que, nos anos 1960, ambos os países eram subdesenvolvidos, com índices de analfabetismo praticamente iguais, que chegavam próximo aos 35% da população, sendo que a Coreia do Sul ainda estava em desvantagem por amargar uma sangrenta guerra civil. Passadas cerca de seis décadas, o abismo que separa o Brasil e a Coreia do Sul é assustador. Os coreanos praticamente erradicaram o analfabetismo.

Além disso, nove em cada 10 jovens da Coreia que terminam o ensino médio, ou seja, 90%, chegam às universidades, índice similar a países como Finlândia (90%), EUA, Suécia, Dinamarca e Nova Zelândia, com 80% de taxa bruta. Enquanto isso, no Brasil, quase 10% da população é analfabeta, além dos 30 milhões de analfabetos funcionais, e apenas 17% dos jovens com idade universitária, de 18 a 24 anos, estão no ensino superior, perdendo, até mesmo, para países como o Chile e Bolívia, que têm aproximadamente 20%, a Colômbia, com 23%, a Venezuela, com 26%, e a Argentina, com média de 40%. Esse número assustador é muito abaixo da meta de 33% (taxa líquida) e 50% (taxa bruta) estabelecida pelo Plano Nacional de Educação – PNE para ser alcançada até 2024.

A revolução dos coreanos teve início com a promulgação de lei que tornou todo o ensino básico obrigatório – no Brasil, apenas o fundamental é obrigatório –, aliado ao forte investimento público no setor educacional básico. Muito mais que o Brasil, que só gasta cerca de 5% do PIB, eles gastam cerca de 8% do PIB. Além disso, lá existem fiscalizações rígidas dos gastos e punições severas em caso de desvios das verbas, além da proporcionalidade de investimentos nas universidades públicas e nas escolas de ensino básico. Na Coreia do Sul, 100% das faculdades são pagas, inclusive as públicas. Alunos pobres e bons alunos têm bolsas de estudo, e o governo incentiva o desenvolvimento de pesquisas em inovação, ciência e tecnologia. O resultado disso? Durante mais de três décadas a economia cresceu, em média, 9% do PIB ao ano.

Diante dessas considerações, o que fazer para minimizar o alto índice de analfabetismo e a baixa taxa de penetração no ensino superior no Brasil? Importa responder que temos que criar e implementar políticas públicas governamentais rígidas, gastar corretamente o dinheiro destinado à educação, evitando desvio de verbas. Sei que é possível, pois a Rússia tem apenas 0,5% de analfabetos; e o Canadá, 0%. E para aumentar o percentual de nossos jovens no ensino superior, como fez a Coreia do Sul, basta tomar algumas atitudes que cito nos parágrafos a seguir, apenas à guisa de ilustração.

Perenizar o ProUni – Programa Universidade para Todos

Esse programa consiste em oferecer bolsas de estudos em instituições de ensino privadas em troca de isenção de impostos. O ProUni foi o melhor programa criado pelo governo Lula, na era do PT. Criado em 2004, pela Lei nº 11.096/2005, troca bolsas de estudos por tributos. Nesses anos de existência já foram concedidas aproximadamente 2.228.721 bolsas. Hoje, existem cerca de 770 mil bolsas ativas. A renúncia fiscal, em 2006, foi de R$ 1,2 bilhões. Desde a criação até hoje, a renúncia acumulada foi de R$ 6,9 bilhões. Ou seja, da criação até a data em que estive escrevendo este livro, outubro de 2018, foram gastos R$ 6,9 bilhões, para colocar no ensino superior 2.228.000 estudantes. Enquanto nas universidades federais, institutos federais e escolas técnicas federais, excluindo-se as bolsas e hospitais universitários, só no ano de 2017 foram gastos 39% do orçamento do Ministério da Educação para custear um milhão e trezentos mil alunos nas universidades federais, Institutos Federais (Ifes) e escolas técnicas federais. Ou seja, foram gastos R$ 53 bilhões só em 2017 para custear essas instituições, quase 10 vezes mais que todo o gasto de 13 anos com o programa Universidade para Todos (ProUni).

Aumentar e flexibilizar o Fies

O Fies é um programa social extremamente relevante para a inclusão das classes C e D, mas não está sendo tratado pelo Governo Federal como programa social e, sim, como programa eminentemente financeiro e fiscal.

A educação superior no Brasil ainda reflete a desigualdade social. Enquanto os alunos das classes A e B estudam de graça nas IES públicas, os alunos de classe sociais menos favorecidas precisam trabalhar para pagar seus estudos em virtude do princípio constitucional da gratuidade do ensino público

(Constituição Federal, Art. 206). O MEC ofereceu, em 2010, 76 mil vagas para o Fies. Em 2013 foram 560 mil. No ano seguinte, 2014, foram 732 mil. Já em 2015 houve um drástico aviltamento. Foram concedidas apenas 287 mil e em 2016, apenas 203 mil vagas. Ou seja, uma diminuição radical. Em 2017, caiu para 100 mil vagas, e incluiu, também, as autarquias municipais como beneficiárias das vagas do Fies, e por conta das regras rígidas, nem as 100 mil foram preenchidas. Além do mais, o sistema foi transformado num procedimento extremamente burocrático, cuja operacionalidade passa a ficar exclusivamente nas mãos dos bancos, principalmente da Caixa Econômica Federal. O orçamento do Fies nos anos de 2010 até 2017 foi de R$ 82,59 bilhões e o total de contratos de 2010 até 2017 foi de 2,56 milhões de contratos.

Apenas para ilustrar, se traçarmos um paralelo com o financiamento estudantil dos EUA, enquanto no Brasil, de 2010 a 2017, o orçamento gasto com o financiamento foi de 82 bilhões de reais, para 2.56 milhões de contratos, nos EUA o orçamento já ultrapassou a casa dos 2 trilhões de dólares. Lá, os estudantes pedem o empréstimo no dia da matrícula e incluem no financiamento o auxílio moradia, carro e pensionato, dentre outras despesas. No Brasil, o financiamento não é mais de 100% da mensalidade. É financiado apenas um determinado percentual da mensalidade escolar.

Incentivar o oferecimento do EAD (Ensino a Distância)

O Decreto nº 9.057/2017 passou a permitir que as IES com conceito institucional 5 abram 250 polos de ensino a distância por ano. Quem tem conceito 4 foi autorizado a abrir 150 polos, e quem tem conceito 3 pode abrir 50 polos por ano. A grande discussão está em cima da possibilidade, ou não, de oferecer EAD em cursos de saúde. A proibição é um discurso recorrente dos conselhos de classes dos cursos de saúde, cujo objetivo crucial visa a proteger a reserva de mercado. Essa discussão foi parar no Congresso Nacional e, felizmente, os parlamentares decidiram que o EAD em cursos de saúde é plenamente possível, mas com aulas práticas presenciais, e que a regulamentação acerca da quantidade de aulas práticas ficasse para ser definida pelo Conselho Nacional de Educação (CNE), o que foi corretamente acertado, haja vista que só o CNE tem competência e legitimidade para regulamentar políticas públicas educacionais.

Incentivar e flexibilizar a instalação de novas instituições de ensino superior

Com a publicação do Decreto nº 9.235, de dezembro de 2017, e das portarias regulamentadoras do referido Decreto de números 20, 21, 22, 23 e 24/2017, houve a flexibilização de uma série de procedimentos, permitindo a criação de campus fora de sede das universidades, com autonomia, na unidade da federação; permitindo a criação de campus fora de sede dos centros universitários, sem autonomia, na unidade da federação; autorizando os chamados credenciamentos prévios de campus e novas faculdades; prevendo a possibilidade dos chamados processos simplificados para aumento de vagas de cursos já existentes; permitindo o remanejamento de vagas para cursos reconhecidos; autorizando as transferências de mantenças de IES de forma simplificada; autorizando o credenciamento de novas instituições com cinco cursos de graduação e mais de todas as licenciaturas; prevendo a comissão única de avaliadores etc. Tudo isso vem flexibilizar e incentivar a expansão com qualidade. Entretanto, a constatação da qualidade da IES só é possível de acordo com os resultados das avaliações, principalmente a presencial ou *in loco*, devendo ser observados, sempre, os conceitos satisfatórios de qualidade.

MÁ QUALIDADE DA EDUCAÇÃO

O terceiro grande problema consiste *na má qualidade da educação e da infraestrutura das escolas públicas brasileiras*. A qualidade da educação do Brasil, principalmente a básica, é uma das piores do mundo, principalmente do ensino público. Isso repercute profundamente no ensino superior, pois as IES, principalmente as privadas, recebem os alunos com qualidade C, D e E e tentam transformá-los em B e até em A. Em pesquisa realizada pela Unesco (ONU) com cerca de 129 países, que leva em consideração o IDE – Índice de Desenvolvimento da Educação, cuja fórmula soma dados da alfabetização, de matrículas no ensino básico, qualidade na educação e paridade de gênero, o Brasil ficou em 76º lugar, perdendo para todos os países da América do Sul e, inclusive, para países africanos como Zâmbia e Senegal.

As nossas escolas públicas são de péssima qualidade. Falta estrutura, equipamentos básicos, equipamentos de tecnologia, além dos professores serem mal preparados e mal remunerados, e todos percebem remuneração isonômica, sem levar em consideração o critério objetivo da meritocracia, como acontece em países desenvolvidos como nos EUA e na Coreia do Sul.

Dois outros elementos contribuem para a má qualidade do ensino básico no Brasil: a quantidade média de horas que os alunos passam estudando na escola é muito baixa – aproximadamente cinco horas –, enquanto nos países como a China a quantidade de horas é de seis horas diárias, no México são sete horas, na Argentina chega a nove horas, na Rússia são de dez horas diárias, e na Coreia do Sul e nos EUA é de 12 horas. A média chega a ser de 8.5 horas. Além disso, a média de escolaridade, que é o tempo médio que o estudante brasileiro passa no ensino básico, que no Brasil é de apenas sete anos no meio urbano e 3,5 anos no meio rural, nos países desenvolvidos a média é de 12 anos.

A má qualidade do ensino no Brasil é fruto de um paradoxo. Instituições de ensino superior federais, que gastam muito e recebem a maior parte do orçamento do Ministério da Educação, e escolas de ensino básico, que recebem muito pouco e por isso são muito pobres. A maior parte do orçamento do MEC é destinado às universidades, institutos e escolas técnicas federais, sem incluir bolsas e hospitais universitários. E desse total, 90% são destinados à folha de pagamento de professores, funcionários e aposentados, sobrando apenas 10% para investimentos e custeio. E o ensino básico, em que estão matriculados mais de 40 milhões de crianças e jovens, vive em eterna crise por falta de recursos. Isso torna o ensino básico brasileiro um dos piores do mundo.

O Brasil gasta pouco e mal com a educação: cerca de 5% do PIB. A maioria dos países desenvolvidos, como Irlanda, Coreia do Sul e EUA, gasta mais. Sem falar de Israel, que é um dos líderes em gastos com educação, que tem orçamento superior a 8% do PIB. Ademais, além de gastar pouco, grande parte das verbas são desviadas com pagamento de propinas em esquemas de corrupção. O que resta é gasto muito mal, cerca de US$ 10 mil por ano com cada aluno das instituições de ensino superior federais, um pequeno número de um milhão e trezentos mil alunos que, em sua maioria, poderiam pagar. Gasta-se muito pouco com uma criança do ensino básico da rede pública, na qual existem mais de 40 milhões de alunos – somente cerca de US$ 1.000 anuais por aluno. A diferença é na ordem de mais de 1.000%, uma das mais desproporcionais do mundo.

Registre-se que mesmo depois da instituição do sistema de cotas, 58% dos alunos ricos, provenientes de escolas básicas particulares, estudam de graça em instituições públicas federais. Com efeito, a chance de um aluno rico da rede particular de ensino básico conseguir vagas nas IES federais é extremamente superior à dos alunos pobres das escolas de ensino básico públicas. Exemplificativamente, citamos que no curso de Medicina, 88% dos estudantes vêm de escolas de ensino básico particulares e poderiam pagar sua graduação numa instituição federal. Na Odontologia, são 80%. No Direito, quase 70%.

No geral, os alunos que estudaram em colégios de ensino básico particulares, uma elite que responde por apenas 15% das matrículas escolares do ensino básico, tornam-se classe dominante nas instituições públicas, principalmente federais, e não pagam nada em virtude do princípio constitucional da gratuidade do ensino público (CF Art. 206, IV). Por outro lado, para realizar o sonho universitário, 85% dos jovens que vêm da escola básica pública dispõe de quatro alternativas: obter uma excelente nota no Enem, para conseguir uma vaga nas IES públicas por meio do Sisu; obter uma nota boa no Enem, para ingressar numa IES privada sem pagar por meio de bolsa do ProUni; obter uma nota regular no Enem e ingressar em IES pública em carreiras de pouca procura, como Pedagogia, Letras etc.; trabalhar para bancar a mensalidade nas IES privadas em carreiras de alta demanda, como Medicina, Odontologia, Direito, Engenharia etc.

Enfatize-se, também, a título de considerações finais, que nos países de primeiro mundo, as universidades públicas têm, em média, um professor para cada 20 alunos. No Brasil, em média existe um para cada 10 alunos e é comum os professores faltarem às aulas para exercerem atividades paralelas. Por outro lado, em universidades americanas, como a Universidade de Harvard, por exemplo, as salas de aulas são anfiteatros que cabem centenas de estudantes. Aqui no Brasil, coloca-se em média 50 alunos numa sala de aula, e mesmo com esse pequeno número, os alunos ainda reclamam.

Cabe lembrar, outrossim, que, no Brasil, apenas o ensino fundamental é obrigatório. O infantil e o médio é de competência dos estados e dos municípios, e não são obrigatórios. Parte da solução do problema passaria pela federalização de todo o ensino básico, como vem sendo defendido há muito tempo pelo ex-senador Cristovam Buarque.

Nesse contexto, registramos que urge o governo acabar com o princípio constitucional da gratuidade do ensino público para cobrar mensalidade dos que podem pagar e dar bolsas de estudos para os que não podem, como acontece nos EUA, na China, Japão, Coreia do Sul etc. É urgente, também, instituir o sistema de compra de vagas nas instituições privadas, conforme preconizou e sempre defendeu, Milton Friedman, pois a compra de vagas é muito mais barata. A compra de vagas custa ao Governo Federal, no mínimo, cinco vezes menos do que gastar com um aluno numa instituição pública federal.

Em plena sociedade do conhecimento, sociedade digital ou sociedade disruptiva, a baixa qualidade do ensino no país transformou-se numa ameaça à competitividade das empresas e, por via de consequência, do Brasil. As deficiências na educação básica que repercutem no ensino superior, em que as IES recebem o aluno C e D para tentar transformá-lo em B e A, cuja consequência é a má qualidade da mão de obra, provoca a perda de competitividade do país em relação às economias que estão crescendo, as chamadas economias emergentes, com as quais o Brasil disputa o mercado global. Não é incomum muitas empresas brasileiras ficarem meses e meses com vagas em aberto pela incapacidade de encontrar trabalhadores de bom nível, em virtude da má qualificação da mão de obra, um cruel contrassenso para um país com média de 12% de desempregados. Cada vez mais, as empresas comparam dezenas de países antes de realizar um investimento, já que a disponibilidade de mão de obra qualificada é um dos itens prioritários. No Brasil, a baixa formação dos empregados afeta negativamente as decisões de investimento.

Além disso, a baixa qualidade da educação se torna um obstáculo ao crescimento do país. O baixo crescimento do PIB brasileiro nos últimos anos está inexoravelmente jungido à baixa qualidade do ensino básico e superior. A má qualidade da educação também afeta a distribuição de renda, impedindo o crescimento pessoal da população brasileira.

Nesse sentido, importa ressaltar que a educação é um dos "motores" de crescimento de qualquer nação e, no Brasil, esse motor, infelizmente, funciona muito mal. Segundo a Unesco, mantido o passo atual, o Brasil irá demorar muitas décadas para se igualar a países do primeiro mundo, ou seja, equiparar-se ao nível educacional que as grandes economias têm hoje. Um verdadeiro "tsunami pedagógico", que consagra uma realidade assustadora no momento em que o mundo global e digital demanda pessoas cada vez mais capacitadas e qualificadas e que economias, como a chinesa e a indiana, concorrentes do Brasil, fazem um esforço hercúleo para educar e preparar parte de sua população para o mercado global.

Finalizando, cumpre asseverar que, infelizmente, no Brasil, a educação é, em muitas situações, apenas "instrumento de proselitismo político". E o ser social a quem ela se destina, que são os estudantes, são apenas o "indicador numérico para contabilização das ações públicas neste sentido", independente da concretização do processo educacional.

No Brasil, a lição de casa vem sendo feita de forma muito tímida, comparada com outros países. Aqui, o ensino básico não é federalizado, mas estadualizado e municipalizado. Nos termos do Art. 211, parágrafo 2º e 3º da CF, compete aos municípios cuidar do ensino infantil e fundamental e aos estados e o Distrito Federal cuidar do ensino fundamental e médio. E, por lei, apenas o ensino fundamental é obrigatório e os investimentos públicos acabam sendo insuficientes para um país de dimensões continentais, que sofre com a corrupção e a má distribuição dos recursos.

Nenhum país do mundo pode aspirar a ser desenvolvido, autônomo, soberano e independente sem um forte sistema educacional como um todo, desde o básico ao superior e pós-superior. Numa sociedade em que o conhecimento é muito mais importante que os recursos materiais como fator de desenvolvimento humano, considerado instrumento de poder, a importância da educação é cada vez maior, eis que a educação é um instrumento "transformador" e "libertador" dos indivíduos, além de ser instrumento de autonomia, independência e soberania de uma nação. Ela transforma vidas, histórias e destinos. Transformou a minha vida, minha história e meu destino. E pode transformar a vida de todos.

CONCLUSÕES SOBRE O EMPREENDEDORISMO NO SETOR DE EDUCAÇÃO

Feitas essas considerações sobre o sistema educacional brasileiro, é alvissareiro enfatizar que a Lei de Diretrizes e Bases da Educação Brasileira, Lei nº 9.396/96, permitiu a criação de instituições de ensino superior com fins lucrativos com personalidades jurídicas de direito privado as mais diversificadas possíveis, podendo ser LTDA, S/A etc. Essa abertura por força dessa lei permitiu o surgimento daquilo que chamamos de primeira onda do empreendedorismo educacional brasileiro. Nessa primeira onda foram criadas inúmeras instituições de ensino superior privadas com fins lucrativos, dentre elas, o embrião do Grupo Ser Educacional, fundado por mim, que foi a Faculdade Maurício de Nassau, em Recife, Pernambuco. Com efeito, a criação da Faculdade Maurício de Nassau partiu do prolongamento de um grande sonho, que foi fundar o curso para concursos denominado Bureau Jurídico – Desenvolvimento Profissional, curso que tinha o objetivo principal de preparar e qualificar os estudantes para serem aprovados em concursos públicos, especialmente os de Magistratura, Ministério Público e delegado de Polícia. Visava, também, a promover e realizar grandes congressos jurídicos em Pernambuco, com o escopo de ajudar a resgatar a chamada Escola Jurídica do Recife, movimento científico criado no século passado pelos juristas Tobias Barreto e Silvio Romero, que tinha como palco a velha Faculdade de Direito do Recife, da Universidade Federal de Pernambuco, berço de juristas e personalidades luminares como Clóvis Beviláqua, Rui Barbosa, Tobias Barreto, Pontes de Miranda, Castro Alves, Gilberto Freire, Joaquim Nabuco e muitos outros.

Foi a partir do ano de 2007 que surgiu a segunda onda do empreendedorismo educacional brasileiro, com a abertura de capital das empresas educacionais na Bolsa de Valores. A primeira empresa que foi listada na Bolsa de Valores Brasileira (Bovespa), sediada em São Paulo, foi a Anhanguera Educacional, fundada pelo grande empreendedor Antônio Carbonari Netto, que eu costumo denominar de paradigma do empreendedorismo educacional brasileiro. Posteriormente, abriu capital a Kroton Educacional, em seguida a Estácio Educacional e, depois, a empresa de educação cujo foco principal era o ensino médio, denominada SEB Educacional, criada pelo ilustre empreendedor, Chaim Zaher. No ano de 2013 foi à vez da Ser Educacional, que realizou o maior IPO – *Initial Public Offering* (sigla em inglês do termo abertura de capital) da história da educação brasileira, captando no mercado cerca de seiscentos e vinte milhões de reais de investidores nacionais e internacionais, com oferta de ações sendo 50% primárias e 50% secundárias, ou seja, 50% do valor captado para a empresa e 50% para os acionistas. Logo em seguida vieram a Ânima Educacional e a Abril Educacional, hoje, Somos Educação, que foi adquirida pela Kroton.

CAPÍTULO VII

EMPREENDEDORISMO NO SETOR DE SAÚDE

Como dito anteriormente, empreender nos setores de educação e saúde tem o objetivo de impactar positivamente a vida das pessoas mais necessitadas, principalmente porque, apesar de a saúde ser um direito fundamental previsto na Carta Magna, infelizmente o poder público não a oferece de forma ampla, efetiva e eficaz para aquelas pessoas que mais necessitam.

Com efeito, nos últimos anos surgiram no Brasil muitos empreendimentos nas áreas de saúde, quase todos criados por profissionais do setor de saúde, tais como dentistas, nutricionistas, fisioterapeutas, farmacêuticos, enfermeiros, psicólogos, biomédicos e, em especial, médicos. A título ilustrativo, podemos citar alguns empreendimentos nesse importante setor criados no Brasil e que tiveram muito sucesso: 1) a rede de saúde Amil, que foi criada pelo médico Edson de Godoy Bueno, posteriormente vendida para a empresa UnitedHealth por quase dez bilhões de reais; 2) a empresa prestadora de serviços dentários chamada de Dentalcorp, fundada pelo dentista Luiz Alexandre Chicani, hoje avaliada em alguns bilhões de reais; 3) a empresa de Laboratórios de Análise Clínica Fleury, fundada em São Paulo pela Família Fleury, também avaliada em alguns bilhões de reais.

Merece destaque a operadora de planos de saúde e odontológico HapVida, fundada pelo médico e empreendedor Candido Pinheiro, que no momento em que eu estava finalizando este livro contava com 39 anos de atuação no mercado, 3,8 milhões de clientes atendidos, 25 unidades hospitalares, 74 hapclínicas distribuídas, 17 unidades de pronto atendimento, 72 unidades de diagnóstico por imagem, 67 postos de coleta laboratorial, 11 estados com rede própria no N/NE e que, em meados de 2018, decidiu fazer a oferta inicial de ações na Bolsa de Valores de São Paulo com grande sucesso. A empresa é a segunda cearense a abrir capital na bolsa de valores.

O interesse de abrir capital já vinha sendo organizado há anos pelos acionistas da empresa e culminou com entrada na Bolsa de Valores com valor de mercado em torno de R$ 15,8 bilhões no Novo Mercado da B3, índice que conduz as empresas ao mais elevado padrão de governança corporativa.

É interessante ressaltar que a demanda inicial por ações da empresa durante a abertura de capital foi quase sete vezes maior do que a oferta, batendo o recorde de procura dos últimos cinco anos da Bolsa.

Em relação ao valor precificado, que foi de R$ 23,50 por ações, a valorização chegou a 22,7% e a oferta – primária e secundária – movimentou R$ 3,43 bilhões, batendo a expectativa.

O objetivo de a empresa ir para a Bolsa foi para investir em expansão orgânica e por aquisições, para trazer novas tecnologias, ampliar o número de leitos e melhorar o serviço, além de buscar avanços em tecnologia da informação.

Do surgimento no Brasil das empresas ou empreendimentos considerados principais no setor de saúde, surgiram os milhares de empreendimentos secundários com o objetivo primacial de prestar serviços àqueles empreendimentos principais. Citamos como corolários as empresas de softwares de gestão de hospitais, clínicas e laboratórios; as empresas fornecedoras de alimentos hospitalares; as empresas fornecedoras de equipamentos; as empresas de transportes; as de serviço de limpeza etc., criando uma corrente empreendedora geradora de valor para os clientes, além de gerar empregos, renda e riqueza para os empreendedores e para o país.

Entretanto, é particularmente curioso enfatizar que nem sempre foi assim. Outrora, num passado próximo, o simples fato de alguém ter um diploma na área de saúde, em especial em Medicina, por si só já se constituía num passaporte para uma carreira de sucesso. Carecia apenas que a pessoa fosse aprovada num dos difíceis vestibulares das universidades que, na época, em sua maioria eram públicas, cursar a graduação e obter o diploma para ter garantida uma boa fonte de renda. A razão disso era que, num passado bem próximo, o mercado se fazia extremamente carente de bons profissionais da área e não havia uma competição tão acirrada como tem hoje. Com efeito, os profissionais daquela época não procuravam se atualizar e prestar serviços ou atendimentos de qualidade para seus clientes, que "não passavam de pacientes" e necessitavam ser extremamente pacientes para receber um serviço e um atendimento de razoável qualidade. Por essa razão é que muitos asseveram que o termo "paciente" se referindo ao cliente da área de saúde, especialmente da área médica, surgiu por esse motivo.

Felizmente, é particularmente alegre consignar que isso hoje não existe mais. É que devido a cinco fatores externos, que iremos analisar a seguir, também chamados de ambientes externos, surge no Brasil, segundo Mario Persona,[20] a chamada primeira onda do empreendedorismo no setor de saúde. E quais são os cinco fatores? 1) commoditização do ensino no setor de saúde. Com a publicação da Lei de Diretrizes e Bases da Educação Brasileira – LDB, Lei nº 9.396, em 1996 foram autorizadas a criação de inúmeras faculdades na área de saúde; 2) elevação da instrução e discernimento do mercado; 3) grande volume de informações adquiridas pelos sujeitos, potenciais clientes desses empreendimentos de saúde, em virtude do surgimento da internet e das TVs a cabo. Com tanta informação disponível gratuitamente na internet, os indivíduos, após lerem, acham que estão aptos a fazer até cirurgias; 4) acirramento da competição; 5) mais de 70% da população brasileira de baixa renda depende do Sistema Único de Saúde (SUS), e ele é extremamente deficiente e de péssima qualidade do atendimento, o que faz gerar diversas oportunidades de negócios, que além de gerar lucro, ajudam a melhorar a qualidade de vida da população.

Posteriormente, ainda de acordo com Mário Persona, surge a segunda onda do empreendedorismo no setor de saúde. Nessa onda, os atores principais do setor veem a saúde não apenas como um negócio, mas como uma opção. Nela, "não se busca o profissional de doença, mas o profissional de saúde", que é capaz de garantir melhor qualidade de vida, independente de existir uma condição de enfermidade ou não. É que, de uns tempos para cá, o ser humano passa a se preocupar cada vez mais em ter cuidado com o corpo, com o bem-estar e com o aumento da expectativa de vida. Segundo ele, isso constitui uma espécie de hipocondria do cuidar, algo como buscar nos profissionais de saúde não apenas a cura, mas o suprimento de suas carências. Para essa onda, no meio da medicina especializada não basta mais ao profissional médico o conhecimento das causas, sintomas e medicações de doenças orgânicas; também requer uma análise mais minuciosa das implicações do estilo de vida do paciente, de problemas psicológicos, emocionais e de hábitos que contribuem para o quadro sintomático.

Com efeito, o cliente da sociedade atual, que era considerado o paciente de outrora, não procura mais a cura, mas, sobretudo, a prevenção. E, por conta disso, transformou-se num cliente altamente sofisticado e extremamente exigente e, acima de tudo, muito impaciente.

---

20 PERSONA, Mario. Trecho da entrevista "Empreendedorismo em Medicina e Saúde", concedida ao jornal *Correio Braziliense*.

CAPÍTULO VIII

EMPREENDEDORISMO NO SETOR DE ENGENHARIA

Aqui cabe perquirir: por que empreender na área da engenharia, os chamados negócios técnicos, de inovação ou de criatividade? Importa responder que a globalização da economia, a redução do número de empregos formais e os novos conceitos de trabalhabilidade passam a exigir do engenheiro, além de um novo perfil, uma nova postura.

Na atual sociedade em que estamos vivendo, chamada de sociedade do conhecimento, tecnológica, digital e disruptiva, na qual a informação e o conhecimento são muito mais importantes que os bens materiais como fator de desenvolvimento humano, além da formação técnica e tecnológica, impõem-se ao engenheiro adquirir conhecimento das ciências humanas e do empreendedorismo, pois são de extrema valia. Nesse sentido, qualquer profissional da área de engenharia, ao sair da universidade, tem quatro opções a seguir: 1) buscar o mercado de trabalho para atuar como engenheiro técnico ou executivo nas grandes construtoras, ou como executivo no mercado financeiro. Em virtude da sua formação em matemática, que exige raciocínio lógico e capacidade analítica, a profissão de engenheiro é muito demandada no mercado financeiro; 2) buscar fazer concursos públicos, especialmente para os cargos de auditores fiscais. As receitas federal, estaduais e municipais estão cheias de auditores com formação em engenharia; 3) procurar fazer cursos de pós-graduação *lato sensu* (MBA ou especialização) ou *stricto sensu* (mestrado ou doutorado) e buscar atuação na área acadêmica como docentes, coordenadores de cursos ou até gestores de ensino; 4) procurar empreender, buscando abrir seu próprio negócio. O curso de Engenharia estuda números, e isso estimula a parte do cérebro responsável pelo raciocínio. Essa ação coloca os engenheiros em posição privilegiada na carreira do empreendedorismo.

Com efeito, a formação de engenheiro favorece ao profissional da área que se lança na empreitada do empreendedorismo olhar para a empresa com raciocínio lógico, matemático e capacidade analítica, já que, por meio de números, ele consegue entender com mais facilidade os avanços e retrocessos do negócio. Ademais, a maioria das instituições de ensino superior já inclui nas grades curriculares de todos os cursos, principalmente nos de engenharia, a disciplina de empreendedorismo. E por meio dos laboratórios de criatividade e inovação, escritórios modelos, empresas júnior e incubadoras, estimulam o espírito empreendedor do futuro engenheiro.

É importante assinalar que a própria ciência da administração científica foi criada a partir do trabalho de Frederick Winslow Taylor, um engenheiro mecânico, considerado o pai da administração científica. Nessa perspectiva, conforme foi assinalado por José Antônio Lerosa de Siqueira, professor da Universidade de São Paulo, a onda do empreendedorismo realizada pelos engenheiros no século XXI vai ser tão importante quanto foi a revolução industrial no século XIX.

Com efeito, o empreendedorismo é de tão grande importância nas áreas de tecnologia e engenharia que o Massachusetts Institute of Technology (MIT) criou um programa de liderança e inovação para estudantes de tecnologia e engenharia denominado de GEL (Gordon Engineering Leadership), destacando a ciência da engenharia como a principal responsável pela inovação tecnológica do mundo digital e disruptivo.

A história tem nos mostrado que inúmeros profissionais de engenharia têm criado os seus próprios negócios com realçado sucesso. A título de corolário citamos o engenheiro de produção formado no Instituto Mauá de Tecnologia, Michel Glezer, um dos fundadores da *startup* Easy Táxi, aplicativo que movimentou radicalmente o mercado brasileiro de táxis e que já está atuando em dezenas de outros países. Importa informar que grande parte dos funcionários da empresa são engenheiros. Outrossim, não poderíamos deixar de trazer à baila o caso da brasileira Bel Pesce, considerada a "menina do Vale do Silício", que se formou em Ciência da Computação, Administração, Economia, Matemática e Engenharia Elétrica pelo Massachusetts Institute of Technology (MIT), e hoje é dona da sua própria empresa no Vale do Silício. Essa eclética e competente profissional trabalhou nas empresas Google e Microsoft e desenvolveu o aplicativo para controle financeiro chamado Lemon, de extremo sucesso em vários países do mundo.

Ampliando o quadro de considerações sobre o tema, cumpre ressaltar que a graduação em Engenharia de Produção é, segundo os especialistas, a graduação em engenharia que mais capacita e qualifica o estudante para empreender. É que nenhum curso de graduação oferece tantas ferramentas de empreendedorismo como esse, haja vista que os estudantes desse ramo da engenharia estudam, além das cadeiras técnicas e tecnológicas de engenharia, uma vasta gama de outras matérias constantes da sua grade curricular elaborada pelo Conselho Nacional de Educação, como: *finanças e economia* (estuda a teoria econômica, importante na gestão do negócio), a *administração* (estuda a gestão de processos e produtos, como pesquisar mercado, definir áreas, gerir marcas e marketing), *psicologia* (estuda a gestão de pessoas, que permite gerenciar os conflitos entre elas), *contabilidade* (estuda o processo contábil das empresas), *direito* (estuda o direito empresarial envolvendo o tributário e o financeiro), *processos de fabricação, probabilidade, estatística e empreendedorismo*, que os colocam em grande vantagem sobre os demais estudantes de outras áreas do conhecimento humano.

CAPÍTULO IX

EMPREENDEDORISMO NO SETOR JURÍDICO

Sobre o empreendedorismo no setor jurídico, inicialmente é importante enfatizar que muitos estudantes de Direito têm em mente que, ao se formar na Faculdade de Direito, eles saem com um bom conhecimento técnico jurídico e, como consequência, terão sucesso certo na carreira jurídica. Ledo engano. A maioria dos egressos dessa bela profissão da qual faço parte, quando sai da faculdade para o mundo real aos poucos percebe que a carreira jurídica é extremamente difícil. É que, apesar de a maioria ter bom conhecimento jurídico, a competição no setor é uma das mais acirradas, haja vista que hoje existem mais de 1,1 milhão de advogados inscritos na Ordem dos Advogados do Brasil. Isso implica dizer que há muito mais pessoas formadas em Direito, pois grande parte não consegue passar na prova da OAB e receber a carteira. Com efeito, é particularmente realista consignar que apenas o conhecimento jurídico, por mais amplo que seja, não é mais um diferencial para obter sucesso nessa profissão.

É imperativo assinalar que a advocacia tradicional, formal e de perfil conservador, que se baseava nos velhos paradigmas de que o advogado deve se preocupar somente com o conhecimento técnico jurídico, está ultrapassada e obsoleta, e brevemente não existirá mais. Na sociedade atual, globalizada, tecnológica, digital e disruptiva, a advocacia deve se basear em novas posturas e ser vista como um negócio.

De fato, no mundo atual, o advogado que não se reinventar diuturnamente e constantemente – e a reinvenção passa necessariamente pela criatividade e pela inovação –, perderá a competitividade e, consequentemente, não sobreviverá na profissão do Direito. É que, hoje, não basta mais criar um escritório mobiliado de forma luxuosa, fazer um site dos mais modernos, distribuir cartões, esperar o cliente e, se ele vir, entrar na guerra de preço de honorários. Hoje, é particularmente triste consignar, já existem programas de computador de inteligência artificial, como o Watson, que responde certas consultas jurídicas com muito mais rapidez e acuracidade que a maioria dos advogados. Isso aumenta ainda mais a possibilidade de insucesso na carreira jurídica.

O fato é que a maioria dos profissionais do Direito, mesmo com excelente conhecimento técnico, mesmo após passar na prova da Ordem dos Advogados, que é uma das mais difíceis do Brasil, saem da faculdade sem qualquer conhecimento sobre o empreendedorismo jurídico, e não sabem sequer como administrar um escritório ou um negócio de forma eficiente e rentável.

Não podemos esquecer que, embora um escritório de advocacia não seja uma empresa como outra qualquer, muitas ferramentas e conhecimentos da administração e do empreendedorismo podem transformar seu escritório em um negócio bem-sucedido e sustentável.

Não cabe ao profissional da advocacia se fixar apenas nas teses jurídicas e jurisprudenciais. Cabe ao advogado também ser empreendedor. Logo, mister se faz ter maior conhecimento do próprio funcionamento do escritório como negócio e dos diferentes setores envolvidos para lhe trazer maior confiança e alternativas de atuação e de sucesso.

Nesta linha de raciocínio, muitas faculdades de Direito já estão oferecendo em seus currículos disciplinas de negócios e de administração para formar bacharéis com mentalidade empreendedora e empresarial, tais como: empreendedorismo, liderança, desenvolvimento de pessoas, contabilidade, gestão de negócios, marketing e vendas, cujo objetivo visa a conquistar clientes e negociar honorários; finanças, para ter conhecimentos de fluxos de caixa; administração, visando a estabelecer padrões de atendimento; gestão de recursos humanos, para gerir pessoas; psicologia, para não esmorecer diante das adversidades e desafios; e autodesenvolvimento. O objetivo desses currículos é que os bacharéis se formem com o mesmo espírito dos estudantes de negócios ou de administração, conscientes dos riscos da mesma forma que os empresários o são.

Além de o advogado procurar ser detentor de todas as características inerentes a qualquer empreendedor, para ele ter sucesso, necessário se faz: 1) *conhecer muito bem o mercado e o cliente para quem vai trabalhar* e 2) *usar a tecnologia como instrumento de inovação em seu escritório*.

CONHECER O MERCADO E TAMBÉM O CLIENTE PARA QUEM VAI TRABALHAR

O primeiro desafio de quem deseja empreender no setor jurídico, ou seja, abrir um escritório de advocacia, é conhecer bem o mercado especializado em que vai atuar e o seu potencial cliente. É que o empreendedorismo na advocacia difere um pouco dos demais setores por esbarrar em algumas limitações e restrições, como a questão da publicidade. Pelo Estatuto da OAB é vedado ao advogado fazer publicidade da sua especialização e de sua banca de advocacia. Logo, quanto mais o profissional conhecer o mercado e o cliente que vai trabalhar, menos esforço de marketing será necessário.

Com efeito, mister se faz identificar para quem vai atuar. Quem será o público-alvo. Qual a real necessidade, as dores e as frustrações do potencial cliente. Identificar quem são os potenciais clientes e quem não são permite ao profissional criar um planejamento estratégico bem elaborado para atendê-los da melhor forma possível a ponto de encantá-lo. Importa conhecer o cliente não apenas para satisfazê-lo, mas, acima de tudo, para superar as suas expectativas.

USAR A TECNOLOGIA COMO INSTRUMENTO DE INOVAÇÃO

Na sociedade tecnológica, digital e disruptiva em que vivemos, fazer uso de recursos tecnológicos é indispensável para sobreviver e aumentar a produtividade com sustentabilidade e perenidade. A digitalização de processos e o uso de softwares jurídicos para organizar a agenda, gerenciar processos e controlar o financeiro são de uma imprescindibilidade extrema.

Nessa perspectiva, é importante asseverar que já existem diversos programas de computadores objetivando ajudar o advogado empreendedor a conduzir o seu escritório/negócio para ter sucesso e prosperidade, levando tecnologia big data e inteligência artificial à área do Direito.

Nesse sentido, *startups* têm se espalhado pelo país afora oferecendo alternativas para simplificar a vida de quem trabalha na área jurídica. De acordo com a Associação Brasileira de Lawtechs e Legaltechs (Ab2L), já existem mais de 150 empresas desse tipo em funcionamento no Brasil. Uma das pioneiras é a Plataforma Sém Processo, que tem como objetivo servir como ambiente de negociação de conflitos para evitar que os casos sejam levados à Justiça. Ela funciona de forma totalmente digital da seguinte maneira: o departamento jurídico da empresa insere na plataforma o processo judicial que deseja negociar; a ferramenta faz a conexão com o advogado do autor do processo, que indica se tem interesse na negociação.

Ademais, existem diversas ferramentas ou programas de softwares que podem ajudar o advogado empreendedor. A título ilustrativo, citamos o programa *espaider*, que é composto de vários módulos: o módulo de contratos, propriedade intelectual, consultivo, cobrança (recuperação de crédito), societário, requisições, análise gerenciais, propriedade imobiliária, parker e funcionalidades, contencioso, análises de faturas, docsite (GED – armazenador de arquivos) etc.

Ele serve para ajudar o advogado a atuar no contencioso por meio de: gerenciamento total dos processos, controle de prazos (controle de atrasos), workflow de providências, atualização monetária dos valores judiciais, controle dos pedidos individualizados, auditoria antifraude, lançamentos de valores de despesas e custos, controle de riscos, alertas automáticos via e-mail e gerenciamento dos depósitos, penhoras e cauções. Ajuda, ainda, o advogado, a atuar no departamento de contratos, permitindo o gerenciamento dos contratos e aditivos. Faz análise crítica dos contratos e dos valores de correção nos vencimentos e reajustes, periodicidade e renovações, garantias, gerenciamento dos aditivos, controle de eventos, vinculação dos documentos relativos ao contrato, gerenciamento de cláusulas especiais e cronograma de prazos. Também ajuda o advogado na parte societária: conduz todo gerenciamento das informações societárias. Auxilia no controle das ações/quotas da empresa e de cada acionista/quotista, controle de atos societários, registro de fusão/cisão/incorporação, controle de negociações e transferências de ações/quotas, controle de alterações de capital, controle de normas, decisões e circulares e registro dos imóveis da instituição.

Por outro lado, o programa Legal One – Corporate Advanced ajuda o advogado a atuar no contencioso: implementação de processos de negócio otimizado, controle de demandas, atuação preventiva, gestão de custas, depósitos, peças processuais e documentos (GED – armazenador de arquivos). Contratos: gestão dos contratos, gestão de minutas padronizadas, controle de pagamentos e inibição de multas. Procurações: gerencia o fluxo de requisição de nova procuração, mitigação do uso indevido. Imobiliário: gestão de imóveis e terrenos alugados. O programa Elaw ajuda a gerenciar o contencioso: o acompanhamento da evolução dos processos, andamentos, publicações e iniciais, valores (causa, pedido, provisão, juros, multa, correção), risco e suas alterações, monitoramento das ações do escritório, circularização automática. Ajuda na parte de contratos: solicitação, aprovação, preenchimento e chancela dos contratos, visualizando o tempo de aprovação em cada fase do fluxo. Em procurações: gestão de procurações da elaboração até alertas a respeito da vigência. No societário: dados históricos das sociedades, controla os atos, o valor do capital social e o cadastro da composição societária, assim como o cálculo e o controle da distribuição de lucro pelo sistema. Gera o caderno societário e elimina custo com impressão de papéis, correios, infraestrutura, arquivos físicos.

Outrossim, o programa Projuris auxilia no contencioso: gestão de processos e consultas, controle de intimações. Ajuda em contratos: gestão completa de contratos. Definição de minutas padrões que poderão ser utilizadas pelas diversas áreas da empresa conforme cada tipo de contrato, agilizando o processo de elaboração e análise dos contratos. Além disso, após a chancela do jurídico em relação ao contrato firmado, é possível encaminhá-lo ao fluxo de assinaturas. Dentro do Projuris, também é possível assinar digitalmente o documento. A partir daí, basta controlar o ciclo de vida do contrato no módulo Contratos, feito exclusivamente para essa gestão.

Ampliando o quadro de análise, é auspicioso asseverar que o mercado é por demais promissor e em face a isso, a empresa Thomson Reuters inaugurou, em São Paulo, o Future Law Innovation Center (FLIC), que já é considerado o maior centro de inovação em tecnologia na área jurídica da América Latina. Por outro lado, a cidade de Recife, considerada um polo de inovação com a criação do Porto Digital, também possui diversas *startups* na área.

Uma delas, denominada Kurier, nascida como uma empresa fornecedora de soluções em tecnologia e inteligência, hoje está direcionada apenas para o setor jurídico. Ela oferece seis tipos de produtos para os departamentos jurídicos de empresas diversas e sete ferramentas próprias para escritórios de advocacia. Outra delas é a Startup, chamada de Koy. Ela propõe facilitar a gestão e o acompanhamento dos processos dos escritórios de advocacia. Integra informações de 159 diferentes bases de dados, como o Processo Judicial eletrônico (PJe) e o Processo Judicial Digital (Projudi), já que esses processos ainda não trocam informações. Dentro das funcionalidades do sistema estão o agendamento automático de prazos, criação de alertas de movimentação e análise de desempenho etc.

Finalmente, não devemos nos esquecer de que inovar no setor jurídico não significa apenas a utilização de tecnologias modernas. Ela apenas consiste em um instrumento ou um aspecto de inovação, embora um dos mais importantes. A inovação pode ser realizada de diversas formas. Ao adotar uma comunicação informal com os clientes, eliminando o "juridiquês" na hora de comunicar o andamento dos processos, pode ser uma forma simples de inovação. Realizar uma mudança organizacional no escritório, possibilitando maior sinergia entre os colaboradores, pode consistir noutra forma. Estar sempre em contato com o cliente para tirar suas dúvidas em tempo real também pode ser outra forma de inovação.

Por meio da inovação, o escritório de advocacia fortalece a relação de confiança do advogado com cliente, implementa maior transparência no trabalho advocatício prestado, cria meios mais ágeis de comunicar ao cliente o andamento dos processos e amplia a sinergia entre os sócios e colaboradores do escritório etc.

CAPÍTULO X
EMPREENDEDORISMO TECNOLÓGICO E DIGITAL

EMPREENDEDORISMO TECNOLÓGICO

Na atualidade, tecnologia e empreendedorismo estão inexoravelmente vinculados. Hoje, o empreendedorismo passa, necessariamente, pela utilização dos instrumentos tecnológicos criados nos últimos anos. A internet, a automação, a computação em nuvem, os sistemas integrados de soluções empresariais, as novas plataformas de pagamento, são elementos inovadores imprescindíveis para que os empreendimentos cresçam com sustentabilidade e perenidade.

Entretanto, é importante asseverar que o empreendedorismo comum se difere do empreendedorismo tecnológico e do digital uma vez que, tanto no Brasil quanto em outros países, os empreendedorismos tecnológicos e digitais utilizam amplamente inovações tecnológicas de ponta, especialmente as tecnologias de informação e comunicação, que auxiliam o mercado a satisfazer suas demandas.

Nesse campo, não podemos deixar de citar o surgimento no Brasil das inúmeras *startups* brasileiras, que estão acelerando consideravelmente os empreendimentos ligados à tecnologia, haja vista que, em nosso país, ao tempo em que escrevo este texto, já existem mais de 369 incubadoras, que abrigam cerca de 2.310 empresas incubadas e 2.815 empresas graduadas, com faturamento conjunto que já ultrapassou em muito a casa dos 15 bilhões de reais.

Infelizmente, apesar de o Brasil ter empresas líderes em inovação tecnológica, como a fabricante de aviões Embraer, considerada a empresa mais inovadora do Brasil na lista das 150 mais do anuário Valor Inovação Brasil de 2017, do ponto de vista tecnológico, o país ocupa uma posição modesta na lista dos países mais inovadores do mundo. Apenas a 69ª posição pelo Índice Global de Inovação (IGI), enquanto a Suíça é considerada o país mais inovador do mundo, situando-se em primeiro lugar por sete anos seguidos. Os recursos da União destinados a esse setor são baixíssimos, além de faltar um planejamento eficiente e eficaz do Governo Federal para promover pesquisas de ciência e tecnologia.

| empreendedorismo tecnológico e digital |

Aqui, o orçamento destinado ao Ministério da Ciência, Tecnologia, Inovações e Comunicações (CMTIC) é muito baixo, menos de 1% do PIB, profundamente discrepante de países como os Estados Unidos, que gastam cerca de 2,7% do PIB; a China, também nesse patamar; e a União Europeia, com gasto em aproximadamente 3%. Mesmo assim, existe no CMTIC, um excelente programa de âmbito nacional que atua como forma de incentivo ao desenvolvimento do empreendedorismo tecnológico ou digital.

Mesmo com pouco investimento por conta do Governo Federal em inovação tecnológica, ciência e tecnologia, já existem hoje no Brasil sete grandes parques tecnológicos, os chamados Vales do Silício Brasileiros: Parque Tecnológico do Porto Digital, em Recife, PE; Parque Tecnológico de San Pedro Valley, em Belo Horizonte, MG; Parque Tecnológico do Rio de Janeiro, RJ; Parque Tecnológico do Vale da Eletrônica, em Santana do Sapucaí, MG; Parque Tecnológico de São José dos Campos, SP; Parque Tecnológico Sapiens, em Florianópolis, SC; e Parque Tecnológico TecnoPuc, em Porto Alegre, RS.

Podemos citar como exemplo de empresa tecnológica no Brasil a gigante Brasileira Totvs, que hoje é a maior empresa de tecnologia da América Latina, fundada pelo prefaciador deste livro, Laercio Cosentino.

EMPREENDEDORISMO DIGITAL

Importa asseverar que com o acesso amplo à internet de forma cada vez mais simples e a ampliação das possibilidades de atuação no ambiente digital, está surgindo, cada vez mais forte, o empreendedorismo digital.

Nesse contexto, podemos definir empreendedorismo digital como o ato de criar e desenvolver um negócio que funcione essencialmente na internet, de forma digital, e que tenha a maioria de seus processos e procedimentos realizados nesse ambiente, tendo a tecnologia como um instrumento essencial de inovação para a performance, sustentabilidade e perenidade do negócio.

O espaço virtual oferece cada vez mais recursos para que qualquer negócio possa ser iniciado, desenvolvido e executado. Além de ser mais ágil e de maior escalabilidade, o início de um empreendimento digital não demanda equipes grandes, estruturas físicas enormes e complexas para o seu funcionamento, nem investimentos vultosos, como sói ocorrer com os empreendimentos off-line, inclusive o tecnológico. É que o empreendedorismo digital permite que profissionais possam começar um negócio investindo muito pouco financeiramente e que tenham um rápido retorno financeiro.

A título de exemplo, podemos citar como negócios digitais os empreendimentos *e-commerce*, os portais de cursos on-line, os blogs de conteúdo, as webs TVs, os serviços oferecidos on-line, além de uma vasta gama de outros produtos e serviços. É que apenas nos primeiros seis meses do ano de 2016, de acordo com pesquisa da E-bit, houve um crescimento de 5,2% no comércio eletrônico, os consumidores virtuais ativos cresceram 31%, atingindo a marca de 23,1 milhões, e a quantidade de vídeos também recrudesceu substancialmente, a ponto de se prever que até o final do ano de 2019 eles serão responsáveis por 80% de todo o tráfego de internet do mundo.

Ampliando o quadro de considerações, auspicioso afirmar que o uso do empreendedorismo digital tem se popularizado cada vez mais no país por possuir inúmeras facilidades, que elencamos, ilustrativamente, a seguir:

1. **BAIXO INVESTIMENTO INICIAL PARA COMEÇAR E OPERACIONALIZAR O NEGÓCIO.** Para começar um negócio digital, algumas vezes o empreendedor só vai precisar dele mesmo e de um computador. Logo, inexiste nesse tipo de negócio demanda por estrutura física, ampla, complexa e bem localizada, além de não demandar também a existência de muitos funcionários nem tampouco de alto volume de investimentos em equipamentos e mobílias.

2. **FACILIDADE DE ACESSO À INTERNET E CONSEQUENTE CRESCIMENTO DO AMBIENTE VIRTUAL.** Registre-se que, de acordo com o IBGE, em 2016, 54% dos brasileiros já tinham acesso à internet. Nesse sentido, à medida que a internet se torna mais popular entre pessoas de diferentes faixas etárias e acessível a todos, independentemente de suas reais condições financeiras, a tendência é que esse número venha a subir substancialmente dia após dia. Com efeito, essa expansão e a consequente facilidade de acesso, por meio de aparelhos como smartphones e tablets, faz com que esse ambiente se torne altamente propício para a divulgação de produtos e serviços bem como para o surgimento cada vez mais crescente de empreendimentos totalmente digitais.

3. **MAIOR DINAMISMO NAS NEGOCIAÇÕES ON-LINE.** Em face da não necessidade de encontros presenciais demorados e enfadonhos, realizar qualquer tipo de negociação no ambiente virtual é muito mais simples e rápido. Nesse ambiente, qualquer transação é feita de forma instantânea e a qualquer hora.

4. ALTA ESCALABILIDADE. A alta conectividade do ambiente virtual permite que o negócio possa impactar milhares de diferentes pessoas em qualquer lugar do mundo, possibilitando alta escalabilidade e, por via de consequência, alta rentabilidade.

PRINCIPAIS NEGÓCIOS DIGITAIS

E-COMMERCE. A loja virtual, comércio eletrônico ou *e-commerce*, site que facilita a compra e a venda de produtos no ambiente on-line, é considerado o modelo mais antigo de empreendimento digital. No contexto, importa mostrar que uma loja virtual se parece com uma loja física em certos aspectos, como no controle do estoque, na logística de pagamentos etc. Ilustrativamente, elencamos como exemplos de grandes sucessos na área do empreendedorismo digital *e-commerce* empresas como a gigante multinacional Amazon, a empresa de moda Dafiti, a de varejo Magazine Luiza etc.

INFOPRODUTOS. Pode-se ingressar também no empreendedorismo digital trabalhando com infoprodutos. Os infoprodutos, como o próprio nome já diz, são produtos on-line no estilo e-book, infográficos, videoaulas, vídeos-cursos, filmes etc. Citamos como exemplos de grandes empresas que vendem infoprodutos as gigantes HBOGo e a Netflix, que vendem filmes por assinatura. A Netflix chegou oferecendo milhares de filmes e séries em um só lugar, por um preço mensal acessível e garantindo segurança e qualidade de exibição, conquistando seu lugar no coração dos amantes do cinema e se tornando um sucesso. É que as pessoas perdiam muito tempo procurando por algo que valesse a pena assistir e quando achavam, ainda tinham que se preocupar com questões como qualidade do arquivo, segurança do computador, vírus etc., o que era muito chato, difícil e extremamente demorado. A Netflix acabou com isso, daí o seu extraordinário sucesso por ter inovado. Aqui no Brasil, a empresa Samba Play possui uma ferramenta por meio da qual as pessoas podem vender seus produtos em vídeos, tanto pelo modelo de assinatura quanto pelo modelo pontual. Por meio da Samba, a pessoa só se preocupa com os conteúdos, e ela oferece toda a estrutura tecnológica, o media center personalizado e a plataforma de pagamentos.

Por fim, registre-se que os chamados youtubers, digital influencers que colocam vídeos naquela plataforma, podem ganhar muito dinheiro desde que eles alcancem conteúdos virais ou semivirais de, no mínimo, 1.000 inscritos.

CAPÍTULO XI

EMPREENDEDORISMO NO MERCADO FINANCEIRO

O mercado financeiro tem se tornado uma opção bastante atrativa aos olhos de muitos empreendedores. Isso se deve a diversos fatores, entre eles a necessidade de empresas que fomentem a economia, que aliem as operações à tecnologia e que ajudem a tornar a vida financeira das pessoas e das empresas muito mais prática e ágil. É por muitas razões que empreender no mercado financeiro tem se tornado uma solução, tanto para quem aposta nesse segmento quanto para quem utiliza os serviços prestados por ele.

O movimento de migração dos investimentos e dos principais serviços financeiros, anteriormente oferecidos por grandes bancos e instituições financeiras, para instituições financeiras independentes ou instituições financeiras alternativas, como corretoras, financeiras, *factorings*, *fintechs*, consultorias em planejamento financeiro etc., que prestam serviços semelhantes aos dos bancos, com taxas muito mais atrativas e um atendimento mais próximo ao cliente, tem ganhado muita força nos últimos anos, possibilitando que algumas operações mais simples sejam realizadas por essas instituições independentes ou alternativas de forma mais vantajosa para os clientes.

Isso faz com que todos ganhem, tanto os consumidores dos produtos do mercado financeiro quanto a própria mão de obra que trabalha nesse mercado, haja vista que o surgimento dessas instituições proporcionou a criação de novas vagas no mercado de trabalho, fazendo com que cada vez mais profissionais com anos de experiência e carreiras bem-sucedidas nos grandes bancos começassem a abrir seus próprios negócios financeiros ou a participar de estruturas menores já existentes. Nesse sentido, não é ocioso analisarmos cada tipo de empreendimento desses:

CORRETORAS. Diferem-se dos bancos, uma vez que os bancos geralmente vendem apenas investimentos criados por eles, enquanto as corretoras vendem investimentos de várias instituições e lugares, o que faz com que possuam produtos mais interessantes disponíveis. Um grande exemplo de uma grande corretora de sucesso no Brasil é a XP Investimentos, que em 2017 vendeu 49,9% das suas ações para o Itaú por R$ 5,7 bilhões. Essa negociação é uma prova de como o mercado de distribuição de produtos financeiros, como fundos de investimentos, títulos de renda fixa e ações cresceu apesar da crise em que o país se encontra.

FINANCEIRAS. São instituições que têm a finalidade de otimizar a utilização e a colocação de capitais financeiros próprios e de terceiros no mercado financeiro. Em nosso país, as financeiras são instituições focadas nos serviços de empréstimos, financiamentos para capital de giro para empresas, serviços de cartão de crédito, crédito e empréstimo pessoal, consignado em folha de pagamento etc. Normalmente, suas taxas são mais altas que as dos bancos, embora suas margens de negociação para valores são maiores com garantias mais brandas.

Para abrir uma financeira é necessário analisar os aspectos legais, financeiros e operacionais do negócio, negociar a representação de, pelo menos, uma bandeira com um responsável pelo setor em um banco; obter uma autorização emitida pelo Banco Central, que libera a construção de uma sede e regulariza o funcionamento da empresa; registrar um CNPJ; encontrar escritórios de confiança de advocacia e contabilidade que sejam parceiros do negócio etc.

Podemos citar como exemplos de sucesso no Brasil a financeira Crefisa, a BV Financeira, do grupo Votorantim, e o conglomerado financeiro Alfa. Ademais, os bancos de montadoras, como a Fiat, BMW, Renault, Volkswagen e outras, também estão entre as maiores financeiras do país, principalmente por sua atuação no financiamento de veículos para o consumidor brasileiro.

FACTORINGS. Essas empresas são responsáveis pelo fomento comercial das pessoas jurídicas, trocando títulos de crédito por dinheiro. Em geral, para viabilizar uma *factoring* é necessário um espaço comercial bem localizado, uma sala reservada para as negociações, equipamentos operacionais, como computadores e impressoras, um bom plano de negócios, uma marca, CNPJ, licença da Prefeitura e do Estado, contador de confiança, realizar uma análise de mercado e definir as suas estratégias, construir um planejamento financeiro, de marketing e vendas etc.

FINTECHS OU BANCOS ON-LINE OU DIGITAIS. São *startups* que trazem grandes inovações para o mercado, que oferecem serviços financeiros tais como: cartão de crédito, meios de pagamentos a lojas virtuais, financiamentos/empréstimos etc. Elas são novas formas de lidar com finanças, com soluções muito mais acessíveis e revolucionárias, transformando os serviços financeiros convencionais e tradicionais.

Os chamados bancos digitais, com utilização de aplicativos, ferramentas e programas de computadores são os grandes exemplos de *fintechs*. São diversas as tecnologias utilizadas, como a inteligência artificial e o blockchain. A inteligência artificial (I.A.) pode auxiliar tanto em personalização de serviços, como big data, entre outros. O blockchain, por sua vez, permitiu o surgimento de moedas digitais criptografadas, cuja primeira versão totalmente descentralizada é a polêmica Bitcoin.

Para abrir conta em uma fintech ou banco on-line ou digital, por exemplo, só é necessário um celular com câmera e documentos. Por outro lado, para gerenciar o fluxo de caixa da sua empresa, é só baixar um aplicativo. Entretanto as mudanças não se limitam à tecnologia. As *fintechs* estão trazendo um novo mercado de serviços financeiros mais simples e menos burocrático. A mudança na interação com o usuário, que passa a ser o centro do serviço, exemplifica o nosso ponto de vista. Diferente de grandes bancos, com atendimento demorado e burocrático, as *fintechs* prestam atendimento personalizado, veloz e sem qualquer burocracia. Elas têm mostrado que os processos e procedimentos oferecidos pelos grandes bancos como estão sendo usados não estão satisfazendo plenamente os clientes. Com efeito, elas trazem processos mais céleres e eficazes com melhores e mais eficientes controles, pois, diferente das grandes corporações, elas têm a tendência de centralizar suas atenções diretamente no cliente, buscando resolver seus problemas de forma mais célere sem qualquer burocracia.

Ao contrário dos grandes bancos ou instituições financeiras tradicionais que também utilizam a tecnologia para facilitar os serviços, as *fintechs* essencialmente usam a tecnologia como instrumento ou ferramentas de inovação, processos e metodologias, fazendo com que isso traga grande repercussão prática na experiência do usuário, o qual ganha acesso a um produto/serviço com pouca burocracia, custo reduzido, maior e imediata conectividade, além de maior controle sob as operações realizadas.

Grandes bancos já começaram a olhar e a investir nas *fintechs*, que prometem ser o futuro. O Banco Bradesco, por exemplo, recentemente lançou o Next, com funções como criar objetivos, organizar vaquinhas e até estruturar o orçamento mensal. E não são só bancos que estão preocupados, mas as instituições reguladoras também. O Banco Central já começou a observar as *fintechs*, suas atuações e as discussões que elas estão promovendo.

Grandes exemplos de *fintechs* ou bancos on-line ou digitais de sucesso no Brasil são o Banco Original, o Neon e o Nubank. O Nubank, que mexeu com o mercado com um produto relativamente simples, um cartão de crédito com aplicativo, já atingiu a meta de 5 milhões de clientes de cartão de crédito (sem anuidade) e 2,5 milhões de correntistas (exclusivamente digitais). Recentemente, a gigante Tencent, da China, investiu 90 milhões de dólares no Nubank, fazendo com que ele passasse a ser a maior *fintech* da América Latina, avaliada em 4 bilhões de dólares. No total, ele já captou mais de 420 milhões de dólares em sete rodadas de investimentos a partir de sua fundação, em 2013.

Existem outros tipos de *fintechs* nas áreas de seguros, controle financeiro e meios de pagamento, que também estão revolucionando a área. Na área de seguros, também chamada de insurtec, podemos citar, por exemplo, a Youse, que consiste numa plataforma de vendas de seguros on-line da Caixa Seguradora. Ela oferece seguros personalizados para carro, casa e vida, sendo possível customizar uma apólice de acordo com a necessidade do cliente, definindo somente as coberturas e assistências de seu interesse. Todo o processo é 100% on-line e em questão de minutos é possível personalizar e contratar um seguro de forma direta, rápida e segura, via celular ou desktop. Na área de controle financeiro surgem algumas *fintechs*, que prometem ajudar os usuários a fazerem boas escolhas e gerir melhor o próprio dinheiro. O GuiaBolso é um bom exemplo disso. Ele promete ajudar seus clientes a lidarem melhor com o próprio dinheiro e, consequentemente, economizar mais. Consiste num aplicativo que permite a conexão com a conta bancária do usuário e baixa automaticamente todas as informações de gastos e rendas sem a necessidade de se fazer lançamento manual. Ademais, ele também sincroniza com os principais bancos e cartões, classificando os gastos, entre outros.

Para finalizar, vejamos as *Consultorias em Planejamento Financeiro*. Elas auxiliam as pessoas a escolherem os melhores caminhos para investir os seus recursos. É que a maioria das pessoas não tem conhecimentos técnicos sobre investimentos e nem tampouco se interessam em estudar sobre isso e também não gostam de tomar as próprias decisões sobre esse assunto; elas preferem que algum especialista na área indique qual o melhor caminho para elas seguirem.

CAPÍTULO XII

EMPREENDEDORISMO NO AGRONEGÓCIO

O agronegócio brasileiro é a área de atuação que compreende a cadeia de produtos e serviços agrícolas. Ela abrange toda a cadeia de produtos e serviços que atua antes, durante e depois da produção nas fazendas.

Os números do agronegócio brasileiro mostram como ele é de extrema importância para a economia do país, representando cerca de 40% do valor total das exportações, o que dá aproximadamente um terço do PIB nacional, gerando mais da metade dos postos de trabalho da população economicamente ativa brasileira.

O potencial de crescimento desse setor é grandioso. As áreas de grãos que podem ser cultivadas são imensas e podem ainda ser triplicadas. Alia-se a isso o fato de o solo ser extremamente fértil e o clima tropical ser excelente para o cultivo. Essas características conferem ao Brasil uma grande vantagem sobre muitas nações, além de impulsionar o setor agrícola para um patamar de destaque. Nessa perspectiva, importante registrar que aqui temos terras abundantes e disponíveis, muito sol e muita água, além de tecnologia tropical de ponta. Ilustrativamente, asseveramos que a água abundante que temos constitui-se num grande diferencial do Brasil em relação a diversos países como a China, a Índia, Israel etc. É que para produzir um quilo de milho são necessários 1.500 litros de água e um quilo de carne bovina exige a conversão de 25.000 litros de água.

Por outro lado, auspicioso citar que inovações tecnológicas no setor trouxeram grandes novidades e avanços para a agricultura brasileira. Isso tem auxiliado os produtores nacionais a melhor entenderem as demandas de mercado que lhe são impostas e melhorar a qualidade da produção de alimentos e grãos. As novidades tecnológicas para produzir, processar, conservar e, sobretudo, comercializar alimentos, geram inúmeras oportunidades para a criação de novos negócios no setor. E é com base nas inovações tecnológicas que surgiu o conceito de Agricultura Digital, que reúne tudo o que há de mais eficiente em tecnologia, não só para produzir mais, mas também com maior precisão e melhor uso dos recursos naturais. Novos sensores, aplicativos e sistemas implantados nas lavouras, que dão origem a um conjunto de dados, são exemplos de ferramentas que geram informações e conhecimentos essenciais ao produtor rural para a ampliação da produção e para melhorar a qualidade dos alimentos e grãos.

Por fim, enfatizamos que o Brasil precisa produzir alimentos e fibras para um mercado interno de mais de 200 milhões de consumidores e ainda manter o ritmo crescente das exportações de produtos como cereais, frutas, fibras, carnes e seus derivados, para fornecer para o mercado mundial, pois a população mundial continua crescendo a uma velocidade de cerca de 90 milhões de pessoas por ano, o que é uma excelente oportunidade para um país extremamente forte no agronegócio.

Com efeito, constatamos que os empreendedores brasileiros desse setor estão em ótima posição para largar na frente em termos de novos e promissores negócios agro, principalmente daqueles que tenham um potencial exportador. As vantagens competitivas do agronegócio brasileiro em relação aos demais países exportadores de alimentos do mundo são enormes. Logo, é tempo de pesquisar, sonhar, visualizar, idealizar e planejar empreendimentos no setor agro, pois o Brasil tem tudo para se tornar, em poucos anos, o celeiro do planeta Terra.

CONCLUSÕES

Como visto nas linhas precedentes, empreender consiste em transformar ideias em ações e sonhos em realidade, criando coisas transformadoras de vidas e até da humanidade. O empreendedorismo brasileiro, extremamente desenvolvido, na minha ótica, é um dom que se transforma em arte, a arte da prática ou a prática da arte de criar e fazer acontecer com ousadia, determinação, coragem, motivação e criatividade.

Apesar de ser um fenômeno cultural, não impede que aqueles que não são oriundos de uma família empreendedora também empreendam e construam negócios grandiosos. Negócios esses que, se pautados em preceitos éticos e sociais, podem sempre ajudar a humanidade. Agora, para construir empreendimentos grandiosos que possam ajudar a humanidade não basta pedir a Deus bênçãos e sorte, pois sorte não existe. Importante se faz que o empreendedor sonhe e idealize um grande projeto. Mas não basta sonhar. O sonho é apenas o primeiro passo para a conquista, apenas o mapa dela. Imperativo se faz ser ousado, corajoso e tomar iniciativas, mesmo correndo riscos.

Para tanto, é importante, com visão em longo prazo, obter informações sobre o empreendimento e sobre o mercado em que vai atuar. Cumpre também otimizar o tempo para trabalhar muito, buscando constantemente a eficiência, e trabalhar com muita determinação, persistência, otimismo, autoconfiança e foco, procurando sempre ser criativo e inovador. Mas não pode perder de vista a paixão pelo que vai fazer, o verdadeiro espírito de liderança e a valorização dos colaboradores de acordo com seus méritos, que tem que ser gente competente e da melhor qualidade.

E é necessário planejamento eficaz, que começa com a análise do mercado, procurando sempre fazer o melhor, é imprescindível para ter progresso e não fracassar. Mas, se fracassar, tem que ser resiliente para recomeçar, porquanto o fracasso é o maior professor de todos os tempos. Se assim o fizer, sem sombra de dúvidas, o sucesso do empreendimento será apenas uma consequência e a autorrealização será alcançada para lhe trazer felicidade em abundância.

PARTE II

DICIONÁRIO TÉCNICO DE EMPREENDEDORISMO

Termos técnicos de extrema valia para o empreendedorismo. Deve ser registrado que parte das definições de cada brocardo abaixo não é de minha autoria, mas de autores diversos, cujos textos foram postados na internet. Peço licença para publicá-los neste livro, pois são de importância capital para os leitores que buscam informações sobre as diversas concepções e conceitos de empreendedorismo e de negócios.

A

ACIONISTA CONTROLADOR: termo usado para designar o indivíduo, empresa ou grupo de pessoas que, por meio dos seus direitos de sócio conseguem, efetivamente e de maneira permanente, controlar as votações e deliberações durante a assembleia geral da empresa, assim como nomear a maior parte dos administradores da empresa.
Exemplo: O acionista controlador possui mais de 50% das ações da empresa.

ACELERADORA: ao contrário da incubadora, que apoia a fase inicial da *startup*, uma aceleradora dá suporte na transição do arranque para a empresa amadurecer. A aceleradora, nesse caso, pode se tornar sócia minoritária da empresa e, geralmente, oferece mentoria e investimento financeiro para o desenvolvimento do negócio.
Exemplo: Minha empresa cresceu depois que entrou no programa de investimentos daquela aceleradora.

AFILIADO: pessoa que promove produtos de terceiros e recebe comissão por cada venda advinda da sua indicação.
Exemplo: Ganhou muito dinheiro como afiliado daquele programa de emagrecimento.

AGIOTA: 1. Que se dedica à agiotagem. 2. Que empresta com usura. 3. Pessoa que empresta dinheiro a juros excessivos.
Sinônimos: especulador, usuário. Agiotista.
Exemplo: Agioto muito na bolsa de valores.

AGIOTAGEM: 1. Empréstimo de dinheiro a juros excessivos. 2. Prática de especulação que visa à obtenção de lucros exorbitantes sobre títulos, fundos, ações etc.
Sinônimos: usura, especulação.
Exemplo: Roberto foi preso acusado de agiotagem.

AGIOTAR: 1. Praticar ou exercer agiotagem. 2. Descontar ou rebater título de crédito.
Sinônimos: especular, rebater, usurar.
Exemplo: Há muita gente que prefere agiotar a trabalhar duro.

ANÁLISE *SWOT*: ferramenta utilizada para fazer análise de cenário, serve como base para gestão e planejamento estratégico de uma corporação ou empresa. É usada para posicionar ou verificar a posição estratégica da empresa no ambiente em questão. *SWOT* significa *Strenghts* (forças), *Weaknesses* (fraquezas), *Opportunities* (oportunidades), *Threats* (ameaças).
Exemplo: A análise *SWOT* permitiu definir melhor nossas estratégias de atuação.

APORTE: investimento financeiro, aplicação de capital em uma empresa.
Exemplo: A *startup* recebeu o aporte necessário para desenvolver seu produto.

AUTOMAÇÃO DE MARKETING: ação de automatizar os processos de marketing de uma empresa. Essas ações geralmente são realizadas por softwares que concentram vários esforços e ferramentas muito

importantes para que o marketing seja efetivo; por exemplo: e-mail, marketing, captação de leads, acompanhamento de métricas, taxas de conversão etc.
Exemplo: A minha empresa inseriu o sistema de automação de marketing em seu planejamento.

B

BALANCED SCORECARD (BSC): modelo de gestão estratégica que auxilia a mensuração dos progressos das empresas rumo às metas em longo prazo, a partir da tradução da estratégia em objetivos, indicadores, metas e iniciativas. Visa a permitir ao administrador entender os objetivos de sua estratégia e chegar à definição das iniciativas que devem ser executadas.
Exemplo: Depois que aplicou o *Balanced Scorecard*, foi mais fácil definir as estratégias a seguir.

BANNER: peça gráfica que pode ser exposta em *sites* e *blogs* com a finalidade de convidar o leitor para uma ação, seja ela para direcionar a outra página, baixar um conteúdo ou realizar uma venda.
Exemplo: Com o *banner* publicado acerca dos novos produtos, a empresa recrudesceu as vendas em 50%.

BENCHMARKING: método de comparação de serviços, produtos e práticas que buscam superar a concorrência e aprimorar funções e processos de uma empresa.
Exemplo: Com o *benchmarking* do concorrente, a empresa conseguiu entender o que estava fazendo de errado.

BOOTSTRAPPING: quando o próprio empreendedor financia os gastos e investimentos de sua empresa, sem contar com a adição de capital externo. Quando há uma entrada de capital, ela necessariamente vem por parte dos clientes.
Exemplo: Como tinha algum dinheiro guardado, fez o *bootstrapping* da sua *startup*.

BRAINSTORM: traduzido normalmente como "tempestade de ideias", é uma técnica que visa a levantar ideias para a resolução de um problema. Também é usada para estimular a criatividade de uma equipe.
Exemplo: O *brainstorm* ajudou a equipe a ter novas ideias.

BREAK-EVEN: expressão que designa o ponto de equilíbrio entre as despesas e receitas de uma empresa. Em outras palavras, quando os cálculos indicam que um empreendimento atingiu o ponto de equilíbrio, significa que os custos e as despesas totais são iguais à receita total, isto é, a empresa não obteve lucro nem prejuízo.
Exemplo: No mês de novembro, a empresa atingiu o *break-even* orçamentário.

BRIEFING: conjunto de dados e informações que dão suporte à definição de ações para determinado trabalho ou atividade.
Exemplo: Preciso de um *briefing* sobre a ação que será realizada durante o Carnaval.

BOOKBUILDING: espécie de leilão que estabelece a taxa de juros em que as companhias abertas podem ofertar publicamente; por exemplo, títulos de dívidas.
Exemplo: A empresa vendeu grande parte das ações por via do *bookbuilding*.

BUDGET: O termo *budget* significa "orçamento", ou seja, o planejamento financeiro e a estimativa das receitas, das despesas e dos investimentos de uma determinada empresa. *Budgeting* (o ato de fazer um orçamento)

é importante porque traça os objetivos da companhia, permitindo que sejam tomadas medidas de ajuste para o alcance das metas estipuladas. O termo foi importado do inglês e tornou-se popular com a instalação de empresas multinacionais no Brasil.
Exemplo: O *budget* de 2018 da nossa companhia foi 50% superior ao do ano de 2017.

BURN-RATE: em português, "velocidade de combustão", ou seja, a velocidade com a qual a empresa acaba com seus recursos financeiros.
Exemplo: A empresa X teve uma alta *burn-rate* e como consequência não conseguiu fazer todos os investimentos.

BUY-SIDE: é o público mais importante das relações com investidores. São os grandes investidores institucionais. Por exemplo, os fundos de pensão de governos ou empresas, fundos de investimento, fundos mútuos, *hedge funds*, seguradoras, administradores de carteiras, bancos etc.
Exemplo: A empresa precisa manter um ótimo relacionamento com o *buy-side*.

BUSINESS ANGEL: trata-se de investidores privados que realizam investimentos e *start-ups* por meio de contribuições financeiras. O investidor-anjo (em livre tradução) é normalmente um (ex)empresário que, depois de trilhar uma carreira de sucesso, acumulou recursos suficientes para alocar uma parte e investir em novas empresas.
Exemplo: O *business angel* ou investidor-anjo foi a pessoa que fez a *startup* valer alguns milhões de dólares.

BUSINESS MODE: geralmente utilizado por empresas nascentes, na fase mais básica do planejamento de um negócio, a função do *business mode* é permitir que empreendedores e estrategistas definam o modelo de negócio. Em outras palavras, consiste na explicação do mecanismo pelo qual o *startup* pretende interagir com os seguintes elementos: principais parceiros e atividades, recursos chave, relacionamento com clientes, canais de mercado, estruturas de custos, receitas etc.
Exemplo: Apresentou o *business mode* aos investidores.

BUSINESS PLAN – PLANO DE NEGÓCIOS. Plano no qual se delimita o modelo de negócio de uma empresa. Esse documento deve conter dados da empresa e de seus integrantes, como a descrição dos produtos e serviços oferecidos, a análise de mercado realizada, as estratégias de vendas etc. O *business plan* também pode e é usado com a finalidade de apresentar a empresa para (futuros) investidores.
Exemplo: O empreendedor apresentou o *business plan* da empresa para os próximos cinco anos.

BUSINESS-TO-BUSINESS (B2B): comércio feito entre empresas, sem participação do consumidor final.
Exemplo: Fez uma negociação *B2B* para aquisição de material.

BUSINESS-TO-CUSTOMER (B2C): comércio tradicional entre uma empresa e seu consumidor final.
Exemplo: Empresas de varejo costumam realizar vendas *business-to-consumer*.

BUYBACK: ato de comprar de volta algo que já foi seu. Por exemplo, quando uma empresa é recomprada pelo seu fundador, após ter sido vendida por ele; ou quando uma empresa recompra ações de seus investidores.
Exemplo: Fez o *buyback* das ações.

C

CUSTOMER ACQUISITION COST (CAC): em livre tradução, Custo de Aquisição de

Cliente é o preço investido por uma empresa para adquirir cada novo cliente.
Exemplo: Desenvolveu uma estratégia de atração com um *CAC* relativamente baixo para os resultados obtidos.

CAPTAÇÃO DE RECURSOS: obtenção de investimentos, o que pode ser feito por intermédio de empréstimos bancários, agências de fomento, fundos de investimentos ou acionistas.
Exemplo: Antes de dar início ao projeto, precisou fazer uma grande captação de recursos.

CAPITAL DE GIRO: recurso financeiro utilizado para cobrir custos rotineiros da empresa e para sustentá-la entre o período de pagamento de despesas e o recebimento da receita de clientes.
Exemplo: Parte do lucro deve ser investida como capital de giro.

CAPITAL SOCIAL: é a quantia bruta que é investida, o montante necessário para iniciar as atividades de uma nova empresa, considerando o tempo em que ela ainda não vai gerar lucro suficiente para se sustentar.
Exemplo: Como eram três sócios, conseguiram levantar o capital social necessário para iniciar a empresa.

CAP TABLE: planilha ou tabela que mostra a participação acionária de uma empresa, normalmente uma *startup* ou empreendimento em fase inicial.
Exemplo: Colocamos na *cap table* a lista de todos os acionistas.

CLOUD COMPUTING: em livre tradução, Computação em Nuvem; essa expressão se refere ao uso da memória e processamento de servidores e programas de internet, com a finalidade de armazenar arquivos e/ou acessá-los de maneira mais prática.

Exemplo: Desenvolveu soluções tecnológicas baseadas em *cloud computing*.

CROWDFUNDING: arrecadação de capital por meio de financiamento coletivo, em geral de pessoas físicas que demonstram interesse na iniciativa.
Exemplo: A campanha de *crowdfunding* permitiu o início da operação da *startup*.

CROWDSOURCING: meio de obter serviços colaborativos a fim de gerar conteúdos, solucionar problemas, desenvolver novas tecnologias, gerar fluxo de informações e afins.
Exemplo: O aplicativo foi feito sobre o conceito de *crowdsourcing*: os próprios usuários alimentam e atualizam as informações.

COMISSÃO: valor recebido por uma venda realizada. Em geral, calculado como um percentual sobre o total da venda.
Exemplo: Ofereci uma parceria em que ele receberá comissões.

CONSULTORIA: ação ou efeito de um especialista emitir um parecer técnico ou orientação profissional sobre um assunto de sua especialidade.
Exemplo: Prestou consultoria à empresa por dois anos.

CO-WORKING: espaço de trabalho compartilhado por um grupo de empresas, que passam, dessa forma, a se relacionar e intercambiar conhecimentos.
Exemplo: No escritório de *co-working*, conheceu diversos profissionais que se tornaram parceiros.

D

DEADLINE: prazo máximo para a entrega de determinada atividade ou trabalho.

Exemplo: O *deadline* para a entrega do projeto é daqui a dois dias.

DEAL BREAKER: fator crucial que impede que uma negociação seja fechada, normalmente descoberto em um estágio avançado desse processo. Em geral, algo de que uma das partes envolvidas no acordo não abre mão e que inviabiliza o consenso.
Exemplo: A negociação parou quando surgiu um *deal breaker*: uma das partes não abriu mão de manter seu nome depois da fusão.

DEFLAÇÃO: ato de reduzir ou conter a inflação por meio de medidas monetárias que incluem a diminuição da circulação do papel-moeda superabundante ou a redução e o controle do crédito.
Exemplo: O IGP-M apontou deflação de 0,1% em junho.

DESEMPENHO: modo de executar uma tarefa que terá, posteriormente, seu grau de eficiência submetido a análise e apreciação.
Exemplo: Após três meses, passou por uma avaliação de desempenho.

DIREITO DE PREFERÊNCIA OU *RIGHT OF FIRST REFUSAL*: são acordos que garantem a determinados acionistas o direito de preferência no caso de oferta de compra ou oferta de venda. Quando determinado acionista oferece sua participação para compra, os demais acionistas do bloco, aceitando as condições para compra oferecidas, poderão exercer seu direito de preferência e comprar as ações em detrimento do ofertante original.
Exemplo: O fundo de investimentos que possui 30% das ações da empresa tem direito de preferência para comprar novas ações que serão lançadas no mercado.

DIREITO DE PRIMEIRA OFERTA OU *RIGHT OF FIRST OFFER*: os acionistas do bloco têm direito de receber a oferta de venda de ações de outro acionista do bloco antes da oferta pública de venda e nas mesmas condições que seriam oferecidas para outros acionistas ou para terceiros.
Exemplo: Pelo direito de primeira oferta, o outorgante deve comunicar ao outorgado a respeito de seu desejo de negociar os títulos.

DIREITO DE VETO: determina a possibilidade de vetar alguma decisão societária. Muito comum no caso de fusão de empresa, quando a parte minoritária requer o direito de vetar determinadas operações acima de valor acordado. Geralmente, vem associada com a *Put Option* para as matérias que não conferem ao minoritário o direito de veto.
Exemplo: Por força do acordo de acionista, o acionista minoritário usou seu poder de direito de veto para proibir a aquisição da outra companhia.

***DRAG ALONG*:** direito de venda forçada. A cláusula de *drag along* dita que o acionista controlador, normalmente o majoritário, tem o direito de obrigar os demais a aderirem à venda das ações nas mesmas condições. Trata do dever do acionista de acompanhar a alienação de controle. Muito usada quando o adquirente não quer ter os acionistas originários como sócios, quer 100% do negócio.
Exemplo: Por terem assinado cláusula de *drag along*, os acionistas minoritários foram obrigados a vender suas participações.

***DROP-DOWN*:** negócio jurídico por meio do qual uma sociedade transfere determinados componentes de seu patrimônio para a integralização de capital em outra

sociedade, recebendo, em contrapartida, quotas ou ações do capital social da sociedade receptora.
Exemplo: Para se associar a outra empresa foi necessário que a Calhan realizasse um *drop-down* de ativos para integralizar o capital social.

E

EARLY STAGE: são consideradas empresas em *early stage* (estágio inicial) aquelas com até três anos de existência.
Exemplo: É uma empresa em *early stage*, foi fundada há apenas seis meses.

ELEVATOR PITCH: ação que gera a imagem inicial de uma empresa por intermédio de uma apresentação curta, que dura em média de trinta segundos, sendo esse o suposto tempo que alguém leva para se deslocar de um lugar a outro em um elevador.
Exemplo: Apresentou um *elevator pitch* ao investidor, que ficou impressionado com a ideia.

EMPREENDEDOR: 1. Que empreende. 2. Que se lança à realização de coisas difíceis ou fora do comum. 3. Aquele que torna a seu cargo uma empresa.
Sinônimos: arrojado, realizador.
Exemplo: O empreendedor de sucesso é a pessoa que cria algo novo, que vê uma oportunidade ainda não explorada e a transforma em negócio que gera benefícios para si e utilidades para a coletividade.

EMPREENDER 1. Resolver-se a praticar (algo laborioso e difícil). 2. Pôr em execução.
Sinônimos: executar, realizar.
Exemplo: Empreender é o modo de pensar e agir de modo inovador, identificando e criando oportunidades.

EMPREENDEDORISMO SOCIAL: o empreendedor social almeja criar negócios com fins lucrativos, mas que propõem soluções inovadoras para problemas sociais e ambientais, como questões relativas ao lixo, à educação e à saúde. Esse tipo de empreendedor está focado em mobilizar pessoas e trabalhar por uma causa coletiva com o propósito de promover verdadeiras transformações sociais.
Exemplo: Depois de uma carreira de anos, decidiu investir no empreendedorismo social.

EMPREENDEDORISMO CORPORATIVO: também conhecido como intraempreendedorismo, essa prática consiste em empreender dentro de uma organização na qual se trabalha. Nesse sentido, o intraempreendedor é aquele que enxerga em ações cotidianas oportunidades de crescimento para a empresa, sendo, assim, capaz de inovar sistêmica e constantemente.
Exemplo: O empreendedorismo corporativo acontece quando o funcionário tem práticas de dono do negócio e trabalha para fazer a empresa crescer e dar certo.

EMPREENDIMENTO 1. Ato de empreender. 2. Entidade organizada para a realização de negócios.
Sinônimos: realização, projetos.
Exemplo: Para que um empreendimento tenha sucesso é fundamental estabelecer metas a serem alcançadas.

EMPRÉSTIMO 1. Entrega de dinheiro a pessoa ou empresa para devolução de tempo prefixado, acrescido de taxas remuneratórias (juros e comissões).
Sinônimos: cedência, cessão.
Exemplo: Pegou um empréstimo no banco para iniciar seu negócio.

ESCALABILIDADE: capacidade de replicar o produto e/ou serviço com facilidade e

rapidez, atendendo a um grande público ou abrangendo um grande mercado consumidor.
Exemplo: Este produto tem escalabilidade, pode ser produzido em grande quantidade. Vamos investir nele.

E-COMMERCE: do inglês "comércio eletrônico", é a compra e venda de mercadoria negociada pela internet, por meio de plataformas eletrônicas.
Exemplo: Abriu um *e-commerce* para ampliar o alcance de sua empresa.

F

FRANQUIA: 1. Sistema pelo qual determinada empresa concede os direitos a uma pessoa, física ou jurídica, de representá-la mediante pagamento de *royalties* e autorização, sob certas condições. 2. O estabelecimento que recebe da franqueadora autorização para funcionamento.
Sinônimos: franchise, franchising.
Exemplo: Certas franquias podem custar até R$ 2 milhões para serem adquiridas.

FEEDBACK: avaliações e comentários feitos aos funcionários sobre alguma atividade específica e/ou seu empenho profissional.
Exemplo: Recebeu um *feedback* muito positivo sobre sua atuação.

FREE FLOAT: ações em circulação. É a porcentagem do capital de uma empresa que não se encontra em mãos de acionistas estratégicos, sendo que os acionistas estratégicos são aqueles com participação superior a 5% do capital total da empresa.
Exemplo: A empresa tem 44% de suas ações no *free float*.

FOLLOW-ON: oferta pública subsequente à Oferta Pública Inicial (IPO).

Exemplo: Em dezembro, a companhia fará um terceiro *follow-on*.

G

GATILHOS MENTAIS: estratégias de persuasão para despertar o interesse de alguém – cliente potencial – e levá-lo a tomar determinada ação.
Exemplo: Utilizou diversos gatilhos mentais no vídeo.

GROWTH CAPITAL: com a finalidade de apoiar o crescimento de uma empresa, trata-se de um investimento realizado no momento em que o negócio atinge um estágio de maturidade, isto é, quando há algum tempo ingressou no mercado de trabalho e possui certa reputação frente aos consumidores.
Exemplo: Com a captação do *growth capital* a empresa deu um salto vertiginoso.

GROWTH HACKING: (novo) conceito de marketing que preza pelo dinamismo, uso de criatividade e gestão tecnológica inovadora a fim de desenvolver marcas, estratégias e, sobretudo, melhorar a experiência dos usuários.
Exemplo: A Agência utilizou-se de *growth hacking* para criar uma dinâmica estratégia de vendas.

H

HEDGE: administração do risco; por exemplo, o ato de tomar uma posição em outro mercado (futuros) oposta à posição no mercado à vista, para minimizar o risco de perdas financeiras em uma alteração de preços adversa.
Exemplo: Após alguns anos de mercado, a companhia optou por realizar a operação via *hedge* para evitar novos prejuízos.

HEADHUNTER: pessoa ou empresa especializada em encontrar profissionais talentosos

ou que melhor se encaixem em determinada vaga de trabalho.
Exemplo: O *headhunter* garimpou os melhores profissionais da área para a nova empresa.

HURDLE RATE: taxa mínima de retorno que o investidor espera.
Exemplo: Estabeleceu um *hurdle rate* relativamente alto.

I

INSIDER TRADING: prática ilícita de negociação a partir de informações privilegiadas.
Exemplo: Por conta do cometimento de *insider trading* o acionista foi processado criminalmente.

INVESTIDOR-ANJO: trata-se de investidores privados que realizam investimentos em *startups* por meio de contribuições financeiras. O investidor-anjo é normalmente um (ex) empresário que, depois de trilhar uma carreira de sucesso, acumulou recursos suficientes para alocar uma parte e investir em novas empresas.
Exemplo: Receberam um aporte significativo de um investidor-anjo.

IPO: abertura de capital da empresa em Bolsas de Valores. Depois dessa primeira oferta, o empreendimento passa a ter suas ações listadas na Bolsa de Valores.
Exemplo: Como já haviam atingido certa maturidade, fizeram o IPO da empresa.

J

JOB ROTATION: rodízio de funções promovido pela companhia com a proposta de capacitar os colaboradores de uma empresa em diferentes setores.
Exemplo: É política da empresa fazer *job rotation* a cada seis meses.

JOINT VENTURE: parceria entre duas empresas para obter lucros financeiros ou operacionais.
Exemplo: A *joint venture* das empresas A e B foi um grande sucesso.

K

KNOW-HOW: experiência técnica e conhecimento tácito, que é utilizado para referir-se a processos de fabricação não patenteada, ou conjunto de operações que demandam experiência específica. Conhecimento adquirido por meio da experiência em determinado tema ou área.
Exemplo: Possui grande *know-how* na área.

KEY PERFORMANCE INDICATOR (KPI): em livre tradução, Indicador-Chave de Desempenho, mede o desempenho de todos os processos de uma empresa para colaborar com o cumprimento de suas métricas e objetivos para o futuro.
Exemplo: Elegeu os *KPIs* essenciais para avaliar a gestão da organização.

L

LANÇAMENTO: 1. Colocação no mercado de um novo produto.
Sinônimos: apresentação, estreia.
Exemplo: Realizou o lançamento do novo produto com uma grande festa.

LEAD: potencial usuário que pode se tornar cliente. Pode ser o e-mail de alguém interessado ou conter mais informações do contato.
Exemplo: A campanha conseguiu captar mais de 100 *leads*.

LEAN STARTUP: conjunto de processos utilizados por parte de empreendedores com o objetivo de desenvolver produtos e atingir mercados com máxima eficiência,

por intermédio do ágil desenvolvimento de softwares, adoção de códigos abertos e desenvolvimento de produtos, contando com a interação direta dos seus consumidores.
Exemplo: A iniciativa *lean startup* defende a criação de protótipos rápidos, projetados para validar suposições de mercado.

LEGAL DUE DILLIGENCE: auditoria legal. Análise detalhada de documentação legal cujos principais objetivos são: (i) evidenciar elevado padrão de diligência da empresa; (ii) transmitir conforto para fins de declarações; (iii) permitir a emissão de opiniões legais; e (iv) avaliar a necessidade de aprovações regulatórias.
Exemplo: Para celebrar a transação da compra da companhia X, a companhia Y realizou uma grande *legal due dilligence* para constatar possíveis contingências.

LOCK-UP PROVISIONS: indica o prazo de carência no qual os acionistas originais e administradores estão impedidos de comercializar ações. É o prazo de permanência no negócio.
Exemplo: O *lock up provisions* dos acionistas é diferente do dos administradores.

LOVE CAPITAL: capital levantado por familiares, parentes e/ou amigos para a iniciação e/ou desenvolvimento de uma empresa.
Exemplo: Os amigos levantaram um grande *love capital* para a abertura da empresa.

LOOK BACK PROVISIONS: estabelece a obrigação de reembolso aos acionistas que tiveram suas ações adquiridas pelo controlador, quando, logo após adquirir essas ações, realiza operação de venda de controle societário. Nesse caso, o controlador deve reembolsar os demais acionistas da diferença entre o preço originalmente pago pelas ações e o valor obtido com a venda de controle. Essa hipótese, que geralmente é aplicada em conjunto com a *Call Option*, tem como objetivo evitar que o controlador arquitete a compra interna de ações por valor baixo para fins de revenda a terceiros por montante superior.
Exemplo: Caso o acionista majoritário venda o controle da companhia, terá que fazer um *look back provisions* para todos os minoritários.

M

MARCA: 1. Nome, termo, expressão, desenho ou símbolo ou combinação desses elementos que serve para identificar o nome, a propriedade, a categoria e origem de mercadorias ou serviços de uma empresa e para diferenciá-los dos concorrentes. 2. Identificador da empresa ou do fabricante.
Sinônimos: símbolo, modelo, chancela.
Exemplo: Esta marca é conhecida pela qualidade da produção.

MARKET SHARE: medida de nível ou grau de participação de uma marca ou produto em um dado momento no mercado.
Exemplo: Com o reposicionamento dos produtos conseguiram aumentar o *market share* em 20%.

MARKETING DE AFILIADOS: publicidade gerida por afiliados a fim de divulgar produtos de terceiros e adquirir comissão por cada venda realizada.
Exemplo: Apostou no marketing de afiliados para vender seu curso on-line.

MARKETING DIGITAL: estratégia que engloba ações de comunicação e interação online de uma empresa para com seu público, seja por meio de móbile, da internet ou de meios digitais.

Exemplo: As estratégias de marketing digital adotadas triplicaram as vendas.

MATURIDADE: estado ou condição de ter atingido uma forma adulta ou amadurecida.
Sinônimos: madureza, amadurecimento.
Exemplo: A *startup* atingiu sua maturidade.

MEETUP: denomina-se *meetup* um encontro de comunidades de *startups* ou empreendedores de pequenas e médias empresas com o propósito de discutir ideias, intercambiar experiências e aumentar o *networking*.
Exemplo: A associação promoveu um *meetup* com profissionais do setor.

MEI: Microempreendedor Individual. Pessoa que trabalha por conta própria e se legitima como empresário.
Exemplo: Cadastrou-se como MEI para formalizar-se como *freelancer*.

MELHORAMENTO: 1. Ato ou efeito de melhorar(-se). 2. Transição e mudança para melhor estado ou condição; benefício, benfeitoria, melhora, melhoria.
Sinônimos: adiantamento, progresso, aperfeiçoamento.
Exemplo: Investiu em seu melhoramento profissional para pleitear cargos mais altos.

MENTOR: 1. Profissional responsável por orientar as melhores decisões, propor ideias inovadoras e estruturar o plano de negócios de uma pessoa ou uma empresa, geralmente em estágio inicial.
Sinônimos: conselheiro, mestre, guia.
Exemplo: Buscou um mentor para saber melhor como desenvolver seu modelo de negócio.

MODELO DE NEGÓCIO: utilizado na fase de criação de uma empresa, traz as técnicas e processos necessários para dar início ao negócio, como as atividades a serem realizadas, o relacionamento com os clientes, a situação do mercado, os custos e orçamentos, dentre outros aspectos.
Exemplo: Antes de dar o primeiro passo de um empreendimento, monte seu modelo de negócio.

MINIMUM VIABLE PRODUCT (MVP): Produto Viável Mínimo (em livre tradução) é a versão mais simples de um produto que pode ser lançado com uma quantidade mínima de esforço e desenvolvimento a fim de realizar testes e, assim, receber *feedback*.
Exemplo: Prototipou um *MVP* e foi testá-lo com os possíveis clientes.

N

NON-DISCLOSURE AGREEMENT (NDA): acordo de não revelação assinado por ocasião de compra e venda de empresas e participações acionárias. É o acordo também que, por vezes, faz *startupers* assinarem aos credores e/ou parceiros para certificar de que uma ideia não será copiada ou fabricada por empresas terceiras.
Exemplo: Fecharam um NDA para que iniciassem as tratativas da fusão.

NEGOCIAÇÃO: 1. Transação comercial. 2. Conversa que ocorre entre duas ou mais pessoas, com o fim de se chegar a um acordo em um assunto qualquer.
Sinônimos: negócio, transação, acordo, ajuste.
Exemplo: A negociação resultou em um acordo de celebração de uma fusão.

NETWORKING: ter ou estabelecer uma rede de contatos. Assim sendo, fazer *networking* consiste em uma prática de ampliar a qualidade dos relacionamentos estabelecidos por parte de uma pessoa ou empresa de modo

a transformá-los em benefícios mútuos do âmbito profissional.
Exemplo: O evento serviu para fazer *networking* e conhecer outros profissionais da área.

NEWSLETTER: boletim informativo comum em sites, que reúne e distribui *posts* e informações para seus leitores e/ou clientes.
Exemplo: Enviou uma *newsletter* aos clientes cadastrados.

NON-COMPETE/NON-SOLICITATION: cláusula que estipula a não concorrência entre as partes. Prevê que enquanto durar a sociedade e por X anos depois, as partes não poderão aliciar colaboradores, clientes e/ou fornecedores. O prazo X não pode ser maior do que cinco anos por força de determinação do Cade (Conselho Administrativo de Defesa Econômica).
Exemplo: Após vender a companhia o ex-controlador assinou um uma cláusula de *non-compete* por cinco anos.

O

OFERTA: conjunto de bens ou serviços disponíveis no mercado em determinado momento, com um preço dado.
Sinônimos: proposta, promessa.
Exemplo: A oferta está grande, então, os preços devem cair.

OPÇÃO DE COMPRA OU *CALL OPTION*: direito de comprar compulsoriamente as cotas ou ações da outra parte. A opção de compra assegura a determinado acionista o direito de, em certo momento ou a qualquer tempo, exigir a venda compulsória (parcial ou integral) das ações de propriedade de outro acionista.
Exemplo: O investidor adquiriu o controle da empresa ao fazer valer o seu *call option* ou opção de compra.

OPÇÃO DE VENDA OU *PUT OPTION*: direito dos acionistas de colocar suas ações ou cotas à venda para a outra parte, que se torna obrigada a comprá-las. O acionista poderá alienar sua participação acionária, a qualquer tempo ou em determinado momento, para os demais acionistas.
Exemplo: O Fundo de Investimentos realizou um *put option* em fevereiro.

OPERAÇÃO: 1. Ato ou efeito de operar. 2. Qualquer transação comercial. 3. Conjunto de ações e atividades planejadas, que se combinam com os meios necessários para se obter determinados resultados.
Sinônimos: cálculo, transação, manobra.
Exemplo: A operação de venda da empresa foi feita por meio de um corretor.

ORÇAMENTO: 1. Avaliação do custo de qualquer empreendimento. 2. Discriminação da receita e da despesa com a devida aplicação da verba.
Sinônimos: cálculo, estimativa.
Exemplo: O orçamento total para este ano teve um aumento de 12%.

OPEN SOURCE: software de código aberto que pode ser utilizado para a criação de programas importantes para o desenvolvimento tecnológico de uma empresa.
Exemplo: desenvolveram um aplicativo *open source* que recebia contribuições de diversos desenvolvedores.

OUTSOURCING: refere-se à terceirização de um trabalho específico a fim de gerar uma redução de custos, encontrar recursos com habilidades altamente específicas, confiar uma tarefa para os melhores especialistas de um determinado mercado etc.
Exemplo: Decidiram pelo *outsourcing* para realizar aquele trabalho.

P

PATENTE: 1. Título de propriedade temporária, concedido pelo Estado, sobre uma invenção, nome ou ideia, para evitar roubos e plágios.
Sinônimos: registro, título.
Exemplo: Registrou a patente do produto para não ser copiado.

PITCH: apresentação breve realizada principalmente para investidores, em que o empreendedor precisa mostrar o produto, a missão da empresa e o potencial do seu negócio.
Exemplo: Apresentou o *pitch* aos investidores.

PIVOTAR: mudar o modelo de negócio para melhorar o desempenho da empresa.
Exemplo: Foi preciso pivotar as ideias para que o negócio desse certo.

PLANO DE NEGÓCIO: é a ferramenta que delimita como será feito o modelo de negócio da empresa. Esse planejamento traz os dados da empresa, sócios, descrição de produtos e serviços, estratégias de comunicação e marketing, métricas etc. Geralmente, é apresentado para investidores.
Exemplo: Nosso plano de negócio prevê expansões programadas.

PONTO DE EQUILÍBRIO FINANCEIRO (*BREAK-EVEN POINT*): o volume de negócios que garante a cobertura dos custos fixos e variáveis e do déficit para ser extinto. A inicial *break-even* é calculada da seguinte forma: preço de venda menos a soma dos custos variáveis e custos fixos.
Exemplo: Desta forma, atingiremos o ponto de equilíbrio financeiro em seis meses.

PARCERIA: 1. Reunião de pessoas por interesse e objetivo comum.
Sinônimos: sociedade, colaboração, cooperação.
Exemplo: Firmaram parceria para o novo empreendimento.

PATROCÍNIO: 1. Ato de dar proteção ou apoio. Custeio de parte ou da totalidade de um evento cultural, esportivo, de um programa de rádio ou televisão etc.
Sinônimos: amparo, ajuda, auxílio, proteção.
Exemplo: Comprou uma cota master de patrocínio do evento.

PLANEJAMENTO: determinação de ações para atingir as metas estipuladas por uma empresa, órgão do governo etc.
Sinônimos: programação, organização.
Exemplo: Sem planejamento é quase impossível que um empreendimento prospere.

PLAYER: empresa ou pessoa física que exerce alguma função ou tem posição relevante em algum mercado.
Exemplo: Reuniu diversos *players* para debater o setor.

PME: Pequenas e Médias Empresas. Uma pequena empresa possui uma faixa de 10 e 49 funcionários, enquanto uma empresa de médio porte possui entre 50 e 249 funcionários.
Exemplo: O cenário das PMEs tem melhorado com o passar dos anos.

PRIVATE EQUITY: forma de financiamento alternativa, utilizada por empresas de médio ou grande porte, para garantir o desenvolvimento e a expansão de suas atividades. As empresas-alvo desse investimento temporário, em geral, gozam de

taxas significativas de crescimento e nível de risco médio ou baixo. Ou os investidores que atuam na aquisição de participações em empresas existentes, de maior porte, e que não requeiram a colaboração direta do investidor na gestão do negócio.
Exemplo: Para impulsionar o crescimento, em 2018, a companhia optou por vender um pequeno percentual de ações para um *private equity*.

PRODUTIVIDADE: 1. Taxa de produção física obtida num determinado período de tempo, considerando-se o fator utilizado: terra, trabalho ou capital.
Sinônimos: rendimento, fecundidade.
Exemplo: Tivemos o ano com a maior produtividade da história.

PROMOÇÃO: 1. Acesso ou elevação a cargo ou categoria superior. 2. Conjunto de atividades que contribuem para melhor aceitação de um produto, pessoa, instituição, marca etc. 3. Estratégia de venda que consiste em baixar os preços de certas mercadorias.
Sinônimos: ascensão, progresso, anúncio, propaganda, oferta, pechincha.
Exemplos: Depois de cinco anos, finalmente recebeu a esperada promoção.
Realizou uma promoção para atrair mais clientes.

PROPAGANDA: 1. Disseminação de ideias, informação ou rumores com o fim de auxiliar ou prejudicar uma instituição, causa ou pessoa. 2. Divulgação de mensagens por meio de anúncios escritos, falados ou musicados em veículos de comunicação (rádio, TV, jornal, prospectos etc.), por um patrocinador identificável, visando a influenciar o público consumidor; publicidade.
Sinônimos: propagação, divulgação.

Exemplo: A concorrência tem aumentado a quantidade de propaganda nos meios de comunicação.

PROTÓTIPO: 1. Primeiro tipo; primeiro exemplar.
Sinônimos: modelo, exemplar, padrão.
Exemplo: Antes de começar a produção em larga escala foi feito um protótipo.

PUBLICIDADE: 1. Divulgação de fatos ou informações, matéria encomendada ou não, a respeito de pessoas, ideias, serviços, produtos ou instituições, utilizando-se os veículos normais de comunicação.
Sinônimos: divulgação, anúncio, merchandising.
Exemplo: Uma agência famosa está fazendo a publicidade desse novo carro.

Q

Q&A: QUESTION AND ANSWERS: formulários específicos de perguntas e respostas que levanta dúvidas e questionamentos sobre a companhia.
Exemplo: Antes de abrir capital na Bovespa, a companhia tem que responder a vários *Q&A*.

R

RATING: classificação de risco de uma companhia, atribuída à qualidade de crédito. O *rating* maior que zero consubstancia um fator de segurança e facilitador de novos negócios; por exemplo, a obtenção de financiamentos.
Exemplo: O *rating* da companhia é de 6 pontos.

RETORNO SOBRE INVESTIMENTO (*ROI*, NA SIGLA EM INGLÊS): corresponde a um percentual da quantidade de capital

faturado em relação ao investimento realizado em um empreendimento.
Exemplo: Este produto apresentou um *ROI* razoável.

ROYALTIES: valor cobrado pela utilização devida do nome e estrutura de uma empresa para seus franqueados. Esse pagamento costuma ser feito mensalmente e corresponde a uma porcentagem do faturamento dessas franquias.
Exemplos: O franqueador cobra geralmente 7% de *royalties* sobre o lucro bruto da franqueada; Cobrou os *royalties* pela ideia.

S

SEED CAPITAL: em tradução livre, capital semente. Capital que se capta quando o negócio se encontra em fase inicial para que seja possível traçar os primeiros passos no mercado de trabalho.
Exemplo: Quando ainda estavam iniciando, conseguiram levantar um *seed capital* que atendeu às necessidades do empreendimento.

SHAREHOLDER: acionista de uma empresa.
Exemplo: Um relatório financeiro é enviado mensalmente aos *shareholders*.

SPIN-OFF: separação de um setor da empresa que ganha total independência. As universidades chamam assim as *startups* que surgem a partir de seus laboratórios de pesquisa.
Exemplo: A empresa fez um *spin-off* do Departamento de Tecnologia.

STAKEHOLDERS: grupo de interessados na empresa. Pessoas que possuem algum tipo de interesse nos processos e resultados da empresa. São todos os atores impactados pelo negócio, sócios, acionistas, funcionários, clientes etc.

Exemplo: Todos os *stakeholders* precisam se preocupar com a saúde financeira da empresa.

STARTUP: trata-se de uma empresa, em fase embrionária ou em constituição, que conta com projetos promissores, ligados a pesquisa, investigação e desenvolvimento de ideias inovadoras. No geral, são empreendimentos com baixos custos iniciais, mas que possuem uma expectativa de crescimento muito certo.
Exemplo: Depois de anos no mercado tradicional, resolveu empreender e abrir sua *startup*.

SELL-SIDE: é composto principalmente por bancos e corretoras de valores. Recebem as ordens de negociação do *buy side* e as executa.
Exemplo: *O sell-side* da empresa possui oito bancos.

STOCK OPTION: política de remuneração dos administradores.
Exemplo: A empresa é fiel a sua política de *stock option*.

SWAP: troca. Jargão que se refere a um contrato de troca envolvendo *commodities*, moedas ou ativos financeiros. A troca é feita para mudar datas de vencimento, indexador ou os títulos que estão na carteira do investidor.
Exemplo: A empresas realizaram um *swap* em outubro de 2018.

T

TAG ALONG: direito de venda conjunta. *Tag along* disciplina o direito que o sócio minoritário tem de vender sua participação junto com acionista alienante (controlador). Com o *tag along*, os acionistas minoritários podem, ao renunciar ao direito de preferência, exercer o direito de vender sua participação

societária ao terceiro interessado na compra, pelas mesmas condições ofertadas ao controlador.
Exemplo: As ações do minoritário foram vendidas por força da cláusula *tag along*.

TARGET: objetivo a ser atingido. Público-alvo de determinada ação ou empresa.
Exemplo: Qual o *target* dessa campanha?

TURNOVER: rotatividade de uma empresa. Na área de RH, o cálculo de *turnover* tem a função de analisar a capacidade da empresa em manter os seus colaboradores. Um alto percentual de *turnover* pode indicar que algo está errado.
Exemplo: A empresa consegue manter um índice baixo de *turnover*.

V

VALIDAÇÃO: etapa do desenvolvimento de um produto ou serviço que visa a testar sua viabilidade comercial junto ao público-alvo antes de seu lançamento oficial. A validação permite corrigir erros e ajustar o direcionamento da ideia.
Exemplo: Antes de começar a produção em massa, fizeram a validação da ideia.

VALOR DE MERCADO (*VALUATION*): refere-se ao valor que um produto ou empresa atinge no mercado, baseado na concorrência e lei de oferta e procura. Valor atribuído a um produto ou uma empesa geralmente por parte dos investidores. Processo de avaliar e determinar o valor de uma empresa ou companhia, por meio de técnicas de análises quantitativas e qualitativas.
Exemplo: O valor de mercado da empresa subiu depois do lançamento do novo serviço.

VENTURE CAPITAL: também conhecida como *capital de risco* ou *capital de investimento*, a *venture capital* se trata de uma modalidade de investimentos alternativos utilizada a fim de apoiar negócios por meio da compra de uma participação acionária, geralmente minoritária, com a finalidade de ter as ações valorizadas para posterior saída de operação. Assim, denomina-se *capital de risco* não pelo risco do capital investido, pois todo e qualquer investimento, mesmo aplicado de forma tradicional, em qualquer instituição, está sujeito a riscos, mas pela aposta em empresas cujo potencial de valorização é elevado e o retorno esperado é idêntico ao risco que os investidores querem correr.
Exemplo: Decidiu aplicar um *venture capital* no empreendimento iniciante e conseguiu um ótimo retorno.

VESTING: instrumento contratual popularizado pelas *startups* que prevê uma aquisição progressiva de direitos sobre o negócio. Busca garantir que a participação de fundadores e funcionários nas ações da empresa seja compatível com o envolvimento real que eles tiveram no seu crescimento e sucesso.
Exemplo: Após anos na empresa, Roberto teve aumentada sua participação acionária de acordo com a cláusula de *vesting*.

PARTE III

DICIONÁRIO DO EMPREENDEDOR

Palavras positivas ligadas ao empreendedorismo. É importante registrar que as definições de cada brocardo abaixo não são de minha autoria. Foram retiradas do Minidicionário de Português (Ciranda Cultural) e do Michaelis Dicionário da Língua Portuguesa (Melhoramentos). Apenas a maioria dos exemplos, para maior compreensão do significado do texto, foi criada por mim.

LISTA DE ABREVIATURAS

Adj. Adjetivo.
Adj. m+f. Adjetivo masculino e feminino.
Sm. Substantivo masculino.
Sf. Substantivo feminino.
Sm+f. Substantivo masculino e feminino.
Vpr. Verbo pronominal.
Vtd. Verbo transitivo direto.
Vti. Verbo transitivo indireto.
Vtdi. Verbo transitivo direto e indireto.
Vint. Verbo intransitivo.
Adv. Advérbio.

A

ABALANÇADO *adj.* 1. Que se atreveu; que ousou.
Sinônimos: atrevido, encorajado.
Exemplo: Estava abalançado a concluir seu projeto de empreendimento.

ABALANÇAR *vpr.* 1. Atrever-se em aventuras e ousadias.
Sinônimos: aventurar-se, agitar.
Exemplo: Abalançou-se a lançar o empreendimento que sempre sonhou.

ABARATAR *vtd.* 1. Abaixar o preço de.
Sinônimo: baratear.
Exemplo: A fim de renovar o estoque, abaratou toda a mercadoria.

ABARCAR *vtd.* 1. Envolver com poder, subordinar. 2. Compreender intelectualmente; dominar pelo conhecimento. 3. Tomar com exclusividade; açambarcar, monopolizar.
Sinônimos: atingir, controlar, aprender, compreender, monopolizar.
Exemplo: As palavras enérgicas do presidente abarcavam seus assessores.

ABASTADO *adj.* 1. Cheio de dinheiro, endinheirado.
Sinônimos: independente, rico, próspero.
Exemplo: "A partir dos anos 1950, a informação deixava de ser privilégio de uma classe social abastada e letrada [...]" (SK).

ABASTECEDOR *adj. sm.* 1. Que ou aquele que abastece, que fornece o necessário.
Sinônimos: fornecedor, provedor, provisor.
Exemplo: Era o abastecedor que trazia os principais insumos para a produção.

ABASTECER *vtd./vtdi.* 1. Prover(-se) do bastante ou do necessário. 2. Tornar(-se) mais basto. *vpr.* 3. Munir(-se).
Sinônimos: abastar, prover, fornecer, munir, bastecer.
Exemplo: Abasteceu-se de coragem para enfrentar o desafio.

ABASTECIDO *adj.* 1. Que se abasteceu. 2. Provido do necessário.
Sinônimos: farto, provido.
Exemplo: Abastecido de determinação, seguiu no projeto.

ABASTECIMENTO *sm.* 1. Ato ou efeito de abastecer(-se). 2. Provimento ou suprimento de qualquer produto, alimento, material etc. em quantidade suficiente para o atendimento das necessidades de consumo.
Sinônimos: fornecimento, provimento, provisão.
Exemplo: A produção diminuiu por conta do problema de abastecimento.

ABDICAÇÃO *sf.* 1. Ato ou efeito de abdicar.
Sinônimos: renúncia, desistência.
Exemplo: A abdicação da presidência foi uma surpresa para nós.

ABDICAR *vtd./vint./vti./vtdi./vpr.* 1. Renunciar voluntariamente ao poder ou à autoridade soberana.
Sinônimos: dispensar, ceder, renegar, recusar.
Exemplo: Abdicou-se de todas as honrarias e privilégios.

ABERTURA *sf.* Ato de inaugurar.
Sinônimos: início, começo, princípio, inauguração, instalação.
Exemplo: A abertura da loja reuniu nomes influentes.

ABONAR *vtd.* 1. Apresentar(-se) como bom ou válido. 2. Ficar responsável por. 3. Lançar a crédito alguma quantia ou valor. 4. Adiantar dinheiro.
Sinônimos: afiançar, garantir, avalizar.

Exemplo: O empregador abonou uma parcela do salário dos funcionários.

ABONATIVO *adj*. 1. O mesmo que abonatório.
Sinônimos: afiançador, fiador, abonador.
Exemplo: Esses dias foram abonativos.

ABONÁVEL *adj*. 1. Que se pode abonar.
Sinônimos: afiançável.
Exemplo: Essa falta é abonável.

ABORDAR *vtd*. 1. Dirigir(-se) a alguém com alguma pergunta ou pedido; acomete.
2. Tratar de, versar sobre tema, assunto, problema etc.
Sinônimos: tratar, discutir, chegar, encostar.
Exemplo: "Seus livros abordam o comportamento e os conflitos do adolescente [...]" (TB1).

ABRAÇAR *vtd*. 1. Unir-se de modo muito próximo.
Sinônimos: envolver, enlaçar.
Exemplo: É preciso abraçar esforços.

ABRANGER *vtd*. 1. Ocupar um certo espaço ou área. 2. Compreender determinadas coisas. 3. Atingir o alvo.
Sinônimos: alcançar, atingir, compreender.
Exemplo: Nossos interesses não se abrangem no projeto inicial.

ABRASAR *adj*. 1. Deixar(-se) dominar por sentimentos arrebatadores.
Sinônimos: entusiasmar, exaltar.
Exemplo: Abrasava-se com as ideias de acabar com a violência no mundo.

ABRIR *vtd*. 1. Dar algo por aberto ou iniciado. 2. Dar a conhecer; desvendar ou revelar.
Sinônimos: começar, criar, despertar, acionar.
Exemplo: O líder abriu os segredos do seu sucesso.

ABSORVER *vtd*. 1. Superar dificuldades ou reveses, não considerar. 2. Fazer dedicar ou dedicar toda a atenção a algo.
Sinônimos: atrair, dominar, aceitar, ignorar.
Exemplo: Absorver-se no trabalho.

ABSTRAIR *vtdi*. 1. Considerar isoladamente alguns aspectos específicos de um todo que é geralmente inseparável. 2. Concentrar toda a atenção em algo; absorver-se. 3. Não dar atenção; não levar em conta.
Sinônimos: dispersar, omitir, distanciar.
Exemplo: Conseguiu abstrair-se de toda confusão.

ABUNDÂNCIA *sf*. 1. Quantidade maior que se precisa, muito acima do necessário.
Sinônimos: fartura, exuberância, profusão.
Exemplo: A abundância de matérias primas e de outros recursos pode impulsionar em grande escala o desenvolvimento da empresa.

ABUNDANTE *adj. m+f*. 1. Que existe em abundância. 2. Que aparece em grande número.
Sinônimos: numeroso, farto, cheio.
Exemplo: O capital financeiro é relativamente abundante e barato para uma empresa atualmente.

ABUNDANTEMENTE *adv*. 1. de modo abundante.
Sinônimos: copiosamente, fartamente, largamente, amplamente, exuberantemente, profusamente.
Exemplo: O desenvolvimento da empresa ocorreu abundantemente este ano.

ACABADO *adj*. 1. Que está concluído ou terminado.
Sinônimos: concluído, terminado, encerrado, executado, completo.

Exemplo: Após dois anos o projeto estava finalmente acabado.

ACABAMENTO *sm.* 1. Aperfeiçoamento ou remate de algo.
Sinônimos: conclusão, remate, retoque.
Exemplo: O acabamento da sala de reuniões ficou impecável.

ACABAR *vtd.* 1. Levar a cabo. 2. Chegar ao termo de. 3. Chegar ao final.
Sinônimos: concluir, ultimar, terminar, rematar, finalizar, findar, levar a (o) cabo.
Exemplo: Depois que acabou o curso, sentiu-se mais confiante para abrir a própria empresa.

ACADEMIA *sf.* 1. Escola de ensino superior. 2. Local onde se reúnem os acadêmicos.
Sinônimos: faculdade, universidade.
Exemplo: Usou os conhecimentos construídos em longo prazo na academia.

ACADÊMICO *adj.* 1. Relativo a ou próprio de uma academia ou de seus membros. 2. Relativo a escola de nível superior ou a seus alunos.
Sinônimos: academial, academista, universitário.
Exemplo: Uma boa formação acadêmica é um diferencial no mercado de trabalho.

ACALMAR *vtd.* 1. Fazer diminuir ou diminuir a intensidade; amainar(-se). 3. Tranquilizar(-se).
Sinônimos: abonançar, abrandar, calmar, sossegar, pacificar, apaziguar, aplacar.
Exemplo: Seria necessário acalmar os funcionários para não atrasar a produção.

ACALORAR *vtd.* 1. Tornar(-se) animado; animar(-se), entusiasmar(-se).
Sinônimos: animar; aquecer; entusiasmar.

Exemplo: Foi bom para acalorar a equipe, ele ter se ausentado por esse período.

ACAMARADAR *vint.* 1. Tornar(-se) camarada, companheiro ou parceiro.
Sinônimos: aparceirar, (a) bandear; (a) compadrar, compadrear.
Exemplo: Vamos acamaradar todos os convidados.

AÇÃO *sf.* 1. Título ou documento que formaliza e representa a propriedade de uma fração de capital e que atribui a seu titular um direito creditício perante uma sociedade.
Sinônimos: participação, cota-parte.
Exemplo: Os sócios, em vez de participar diretamente do seu capital social de funcionamento da empresa, compram ações.

ACAUDILHAR *vtd.* 1. Ter autoridade sobre; comandar, chefiar, liderar.
Sinônimos: dirigir, guiar, conduzir.
Exemplo: Quem os acaudilhará nessa arriscada empresa?

ACAUTELADAMENTE *adv.* 1. De uma maneira acautelada (com cautela); em que há ou demonstra prudência.
Sinônimos: precavidamente, cautelosamente.
Exemplo: Acauteladamente, temos que rever todos os tópicos do contrato.

ACAUTELAR *vtd.* 1. Pôr(-se) de sobreaviso contra um perigo, uma ocorrência desagradável etc.; prevenir(-se), precaver(-se).
Sinônimo: resguardar.
Exemplo: Eles foram acautelados antes de entrar para que não fizessem errado.

ACAUTELATÓRIO *adj.* 1. Caracterizado por cautela, próprio para acautelar; preventivo.

Sinônimos: preventivo, cautelatório, cautelar.
Exemplo: Tomou medida acautelatória para não prejudicar a sequência do processo

ACAVALEIRADO *adj.* 1. Situado ou colocado em posição elevada, superior; sobranceiro.
Sinônimo: sobreposto.
Exemplo: Ele é um dos funcionários acavaleirados.

ACEDER *vti./vtd.* 1. Estar de acordo; anuir, aquiescer, assentir, concordar, consentir. 2. Fazer aumentar; acrescentar, acrescer, somar.
Sinônimos: resignar-se com; aceitar, conformar-se, submeter-se.
Exemplo: O investidor acedeu com os termos do contrato.

ACEITAÇÃO *sf.* 1. Ato ou efeito de respeitar, de adotar (doutrina, teoria, posturas etc.).
Sinônimos: consideração, respeito, concordância.
Exemplo: É importante a aceitação das orientações passadas pelo supervisor.

ACEITADO *adj.* 1. Que se aceitou.
Sinônimos: aceito, aceite, acolhido, admitido
Exemplo: Eu deveria ter aceitado seu convite para abrir este negócio.

ACEITANTE *adj.* 1. Aquele que aceita, que dá seu consentimento a um contrato.
Sinônimo: aceitador.
Exemplo: O diretor foi o aceitante do investimento.

ACEITAR *vtd.* 1. Receber o que é dado ou oferecido. 2. Estar de acordo com.
Sinônimos: tomar, acolher, consentir, aceder, concordar
Exemplo: O meu projeto já foi aceito! Viajo em breve!

ACEITÁVEL *adj. m+f.* 1. Digno ou suscetível de ser aceito.
Sinônimos: admissível, recebível, plausível, razoável.
Exemplo: Só considero um trabalho aceitável quando feito com empenho.

ACEITE *sm.* 1. Assinatura, colocada no verso de um título de crédito, com que se aceita essa letra.
Sinônimos: aceitação, aceitamento, assinatura.
Exemplo: O aceitante é o devedor principal do título; caso haja recusa ao aceite, ocorre o vencimento antecipado do título, podendo o beneficiário cobrar diretamente do sacador.

ACEITO *adj.* 1. Que se aceitou. 2. Que se aprovou.
Sinônimos: aceitado, admitido, aprovado, permitido.
Exemplo: O que foi aceito por todos jamais deve ser questionado.

ACELERAÇÃO *sf.* 1. Ato ou efeito de acelerar(-se); aumento progressivo de velocidade ou movimento; aceleramento.
Sinônimo: pressa.
Exemplo: Se a aceleração da produção for maior, entregaremos a encomenda dentro do prazo.

ACELERADO *adj.* 1. Que se acelerou; tornado mais rápido, mais veloz.
Sinônimos: precipitado, apressado.
Exemplo: A produção foi acelerada para atender à demanda.

ACELERAR *vtd.* 1. Fazer(-se) célere ou mais célere. 2. Aumentar (a velocidade ou o movimento de) ou adquirir (maior velocidade ou um movimento mais vivo).
Sinônimos: apressar, abreviar, precipitar.

Exemplo: A população de São Paulo tem pressa em ver a praça reformada. Vamos acelerar a resolução desse problema.

ACENAR *vint./vtd./vti./vtdi./vpr.* 1. Fazer acenos com mãos, cabeça, olhos etc. ou com algum objeto para aprovar, avisar, chamar, mostrar, negar, despedir-se etc. 2. Dar a perceber. 3. Dar sinal de.
Sinônimos: gesticular, indicar.
Exemplo: Acenou que não pretendia assinar o contrato se não fosse incluída uma cláusula de segurança.

ACENDIMENTO *sm.* Entusiasmo nas ações e emoções; ardor, excitação, fervor.
Sinônimos: ardor, fervor, excitação, entusiasmo.
Exemplo: O investidor assinou o contrato com total acendimento.

ACENDRADO *adj.* 1. Limpo, puro, refinado, purificado, acrisolado.
Sinônimos: acrisolado, depurado, afinado.
Exemplo: E mais acendrada se torna então essa solitude profissional, traduzida agora em couraça de defesa.

ACENDRAR *vtd.* 1. Tornar o ouro e outros materiais preciosos livres de impurezas; purificar, submeter(-se) a provações para atingir o aperfeiçoamento moral e espiritual; apurar(-se).
Sinônimos: purificar, acrisolar, apurar.
Exemplo: O jovem acendrou suas escolhas para seguir o melhor caminho.

ACENO *sm.* 1. Movimento significativo da cabeça, dos olhos, das mãos etc. para transmitir o que se deseja.
Sinônimos: sinal, gesto.
Exemplo: Bastava um aceno e já sabia o que o chefe queria.

ACENTUADO *adj.* 1. Que se destaca. 2. Posto em relevo.
Sinônimos: enfatizado, destacado, marcante, notável.
Exemplo: Sua qualidade mais acentuada era a disposição para trabalhar.

ACENTUAR *vtd.* 1. Exprimir com força; ressaltar, sublinhar: acentuar uma passagem.
Sinônimos: salientar, frisar, grifar, marcar.
Exemplo: Juros de Portugal acentuam subida e spread da dívida atinge nível de julho.

ACEPILHAR *vtd.* 1. Aprimorar algo; aperfeiçoar, apurar, purificar.
Sinônimos: polir, brunir, aprimorar.
Exemplo: Nada melhor do que acepilhar as próprias habilidades.

ACERTADO *adj.* 1. Que revela maturidade e juízo. 2. Que foi combinado.
Sinônimos: ajustado, convencionado, pactuado.
Exemplo: Tomou uma decisão acertada. Seu salário foi acertado com o contratante.

ACERTAR *vtd./vtdi.* 1. Decidir em conjunto. 2. Achar o certo.
Sinônimos: combinar, condizer, harmonizar, igualar, atingir.
Exemplo: Acertaram o plano de ação.

ACERTO *sm.* 1. Ato ou efeito de acertar. 2. Ato ou dito acertado. 3. Acordo informal.
Sinônimos: exatidão, acertamento, combinação.
Exemplo: O acerto dele foi decidir pelo produto mais barato.

ACERVO *sm.* 1. Grande quantidade. 2. Conjunto de bens que fazem parte de um patrimônio.
Sinônimos: monte, ajuntamento, patrimônio, posses.

Exemplo: O acervo de livros sobre Economia o ajudou a gerir a empresa.

ACESSIBILIDADE *sf.* 1. Facilidade de acesso; qualidade do que é acessível.
Sinônimos: transitabilidade, abertura.
Exemplo: O prédio foi construído visando à acessibilidade.

ACESSÍVEL *adj.* 1. A que se pode ter acesso; a que se pode chegar. 2. De trato fácil.
Sinônimos: alcançável, conseguível, atingível.
Exemplo: Temos uma forma de pagamento acessível.

ACESSO *sm.* 1. Ato e resultado de ingressar. 2. Possibilidade de chegar a; aproximação, avizinhação, chegada.
Sinônimos: ingresso, entrada.
Exemplo: Tive acesso ao almoxarifado.

ACHADA *sf.* 1. Ato ou efeito de achar; achado. 2. Ato ou efeito de encontrar coisa que estava perdida ou escondida.
Sinônimos: achamento, achado.
Exemplo: Finalmente foi achada uma maneira de aumentar os lucros.

ACHADO *adj.* 1. Que se achou.
Sinônimos: reconhecido, encontrado.
Exemplo: Foi achado um meio de resolver o problema.

ACHAMENTO *sm.* 1. Ato ou efeito de achar; descobrimento.
Sinônimos: achada, achado, encontro, descoberta, invenção.
Exemplo: Ela está contando como foi o achamento do documento perdido.

ACHANAR *vtd./vtr.* 1. Facilitar os meios de; remover os obstáculos a; tornar mais simples. 2. Tornar(-se) plano; tornar(-se) chão; alhanar, aplanar, nivelar.

Sinônimos: terraplanar, igualar, nivelar.
Exemplo: A tecnologia achanou os meios de produção.

ACHAR *vtd.* 1. Encontrar por acaso ou por ter procurado; dar de cara com.
Sinônimos: encontrar, deparar, descobrir.
Exemplo: Achamos a resolução para o impasse sobre os investimentos que pretendíamos fazer.

ACHEGA *sf.* 1. Aquilo que se acrescenta; acréscimo, adição.
Sinônimos: aditamento, acréscimo, acrescentamento.
Exemplo: Achegam as mesas para fazer o trabalho.

ACHEGAR *vtd.* 1. Reunir em grupo. 2. Incorporar uma coisa a outras.
Sinônimos: agrupar, juntar, unir.
Exemplo: Achegou a equipe para passar novas orientações.

ACHEGO *sm.* 1. Ato ou efeito de achegar, cuidado com algo ou alguém, geralmente mais fraco; amparo, proteção, vantagem ou lucro inesperado, ato ou efeito de encostar; encosto.
Sinônimos: acréscimo, aditamento, aumento, proteção.
Exemplo: A Bíblia garante que podemos realmente nos achegar a Deus.

ACICATE *sm.* 1. Aquilo que incita à atividade; incitamento.
Sinônimos: estímulo, emulação, incentivo, motivação.
Exemplo: Ficou acicatado com o aumento do salário.

ACIONAR *vtd.* 1. Pôr em ação. 2. Mover ação judicial contra (alguém), em defesa de um direito cuja violação parece iminente ou que

já se verificou; propor ou intentar ação em juízo; processar.
Sinônimos: mobilizar, mover, demandar, processar.
Exemplos: Acionaram o plano de expansão. Acionaram o negociante desonesto.

ACIONÁRIO *adj*. 1. Relativo a ou que se dá mediante a posse de ações ou a posse da maioria de ações de uma empresa.
Sinônimos: acionista, majoritário.
Exemplo: "Em momentos de crises políticas, [...] estavam em jogo sucessões de empresas, habilitações de heranças, alteração acionária de firmas, estratégias de estado-maior etc." (CA).

ACIONISTA *sm*. 1. Pessoa que é possuidora de ações de alguma empresa.
Sinônimos: acionário, sócio.
Exemplo: Os acionistas estão felizes com o lucro da empresa neste semestre.

ACIRRADAMENTE *adv*. De modo acirrado, persistente.
Sinônimos: ferrenhamente, obstinadamente, pertinazmente.
Exemplo: Os vendedores disputarão acirradamente a gerência da loja.

ACIRRADO *adj*. 1. Que se mantém firme em suas ideias ou intenções. 2. Disputado. 3. Situação de intensa quantidade de afazeres.
Sinônimos: contumaz, pertinaz, obstinado.
Exemplo: A quantidade de trabalho esteve bastante acirrada durante a semana.

ACLAMAÇÃO *sf*. 1. Declaração conjunta e verbal de uma assembleia, aprovando algum ato, ou elegendo alguém, sem que seja necessário escrutínio. 2. Investidura pública e solene em cargo ou autoridade.
Sinônimos: aprovação, aplauso, consagração.
Exemplo: Autoridades eleitas por aclamação.

ACLAMAR *vtd*. 1. Aplaudir ou aprovar com brados. 2. Proclamar, reconhecer solenemente.
Sinônimos: saudar (alguém), homenagear, ovacionar, intitular, nomear.
Exemplo: Aclamaram o novo presidente da empresa; O Conselho acalmou o acionista mais antigo como novo presidente.

ACLARAÇÃO *sf*. 1. Evidente. 2. Tornar(-se) capaz de ver ou compreender com mais clareza e discernimento.
Sinônimos: elucidação, esclarecimento, aclaramento.
Exemplo: A aclaração que me deu sobre sua falta foi o suficiente para eu entender.

ACLARADAMENTE *adv*. 1. Tornar evidente. 2. Tornar(-se) claro.
Sinônimos: esclarecidamente, claramente, inteligivelmente.
Exemplo: Aclaradamente, as partes da negociação chegaram a bom termo.

ACLARADO *adj*. 1. Tornado evidente. 2. Tornado claro.
Sinônimos: esclarecido, averiguado, elucidado, explicado, deslindado.
Exemplo: Os conteúdos foram aclarados.

ACLARADOR *adj. sm*. 1. Que ou que aclara, elucida, esclarece; esclarecedor, elucidante.
Sinônimo: aclaratório.
Exemplo: Ele foi bem aclarador na palestra.

ACLARAMENTO *sm*. 1. Esclarecimento, elucidação, aclaração.
Sinônimo: aclaração.

Exemplo: A decisão em comento teve o devido aclaramento.

ACLARAR *vtd./vpr.* 1. Tornar(-se) capaz de ver ou compreender com mais clareza e discernimento.
Sinônimos: esclarecer, elucidar, explicar, explanar, ilustrar.
Exemplo: Sua mente aclarou-se depois de tanto refletir sobre o problema.

AÇODAR *vtd./vpr.* 1. Tornar(-se) mais rápido, mais célere.
Sinônimos: acelerar(-se), aligeirar(-se).
Exemplo: Participar de um processo de incubação pode açodar o desenvolvimento de uma *startup*.

ACOLHEDOR *adj.* 1. Que ou o que acolhe bem.
Sinônimos: afável, cortês, hospitaleiro.
Exemplo: A equipe foi acolhedora com o novato.

ACOLHER *vtd.* 1. Hospedar ou obter hospedagem. 2. Admitir (alguém) em seu convívio. 3. Dar crédito a; dar ouvido a; levar em consideração.
Sinônimos: receber, admitir, receber, atender.
Exemplo: É importante acolher os novos funcionários.

ACOLHIDA *sf.* 1. O mesmo que acolhimento.
Sinônimos: recepção, recebimento, acolhimento.
Exemplo: Teve uma acolhida calorosa ao retornar da licença maternidade.

ACOLHIMENTO *sm.* 1. Ato ou efeito de acolher.
Sinônimos: recepção, acolhida, receptividade.
Exemplo: Ele sabia que nessa companhia teria bom acolhimento.

ACOMODAÇÃO *sf.* 1. Ação ou efeito de adaptar-se conformadamente. 2. Modificação e ajuste de posição.
Sinônimos: disposição, arranjo, arrumação, emprego, cargo, colocação, ofício.
Exemplo: Ele tem que pensar como vai realizar a acomodação do maquinário novo.

ACOMPANHAMENTO *sm.* 1. Assistência ou orientação dada por profissional a alguém sob seus cuidados.
Sinônimos: assistência, orientação.
Exemplo: A consultoria oferece também acompanhamento financeiro.

ACOMPANHAR *vtd.* 1. Ter a mesma opinião ou sentimento; agir ou pensar igual.
Sinônimos: concordar, corroborar.
Exemplo: Costumava acompanhar as opiniões do sócio.

ACONSELHAR *vtd./vtdi./vint./vpr.* 1. Tomar, dar ou pedir conselhos a. 2. Mostrar ou convencer (alguém) da vantagem, necessidade ou conveniência de.
Sinônimos: orientar, instigar, recomendar, sugerir.
Exemplo: O consultor aconselhou sobre as melhores formas de investimento.

ACONSELHÁVEL *adj.* 1. Que se pode ou deve aconselhar.
Sinônimos: recomendável, conveniente, oportuno.
Exemplo: Não é aconselhável tomar tal medida; ela pode ser prejudicial.

ACONTECIMENTO *sm.* 1. Aquilo que acontece, fato, sucesso.
Sinônimos: acontecido, ocorrência, episódio, evento.
Exemplo: Devido aos acontecimentos recentes, teremos que dobrar a produção mensal.

ACORDANTE *adj. m+f.* 1. Que está em concordância; afinado, harmonioso.
Sinônimos: acorde, concorde, uníssono, harmônico.
Exemplo: Conferida ao acordo homologados cujos efeitos limitam-se às partes acordantes.

ACORDAR *vtd./vtdi./vti./vpr.* 1. Fazer conciliar ou conciliar(-se) com. 2. Pensar igual; ter a mesma opinião ou sentimento que (outrem). 3. Decidir em conjunto, resolver de comum acordo.
Sinônimos: concordar, combinar, ajustar, decidir.
Exemplo: Acordaram como seguir com o planejamento.

ACORDO *sm.* 1. Harmonia de vistas. 2. Decisão ou resolução tomada em conjunto. 3. Ação de entendimento entre uma ou mais pessoas.
Sinônimos: concordância, conformidade, pacto, ajuste.
Exemplo: Elas fecharam um acordo quanto à compra do veículo.

ACOROÇOADO *adj.* 1. Que se sente esperançoso, cheio de coragem e ânimo.
Sinônimos: animado, esperançado, alentado, incitado.
Exemplo: Ficou acoroçoado com as novas perspectivas de crescimento de seu negócio.

ACOROÇOAMENTO *sm.* 1. Ato ou efeito de acoroçoar; acoroçoamento, coisa que leva a pôr em prática uma ação; encorajamento, estímulo, incentivo.
Sinônimos: incitamento, animação, alento.
Exemplo: O incentivo dos amigos serviu-lhe de acoroçoamento para continuar perseguindo seu sonho.

ACOROÇOAR *vtd.* 1. Empenhar-se em tornar possível a concretização ou realização de algo. 2. Levar a sentir ou sentir ânimo.
Sinônimos: esforçar, firmeza, perseverança.
Exemplo: Acoroçoou a implantação de seu projeto.

ACORRER *vtd./vti./vint.* 1. Contribuir para minorar sofrimentos; atenuar. 2. Ir ou vir em socorro de (alguém); acudir, ajudar, socorrer.
Sinônimos: acudir, valer, prevenir, remediar, obviar.
Exemplo: Acorrer a imprevistos sem julgar os que deles padecem.

ACOSTAR *vtd./vti.* 1. Pôr junto de; aproximar, arrimar, encostar, juntar, como anexo, a (algo que se tem como principal); anexar.
Sinônimos: apoiar, aproximar, atracar.
Exemplo: Os documentos foram acostados aos autos do processo.

ACOSTUMADO *adj.* 1. Que se acostumou. 2. Que se comporta de certo modo por hábito. 3. Frequente.
Sinônimos: habituado, familiarizado, adaptado.
Exemplo: Estava acostumado a resolver problemas difíceis.

ACOSTUMAR *vtd./vti./vtdi./vpr.* 1. Fazer adquirir ou adquirir costume. 2. Tornar conhecido a (alguém ou a si próprio).
Sinônimos: Habituar, afazer, avezar, amoldar.
Exemplo: Acostumou os funcionários aos novos métodos internos.

ACREDITADO *adj.* 1. Que merece crédito. 2. Que é digno de confiança. 3. Bem reputado.
Sinônimos: aprovado, autorizado, conceituado.
Exemplo: Ele era bem acreditado entre os empresários da cidade.

ACREDITAR *vtd./vti./vint./vpr.* 1. Dar crédito a; ter como verdadeiro. 2. Tornar(-se)

confiável. 3. Ter confiança. 4. Conferir a alguém poderes para representar uma pessoa física.
Sinônimos: confiar, abonar, enaltecer.
Exemplo: Acredito nele para esta tarefa.

ACREDITÁVEL *adj. m+f.* 1. Que se pode acreditar; crível, verossímil.
Sinônimos: crível.
Exemplo: É uma história acreditável.

ACRESCÊNCIA *sf.* 1. Qualidade do que é acrescente. 2. Crescimento contínuo.
Sinônimo: acrescentamento, acrescimento.
Exemplo: Com muito esforço a acrescência do projeto ocorreu.

ACRESCENTADOR *adj. sm.* 1. Que ou que acrescenta ou faz acrescentar.
Sinônimos: aumentador, amplificador.
Exemplo: O empreendedor era considerado um grande acrescentador de ideias.

ACRESCENTAMENTO *sm.* 1. Ato ou efeito de acrescentar, aumento de intensidade ou qualidade.
Sinônimos: aumento, ampliação, adição, acréscimo.
Exemplo: Teremos uma reunião a respeito do acrescentamento dos novos produtos.

ACRESCENTAR *vtd./vtdi./vpr.* 1. Tornar(-se) ampliado, maior. 2. Anexar uma coisa à outra.
Sinônimos: juntar, ajuntar, adicionar, adir, anexar.
Exemplo: Terminado o relatório, nada mais se acrescentou.

ACRESCER *vtd./vtdi./vint./vpr.* 1. Fazer maior ou aumentar. 2. Adicionar(-se) algo a. 3. Passar a fazer parte de um conjunto.
Sinônimos: aumentar, acrescentar, crescer.
Exemplo: Acresceu um item ao contrato.

ACRÉSCIMO *sm.* 1. Aquilo que se acrescenta.
Sinônimos: adição, aditamento, aumento.
Exemplo: Recebeu um acréscimo na remuneração.

ACRIBIA *sf.* 1. Estilo com exatidão. 2. Minucioso no processo de escolha das palavras. 3. Precisão, rigor na documentação e nas pesquisas de uma obra.
Sinônimos: rigor, exatidão, precisão, meticulosidade.
Exemplo: O contrato foi examinado com muita acribia.

ACRISOLADO *adj.* 1. Que foi aperfeiçoado ou apurado.
Sinônimos: otimizado, desenvolvido.
Exemplo: Foi acrisolado pelo estudo contínuo.

ACRISOLAMENTO *sm.* 1. Aprimoramento intelectual.
Sinônimo: aperfeiçoamento
Exemplo: Investiu na educação para seu acrisolamento.

ACRISOLAR *vtd./vpr.* 1. Aperfeiçoar(-se) espiritual ou intelectualmente.
Sinônimos: depurar, afinar, acendrar, aperfeiçoar.
Exemplo: Bons livros o acrisolaram.

ACROBACIA *sf.* 1. Exercício que revela destreza e habilidade.
Sinônimos: esperteza, manobra.
Exemplo: O empreendedorismo consiste numa grande acrobacia de criar coisas.

ACROBATA *sm.* 1. Quem se mantém em posição difícil; equilibrista.
Sinônimos: equilibrista, funâmbulo, malabarista.
Exemplo: Ele é um acrobata com finanças.

ACUMULAÇÃO *sf.* 1. Concentração de capitais ou riquezas num número cada vez menor de capitalistas. 2. Ato ou efeito de acumular(-se). 3. Acréscimo ou aumento de algo. 4. Armazenamento em grande quantidade.
Sinônimos: acúmulo, aumento, acréscimo.
Exemplo: A acumulação de tarefas é nociva ao desempenho do funcionário.

ACUMULADO *adj.* 1. Que se acumulou ou juntou. 2. Que se apresenta em grande quantidade ou intensidade. 3. Que se amealhou (dinheiro, rendimento); poupado.
Sinônimos: (a)juntado, armazenado, aumentado, acrescido.
Exemplo: Tem anos de experiência acumulada.

ACUMULAR *vtd./vint./vpr.* 1. Exercer simultaneamente (vários cargos ou funções). 2. Amontoar riquezas. 3. Concentrar algo numa só pessoa.
Sinônimos: (a)juntar, reunir, aumentar, acrescentar.
Exemplo: Acumulava, na empresa, as funções de supervisor e gerente.

ACUMULATIVO *adj.* 1. Que se acumula ou junta a algo que já existia. 2. Que tem a faculdade de acumular ou de juntar.
Sinônimo: cumulativo.
Exemplo: As duas funções não são acumulativas.

ACÚMULO *sm.* 1. Ato ou efeito de acumular(-se).
Sinônimos: agregação, acréscimo, adição.
Exemplo: O acúmulo de conhecimento é essencial para o desenvolvimento pessoal e profissional.

ADAPTABILIDADE *sf.* 1. Capacidade de alguém ou algo de se adaptar.
Sinônimos: flexibilidade, ajustabilidade.
Exemplo: Uma de suas principais características era a adaptabilidade: dava-se bem em qualquer função.

ADAPTAÇÃO *sf.* 1. Processo pelo qual os indivíduos passam a possuir caracteres adequados para viver em determinado ambiente.
Sinônimos: acomodação, ajustamento, adequação.
Exemplo: Passou por um período de adaptação na nova função.

ADAPTADO *adj.* 1. Que se adaptou. 2. Que se acomodou. 3. Modificado por adaptação.
Sinônimos: ajustado, acomodado, adequado.
Exemplo: Após dois meses já estava adaptado ao novo emprego.

ADAPTAR *vpr./vtdi.* 1. Tornar-se adequado a. 2. Adaptar-se a um ambiente, ambientar-se. 3. Tornar apto.
Sinônimos: ajustar, amoldar, ambientar, habituar.
Exemplo: Adaptou o estagiário à nova tecnologia.

ADAPTÁVEL *adj. m+f.* 1. Que pode ser adaptado.
Sinônimos: ajustável, apropriável, amoldável.
Exemplo: Mostrou-se bastante adaptável dentro daquele ambiente.

ADEQUAÇÃO *sf.* 1. Ajustamento disciplinado a algo.
Sinônimos: adaptação, acomodação, apropriação, conformação.
Exemplo: Com o novo modelo de gestão foi feita uma adequação nos processos internos.

ADEQUADO *adj.* 1. Que está bem adaptado a algo. 2. Que é apropriado.

Sinônimos: conforme, justo, ajustado, apropriado.
Exemplo: Qual o comportamento mais adequado em um ambiente de trabalho?

ADEQUAR *vtdi./vpr.* 1. Ajustar(-se) uma coisa à outra. 2. Tornar(-se) adequado ou conveniente. 3. Condizer ou fazer condizer.
Sinônimos: (a)moldar, adaptar, ajustar, conformar.
Exemplo: Adequou a ferramenta às necessidades do ofício.

ADERIR *vti.* 1. Tornar-se adepto ou partidário de.
Sinônimos: adotar, abraçar.
Exemplo: A empresa aderiu a novas práticas para conseguir a certificação internacional.

ADESÃO *sf.* 1. Manifestação de apoio a uma iniciativa ou causa.
Sinônimos: anuência, apoio, concordância.
Exemplo: A adesão ao Super Simples permitiu que pagasse menos impostos.

ADIANTADO *adj.* 1. Que avançou ou que se adiantou no tempo e no espaço. 2. Pago antecipadamente.
Sinônimos: avançado, antecipado.
Exemplo: O início da produção foi adiantado por conta da alta demanda.

ADIANTAMENTO *sm.* 1. Pagamento antecipado de salário ou parte dele ou de uma dívida. 2. Estado daquilo que se encontra em progresso ou avanço.
Sinônimos: abono, antecipo.
Exemplo: Recebi um adiantamento para comprar as passagens da minha viagem de férias.

ADIANTAR *vtd./vtdi.* 1. Acelerar o ritmo, na realização de algo. 2. Pagar, com antecipação, salário ou parte dele ou compromissos financeiros. 3. Fazer progresso, avançar, melhorar.

Sinônimos: acelerar, antecipar, abonar (dinheiro).
Exemplo: Precisei adiantar o relatório. O patrão me adiantou parte do salário de junho para que eu fizesse uma viagem.

ADIÇÃO *sf.* 1. Ato ou efeito de adir, ou acrescentar. 2. Aquilo que se acrescenta.
Sinônimos: parcela, acrescentamento, aumento, ajuntamento, acréscimo.
Exemplo: A nova funcionária foi uma ótima adição à equipe.

ADICIONAL *adj. m+f/sm.* 1. Que é complementar ou suplementar. 2. Aquilo que se adiciona ou se acrescenta.
Sinônimos: extra, complementar, aditivo, gratificação.
Exemplos: Recebeu uma gratificação adicional.
O salário veio com um adicional pelo trabalho nos fins de semana.

ADICIONAR *vtdi.* 1. Acrescentar uma coisa a outra.
Sinônimos: adir, juntar, incorporar.
Exemplo: Adicionou novas cláusulas ao contrato.

ADIMPLENTE *adj. m+f.* 1. Que cumpre suas obrigações contratuais no prazo certo.
Sinônimos: regularizado, sem débito.
Exemplo: Sempre se manteve adimplente com suas obrigações fiscais.

ADITIVO *sm.* 1. O que se soma ou se adita.
Sinônimos: adicional, complemento.
Exemplo: Recebeu um aditivo no salário.

ADINHEIRAR *vtd./vpr.* 1. Encher(-se) de dinheiro; enriquecer.
Sinônimo: endinheirar.
Exemplo: O vendedor adinheirou-se após a venda da empresa.

ADMINISTRAÇÃO *sf.* 1. Ato, processo ou resultado de administrar. 2. Ato de governar, dirigir ou gerir. 3. Conjunto de princípios, práticas e técnicas utilizadas com o objetivo de coordenar e dirigir as ações de um grupo de indivíduos que se associam com o fim de conseguir resultados eficazes.
Sinônimos: governança, direção, gerência, gestão.
Exemplo: A administração estabeleceu novas regras para o uso de redes sociais no ambiente de trabalho.

ADMINISTRADOR *sm.* 1. Que ou aquele que administra, governa, dirige ou gere. 2. O que dirige ou superintende estabelecimento público ou particular.
Sinônimos: dirigente, gerente, gestor.
Exemplo: É um administrador competente.

ADMINISTRAR *vtd.* 1. Governar, dirigir, gerir negócios públicos ou particulares. 2. Exercer a função de administrador.
Sinônimos: governar, reger, dirigir, gerir.
Exemplo: Passou a administrar a empresa do pai.

ADMINISTRATIVO *adj.* 1. Relativo à administração.
Sinônimo: administratório.
Exemplo: O novo diretor administrativo preza pela eficiência dos gastos.

ADMIRAÇÃO *sf.* 1. Apreço ou consideração que se tem por alguém ou alguma coisa.
Sinônimos: respeito, consideração, afeição, apreço.
Exemplo: Tinham grande admiração por ele, por tudo que havia conquistado na vida com seu trabalho.

ADMIRAR *vtd.* 1. Ter(-se) em grande apreço, considerar com respeito e simpatia outros ou a si mesmo.
Sinônimos: apreciar, considerar, estimar.
Exemplo: Sempre admirei sua determinação.

ADMIRÁVEL *adj.* 1. Que merece ou é digno de admiração. 2. Que é excelente, irrepreensível ou perfeito.
Sinônimos: considerável, egrégio, estimado, respeitável.
Exemplo: Tinha uma postura profissional admirável.

ADMISSÃO *sf.* 1. Ato de aceitar alguém como funcionário de uma empresa, instituição ou repartição.
Sinônimos: entrada, ingresso.
Exemplo: A admissão foi acertada com o RH.

ADMISSÍVEL *adj.* 1. Que se pode admitir; capaz ou digno de ser admitido.
Sinônimos: razoável, aceitável, plausível.
Exemplo: Avaliou que a proposta era admissível.

ADMITIDO *adj.* 1. Que se admitiu. 2. Aceito como verdadeiro ou válido.
Sinônimos: aceito, recebido, acolhido.
Exemplo: Foi admitido após um longo processo seletivo.

ADMITIR *vtd.* 1. Contratar ou aceitar para uma atividade específica. 2. Aceitar como bom ou válido.
Sinônimos: receber, aceitar, reconhecer, aprovar.
Exemplo: A fim de atender à sua nova demanda, a empresa admitiu novos funcionários.

ADOTAR *vtd.* 1. Lançar mão de.
Sinônimos: eleger, escolher.
Exemplo: Adotamos diversas práticas modernas de gestão.

ADVERSAR *vtd.* 1. Agir ou dizer contrariamente a.
Sinônimos: contrariar, combater, impugnar, contradizer, opor-se a.
Exemplo: Mesmo sendo adversado, consegui vencer a disputa.

ADVERSÁRIO *sm.* 1. Que ou aquele que se opõe a.
Sinônimos: competidor, contrário, opositor, rival.
Exemplo: Minha adversária pela última vaga do concurso é doutora em Letras.

ADVERSIDADE *sf.* 1. Caráter do que é adverso.
Sinônimos: infortúnio, contratempo, obstáculo, revés.
Exemplo: Superou diversas adversidades para realizar seus sonhos.

ADVERSO *adj.* 1. Que é contrário ou se opõe a. 2. Que é desfavorável.
Sinônimos: adversativo, desconforme, desfavorável.
Exemplo: Conseguiu se superar mesmo no contexto adverso em que vivia.

ADVERTÊNCIA *sf.* 1. Ação ou efeito de advertir. 2. Ação de repreender. 3. Advertimento ou penalidade aplicada ao empregado.
Sinônimos: atenção, aviso, conselho, observação.
Exemplo: Recebeu uma advertência porque estava faltando muito.

ADVERTIDO *adj.* 1. Que recebeu advertência. 2. Que foi admoestado, repreendido.
Sinônimos: avisado, informado.
Exemplo: Foi advertido de que a máquina estava com problemas.

ADVERTIR *vtd./vtdi./vint./vpr.* 1. Dar informação. 2. Prestar ou fazer prestar atenção em; dar-se conta de. 3. Fazer advertência a. 4. Fazer conclusões.
Sinônimos: avisar, lembrar, aconselhar, censurar, repreender.
Exemplo: Advertiram-no de que o caminho era outro.

AFIANÇADO *adj.* 1. Que prestou fiança, que deu fiança. Que se assegurou.
Sinônimos: abonado, comprovado, acreditado, garantido.
Exemplo: A casa foi afiançada por Maria.

AFIANÇADOR *adj./sm.* 1. Que ou aquele que afiança.
Sinônimos: abonador, fiador, prometedor.
Exemplo: Eu afiancei o cheque do meu irmão.

AFIANÇAR *vtd./vint.* 1. Assumir a responsabilidade por; prestar fiança por.
Sinônimos: abonar, garantir, assegurar, asseverar.
Exemplo: Afiancei o aluguel de uma sala no empresarial.

AFILIAÇÃO *sf.* 1. Adjunção a uma empresa, sociedade, partido político.
Sinônimos: adesão, admissão, alistamento, associação.
Exemplo: Procedeu com sua afiliação à junta comercial local.

AFILIADO *adj./sm.* 1. Que ou quem se filiou, que está associado ou unido a uma corporação ou agremiação.
Sinônimo: filiado.
Exemplo: Estou afiliado ao clube de empreendedores.

AFILIAR *vtd./vpr.* 1. Agregar(-se) ou unir(-se) a uma corporação, entidade, sociedade etc. 2. Inscrever(-se) como sócio ou membro (de clube, entidade cultural, partido político etc.).

Sinônimos: filiar, associar, inscrever.
Exemplo: Afiliou-se à associação.

AFINCO *sm.* 1. Conduta firme.
Sinônimos: persistência, empenho, perseverança.
Exemplo: Estudou com afinco para passar no processo seletivo.

AFIRMAÇÃO *sf.* 1. Necessidade íntima do indivíduo de impor-se à aceitação do meio. 2. Ato ou efeito de afirmar ou de sustentar como verdadeiro.
Sinônimos: autoconfiança, autoafirmação, afirmativa, alegação.
Exemplo: Seu processo de afirmação como profissional foi longo.

AFIRMAR *vtd./vpr.* 1. Declarar com firmeza. 2. Mostrar-se independente, seguro de si etc. 3. Tornar-se conhecido ou com boa reputação, profissionalmente ou em algum ramo de atividade.
Sinônimos: declarar, dizer, consolidar, firmar.
Exemplos: Afirmei que meu sonho era construir uma empresa robusta.
Afirmou-se como um grande profissional.

AGÊNCIA *sf.* 1. Empresa prestadora de serviços, geralmente como intermediária em negócios alheios, mediante pagamento ou comissão. 2. Sucursal de banco ou instituição financeira, comercial ou empresarial ou de repartição pública, em local diverso da sede ou da administração.
Sinônimos: escritório, filial, sucursal.
Exemplo: Precisou ir à agência falar com o gerente sobre o empréstimo que lhe serviu de capital inicial para abrir seu negócio.

AGENCIADEIRA *sf.* 1. Mulher que agencia.
Sinônimos: ativa, diligente, trabalhadeira.
Exemplo: A investidora também era uma grande agenciadeira.

AGENCIADOR *adj./sm.* 1. Que ou aquele que agencia; agente. 2. Que ou aquele que trabalha buscando negócios, contratos ou benefícios.
Sinônimos: trabalhador, diligente, ativo; negociador, procurador, solicitador. Agencioso.
Exemplo: Na próxima reunião perguntarei tudo aos agenciadores.

AGENCIAR *vtd.* 1. Fazer negócios de agenciamento. 2. Servir de agente ou de intermediário de algo (transação, negócio) ou alguém (modelo, artista etc.).
Sinônimos: negociar, solicitar, promover, diligenciar.
Exemplo: Agenciamos um empréstimo no banco.

AGENCIOSO *adj.* 1. Que é ativo ou diligente. 2. Que promove.
Sinônimos: ativo, diligente, trabalhador, esforçado. Agenciador.
Exemplo: Este moço é muito agencioso nas suas ações.

AGENTE *sm.* 1. Aquele que agencia ou trata de negócio alheio. 2. Aquele que representa uma instituição, uma organização, uma associação e age em seu nome.
Sinônimos: operador; atuante.
Exemplo: A luz e o calor são agentes da natureza.

ÁGIL *adj. m+f.* 1. Que se movimentou com rapidez ou agilidade. 2. Que tem raciocínio rápido. 3. Que atua ou trabalha com eficiência.
Sinônimos: ativo, ligeiro, esperto.
Exemplo: Foi ágil para pensar numa solução.

AGILIDADE *sf.* 1. Presteza de movimentos. 2. Agudeza de espírito.
Sinônimos: ligeireza, rapidez, desenvoltura, perspicácia, sagacidade.
Exemplo: Sua agilidade de raciocínio o destacava dos demais.

AGILIZAR *vtd*. 1. Produzir, provocar o desenvolvimento de.
Sinônimos: desenvolver, incrementar, potencializar.
Exemplo: Agilizou sua carreira com cursos de qualificação.

AGILMENTE *adv*. 1. Que se dá de modo ágil.
Sinônimos: destramente, lepidamente.
Exemplo: O professor rebatia agilmente às minhas respostas.

AGIR *vti./vint*. 1. Levar a efeito. 2. Provocar um efeito ou uma reação. 3. Comportar-se de determinada maneira.
Sinônimos: atuar, operar, proceder, realizar.
Exemplo: Agiu de acordo com as orientações.

AGITADO *adj*. 1. Que está em constante movimento; que se mexe muito. 2. Que, pelo seu comportamento, demonstra ansiedade e nervosismo.
Sinônimos: sacudido, abalado, inquieto.
Exemplo: Estava agitado esperando o resultado da seleção.

AGLUTINANTE *adj. m+f/sm+f*. Que ou o que aglutina ou une; aglutinador, aglutinativo.
Sinônimos: que ou o que causa ou tende a causar adesão.
Exemplo: Esse material é aglutinante, é trabalhoso trabalhar com ele.

AGRACIADO *adj*. 1. Que recebeu uma condecoração ou um título honorífico.
Sinônimos: condecorado, distinguido, galardoado.
Exemplo: Foi agraciado por suas contribuições como empresário para a economia do país.

AGRACIAR *vtd./vtdi*. 1. Honrar alguém com título, condecorações etc. ou dispensar graças ou mercês.
Sinônimos: condecorar, nobilitar, contemplar.

Exemplo: Agraciaram-no com o prêmio de empreendedor do ano.

AGRADAR *vti*. 1. Ser agradável ou servir bem.
Sinônimos: contentar, satisfazer, aprazer, deleitar.
Exemplo: Sua resposta agradou o chefe.

AGRADÁVEL *adj. m+f*. 1. Que agrada ou satisfaz. 2. Que demonstra simpatia ou afabilidade.
Sinônimos: afável, cortês, delicado, aprazível.
Exemplo: Sempre foi uma companheira de trabalho muito agradável.

AGRADECER *vtd./vtdi*. 1. Mostrar-se grato ou reconhecido por benefício recebido. 2. Demonstrar gratidão ou reconhecimento.
Sinônimos: reconhecer, recompensar, retribuir.
Exemplo: Agradeceu pela oportunidade.

AGRADECIDO *adj*. 1. Que demonstra gratidão ou reconhecimento.
Sinônimos: grato, bem-agradecido.
Exemplo: Ficou agradecido pelo reconhecimento de seu trabalho para o fomento do ecossistema empreendedor local.

AGRADECIMENTO *sm*. 1. Ação ou efeito de agradecer, sentimento de ser grato.
Sinônimos: reconhecimento, gratidão, gratulação, correspondência.
Exemplo: Receba nossos singelos agradecimentos.

AGRADO *sm*. 1. Ato ou efeito de agradar, de consentir; beneplácito, consentimento.
Sinônimos: gosto, satisfação, aprazimento.
Exemplo: Não gostamos muito de agrados.

AGRADÁVEL *adj. m+f* 1. Que agrada ou satisfaz. 2. Que demonstra simpatia ou afabilidade; afável, cortês, delicado.
Sinônimos: aprazível, suave, ameno, atrativo.

Exemplo: Até que os filmes que você escolheu para vermos são agradáveis.

AGRANDAR *vtd*. 1. Tornar grande.
Sinônimos: engrandecer, avolumar, avultar, crescer.
Exemplo: Ele foi muito agrandado com a proposta.

AGRAUDAR *vtd./vint./vpr*. 1. Tornar(-se) graúdo; crescer.
Sinônimos: crescer, avolumar, avultar.
Exemplo: Com as observações regulares os investimentos agraúdam.

AGREGAÇÃO *sf*. 1. Ação ou efeito de agregar(-se). 2. Agrupamento de pessoas ou coisas; aglomeração, associação, reunião.
Sinônimos: reunião, conjunto, associação, anexação.
Exemplo: Projeto sobre agregação de Comarcas será votado na próxima semana.

AGREGADO *adj./sm*. 1. Que está associado, reunido.
Sinônimos: junto, adjunto, reunido, congregado, anexo.
Exemplo: O garoto agregou conhecimento durante os anos.

AGREGAR *vtd*. 1. Unir várias partes diferentes em um todo.
Sinônimos: unir, associar, anexar, incorporar.
Exemplo: Agregou todas as crônicas publicadas no jornal e publicou-as em um volume.

AGREMIAÇÃO *sf*. 1. Ação ou efeito de unir-se ou agremiar(-se). 2. Grupo de pessoas que se unem e que têm interesses comuns; associação, grêmio, sociedade.
Sinônimos: ajuntamento, reunião, grupo.

Exemplo: São instâncias deliberativas da agremiação estudantil com poder de definir quais os professores que irão atuar na escola.

AGREMIAR *vtd./vpr*. 1. Reunir(-se) em grêmio, ligar(-se).
Sinônimos: associar, reunir, juntar.
Exemplo: Todos os dias, o patrão agregava novas exigências ao trabalho que os funcionários deveriam realizar.

AGRUPADO *adj*. 1. Reunido em grupo, associado.
Sinônimos: junto, amontoado.
Exemplo: Os materiais foram agrupados.

AGRUPAMENTO *sm*. 1. Ato ou efeito de agrupar(-se); agrupação.
Sinônimos: grupo, ajuntamento, junção.
Exemplo: Vamos fazer o agrupamento das pessoas para que tudo fique mais organizado.

AGRUPAR *vtd./vpr*. 1. Juntar(-se) em grupos; escalonar(-se), reunir(-se). 2. Organizar em grupo mediante determinado critério.
Sinônimos: juntar, ajuntar, reunir, associar, aliar.
Exemplo: Precisamos agrupar os alunos para fazerem o trabalho em grupo.

AGUÇADO *adj*. 1. Que possui agudeza, perspicácia e sagacidade de espírito.
Sinônimos: pontudo, agudo, afiado, acelerado.
Exemplo: Ela tem um faro aguçado para pessoas inteligentes.

AGUÇADOR *sm*. 1. Aquele ou aquilo que aguça ou provoca adelgaçamento ou agudeza.
Sinônimos: estimulante, amolador, aguçadeira.

Exemplo: O cliente muitas vezes é um verdadeiro aguçador da empresa.

AGUÇAMENTO *sm*. 1. Atitude zelosa; diligência.
Sinônimos: aguçadora, agudeza, penetração.
Exemplo: O aguçamento dos sentidos, proporcionado por essa substância, some em pouco tempo.

AGUÇAR *vtd*. 1. Despertar o interesse; estimular, aumentar a acuidade dos sentidos.
Sinônimos: amolar, afiar, apontar, afinar, afunilar, provocar.
Exemplo: Aguçou a mente e resolveu o problema.

AGUDAMENTE *sm*. 1. Perspicazmente; em que há perspicácia e sagacidade.
Sinônimos: atiladamente, sutilmente, sagazmente, engenhosamente.
Exemplo: Ele agudamente participou de todas as fases do processo do IPO.

AGUDEZA *sf*. 1. Capacidade aguçada da inteligência; perspicácia, sagacidade.
Sinônimos: ponta, sutileza, penetração.
Exemplo: Com muita agudeza, o contratante conseguiu negociar todas as cláusulas.

AGUDO *adj*. 1. Que revela perspicácia e sutileza; perspicaz, sutil, que revela ironia ou sarcasmo; irônico, sarcástico. 2. Que demonstra muita irritação; exasperado. 3. Que se encontra em seu ponto crítico, no estágio de maior gravidade.
Sinônimos: penetrante, perspicaz, ativo, sutil, vivo, engenhoso.
Exemplo: O encontro entre as partes litigantes foi profundamente agudo.

AGUENTAR *vtd*. 1. Suportar ou sustentar algo (carga, peso, responsabilidade, trabalho etc.)

Sinônimos: sustentar, comportar, manter, equilibrar, aturar.
Exemplo: O atual ministro das finanças não se aguentará mais.

AGUERRIDO *adj*. 1. Que manifesta belicosidade; combativo, exaltado. 2. Acostumado a condições de luta ou que apresentam dificuldades.
Sinônimos: aguerreirar, aguerrir.
Exemplo: Sempre foi um empreendedor determinado, aguerrido.

ÁGUIA *sf*. 1. Pessoa de grande talento ou de grande perspicácia, chefe, governante.
Sinônimos: espertalhão, velhaco, vivo, tratante.
Exemplo: É uma águia dos negócios.

AGUILHÃO *sm*. 1. O que funciona como estímulo ou incentivo, ponta.
Sinônimos: ferrão, bico, instigação.
Exemplo: A proposta foi recebida como um verdadeiro aguilhão.

AGUILHOADA *sf*. 1. Aquilo que incita ou instiga.
Sinônimos: incitamento, estímulo, ferroada.
Exemplo: Houve uma grande aguilhoada para que eles todos participem do processo.

AGUILHOAR *vtd*. 1. Provocar estímulo ou incitação; animar, estimular, incitar.
Sinônimos: ferroar, ferir, excitar, ferretear, estimular.
Exemplo: A necessidade aguilhoa o trabalhador.

AGULHAR *vtd*. 1. Despertar interesse; aguilhoar, incentivar.
Sinônimo: estimular.
Exemplo: A competição visa a agulhar os participantes.

AIROSIDADE *sf.* 1. Que possui uma ótima aparência; que demonstra gentileza e elegância.
Sinônimos: esbelteza, gentileza, garbo, graça, gala.
Exemplo: O investidor apareceu para negociar com toda sua airosidade.

AIROSO *adj.* 1. Que tem boa aparência ou bom porte; elegante, esbelto, que se caracteriza pela amabilidade ou delicadeza; gentil, polido.
Sinônimos: esbelto, gentil, garboso, elegante, galante, alinhado.
Exemplo: Como você está airoso!

AJEITAÇÃO *sf.* Ato ou efeito de ajeitar(-se); ajeitamento.
Sinônimos: acomodação, adaptação, arrumação, afeiçoamento.
Exemplo: Temos que organizar uma completa ajeitação para as partes.

AJEITADO *adj.* 1. Posto a jeito. 2. Disposto de modo conveniente.
Sinônimos: arrumado, arranjado, adaptado.
Exemplo: Uma criança ajeitada ao cotidiano da escola.

AJEITAR *vtd./vti.* 1. Pôr(-se) a jeito ou de jeito; acomodar(-se), arranjar(-se), ordenar (-se), 2. Obter por meios hábeis; conquistar, lograr.
Sinônimos: dispor, adaptar, afeiçoar, endireitar.
Exemplo: Para não perder a oportunidade que se ajeitava, dirigiu-se imediatamente ao governador.

AJUDA *sf.* 1. Ato ou efeito de ajudar, ato ou efeito de dar amparo, assistência, socorro.
Sinônimos: auxílio, favor, assistência, adjutório.
Exemplo: O investimento veio como uma boa ajuda quando a *startup* mais precisava.

AJUDANTE *adj. m+f/sm+f.* 1. Que ou o que ajuda, ajudador. 2. Diz-se de um funcionário às ordens de outro; assistente, auxiliar.
Sinônimos: auxiliar, adjunto, ajudador.
Exemplo: "E daí a pouco apareciam ajudantes gratuitos para os arranjos do jantar [...]" (AA1).

AJUDAR *vtd./vti.* 1. Dar ajuda ou auxílio a.
Sinônimos: favorecer, facilitar, socorrer, assistir.
Exemplo: Processos de incubação ajudam no desenvolvimento de negócios criativos.

AJUIZADAMENTE *adv.* 1. De modo ajuizado; em que há juízo ou prudência.
Sinônimos: sisudamente, refletidamente, pensadamente, judiciosamente.
Exemplo: Ajuizadamente as partes chegaram a um bom acordo.

AJUIZADO *adj.* 1. Que se ajuizou, que tem juízo.
Sinônimos: sensato, prudente, judicioso, discreto.
Exemplo: Se ajuizarmos com cuidado esses gastos não vamos ter nenhum problema.

AJUIZADOR *adj./sm.* 1. Que ou aquele que ajuíza. 2. Que ou aquele que impõe juízo.
Sinônimos: louvado, perito, avaliador, apreciador.
Exemplo: Tive que atuar como um ajuizador para chegar ao final a contento.

AJUIZAR *vtd./vti.* 1. Formar juízo a respeito de. 2. Dar juízo a; tornar (alguém) ponderado e sensato.
Sinônimos: avaliar, ponderar, considerar, apreciar, julgar, arbitrar.
Exemplo: Ajuizar dos homens pelas suas palavras.

AJUNTADO *adj*. 1. Que se uniu; que forma um todo junto com outro (s). 2. Que se congregou ou associou a (algo); associado.
Sinônimos: acumulado, associado, adido, congregado, junto, unido.
Exemplo: Eles participaram ativamente de forma ajuntada para concluir o processo.

AJUNTADOR *adj./sm*. 1. Que ou o que ajunta.
Sinônimos: colecionador, usuário.
Exemplo: Atuou no processo como um verdadeiro ajuntador.

AJUNTAR *vtd./vti*. 1. Pôr junto. 2. Reunir em coleção.
Sinônimos: unir, aproximar, combinar, ligar, agregar.
Exemplo: Separou os componentes metálicos, ajuntando-os em grupos.

AJUSTADO *adj*. 1. Na medida certa. 2. Que está em conformidade.
Sinônimos: amoldado, igualado, acertado, justo, adaptado.
Exemplo: Quando a decisão foi finalmente ajustada, estávamos todos exaustos.

AJUSTAMENTO *sm*. 1. Ato ou efeito de ajustar(-se). 2. Colaboração mútua; combinação, contrato, convenção, pacto.
Sinônimos: ajuste, pacto, combinação, convênio.
Exemplo: O ajustamento foi procedido.

AJUSTAR *vtd./vti./vtdi./vpr*. 1. Tornar(-se) adequado a. 2. Adaptar(-se) de maneira perfeita.
Sinônimos: acomodar(-se), conciliar(-se), ajustar(-se), compatibilizar(-se).
Exemplos: Ajustou os procedimentos. Ajustou-se às exigências do setor.

AJUSTÁVEL *adj. m+f*. 1. Que se pode ajustar.
Sinônimos: adaptável, amoldável.
Exemplo: Criamos um sistema ajustável à realidade de cada empresa.

AJUSTE *sm*. 1. Arranjo para a consecução de determinado fim. 2. Liquidação de contas (débitos ou créditos) pendentes; quitação de uma dívida.
Sinônimos: pacto, acordo, convenção, convênio, (con) trato.
Exemplo: Vamos fazer um ajuste nos termos do contrato.

ALA *sf*. 1. Qualquer forma de associação humana, setor ou associação que se diferencia dos demais por possuir afinidades distintas.
Sinônimos: alinhamento, setor, série.
Exemplo: Ala dos compositores da Escola de Samba da Mangueira.

ALARGAR *vtd./vpr*. 1. Tornar(-se) mais amplo; ampliar(-se), aumentar(-se), desenvolver(-se).
Sinônimos: alargar, ampliar, aumentar.
Exemplo: As negociações se alargaram até o amanhecer.

ALBERGAR *vtd*. 1. dar albergue a.
Sinônimos: recolher, abrigar, hospedar, acolher, acomodar, alojar.
Exemplo: Esta cidade alberga um ilustre visitante.

ALBERGARIA *sf*. 1. Ato ou efeito de albergar(-se). 2. Local que oferece hospitalidade, geralmente mediante pagamento.
Sinônimos: estalagem, pousada, hospedaria, albergue.
Exemplo: O espaço serviu como uma albergaria para os caminhantes.

ALBERGUE *sm*. 1. Lugar onde se abrigam pessoas.
Sinônimos: albergaria, abrigo, hospedagem, alojamento.

Exemplo: Quando viajo, sempre me hospedo em albergues, por seu baixo custo.

ALBERGUEIRO *sm*. 1. Aquele que dá albergue.
Sinônimos: hospedeiro, estalajadeiro, alberguista, albergador.
Exemplo: O albergueiro sempre ajuda os caminhantes.

ALCANÇAR *vtd*. 1. Chegar a. 2. Conseguir o que se pretende. 3. Captar o sentido de. 4. Atingir o número ou a quantidade de. 5. Não apresentar todos os valores pelos quais é responsável.
Sinônimos: chegar a, atingir; conseguir, obter; entender, perceber, compreender; desfalcar, desviar (dinheiro).
Exemplo: Alcançou a empresa em milhões de reais.

ALCANÇÁVEL *adj. m+f*. 1. Que se pode alcançar.
Sinônimos: atingível, acessível, conseguível.
Exemplo: Este sonho é alcançável a todos nós.

ALCANCE *sm*. 1. Possibilidade de alcançar. 2. Capacidade de percepção. 3. Desvio de dinheiro, alheio.
Sinônimos: extensão, distância; inteligência, capacidade; desfalque, desvio (de valores), dívida; alcanço.
Exemplo: Certas decisões estão fora do meu alcance.

ALÇADA *sf*. 1. Limite de autoridade, ação ou influência para administrar atos ou serviços confiados a alguém. 2. Campo de atuação; alcance, foro, instância.
Sinônimos: competência, atribuição, poderio.
Exemplo: Não é da minha alçada.

ALÇAR *vtd./vtdi./vpr*. 1. Promover-se (a cargo, dignidade, posição social). 2. Dirigir(-se) para cima; pôr(-se) em lugar mais alto; tornar(-se) mais alto.
Sinônimos: Elevar(-se), exaltar(-se), erguer(-se).
Exemplo: Alçou-se ao cargo mais cobiçado da empresa.

ALEGAÇÃO *sf*. 1. Citação de argumentos, fatos, razão ou arrazoado de fatos que se apresenta como prova de alguma coisa. 2. Explicação apresentada para (tentar) explicar algo; motivo alegado para encobrir a verdade.
Sinônimos: exposição, arrazoado, justificação, desculpa, pretexto.
Exemplo: Tomou tal atitude sob alegação de que seria a melhor para seu futuro profissional.

ALEGADO *adj*. 1. Que foi citado como prova ou argumento a favor de algo.
Sinônimos: citado, referido; alegação.
Exemplo: Os fatos alegados inocentavam a moça.

ALEGAR *vtd*. 1. Citar como prova; apresentar razões, justificativas, fatos etc. em defesa de alguma coisa ou de alguém. 2. Expor fatos, motivos; citar argumentos para fundamentar razões.
Sinônimos: citar, referir, relatar, expor, justificar-se, defender-se, desculpar-se.
Exemplo: Alegou serviços prestados.

ALERTA *adj./sm*. 1. Que está atento. 2. Sinal ou aviso para estar vigilante. 3. Atenção que visa prevenir um mal.
Sinônimos: vigilante, atento, aviso, sinal.
Exemplo: Os investidores estavam alertas para a variação do dólar.

ALERTAR *vtd./vtdi./vint./vpr*. 1. Pôr(-se) alerta. 2. Chamar a atenção.
Sinônimos: espertar, avisar, informar.
Exemplo: Alertaram a gerente do ocorrido.

ALIADO *adj.* 1. Que se aliou; que está ligado por aliança, convenção, pacto etc. para defender a mesma causa. 2. Indivíduo que apoia outra pessoa, que toma seu partido.
Sinônimos: confederado, coligado, ligado (por aliança); apaniguado, cúmplice, parceirado, parceiro, partidário.
Exemplo: Ele é meu aliado.

ALIANÇA *sf.* 1. Pacto contraído por um mútuo acordo, para determinado fim comum.
Sinônimos: convênio; junção, coligação, (com) federação.
Exemplo: Nós temos uma forte aliança com aquele país.

ALINHAMENTO *sm.* 1. Toque de elegância; apuro, esmero. 2. Colocação correta das letras, linhas, colunas etc.
Sinônimos: esmero, fila, fileira, correção.
Exemplo: É importante que o empreendedor e o gestor tenham um perfeito alinhamento para o desenvolvimento do produto

ALIAR *vtd./vtdi./vpr.* 1. Promover ligação ou união de elementos distintos.
Sinônimos: unir, associar, juntar, harmonizar.
Exemplo: Aliaram-se para fazer as duas *startups* crescerem.

ALICERÇAR *vt.* 1. Fundamentar ou estabelecer algo com bases sólidas.
Sinônimos: embasar, apoiar.
Exemplo: O doutorando alicerçou sua tese.

ALISTAR *vtd.* 1. Pôr em lista. 2. Fazer a inscrição de.
Sinônimos: relacionar, catalogar, registrar.
Exemplo: Alistou tudo o que era necessário comprar para suprir a demanda da produção.

ALMEJAR *vtd./vti.* 1. Desejar ardentemente.
Sinônimos: ansiar, aspirar, apetecer.
Exemplo: Ele almejava abrir uma empresa de telecomunicação.

ALMEJO *sm.* 1. Ato ou efeito de almejar; desejo intenso.
Sinônimos: desejo, ânsia.
Exemplo: Ele almejava aquela bicicleta desde pequeno.

ALONGAR *vtd./vpr.* 1. Tornar(-se) longo, ou mais longo; encompridar(-se), estender(-se). 2. Aumentar a duração de.
Sinônimos: ampliar, prorrogar, apartar.
Exemplo: Alongar a jornada de trabalho. Alongou-se a conversa.

ALTA *sf.* 1. Elevação ou aumento de preço, cotação ou valor.
Sinônimos: ampliar, prorrogar, aumentar.
Exemplo: A alta das verduras deve-se à geada.

ALTEAR *vtd./vint.* 1. Tornar algo mais perfeito ou mais sublime. 2. Subir de posto ou ascender na escala social.
Sinônimos: alçar, elevar, erguer; crescer, avultar, elevar-se.
Exemplo: O jovem profissional alteou-se na hierarquia da empresa.

ALTERAÇÃO *sf.* 1. Ato ou efeito de alterar(-se). 2. Alteração de algo do seu estado normal.
Sinônimos: mudança, modificação.
Exemplo: A alteração física apenas terá lugar quando a empresa efetuar um aumento ou redução do capital social existente.

ALTERAR *vtd./vpr.* 1. Provocar ou sofrer alteração ou mudança.
Sinônimos: mudar, modificar, transformar. Adulterar, falsificar, contrafazer, deturpar.
Exemplo: Alteraremos a data de embarque do senhor ainda hoje.

ALTERNATIVA *sf*. 1. Opção entre duas ou mais possibilidades.
Sinônimos: opção, escolha.
Exemplos: Você tem duas alternativas. A alternativa "a" é melhor do que a "b".

ALTERNATIVAMENTE *adv*. 1. De maneira alternativa; de modo a haver opção.
Sinônimos: revezadamente, sucessivamente; alternadamente.
Exemplo: Alternativamente a esta ideia, podemos seguir outro caminho.

ALTERNATIVO *adj*. 1. Que alterna. 2. Que se diz ou faz com alternação. 3. Diz-se de duas ou mais coisas que se sucedem, cada uma por sua vez e com certa continuidade.
Sinônimos: sucessivo; mútuo; revezado; alternado, alterno.
Exemplo: Correntes alternativas de pensamento.

ALTIVEZ *sf*. 1. Sentimento de nobreza, dignidade. 2. De grande altura; alto, elevado.
Sinônimos: orgulho, soberba, nobreza.
Exemplo: Ele sempre se porta com muita altivez

ALTIVO *sf*. 1. De grande altura; alto, elevado. 2. Que tem dignidade; nobre, magnânimo.
Sinônimos: alto, elevado, nobre.
Exemplo: "[...] a pátria precisava de cidadãos cuja fronte pudesse levantar-se altiva e serena diante do poder [...]" (MA3).

ALUGAR *vtd*. 1. Tomar de aluguel.
Sinônimos: locar, tomar.
Exemplo: O galpão foi alugado recentemente para abrigar um novo empreendimento.

ALUGUEL *sm*. 1. Cedência do uso de imóvel, animal, coisa ou prestação de serviço, por tempo determinado ou não e pagamento estabelecidos em contrato.
Sinônimos: locação, alugação, aluguer.
Exemplo: O aluguel do meu apartamento é muito caro.

ALVARÁ *sm*. 1. Licença oficial, expedida por autoridade administrativa, autorizando a realização de alguma atividade.
Sinônimos: carta, autorização, licença.
Exemplo: Nós recebemos o alvará de funcionamento da loja.

ALVO *adj*. 1. Ponto a que se mira. 2. Motivo principal.
Sinônimos: mira, pontaria, ponto, desígnio, intuito, intento, límpido.
Exemplo: Seu alvo sempre foi o cargo de diretor geral.

AMBIÇÃO *sf*. 1. Desejo de atingir um objetivo específico.
Sinônimos: desejo veemente, cobiça, aspiração, pretensão.
Exemplo: Sua ambição nunca foi ficar rico, mas ter uma vida tranquila.

AMBICIONADO *adj*. 1. Que é almejado, cobiçado ou desejado ardentemente.
Sinônimos: apetecido, desejado, cobiçado, almejado, sonhado.
Exemplo: O cargo foi ambicionado.

AMBICIONAR *vtd*. 1. Querer muito algo; desejar ardentemente. 2. Ter como objetivo.
Sinônimos: desejar, cobiçar, pretender, almejar.
Exemplo: Ambicionava crescer dentro da empresa.

AMBICIONEIRO *adj./sm*. 1. Que ou o que tem ambição.
Sinônimo: ambicioso.

Exemplo: Ele é muito ambicioneiro, e não acho isso ruim.

AMBICIOSAMENTE adv. 1. Com ambição, de modo ambicioso.
Sinônimos: cobiçadamente, cobiçosamente, avidamente.
Exemplo: Pensamos que a reforma tem de ser feita rápida e ambiciosamente.

AMBICIOSO adj. 1. Que requer coragem, trabalho e capacidade para que se realize. 2. Aquele que tem ambição e é por ela dominado.
Sinônimos: ousado, arrojado, cobiçoso, ávido.
Exemplo: Era um projeto ambicioso.

AMEALHAR vtd./vint. 1. Enriquecer a vida com; acumular, juntar, reunir.
Sinônimos: economizar, guardar, juntar.
Exemplo: Viveu pouco, mas amealhou muita sabedoria.

AMESTRAR vtd./vpr. 1. Os estudos o amestraram.
Sinônimos: habilitar, exercitar.
Exemplo: A jovem amestrou-se em sua área fazendo uma especialização.

AMIGÁVEL adj. 1. Propenso ou disposto a conciliar; que se faz por bem, por consentimento mútuo.
Sinônimos: conciliador, pacificador, harmonizador, pacífico, cordial.
Exemplo: O acordo foi amigável.

AMIGO adj./sm. 1. Que ou aquele que se liga a outrem por laços de amizade.
Sinônimos: companheiro, camarada, colega.
Exemplo: Fez vários amigos durante sua vida profissional.

AMISTOSO adj. Próprio de amigos; amigável, cordial, gentil.

Sinônimos: amigo, amigável.
Exemplo: Foram sempre amistosas as relações entre ambos.

AMIZADE sf. 1. Sentimento de afeição, estima, ternura etc. que une uma pessoa a outra sem implicar, necessariamente, a existência de laços de família ou de atração sexual.
Sinônimos: afeição, estima, simpatia, apreço.
Exemplo: Nunca traiu a amizade que seus colegas de trabalho lhe dedicavam.

AMODERNAR vtd./vpr. 1. Tornar(-se) moderno; dar ou adquirir características do mundo moderno. 2. Fazer mudanças em ou organizar(-se), utilizando sistemas, métodos, mecanismos ou equipamentos modernos.
Sinônimos: modernizar, atualizar.
Exemplo: Decidiram amodernar o parque industrial.

AMORTIZAR vtd. 1. Extinguir aos poucos ou em prestações (uma obrigação, tal como uma hipoteca). 2. Diminuir gradualmente nos livros de contabilidade, até a extinção total, o custo contabilizado de um item de propriedade (p. ex., de uma máquina ou maquinaria de indústria) por débitos periódicos à conta de despesas ou à de lucros e perdas.
Sinônimos: abater, descontar, extinguir, pagar, resgatar.
Exemplos: Hei de amortizar as minhas dívidas.
A empresa conseguiu amortizar seus empréstimos para a compra dos equipamentos.

AMOSTRA sf. 1. Pequena porção de alguma coisa dada para ver, provar ou analisar, a fim de que a qualidade do todo possa ser avaliada ou julgada. 2. Porção, unidade ou miniatura de um produto que é oferecida ao consumidor potencial.
Sinônimos: porção, miniatura, prova.

Exemplo: Distribuiu amostras do produto que iria lançar a fim de testar sua aceitação.

AMOSTRAGEM *sf.* 1. Técnica de pesquisa na qual um sistema preestabelecido de amostras é considerado idôneo para representar o universo pesquisado, com margem de erro aceitável.
Sinônimo: amostra.
Exemplo: A pesquisa por amostragem atestou a viabilidade do produto.

AMPARAR *vtd.* 1. Fornecer meios de subsistência a.
Sinônimos: prover, manter, patrocinar, assistir.
Exemplo: Foi amparado pelos sócios.

AMPARO *sm.* 1. Pessoa ou coisa que ampara, ajuda ou socorre.
Sinônimos: apoio, suporte.
Exemplo: Buscava no sócio amparo às suas decisões estratégicas.

AMPLIAÇÃO *sf.* 1. Ato ou efeito de ampliar(-se).
Sinônimos: aumento, alargamento, desenvolvimento.
Exemplo: A ampliação da empresa foi possível graças aos bons resultados do ano.

AMPLIADO *adj.* 1. Que se tornou amplo ou mais amplo.
Sinônimos: Amplificado, aumentado, dilatado.
Exemplo: Nosso campo de atuação foi ampliado com o lançamento do novo produto.

AMPLIADOR *sm.* 1. Que ou o que amplia.
Sinônimos: dilatador, acrescentador, aumentador; ampliativo, amplificativo.
Exemplo: Pensamos que a reforma tem de ser feita rápida e ambiciosamente.

AMPLIAMENTO *sm.* 1. Ato ou efeito de ampliar(-se).
Sinônimos: o mesmo que *ampliação*.
Exemplo: O ampliamento das ferrovias propiciaria a economia de R$ 5,6 bilhões em 2035.

AMPLIAR *vtd./vpr.* 1. Tornar(-se) amplo ou maior. 2. Alargar ou aumentar em área. 3. Tornar extensivo a maior número de pessoas ou de coisas.
Sinônimos: aumentar, amplificar, desenvolver, expandir.
Exemplo: Para ampliar nosso alcance, precisamos de uma equipe maior.

AMPLIDÃO *sf.* 1. Qualidade ou condição do que é amplo.
Sinônimos: grandeza, vastidão, vasteza, largueza, extensão.
Exemplo: Passava horas no convés, a perscrutar a amplidão do oceano. Desde que enlouqueceu, traz o olhar perdido na amplidão.

AMPLIFICAR *vtd./vpr.* 1. Exaltar a dignidade, o merecimento ou a qualidade de. 2. Tornar(-se) maior em extensão ou tamanho.
Sinônimos: engrandecer, aumentar, ampliar.
Exemplo: Meu chefe sempre amplifica os meus pontos positivos, o que me motiva a trabalhar cada vez melhor.

AMPLO *adj.* 1. Que apresenta grandes dimensões. 2. De considerável alcance.
Sinônimos: espaçoso, largo, abrangente, extensivo.
Exemplos: O novo escritório é bastante amplo.
Tinha amplo conhecimento de finanças.

ANAIS *sm.* 1. Publicação periódica, anual. 2. Publicação relativa aos atos e estudos de congressos científicos, literários ou de arte.
Sinônimos: memória, arquivo.
Exemplo: Ficou registrado para sempre nos anais da empresa.

ANALISAR *vtd.* 1. Fazer análise de; decompor um todo em suas partes constituintes ou fundamentais. 2. Discutir o valor de (alguém ou algo), verificando qualidades e defeitos.
Sinônimos: examinar, considerar, estudar, ponderar.
Exemplos: Analise os pontos deste projeto. Analisou o novo funcionário.

ANÁLISE *sf.* 1. Estudo pormenorizado, observação minuciosa.
Sinônimos: exame, avaliação.
Exemplo: Antes de desenvolver um produto, é preciso fazer uma análise do mercado e do público potencial.

ANALISTA *sm.+f.* 1. Pessoa que analisa ou é versada em análises.
Sinônimos: analisador, observador.
Exemplo: O analista de riscos avaliou a viabilidade do plano.

ANEXAR *vtd./vti.* 1. Juntar algo como anexo, a uma coisa considerada como principal.
Sinônimos: juntar, agregar, agrupar, incorporar.
Exemplo: "Nas referências que fazem uns aos outros adotaram o costume de anexar ao nome um qualificativo honrado [...]" (JAl2).

ANEXO *adj.* 1. Que se anexa ou anexou; que se junta a outra coisa. 2. Coisa que está unida a outra. 3. Que apresenta correlação com algo considerado principal.
Sinônimos: junto, apenso, unido, reunido, agregado, dependente, contíguo, ligado, incorporado, adicionado.
Exemplo: O anexo do edifício da biblioteca.

ANGARIAR *vtd.* 1. Obter mediante pedido. 2. Atrair para um grupo, partido, sociedade etc.
Sinônimos: obter, conseguir, alcançar.
Exemplo: "Mas eu ainda espero angariar as simpatias da opinião [...]" (MA3).

ANIMAR *vtd.* 1. Promover o desenvolvimento; fomentar. 2. Ter a coragem ou a ousadia para; atrever-se.
Sinônimos: animizar, vivificar.
Exemplo: A queda do índice de desemprego animou o comércio.

ANSIAR *sf.* 1. Desejar veementemente; almejar, anelar.
Sinônimos: almejar, ambicionar.
Exemplo: O rapaz ansiava o resultado da seleção para a nova turma de *startups* incubadas.

ANTECEDER *vtd./vti./vpr.* 1. Vir ou estar antes ou na frente de. 2. Tomar a dianteira de.
Sinônimos: preceder, antepor-se.
Exemplo: Antecedeu-se ao problema, trazendo uma solução rapidamente.

ANTECESSOR *adj./sm.* 1. Que ou aquele que antecede ou precede. 2. Que ou aquele que ocupou cargo ou fez alguma coisa antes de outro.
Sinônimos: predecessor, antecursor.
Exemplo: Conseguiu ser melhor do que seu antecessor naquele posto.

ANTECIPAR *vtd./vtdi./vint./vpr.* 1. Fazer acontecer ou acontecer antes do tempo marcado e previsto. 2. Informar com antecipação.
Sinônimos: adiantar, avançar, prenunciar.
Exemplo: Antecipou a toda a família que tinha sido promovido.

ANTEPROJETO *sm.* 1. Esboço preliminar de projeto definitivo de uma obra ou construção.
Sinônimos: esboço, rascunho.
Exemplo: Meu anteprojeto do mestrado está pronto.

ANTEVER *vtd*. 1. Ver antes; notar previamente. 2. Fazer previsões.
Sinônimos: notar, receber.
Exemplo: Ele anteviu a crise e se preparou, por este motivo ainda estamos empregados.

ANUÊNCIA *sf*. 1. Ação ou efeito de anuir.
Sinônimos: aprovação, consentimento.
Exemplo: Deu anuência para que o plano fosse iniciado.

ANUNCIANTE *sm+f*. 1. Que ou aquele que patrocina ou põe anúncio em jornal, rádio, televisão etc. (empresa ou pessoa).
Sinônimos: anunciador, patrocinador.
Exemplo: Para alavancar seu negócio, passou a ser anunciante em um programa de TV.

ANUNCIAR *vtd./vtdi./vint.* 1. Noticiar ou pôr anúncio. 2. Fazer conhecer, fazer saber.
Sinônimos: noticiar, comunicar, declarar, publicar, avisar.
Exemplo: Anunciou as mudanças no uso dos espaços de convivência.

ANÚNCIO *sm*. 1. Notícia ou aviso que leva ao conhecimento público um fato, um produto etc. 2. Mensagem de propaganda com objetivos comerciais, políticos, culturais, religiosos etc. 3. Mensagem comercial ou institucional, destinada a persuadir os prováveis compradores sobre as qualidade e benefícios de um produto ou serviço, transmitida por meio de vários meios de comunicação.
Sinônimos: notícia, nova, comunicação, aviso.
Exemplo: Só comprou porque foi convencida pelo anúncio no rádio.

APAIXONADO *adj*. 1. Que se arrebatou; entusiasmado, exaltado, que gosta muito de; fanático.
Sinônimos: entusiasmado, adepto, arrebatado.
Exemplo: Estou apaixonado pelo meu novo projeto.

APAIXONAR *vtd*. 1. Causar, excitar ou inspirar paixão em, encher(-se) de paixão, de afeto, de entusiasmo por; exaltar(-se), arrebatar(-se).
Sinônimos: arrebatar, exaltar, entusiasmar, afervorar.
Exemplo: "Um homem sensato pode apaixonar-se como um doido, mas não como um tolo" (François La Rochefoucauld).

APALAVRADO *adj*. 1. Que se apalavrou; ajustado ou combinado sob palavra; acertado ou acordado de viva voz.
Sinônimos: ajustado, concertado, combinado, convencionado.
Exemplo: Apalavrei a compra da nova empresa.

APALAVRAMENTO *sm*.
Significado: Ato ou efeito de apalavrar(-se); acordo, trato, compromisso.
Sinônimos: ajuste, combinação, pacto, compromisso.
Exemplo: O primeiro contrato deles foi por apalavramento.

APALAVRAR *vtd./vtdi*. 1. Ajustar sob palavra; combinar de viva voz; pactuar, comprometer(-se) ou obrigar(-se) sob palavra.
Sinônimos: ajustar, combinar, pactuar, convencionar.
Exemplo: Devidamente apalavrados, encontramos uma solução para o problema.

APARATAR *vtd*. 1. Tornar aparatoso ou suntuoso, cobrir(-se) de adereços; adornar(-se), enfeitar(-se).
Sinônimos: alindar, enfeitar, adornar, ataviar.
Exemplo: O RH aparatou o salão para a festa de confraternização dos colaboradores.

APARATO *sm.* 1. Conjunto de instrumentos, equipamentos ou utensílios necessários a determinado fim 2. Qualquer aparelho ou dispositivo utilizado para atingir um objetivo.
Sinônimos: aparelho, artefato, equipamento, instrumento.
Exemplo: Usam todo um aparato na linha de produção.

APARATOSO *adj.* 1. De grande aparato; que se apresenta ou se trata com aparato, que se exibe com grande riqueza; faustoso, suntuoso, magnífico, esplendoroso.
Sinônimos: esplêndido, riquíssimo, magnífico, pomposo.
Exemplo: Tenho que buscar os aparatos para a festa da empresa.

APARCEIRAR *vtd./vpr.* 1. Tornar(-se) parceiro ou sócio; unir(-se) em sociedade, tornar-se cúmplice; acumpliciar-se, associar-se, mancomunar-se.
Sinônimos: associar, juntar, congregar.
Exemplo: Os amigos aparceiraram-se na formação de uma empresa.

APARECER *vti./vint.* 1. Tornar-se visível. 2. Chamar a atenção; fazer-se notar.
Sinônimos: surgir, mostrar-se, sobressair
Exemplo: Temos que aparecer mais para que o público compre nossos produtos.

APARECIMENTO *sm.* 1. Ato ou efeito de aparecer, de mostrar-se, de manifestar-se, de tornar-se visível. 2. Primeira aparição; origem, princípio, primórdio.
Sinônimos: chegada, vinda, apresentação, surgimento.
Exemplo: Os investidores festejaram o aparecimento do primeiro milhão.

APARELHADO *adj.* 1. Que se aparelhou. 2. Disposto (para entrar em operação ou funcionamento). 3. Que se tornou apto.
Sinônimos: organizado, preparado, pronto, acomodado, arrumado.
Exemplo: Estava devidamente aparelhado para iniciar o trabalho.

APARELHAR *vtd./vint./vpr.* 1. Munir(-se) ou equipar(-se) do necessário. 2. Munir(-se) ou preparar(-se) psicologicamente para algo.
Sinônimos: dispor, aprestar, aprontar, organizar, equipar.
Exemplo: Aparelhou-se de bons argumentos para entrar no debate.

APATACADO *adj.* 1. Que possui muitas patacas, moedas; endinheirado, rico.
Sinônimos: endinheirado, abastado, rico.
Exemplo: A economia está apatacada.

APAZIGUAR *vtd./vpr.* 1. Pôr(-se) em paz. 2. Pôr(-se) em harmonia.
Sinônimos: acalmar(-se), aquietar(-se), pacificar(-se), aquietar.
Exemplo: Apaziguou a discussão.

APELAÇÃO *sf.* 1. Ato ou efeito de apelar; apelamento. 2. Recurso interposto da sentença de um juiz ou tribunal inferior para o de superior instância; apelo. 3. Subterfúgio ou expediente usado por uma pessoa com a intenção de explorar a boa-fé ou os sentimentos de outras e, desse modo, obter alguma vantagem, sair de alguma dificuldade etc.
Sinônimos: chamamento, apelo, invocação, convocação.
Exemplo: O advogado fez uma apelação ao Tribunal pela procedência da ação.

APELANTE *adj. m+f sm+f* 1. Diz-se de ou quem apela de uma sentença; apelador.
Sinônimos: recorrente, apelador.
Exemplo: O apelante entrou com recurso no tribunal.

APELAR *vti./vint.* 1. Recorrer de sentença por apelação a juiz ou tribunal de superior instância. 2. Pedir auxílio para alguma necessidade; invocar, recorrer, tornar-se. 3. Usar de recurso ou subterfúgio baixo e antiético para resolver uma situação difícil ou para obter alguma vantagem.
Sinônimos: recorrer, queixar-se, invocar, chamar.
Exemplo: O advogado apelou a sentença proferida pelo juiz.

APELO *sm.* 1. Solicitação que se faz a uma pessoa em nome de alguém ou de algo.
Sinônimos: rogo, súplica, solicitação, pedido.
Exemplo: Fez um apelo aos funcionários: que desperdiçassem menos matéria-prima.

APENDER *vtd./vint.* 1. Juntar uma coisa à outra; anexar, apensar.
Sinônimos: acrescentar, aditar, suspender.
Exemplo: O investidor apendeu várias cláusulas ao novo contrato.

APÊNDICE *sm.* 1. Coisa apensa à outra, de maior tamanho, da qual é acessória. 2. Qualquer parte acessória subordinada, em função ou tamanho, a um órgão principal. 3. Matéria suplementar que se junta ao texto de um livro como esclarecimento ou documentação.
Sinônimos: suplemento, apenso, anexo, complemento.
Exemplo: O livro de ações tinha um longo apêndice.

APENSADO *adj.* 1. Que se apensou; ajuntado.
Sinônimos: anexado, apenso, juntado, acrescentado.
Exemplo: Os gráficos estavam apensados ao livro de ações.

APENSO *adj.* 1. Que está anexo ou junto; apensado. 2. Que demonstra tendência ou inclinação para (algo); disposto, inclinado, propenso. 3. Sustentado do alto; pendente, pendurado, suspenso.
Sinônimos: anexo, anexado, aditado, junto, ligado.
Exemplo: A relação de ativos está apensa ao contrato.

APETECER *vtd.* 1. Desejar intensamente; aspirar a.
Sinônimos: almejar, desejar, pretender,
Exemplo: Sua afeição é o maior bem que apeteço.

APERCEBER *vtd.* 1. Tomar conhecimento de algo; distinguir, notar, ver. 2. Dar-se conta de. 3. Preparar com prontidão; aprestar, aprontar, preparar. 4. Guarnecer-se do que for necessário; abastecer, fornecer, prover.
Sinônimos: prover, fornecer, munir, municiar, abastecer.
Exemplo: O chefe apercebeu o estranho comportamento do seu melhor funcionário.

APERCEBIDO *adj.* 1. Que se apercebeu; percebido. 2. Provido do necessário; abastecido, guarnecido, munido. 3. Visto de perto; divisado.
Sinônimos: percebido, notado, visto, conhecido.
Exemplo: O novo estagiário foi facilmente apercebido.

APERCEBIMENTO *sm.* 1. Ato ou efeito de aperceber(-se). 2. Conjunto de disposições preliminares para se concretizar um projeto ou empreendimento; preparativos. 3. Disposição de ânimo, prevenção de quem prevê o futuro.
Sinônimos: apresto, aparelho, preparo, preparativos.
Exemplo: A obra passou pelo apercebimento dos funcionários.

APERCEPÇÃO *sf.* 1. Percepção clara e distinta de algum objeto. 2. Apreensão imediata de um objeto físico ou mental.
Sinônimos: intuição, sentimento, interior.
Exemplo: O gestor tinha apercepção da situação.

APERFEIÇOAMENTO *sm.* 1. Progresso material ou moral. 2. Ato ou efeito de aperfeiçoar(-se).
Sinônimos: aprimoramento, melhoramento, melhoria.
Exemplo: Busque sempre o aperfeiçoamento por meio da formação continuada.

APERFEIÇOAR *vtd./vpr.* 1. Encaminhar à perfeição. 2. Adquirir maior grau de instrução ou aptidão.
Sinônimos: melhorar, aprimorar, desenvolver.
Exemplos: Aperfeiçoou a máquina.
Aperfeiçoou-se em gestão de projetos.

APLICAÇÃO *sf.* 1. Utilização prática de (algo). 2. Emprego, na prática, dos fundamentos de uma teoria. 3. Concentração de espírito, de atenção etc. 4. Emprego de recursos financeiros com o objetivo de auferir rendimentos.
Sinônimos: execução, realização, dedicação, concentração, investimento.
Exemplos: A aplicação dos conceitos de gestão de projetos permite otimizar a produção.
A aplicação no trabalho rendeu recompensas.
Fez uma aplicação na Bolsa de Valores.

APLICADO *adj.* 1. Diz-se de teoria, conceito ou princípio que foi posto em prática. 2. Que se dedica com afinco ao estudo, ao trabalho ou a outra atividade qualquer. 3. Empregado no mercado financeiro.
Sinônimos: atento, dedicado, esforçado, afincado, assíduo, investido.
Exemplos: Era o mais aplicado do setor.
O dinheiro foi aplicado na caderneta de poupança.

APLICAR *vtd./vtdi./vpr.* 1. Pôr em prática (ideia, método, princípio etc.). 2. Entregar-se com vontade a (trabalho, estudo etc.). 3. Fazer investimentos financeiros a fim de auferir rendimentos.
Sinônimos: empregar, utilizar, dedicar-se, concentrar-se, investir.
Exemplos: Afinal, quando vão aplicar essas novas leis?
Aplicar-me-ei, pois quero recuperar o tempo perdido.
O investidor aplicou seu capital em ações.

APOIAR *vtd.* 1. Dar apoio a. 2. Dar patrocínio a (alguém ou algo).
Sinônimos: ajudar, auxiliar, patrocinar, apadrinhar.
Exemplo: Apoiou a decisão do sócio.

APOIO *sm.* 1. Tudo que serve para amparar, firmar, sustentar. 2. Proteção ou ajuda que uma pessoa dá a outra. 3. Consentimento (atitude, comportamento, ponto de vista) de alguém. 4. Auxílio financeiro ou de outra natureza.
Sinônimos: base, sustentáculo, ajuda, assistência, anuência, aprovação.
Exemplo: Teve o apoio do gestor na realização do projeto.

APOSTA *sf.* 1. Desafio que se assume em determinado empreendimento.
Sinônimos: palpite, sugestão.
Exemplo: Este produto é a nova aposta da empresa.

APOSTAR *vtd.* 1. Afirmar com convicção (alguma coisa cujo resultado ainda é incerto).
Sinônimos: garantir, assegurar, afirmar.
Exemplo: Apostaram nela para a gestão e gostaram do resultado.

APOTEOSE *sf.* 1. Manifestação consagradora a um homem público.

Sinônimos: glorificação, exaltação, louvor.
Exemplo: Rui recebeu, então, uma apoteose.

APRAZADO *adj.* 1. Em que houve estabelecimento de prazo.
Sinônimos: ajustado, datado, marcado, atempado.
Exemplo: A ação contra a empresa foi aprazada.

APRAZAMENTO *sm.* 1. Ato ou efeito de aprazar.
Sinônimos: notificação; atempação; emprazamento.
Exemplo: O juiz fez o aprazamento da ação.

APRAZAR *vtd.* 1. determinar ou marcar prazo ou tempo para fazer alguma coisa.
Sinônimos: marcar, designar, prefixar, determinar.
Exemplo: A ação contra a empresa foi aprazada.

APRECIAR *vtd.* 1. Avaliar atenta e minuciosamente (consequências, prós e contras etc.).
Sinônimos: ajuizar, considerar, ponderar.
Exemplo: Apreciou a questão com cuidado para tomar uma decisão.

APREÇO *sm.* 1. Estima, valor ou consideração em que é tida alguma pessoa ou coisa.
Sinônimos: afeição, consideração, respeito, admiração.
Exemplo: Sempre teve muito apreço por pessoas determinadas e que lutavam por seus sonhos.

APREENDER *vtd.* 1. Captar o sentido de; assimilar mentalmente.
Sinônimos: assimilar, captar, absorver.
Exemplo: Apreendeu o conceito da nova campanha.

APRENDER *vtd./vti./vtdi./vint.* 1. Ficar sabendo, reter na memória, tomar conhecimento de. 2. Adquirir habilidade prática (em). 3. Passar a compreender (algo) melhor graças a um depuramento da capacidade de apreciação, empatia, percepção etc.
Sinônimos: conhecer, entender, praticar, desenvolver.
Exemplos: Aprendeu uma profissão para melhorar de vida.
Aprendeu a ser resiliente para enfrentar os desafios da vida.

APRENDIZ *sm.* 1. O que aprende uma arte ou um ofício. 2. O que dá os primeiros passos em uma atividade.
Sinônimos: principiante, novato, novel, noviço.
Exemplo: Considero-me um eterno aprendiz, sempre quero obter mais conhecimento.

APRENDIZADO *sm.* 1. Ato ou efeito de aprender um ofício, uma arte ou ciência; aprendizagem.
Sinônimos: ensinamento, conhecimento.
Exemplo: "Na verdade, talvez agora é que começasse o aprendizado, quando ele saísse [...] ao mundo [...]" (JU).

APRESENTAÇÃO *sf.* 1. Aspecto de uma mercadoria oferecida à venda, no que diz respeito às características destinadas a agradar à vista (*p. ex.*, o colorido e a qualidade da embalagem).
Sinônimos: conformação, feitio, formato.
Exemplo: A apresentação do produto agradou aos clientes.

APRESENTAR *vtd./vtdi.* 1. Submeter (algo) a exame ou apreciação (de). 2. Manifestar ou dar a conhecer (ideias ou sentimentos) por meio de palavras, gestos, insinuações etc.

Sinônimos: demonstrar, expressar, exprimir.
Exemplos: Apresentou um excelente projeto ao diretor de criação.
Apresentaram sugestões aos gestores.

APRESTAR *vdt./vpr.* 1. fazer os preparativos necessários; prover o necessário.
Sinônimos: aprontar, preparar, aparelhar, dispor.
Exemplo: O advogado aprestou todos os detalhes para a aquisição.

APRESTO *sm.* 1. Abastecimento e aparelhamento de alguma coisa. 2. Preparativo ou organização para a realização de algo.
Sinônimos: aprestamento, preparatório, petrecho, aparelhamento.
Exemplo: A empresa realizou o apresto para a oferta inicial.

APRESSAR *vtd.* 1. Fazer ocorrer antes do tempo previsto.
Sinônimos: agilizar, apressar, adiantar.
Exemplo: Apressar o casamento.

APRIMORADO *adj.* 1. Feito com esmero ou primor. 2. Que se sobressai pelo requinte. 3. Que foi aperfeiçoado.
Sinônimos: esmerado, trabalhado, elegante, desenvolvido.
Exemplo: O equipamento foi aprimorado.

APRIMORAR *vtd./vpr.* 1. Tornar(-se) mais apurado ou mais elegante. 2. Tornar(-se) mais eficaz com meios avançados e tecnologia de ponta.
Sinônimos: aperfeiçoar, esmerar, melhorar, sofisticar
Exemplo: Aprimorou o programa com novos recursos.

APROFUNDAR *vtd./vpr.* 1. Estudar, examinar ou investigar a fundo.
Sinônimos: pesquisar, examinar.
Exemplo: Aprofundou-se em gestão para desenvolver seu negócio.

APROVAR *vtd.* 1. Dar aprovação a, considerar bom.
Sinônimos: abonar, acatar, concordar, apoiar.
Exemplo: Aprovou as mudanças sugeridas no modelo de negócio.

APROVEITAR *vtd./vint./vpr.* 1. Tirar proveito, benefício ou vantagem de (alguém ou alguma coisa).
Sinônimos: usufruir, desfrutar.
Exemplo: Aproveitou a oportunidade que apareceu.

APTIDÃO *sf.* 1. Capacidade inata ou adquirida para determinada coisa. 2. Conjunto de capacidades necessárias para realizar determinada tarefa ou função.
Sinônimos: gosto, disposição, inclinação, jeito.
Exemplo: Aquela secretária não tem aptidão mínima.

APTO *adj.* 1. Que apresenta capacidade inata ou adquirida para realizar algo. 2. Que satisfaz determinadas condições legais.
Sinônimos: capaz, hábil, habilitado, adequado.
Exemplo: Após o treinamento, estará apto a exercer a função.

APURADO *adj./sm.* 1. Que revela cuidado. 2. Que revela refinamento. 3. Quantia que se apurou em vendas num determinado período de tempo.
Sinônimos: esmerado, fino, requintado, acumulado, arrecadado.
Exemplos: Tinha um faro apurado para negócios.
O apurado do dia foi bom.

APURAMENTO *sm.* 1. Ação ou efeito de apurar.
Sinônimos: liquidação; contagem, computação; seleção.
Exemplo: A equipe técnica fez o apuramento dos equipamentos.

APURAR *vtd.* 1. Obter ou juntar determinada quantia, procedente de coleta, venda ou prestação de serviço. 2. Escolher algo com muito cuidado. 3. Confirmar ou averiguar informações ou dados.
Sinônimos: ajuntar, reunir (dinheiro), averiguar, constatar.
Exemplos: Apurou a quantia em pouco tempo. O gerente apurava os funcionários que devia contratar.
Foi apurar se o que os gerentes diziam era verdade.

AQUIESCÊNCIA *sf.* 1. Ação ou efeito de aquiescer; anuência, consentimento.
Sinônimos: sanção, assentimento, adesão, aprovação.
Exemplo: "[...] não há crime onde não houve aquiescência" (JAl2).

AQUILATAR *vtd.* 1. Avaliar o valor, a importância ou a qualidade de (alguém ou algo); apreciar, julgar. 2. Tornar(-se) melhor ou perfeito; aperfeiçoar(-se), apurar(-se).
Sinônimos: avaliar, determinar, estimar, medir.
Exemplo: A boa formação aquilatou-lhe o caráter.

AQUISIÇÃO *sf.* 1. Ato ou efeito de adquirir.
Sinônimos: adquirição, compra.
Exemplo: A aquisição de materiais mais baratos permitiu a produção de produtos com preços mais atrativos.

ARCAR *vti.* 1. Assumir uma dificuldade ou responsabilidade.
Sinônimos: assumir, responsabilizar-se.
Exemplo: Arcou com os riscos da operação e foi bem-sucedido.

ARGUMENTAÇÃO *sf.* 1. Conjunto de razões que servem para demonstrar alguma coisa que se considera verdadeira.
Sinônimos: discussão, alegação, exposição.
Exemplo: Sua argumentação foi toda baseada nos números do último trimestre.

ARGUMENTADOR *adj./sm.* 1. Que ou aquele que argumenta.
Sinônimos: disputador, argumentante.
Exemplo: O jovem era bastante argumentador no trabalho.

ARGUMENTANTE *adj. m+f/sm+f.* 1. Que ou aquele que argui ou argumenta.
Sinônimos: arguente, argumentador.
Exemplo: O advogado foi argumentante durante todo o julgamento.

ARGUMENTAR *vtd./vti./vint.* 1. Apresentar fatos, provas ou argumentos. 2. Expor como argumento.
Sinônimos: alegar, arrazoar, discutir, debater.
Exemplo: Argumentava com o sócio que era necessário mudar alguns métodos internos.

ARGUMENTO *sm.* 1. Raciocínio, razão ou arrazoado por meio do qual se pretende provar ou refutar a procedência ou veracidade de uma informação.
Sinônimos: arrazoamento, demonstração, prova, testemunho, indício.
Exemplo: Usou um ótimo argumento e convenceu os investidores.

ARMAZENAGEM *sf.* 1. Ato ou efeito de armazenar.
Sinônimo: armazenamento.

Exemplo: A capacidade de armazenagem do galpão já não era suficiente.

ARMAZENAR *vtd./vint.* 1. Guardar ou recolher em armazém. 2. Guardar (dados, informações) em qualquer dispositivo físico, tendo em vista sua posterior recuperação.
Sinônimos: depositar, guardar, conservar, acumular.
Exemplo: Armazenava as informações contábeis em uma planilha.

ARMAZENEIRO *sm.* 1. Indivíduo que armazena. 2. Proprietário de armazém.
Sinônimos: merceeiro, negociante.
Exemplo: O empreendedor se tornou um grande armazeneiro.

ARQUIMILIONÁRIO *adj./sm.* 1. Que ou aquele que é muitas vezes milionário.
Sinônimos: multimilionário, ricaço.
Exemplo: O negócio fez do jovem um arquimilionário.

ARQUITETAR *vtd.* 1. Elaborar em detalhes um projeto pessoal ou coletivo. 2. Criar na ideia ou na imaginação.
Sinônimos: planejar, idear, projetar, conceber.
Exemplo: Recém-formado, arquitetou sua carreira profissional.

ARQUITETURA *sf.* 1. Modo como se dispõem as partes ou os elementos de um edifício ou de um espaço urbano, tendo em vista a criação de espaços agradáveis de vivência e experimentação. 2. Estrutura, disposição e organização de um conjunto geralmente harmônico
Sinônimos: contextura, forma, plano, projeto
Exemplo: A arquitetura do escritório beneficiava o fluxo de trabalho.

ARRAIGAR *vtd./vint./vpr.* 1. Firmar(-se) pela raiz; lançar ou criar raízes, firmar(-se), radicar(-se).
Sinônimos: firmar, enraizar, arreigar.
Exemplo: O trabalho do qual não se gosta serve apenas para arraigar desalento e raiva.

ARRANJADEIRO *adj.* 1. Cuidadoso no que faz; metódico, ordeiro.
Sinônimos: cuidadoso, metódico.
Exemplo: Bons profissionais são arranjadeiros.

ARRANJADO *adj.* 1. Que se arranjou; disposto em ordem; arrumado, organizado. 2. Diz-se de quem tem situação financeira relativamente boa; remediado.
Sinônimos: disposto, ajeitado, ornado, obtido, conseguido.
Exemplo: Após anos de trabalho, ele está arranjado.

ARRANJAMENTO *sm.* 1. Ato ou efeito de arranjar(-se); arranjo.
Sinônimos: concerto, ordem, disposição.
Exemplo: Para cumprir os prazos, foi preciso um arranjamento na equipe.

ARRANJAR *vtd.* 1. Pôr em ordem; arrumar, dispor, ordenar. 2. Conseguir, obter algo que se tinha por objetivo, para outrem ou para si. 3. Enfrentar, com sucesso, situações difíceis; defender-se, governar-se, virar-se. 4. Tomar uma atitude a fim de resolver problemas, impasses. 5. Fazer o reparo ou conserto de. 6. Tomar decisão ou deliberação.
Sinônimos: dispor, consertar, ordenar, arrumar, conciliar, harmonizar, ajustar, combinar.
Exemplo: O gestor precisou arranjar a equipe diversas vezes.

ARRANJO *sm.* 1. Ato ou efeito de arranjar; arrumação, composição, disposição. 2. Negócio ou acordo lesivo a outras pessoas; conchavo, negociata.
Sinônimos: arrumação, disposição, alinho.

Exemplo: O presidente precisou de um arranjo para a empresa voltar a crescer.

ARRAS *sf. Pl.* 1. Sinal que uma das partes contratantes entrega à outra como garantia de um contrato; penhor. 2. Acordos que asseguram que o devedor é compelido a cumprir com suas obrigações; garantias.
Sinônimos: garantia, penhor, expansão, desafogo.
Exemplo: Para fechar o negócio foi preciso dar uma arras ao comprador.

ARRAZOADO *adj.* 1. Conforme à razão. 2. Que corresponde ou coincide em características, propriedades etc.; congruente, lógico, procedente. 3. Que vem a propósito, pertinente, proporcionado. 4. Que foi objeto de argumentação; argumentado, justificado.
Sinônimos: sensato, justo, razoável, racional, adequado, lógico.
Exemplo: O CEO foi bastante arrazoado em sua decisão.

ARRAZOAR *vtd.* 1. Expor o direito de uma causa, alegando razões. 2. Apresentar argumentos; raciocinar. 3. Discutir, altercando ou questionando.
Sinônimos: discorrer, conversar, falar, argumentar.
Exemplo: Os funcionários arrazoaram suas queixas com o gestor.

ARREBANHAR *vtd.* 1. Pegar para si; apoderar-se de. 2. Reunir, convocar (pessoas) para determinado fim; alistar, engajar, recrutar.
Sinônimos: ajuntar, reunir, recolher, arregimentar.
Exemplo: O empreendedor arrebanhou a empresa.

ARREBITADO *adj.* 1. Cheio de entusiasmo, vivacidade; animado, ativo, vivo.
Sinônimos: empinado, revirado, esperto.
Exemplo: O novo funcionário começou o trabalho arrebitado.

ARREBITAR *vtd./vpr.* 1. Tornar-se esperto; ganhar viveza; abalançar(-se), animar(-se): As pessoas arrebitam quando superam as dificuldades.
Sinônimos: erguer, alçar, arribar, franzir.
Exemplo: Ele tornou-se um colaborador arrebitado.

ARRECADAÇÃO *sf.* 1. Ato ou efeito de arrecadar; arrecadamento. 2. Cobrança de renda ou tributo.
Sinônimos: recebimento, recolhimento, cobrança.
Exemplo: A arrecadação cresceu 15% no último trimestre.

ARRECADADO *adj.* 1. Que se arrecadou. 2. Recolhido em arrecadação.
Sinônimos: cobrado, recebido, guardado, poupado.
Exemplo: O que foi arrecadado no primeiro mês de atividade será usado como capital de giro.

ARRECADAR *vtd./vint.* 1. Fazer com que (algo) seja pago. 2. Reunir coisas semelhantes. 3. Obter o que se deseja.
Sinônimos: cobrar, receber, recolher, guardar, obter.
Exemplos: Arrecadar impostos.
Arrecadou uma vultosa quantia.

ARREMATAR *vtd.* 1. Comprar ou tomar de arrendamento em leilão ou hasta pública. 2. Completar com os retoques finais. 3. Dizer (algo) como forma de encerrar abruptamente uma conversa ou discussão; dizer concluindo.
Sinônimos: concluir, terminar, acabar, finalizar, rematar.

Exemplos: O chefe chegou e arrematou o impasse dos funcionários.
Conseguiram arrematar a obra em tempo recorde.

ARRENDADOR *sm.* 1. Que ou aquele que arrenda, que dá em arrendamento.
Sinônimo: arrendatário.
Exemplo: O empreendedor é um arrendador nato.

ARRENDAMENTO *sm.* 1. Contrato pelo qual uma pessoa que possui bens imóveis cede a outra, por prazo certo e renda convencionada, o uso e gozo desses bens (geralmente imóveis rurais). 2. O instrumento desse contrato. 3. O preço pelo qual se arrenda.
Sinônimos: aluguel, locação.
Exemplo: Foi preciso realizar o arrendamento do imóvel.

ARRENDAR *vtd./vtdi.* 1. Dar em arrendamento, tomar em arrendamento, alugar.
Sinônimos: aforar, alugar, locar, tomar.
Exemplo: O dono do prédio arrendou o espaço para a empresa.

ARRENDATÁRIO *sm.* 1. Aquele que toma alguma coisa em arrendamento.
Sinônimos: inquilino, locatário, rendeiro.
Exemplo: O arrendatário é o CEO daquela empresa.

ARRIBAR *vti./vint.* 1. Subir ou chegar ao cimo de algum lugar. 2. Ultrapassar em valor, peso ou extensão; exceder. 3. Pôr no alto; erguer, levantar. 4. Melhorar de fortuna.
Sinônimos: ancorar, assomar, alcançar, tocar.
Exemplo: A empresa arribou o seu valor inicial.

ARRIMAR *vtd./vtdi./vpr.* 1. Dar apoio a algo, alguém ou a si mesmo; apoiar(-se), encostar(-se), escorar(-se). 2. Servir de arrimo; amparar.
Sinônimos: encostar, acostar, apoiar, escorar.
Exemplo: Os conselheiros arrimaram o CEO em sua decisão.

ARRIMO *sm.* 1. O que serve para amparar, segurar, sustentar (alguém ou algo). 2. Indivíduo, situação ou circunstância que pode oferecer qualquer tipo de apoio, auxílio ou proteção; amparo.
Sinônimos: encosto, escora, bordão, amparo, proteção, apoio, favor, ajuda.
Exemplo: É preciso um muro de arrimo para sustentar as casas dos colaboradores da empresa.

ARRISCAR *vtd./vpr.* 1. Expor(-se) a bom ou mau sucesso, oferecer(-se) ao arbítrio da fortuna.
Sinônimos: expor, sujeitar, aventurar, apostar.
Exemplo: É da natureza de um empreendedor estar sempre disposto a arriscar.

ARROGAR *vtd./vtdi./vpr.* 1. Tomar como próprio; apropriar(-se) de; atribuir a (outrem ou a si próprio) direito a (prerrogativa, regalia, poder etc.).
Sinônimos: assumir, reivindicar, apossar-se.
Exemplo: Arrogavam a si certos privilégios estranhos.

ARROJADO *adj.* 1. Que revela coragem, destemor. 2. Que indica ou implica risco, temeridade. 3. Que apresenta desenvolvimento notável.
Sinônimos: ousado, intrépido, valoroso, denodado, audaz.
Exemplo: Era um projeto arrojado.

ARROJAR *vtd./vtdi./vpr.* 1. Lançar(-se) com ímpeto e força. 2. Lançar-se de grande altura; despenhar-se, precipitar-se. 3. Lançar-se

(a trabalho, tarefa) com grande dinamismo e vontade.
Sinônimos: arremessar, atirar, lançar, ousar.
Exemplo: Ele tem um perfil arrojado de gestão.

ARROJO *sm.* 1. Apresentação ou demonstração pomposa, ostensiva. 2. Atitude de muita coragem; atrevimento.
Sinônimos: ousadia, audácia, ânimo.
Exemplo: Seu arrojo era inspirador.

ARROLADO *adj.* 1. Posto em um rol, em listagem; alistado. 2. Relacionado ou descrito em inventário; inventariado.
Sinônimos: inventariado, registrado, averbado, alistado, inscrito.
Exemplo: As metas da empresa estavam arroladas.

ARROLAMENTO *sm.* 1. Ato, processo ou efeito de arrolar. 2. Relação de bens de inventário. 3. Processo de inventário e partilha de acervo de pouco valor; forma simplificada de inventário. 4. Relação de objetos, pessoas; rol.
Sinônimos: inventário.
Exemplo: A empresa precisou fazer o arrolamento de todos os equipamentos.

ARROLAR *vtd.* 1. Inscrever em lista ou rol. 2. Fazer relação de; inventariar. 3. Classificar, pôr no rol de. 4. Alistar(-se) em; engajar(-se), recrutar(-se).
Sinônimos: inventariar, relacionar, registrar, classificar, alistar, engajar.
Exemplo: A lista de funcionários para os desligamentos foi arrolada.

ARROLHAR *vtd.* 1. Vencer ou confundir o inimigo. 2. Colocar rolha em; rolhar, tapar.
Sinônimos: rolhar, tapar, vencer, escachar, confundir.
Exemplo: Ele arrolhou seus concorrentes.

ARROSTAR *vtd.* 1. Encarar com afoiteza, olhar de frente sem demonstrar covardia ou fraqueza. 2. Apresentar(-se) ou encontrar(-se) face a face, ou rosto a rosto, para resistir.
Sinônimos: encarar, afrontar, enfrentar, acometer, defrontar, empreender, resistir.
Exemplo: Miguel arrostou o futuro.

ARROTEADO *adj.* 1. Que se arroteou; desbravado, lavrado (terreno). 2. Que se educou; esclarecido, instruído.
Sinônimos: lavrado, arado, desmoitado, educado.
Exemplo: O gerente sempre foi arroteado com sua equipe.

ARROTEAR *vtd.* 1. Desbravar terreno inculto; desmoitar. 2. Dar educação a; educar, instruir.
Sinônimos: desbravar, limpar, lavrar, educar, ensinar, civilizar.
Exemplo: Os pais se esforçaram muito para arrotear seus filhos.

ARROUBAMENTO *sm.* 1. Ato ou efeito de arroubar.
Sinônimos: êxtase, enlevo, arrebatamento, embevecimento.
Exemplo: Foi tamanho o arroubamento que Miguel sentiu ao comprar a empresa.

ARROUBAR *vdt./vpr.* 1. Tornar(-se) arrebatado; enlevar(-se), extasiar(-se).
Sinônimos: arrebatar, enlevar.
Exemplo: A aquisição fez todos os investidores arroubarem-se.

ARRUMAÇÃO *sf.* 1. Ação ou efeito de arrumar(-se). 2. Arranjo, boa disposição ou ordem adequada.
Sinônimos: arranjo, disposição, posição, colocação, emprego.
Exemplos: O estoque precisou de uma arrumação.
Gostou da nova arrumação da sala.

ARRUMADO adj. 1. Que se arrumou; posto em ordem. 2. Que foi resolvido.
Sinônimos: ordenado, organizado, ajustado, preparado.
Exemplo: O escritório foi arrumado.

ARRUMAR vtd. 1. Ordenar com base em determinados critérios, distribuir de forma correta ou conveniente. 2. Estabelecer a organização de.
Sinônimos: dispor, arranjar, organizar, ordenar.
Exemplo: Arrumou o escritório para receber os investidores.

ARSENAL sm. 1. Conjunto de recursos, meios ou aparelhagem destinado a um determinado fim.
Sinônimos: depósito, arquivo, armazém.
Exemplo: Ele usou todo seu arsenal técnico para conquistar a vaga de emprego.

ARTE sf. 1. A utilização de toda forma de conhecimento ou das regras de elaboração de uma atividade humana. 2. Conjunto das atividades envolvidas na apresentação gráfica e visual de anúncios, letreiros, cartazes, painéis etc.
Sinônimos: instrução, conhecimento, saber.
Exemplo: Dominava a arte da argumentação e sempre convencia os clientes.

ARTEFATO sm. 1. Produto ou obra do trabalho mecânico; objeto ou artigo manufaturado. 2. Aparelho, mecanismo ou engenho construído para finalidade específica.
Sinônimos: engenho, peça, máquina, produto.
Exemplo: Criou um artefato de grande utilidade.

ARTEIRICE sf. 1. Ação astuciosa.
Sinônimos: astúcia, manha, ardil, sutileza.
Exemplo: Gabriel é uma criança cheia de arteirice.

ARTEIRO adj. 1. Que tem arte: fino.
Sinônimos: manhoso, astuto, astucioso, sagaz.
Exemplo: O time se mostrou arteiro para conquistar o prêmio.

ARTICULAÇÃO sf. 1. Debate ou discussão de ideias antagônicas ou controvertidas; discussão, polêmica.
Sinônimos: juntura, conexão, junta, união, ligação, articulado.
Exemplo: O gestor articulou propostas alternativas às da diretoria.

ARTÍFICE sm+f. 1. O que cria alguma coisa; autor, fabricante, inventor, maquinador. 2. Trabalhador, que se dedica a uma arte mecânica ou a alguma produção artística. 3. Obreiro, oficial ou artista que trabalha na própria oficina ou ateliê, atendendo encomendas.
Sinônimos: operário, obreiro, artista, artesão.
Exemplo: Paulo Coelho é o artífice do livro *O Alquimista*.

ARTIFICIAR vtd. 1. Executar com arte ou de maneira artificiosa. Planejar com artifício ou ardil; tramar.
Sinônimos: aperfeiçoar, engenhar, maquinar.
Exemplo: O gestor da empresa conseguiu artificiar o produto.

ARTIFÍCIO sm. 1. Expediente, dispositivo ou disposição hábeis ou engenhosos. 2. Habilidade para não se deixar enganar ou para levar vantagem em uma negociação.
Sinônimos: meios, habilidade, sagacidade.
Exemplo: Usou todos os artifícios que podia na negociação.

ARTIFICIOSO adj. 1. Em que há artifício, que encerra artifício.
Sinônimos: engenhoso, habilidoso, astucioso, arteiro.

Exemplo: João é um profissional muito artificioso.

ASCENDÊNCIA *sf.* 1. Promoção a um estágio superior, a um posto mais elevado ou a uma escala de mais prestígio social ou profissional.
Sinônimos: ascensão, elevação.
Exemplo: Sua ascendência dentro da empresa foi meteórica, devido à sua competência.

ASCENDER *vti.* 1. Subir de cargo, posto, condição social.
Sinônimos: subir, crescer, prosperar.
Exemplo: Ele ascendeu ao cargo de gerente.

ASCENSÃO *sf.* 1. Elevação a um posto, dignidade ou poder.
Sinônimos: elevação, promoção.
Exemplo: Teve uma ascensão rápida depois do programa de trainee.

ASPIRAÇÃO *sf.* 1. Desejo forte de atingir um objetivo, realizar um sonho ou ambição etc.
Sinônimos: desejo, ambição, ideal, sonho.
Exemplo: Sua aspiração sempre foi empreender.

ASPIRAR *vti.* 1. Desejar ardentemente.
Sinônimos: ambicionar, pretender, almejar, ansiar.
Exemplo: Sempre aspirou ao sucesso.

ASSALARIAÇÃO *sf.* 1. ato de assalariar. 2. Ação de atribuir salário.
Sinônimos: o mesmo que *assalariamento*.
Exemplo: A presidência definiu a assalariação dos funcionários para 2019.

ASSALARIADO *adj./sm.* 1. Que ou aquele que trabalha por salário.
Sinônimos: empregado, funcionário.
Exemplo: Em meio à crise, agradeceu por ser assalariado.

ASSALARIAR *vtd./vpr.* 1. Contratar ou ser contratado por salário.
Sinônimos: remunerar, pagar, salariar.
Exemplo: A equipe foi assalariada após o trabalho.

ASSEGURADO *adj.* 1. Que se assegurou. 2. Que se certificou.
Sinônimos: certo, garantido, certificado.
Exemplo: Estava assegurado de que o planejamento tinha sido feito da melhor maneira possível.

ASSEGURAMENTO *sm.* 1. Ação ou efeito de assegurar.
Sinônimos: asseguração, segurança.
Exemplo: A empresa fez o asseguramento de todos os ativos.

ASSEGURAR *vtd./vtdi.* 1. Afirmar com certeza e determinação.
Sinônimos: afirmar, certificar, garantir, atestar.
Exemplo: Assegurou que o projeto seria entregue dentro do prazo.

ASSÍDUO *adj.* 1. Que aparece com frequência em determinado lugar.
Sinônimos: constante, frequente.
Exemplo: É frequentador assíduo das rodas de debate sobre empreendedorismo.

ASSINATURA *sf.* 1. Ato ou efeito de assinar. 2. Contrato pelo qual, mediante o pagamento de certa quantia, se adquire o direito de receber um periódico, de assistir a certo número de espetáculos ou de usufruir de um serviço; subscrição.
Sinônimos: assinação, assinamento, subscrição.
Exemplo: Desenvolveu um serviço de venda de roupas por assinatura.

ASSISTÊNCIA *sf.* 1. Presença junto de alguém, prestando-lhe apoio afetivo ou os cuidados necessários.
Sinônimos: presença, auxílio, ajuda, amparo.
Exemplo: Dava toda a assistência necessária ao sócio.

ASSISTENTE *sm.* 1. Pessoa que auxilia alguém no desempenho de suas funções.
Sinônimos: assessor, adjunto, ajudante.
Exemplo: O assistente organizou os documentos que ela pediu.

ASSOCIAÇÃO *sf.* 1. Agrupamento de pessoas para um fim ou interesse comum.
2. Sociedade formada por duas ou mais pessoas com a finalidade de empreender um determinado ramo de negócios.
Sinônimos: sociedade, comunidade, agrupamento, fusão.
Exemplo: Criaram uma associação das *startups* locais para fortalecer o setor.

ASSOCIADAMENTE *adv.* 1. De maneira associada, agregado ou afiliado.
Sinônimo: conjuntamente.
Exemplo: As equipes precisam trabalhar associadamente para atingir o objetivo.

ASSOCIAR *vtdi./vpr.* 1. Reunir(-se) em sociedade; tornar(-se) sócio ou associado.
Sinônimos: agregar, (a)juntar, (re)unir, agrupar, aliar, (co)ligar, incorporar.
Exemplo: Associou-se à Federação do Comércio.

ATA *sf.* 1. Registro escrito no qual se indicam as resoluções tomadas por um conselho deliberativo e os assuntos tratados em uma reunião, assembleia, convenção etc.
Sinônimos: registro, resumo, súmula.
Exemplo: A ata trazia as principais decisões da reunião.

ATACADISTA *adj. m+f/sm+f.* 1. Relativo ao comércio por atacado. 2. Que ou aquele que compra e revende artigos em grandes quantidades.
Sinônimos: retalhista, negociante.
Exemplo: Negociou com o atacadista uma nova remessa de matéria-prima.

ATACADO *sm.* 1. Forma de venda por grosso. 2. Comércio em grande escala, realizado entre produtores e revendedores, que se encarregam de fazer chegar o produto aos consumidores finais.
Exemplo: Aquele mercado vende tanto no atacado quanto no varejo.

ATALHO *sm.* 1. Meio mais rápido de atingir um objetivo; meio fácil de conseguir alguma coisa.
Sinônimos: caminho, trilha.
Exemplo: A mentoria, muitas vezes, mostra atalhos para desenvolver um projeto.

ATENÇÃO *sf.* 1. Concentração da atividade mental em determinada pessoa ou coisa.
2. Ação ou efeito de cuidar de alguém ou de algo.
Sinônimos: concentração, dedicação, cortesia.
Exemplos: Dedicou toda sua atenção à resolução do problema.
Sempre teve muita atenção com os colegas de trabalho.

ATENDER *vtd./vti.* 1. Dar ou prestar atenção a. 2. Dar audiência a; receber (em audiência). 3. Dar despacho favorável a. 4. Dar atendimento a; prestar auxílio, socorro.
Sinônimos: responder, deferir, servir.
Exemplo: Procuramos sempre atender com simpatia.

ATENDIMENTO *sm.* 1. Ato ou efeito de atender. 2. Forma pela qual determinados serviços são prestados ao público.

Sinônimos: acolhida, acolhimento, despacho, deferimento.
Exemplo: Recebi um atendimento excepcional.

ATENUAR vtd. 1. Tornar mais brando.
Sinônimos: aliviar, abrandar.
Exemplo: A incubadora atenuou as dificuldades que a *startup* enfrentaria sozinha.

ATESTAÇÃO sf. 1. Ato por meio do qual se afirma ou testemunha a existência de determinado fato ou obrigação.
Sinônimos: testemunho, certificado, certidão, atestado, afirmação.
Exemplo: Ele precisa de uma atestação para o processo.

ATESTADO adj./sm. 1. Que se atestou. 2. Declaração escrita que se atesta a verdade de um fato para servir de documento a alguém.
Sinônimos: testemunhado, certificado, prova, demonstração, testemunho.
Exemplo: Recebeu o atestado de regularidade da empresa.

ATESTAR vtd./vint. 1. Provar com raciocínio convincente; demonstrar, evidenciar, revelar.
Sinônimos: declarar, afirmar.
Exemplo: O cientista atestou sua descoberta.

ATINADO adj. 1. Que não se deixa enganar.
Sinônimos: prudente, ajuizado, ponderado, avisado; inteligente, esperto, astuto.
Exemplo: Muita atenção com o cliente, pois ele está sempre atinado às qualidades do produto que adquire.

ATINAR vtd./vti. 1. Achar pelo tino; descobrir por conjetura ou indício. 2. Fazer vir à memória.
Sinônimos: compreender, deduzir, lembrar, recordar.

Exemplo: No último momento, atinou para a solução do problema.

ATINGIR vtd. 1. Conseguir o que se pretende.
Sinônimos: tocar, chegar a; alcançar, conseguir, obter, ter, lograr.
Exemplo: Com os anos atingimos a melhor compreensão das coisas.

ATINGÍVEL adj. m.f. 1. Que pode ser atingido.
Sinônimos: acessível, alcançável, tangível.
Exemplo: Avaliou que a meta era facilmente atingível.

ATIVAÇÃO sf. 1. Ato ou efeito de ativar(-se).
Sinônimo: ativamento.
Exemplo: Foi feita a ativação da conta.

ATIVADO adj. 1. Que se ativou, que se tornou ativo. 2. Que sofreu ativação.
Sinônimos: intensificado, impulsionado, fomentado, avivado, acelerado.
Exemplo: O plano de expansão da empresa foi ativado após muita preparação.

ATIVAMENTO 1. Ação ou efeito de ativar.
Sinônimos: ativação, aceleração, avivamento.
Exemplo: Foi feito o ativamento das máquinas.

ATIVISTA sm+f. 1. Indivíduo que se envolve intensamente com algum tipo de atividade política, em geral fora do sistema governamental.
Sinônimo: militante.
Exemplo: Considerava-se um ativista do incentivo às *startups*.

ATIVO adj. 1. Quem tem ou demonstra prontidão. 2. Que está sempre em atividade.
Sinônimos: atuante, influente, eficaz.
Exemplo: Mesmo depois de se aposentar, continuou ativo.

ATRAÇÃO *sf.* 1. Sentimento de interesse que um indivíduo experimenta em relação a outrem ou a algo. 2. Algo que tem a finalidade de entreter, distrair.
Sinônimo: divertimento.
Exemplo: O novo produto gerou bastante atração.

ATRATIVO *adj./sm.* 1. Que estimula o interesse. 2. Aquilo que é interessante. 3. O que provoca desejo intenso de possuir.
Sinônimos: atraente, chamativo, estímulo, chamariz.
Exemplos: Era um negócio realmente atrativo.
Qual o principal atrativo do seu produto?

ATREVER *vpr.* 1. Ser corajoso o bastante para fazer algo.
Sinônimos: ousar, enfrentar.
Exemplo: Atreveu-se a empreender e foi bem-sucedido.

ATRIBUTO *sm.* 1. Aquilo que é característica de alguém ou de alguma coisa.
Sinônimos: característica, qualidade, atrativo.
Exemplo: A determinação é seu principal atributo.

ATUAÇÃO *sf.* 1. Ato ou efeito de atuar.
Sinônimos: atividade, exercício, desempenho.
Exemplo: Sua atuação no setor ajudou a fomentar o ecossistema local.

ATUAL *adj. m+f.* 1. Que existe ou está em ação no momento presente; que se realiza na época contemporânea.
Sinônimos: presente, contemporâneo, corrente.
Exemplo: O atual presidente da organização começou como estagiário.

ATUALIDADE *sf.* 1. Natureza ou estado do que é atual. 2. Ocasião presente; o tempo presente.

Sinônimos: contemporaneidade, modernidade.
Exemplo: Na atualidade, nossa situação financeira é bem mais confortável.

ATUALIZAR *vtd./vpr.* 1. Tornar(-se) atual, adequar(-se) às novas características do momento presente. 2. Calcular o valor monetário atual de.
Sinônimos: modernizar, amodernar.
Exemplo: Atualizou o aplicativo após os *feedbacks* dos usuários.

ATUANTE *adj. m+f.* 1. Que atua, que age, que está em ação ou exercício de sua atividade. 2. Diz-se de quem é ativo, que é agente influente e participativo.
Sinônimos: operante, ativo, participante, influente.
Exemplo: Ele é bastante atuante nas ações sociais da empresa.

ATUAR *vint./vti.* 1. Exercer ação ou atividade. 2. Ter como função.
Sinônimos: agir, exercer, funcionar.
Exemplo: Atua como gerente da loja.

AUDÁCIA *sf.* 1. Impulso que induz o indivíduo à realização de ações de grande dificuldade e arriscadas, sem considerar riscos e perigos; denodo, intrepidez, ousadia. 2. Característica do que ou de quem é inovador, muitas vezes em oposição aos padrões vigentes.
Sinônimos: coragem, valentia, bravura.
Exemplo: Ele teve a audácia de iniciar um novo negócio.

AUMENTAR *vtd./vtdi./vint.* 1. Introduzir um acréscimo em. 2. Ter progresso. 3. Ficar maior em tamanho, volume, grau, extensão, intensidade.
Sinônimos: acrescer, ampliar, crescer, melhorar, progredir, prosperar.

Exemplo: Os preços aumentaram bastante nos últimos meses.

AUMENTO *sm.* 1. Ato ou efeito de aumentar. 2. Qualquer coisa que se apresenta maior, mais grave, com mais proporções, maior evidência etc.
Sinônimos: acrescentamento, ampli(fic)ação, acréscimo, crescimento.
Exemplo: Houve um aumento significativo na demanda por aquele serviço.

AUSTERIDADE *sf.* 1. Qualidade do que é austero. 2. Caráter de pessoa austera. 3. Disciplina rigorosa.
Sinônimos: severidade, rigidez, rigor (no tratamento).
Exemplo: A gestão deve ser feita com austeridade e responsabilidade.

AUSTERO *adj.* 1. Rígido em opiniões, costumes ou caráter. 2. Que revela seriedade. 3. Caracterizado por um modo de viver econômico, falto de luxo.
Sinônimos: sério, sisudo, ponderoso, íntegro; rigoroso.
Exemplo: Era bastante austero no controle de gastos.

AUTENTICADO *adj.* 1. Que foi legalmente conhecido como verdadeiro ou legítimo por notório ou tabelião.
Sinônimos: justificado, legalizado, autorizado.
Exemplo: O documento foi autenticado pelo tabelião.

AUTENTICAR *vtd.* 1. Reconhecer a veracidade de. 2. Autorizar ou certificar como legítimo ou autêntico, segundo as formulas legais.
Sinônimos: autorizar, validar, certificar; justificar, legalizar.
Exemplo: Autenticou a certidão.

AUTENTICIDADE *sf.* 1. Natureza, propriedade ou condição do que é autêntico. 2. Próprio daquilo que é digno de legitimidade.
Sinônimos: veracidade, legitimidade.
Exemplo: Comprovou-se a autenticidade do documento.

AUTÊNTICO *adj.* 1. De origem comprovada. 2. Diz-se de qualquer documento digno de fé ou confiança.
Sinônimos: legal(izado), verdadeiro, veraz, legítimo, verídico, válido.
Exemplo: Este certificado é autêntico.

AUTÔNOMO *adj.* 1. Que ou aquele que exerce atividade remunerada, em caráter não permanente, sem vínculo imperativo. 2. Que tem autonomia; que não está sujeito a potência ou influência estranha; que se governa por leis próprias.
Sinônimos: livre, independente, *freelancer*.
Exemplo: Trabalhou por muitos anos como autônomo.

AUTORIDADE *sf.* 1. Direito ou poder de mandar, de ordenar, de decidir, de se fazer obedecer. 2. Pessoa de reconhecido mérito ou saber em algum ramo de atividade, o que lhe granjeia respeito e credibilidade.
Sinônimos: superioridade, soberania, conhecedor, especialista.
Exemplos: Tinha autoridade para admitir e demitir.
Era uma reconhecida autoridade em inovação.

AVALIAÇÃO *sf.* 1. Apreciação, cômputo ou estimação da qualidade de algo ou da competência de alguém.
Sinônimos: análise, ponderação, observação.
Exemplo: Foi bastante elogiado na avaliação de desempenho.

AVALIAR *vtd./vtdi./vpr.* 1. Calcular ou determinar o valor, o preço ou merecimento de.

2. Fazer o cômputo de. 3. Considerar(-se), julgar(-se), ter(-se) em conta de.
Sinônimos: orçar, computar, taxar, cotar, julgar, medir, considerar.
Exemplos: Para avaliar o lucro, descontou o frete.
Avaliou a atuação do assistente.

AVANÇAR *vtd.* 1. Fazer ir para a frente.
Sinônimos: adiantar, proceder.
Exemplo: Avançou o projeto.

AVANÇO *sm.* 1. Melhoria de condição ou qualidade de algo ou alguém.
Sinônimos: melhora, desenvolvimento.
Exemplo: Conseguiu um grande avanço durante o processo de incubação.

AVERIGUAR *vtd./vtdi.* 1. Examinar com cuidado. 2. Certificar, concluir mediante pesquisa. 3. Buscar esclarecimentos ou informações a respeito de (algo ou alguém).
Sinônimos: inquirir, examinar, informar-se, certificar-se, verificar; constatar.
Exemplo: Averiguou a proposta para se certificar de que era vantajosa.

B

BACANA *adj. m+f/sm+f.* 1. Palavra-ônibus que qualifica positivamente pessoas ou coisas, e equivale a *belo, bom, bondoso, dedicado, digno, honrado, leal, útil* etc. 2. Indivíduo que pertence às classes abastadas, vive em meio ao luxo, tem hábitos requintados etc.
Sinônimos: legal, maneiro, rico, grã-fino.
Exemplos: Sempre foi bacana com os companheiros de escritório.
Vivia como bacana, mas lutou muito para conquistar aquele conforto.

BACHAREL *sm.* 1. Aquele que obteve o primeiro grau universitário em qualquer curso superior.
Sinônimos: formado, graduado.
Exemplo: Depois que se tornou bacharel começou a pensar como iria desenvolver sua carreira.

BACHARELA *sf.* 1. Mulher que recebeu grau de bacharel.
Sinônimos: graduada, formada.
Exemplo: O sonho de Camila era ser bacharela em Letras.

BACHARELADO *sm.* 1. O curso para a obtenção do grau de bacharel.
Sinônimos: bacharelato.
Exemplo: Nos dias atuais, obter diploma de bacharelado é um diferencial competitivo.

BAFEJAR *vtd.* 1. Dar incentivo a; estimular, incentivar. 2. Conceder ajuda ou proteção. 3. Chegar a si; acalentar, acariciar.
Sinônimos: favorecer, ajudar, proteger, alentar, animar, mimar.
Exemplo: Um bom gestor tem a missão de bafejar sua equipe.

BAGAGEM *sf.* 1. A soma dos conhecimentos de alguém.
Sinônimos: experiência, conhecimentos, perícia.
Exemplo: Os anos de experiência no mercado lhe deram uma boa bagagem de conhecimento.

BAGALHOÇA *sf.* 1. Grande quantidade de dinheiro. 2. Porção de coisas; grande quantidade de objetos.
Sinônimos: dinheiro, dinheirama.
Exemplo: Com seu trabalho conseguiu arrecadar uma bagalhoça.

BAITA *adj.* 1. Exímio naquilo que realiza.
Sinônimos: grande, bom, notável, excelente.
Exemplo: Por seu empenho e dedicação tornou-se um baita empreendedor.

BALANÇAR vtd. 1. Examinar algo ou uma situação com muita atenção.
Sinônimos: comparar, confrontar.
Exemplo: Você deve balançar todas as propostas cuidadosamente, antes de fazer sua escolha.

BALANÇO sm. 1. Exame pormenorizado de algo. 2. Registro contábil periódico, geralmente anual, das contas de uma empresa ou entidade, indicando-se a relação entre o ativo e o passivo.
Sinônimos: análise, averiguação, levantamento, apuração.
Exemplo: O balanço da situação ajudou-nos a fazer a melhor escolha.

BALIZAR vtd. 1. Calcular ou estimar a grandeza de.
Sinônimos: estimar, orçar.
Exemplo: É necessário balizar suas prioridades para agir da melhor forma.

BALUARTE sm. 1. Fortaleza inexpugnável. 2. Local seguro. 3. Aquilo que serve de base; alicerce, fundamento.
Sinônimos: fortaleza, forte, bastião, sustentáculo.
Exemplo: O arquiteto Oscar Niemeyer é o baluarte da arquitetura, como o Reich. / Alemão Guilherme II era o baluarte da monarquia na época.

BALUDO adj. 1. Que tem muito dinheiro; abonado.
Sinônimos: rico, endinheirado.
Exemplo: André ganhou na loteria, agora ele está baludo.

BAMBA adj. m+f/sm+f. 1. Que ou aquele que é perito em determinado assunto.
Sinônimos: perito, experiente.
Exemplo: Era bamba em finanças.

BANCA sf. 1. Grupo de pessoas que trabalham juntas para o mesmo fim.
Sinônimos: comissão, júri.
Exemplo: Os projetos serão avaliados por uma banca de especialistas.

BANCAR vtd. 1. Manter financeiramente alguém ou algo.
Sinônimos: financiar, custear, fingir, fazer de.
Exemplo: O empresário precisa bancar muitos custos por conta própria no início de um empreendimento.

BANCO sm. 1. Instituição financeira que tem como atividades principais receber depósitos de dinheiro em conta-corrente, efetuar empréstimos, aplicar capitais, efetuar cobranças, operar no mercado cambial etc.
Sinônimo: instituição financeira.
Exemplo: Recorreu ao banco para obter o capital inicial de seu empreendimento.

BAQUARA adj./sm. 1. Que ou aquele que denota perspicácia.
Sinônimos: expedido, vivo, diligente, sabido.
Exemplo: Rafael demonstrou ser baquara no trabalho.

BARÃO sm. 1. Pessoa muito rica. 2. Homem que se destaca em determinado ramo de negócios.
Sinônimos: rico, poderoso.
Exemplos: Teve uma infância muito humilde, mas hoje é barão.
Tornou-se um barão da tecnologia.

BARATEAR vtd. 1. Tornar barato, vender a preço baixo. 2. Negociar preço baixo.
Sinônimos: barganhar, pechinchar, regatear.
Exemplo: Baratearam várias mercadorias. Barateou o estoque velho para não ter prejuízo.

BARATO *adj.* 1. Que é vendido por preço baixo. 2. Que não exige muitos gastos.
Sinônimos: acessível, módico.
Exemplo: Conseguiu desenvolver uma solução barata.

BARGANHA *sf.* 1. Coisa comprada a preço muito reduzido.
Sinônimos: achado, permuta.
Exemplo: Conseguiu uma bela barganha.

BARGANHAR *vtd./vint.* 1. Pedir redução no preço.
Sinônimo: negociar.
Exemplo: Barganhou até chegar no preço que queria.

BARBITESO *adj.* 1. Cheio de força ou energia; enérgico.
Sinônimos: forte, resistente.
Exemplo: Para ter sucesso não adianta fazer corpo mole; há que ser barbiteso.

BARRICAR *vtd.* 1. Proteger ou entrincheirar (algo) com barricada.
Sinônimos: defender, entrincheirar.
Exemplo: "Era um combater temerário contra barricada monstruosa, que se tornava cada vez mais impenetrável à medida que a arruinavam e carbonizavam [...]" (EC).

BASE *sf.* 1. Princípio fundamental no qual se apoia um raciocínio, uma proposição ou um sistema. 2. Argumentos, fatos ou dados, utilizados como fundamento para afirmar alguma coisa, opinar, acusar etc.
Sinônimos: apoio, assento, assentamento, alicerce, embasamento, sustentáculo.
Exemplo: O pensamento positivo é uma das bases para o sucesso.

BASEADO *adj.* 1. Firmado sobre uma base. 2. Seguro de si, confiante no próprio valor ou capacidade. 3. Que é disciplinado, metódico ou organizado.
Sinônimos: firme, firmado, apoiado, fundamentado, assentado.
Exemplo: Defendeu sua opinião baseado nos dados do relatório financeiro.

BASEAR *vtd./vtdi./vpr.* 1. Servir de base ou fundamento. 2. Usar uma situação, um fato, uma ideia etc.
Sinônimos: fundar, firmar, apoiar, assentar, estear, fundamentar, estabelecer.
Exemplo: "Para mudar não precisa se basear em algo ou alguém, simplesmente acredite no que você possa virar" (Brito Oliver).

BÁSICO *adj.* 1. Que serve de base. 2. Que é primordial, essencial ou fundamental.
Sinônimos: fundamental, capital, principal, essencial.
Exemplo: Uma característica básica do bom empreendedor é a determinação.

BASILAR *adj.* 1. Que serve de base. 2. Que forma a base.
Sinônimos: básico, fundamental.
Exemplo: "O marketing é tão basilar que não pode ser considerado uma função distinta" (Peter Drucker).

BASTANTE *adj. m+f.* 1. Que basta ou que é suficiente. 2. Que é abundante ou numeroso.
Sinônimos: suficiente, necessário, preciso.
Exemplo: Eles são bastante habilidosos.

BASTANTEMENTE *adv.* 1. Demais; em excesso; de maneira assaz, num grau muito elevado: método bastantemente complicado.
Sinônimos: suficientemente, sagaz.
Exemplo: Ele trabalha bastantemente para atingir seus objetivos.

BASTAR *vti./vint.* 1. Ser suficiente ou tanto quanto é necessário. Ser autossuficiente

ou independente. Desejar ou determinar a interrupção imediata de algo.
Sinônimos: chegar, satisfazer, dar, ser suficiente.
Exemplo: A verba destinada à publicidade precisa bastar para atingir o público.

BATALHA *sf.* 1. Esforços empregados para vencer grandes dificuldades. 2. Confronto de ideias.
Sinônimos: esforço, enfrentamento, debate, discussão.
Exemplo: Para vencer na vida você terá que travar uma nova batalha a cada dia.

BATALHAÇÃO *sf.* 1. Esforço constante ou continuado.
Sinônimos: teima, pertinácia, persistência, obstinação, importunação.
Exemplo: Para chegar aonde chegou ela teve que passar por toda uma batalhação.

BATALHADOR *adj.* 1. Que ou aquele que se empenha continuamente para vencer uma dificuldade. 2. Que ou aquele que é defensor convicto de uma ideia, partido ou princípio.
Sinônimos: lidador, defensor, combatente, lutador, pelejador.
Exemplo: Augusto sempre foi batalhador, nunca desistiu de seus sonhos.

BATALHÃO *sm.* 1. Ajuda mútua prestada por pequenos agricultores. Grande número de pessoas.
Sinônimos: corpo, multidão, tropa, mutirão.
Exemplo: Foi preciso um batalhão de pessoas para terminar a tarefa.

BATALHAR *vtd./vti.* 1. Esforçar-se ou empenhar-se continuamente para a obtenção de algo. 2. Argumentar, disputar ou discutir obstinadamente.
Sinônimos: combater, lutar, brigar, pugnar, pelejar.

Exemplo: Tive que batalhar muito, superar adversidades, para conquistar tudo o que tenho hoje.

BATELADA *sf.* 1. Grande quantidade.
Sinônimos: carregação, montão, acervo, abundância.
Exemplo: A caixa estava batelada de ações nominais.

BATUTA *adj.* 1. Que ou aquele que é capaz e habilidoso, perito em algum ofício.
Sinônimos: capaz, hábil, ágil, decidido, entendido.
Exemplo: Ela é batuta em computação.

BELAZ *adj.* 1. Que possui disposição belicosa.
Sinônimos: guerreiro, belicoso, belatriz.
Exemplo: O funcionário é demasiado belaz.

BELDADE *sf.* 1. Característica ou qualidade do que é belo; beleza.
Sinônimos: formosura, lindeza, perfeição, boniteza, encanto.
Exemplo: A modelo era uma beldade.

BELEZA *sf.* 1. Qualidade, propriedade, natureza ou virtude do que é belo. Essência daquilo que se expressa como belo.
Sinônimos: boniteza, donaire, encanto, especiosidade, graça, primor.
Exemplo: O produto foi feito para realçar a beleza da mulher.

BELO *adj.* 1. Que tem formas ou proporções harmoniosas, segundo um padrão ideal (pessoal ou cultural) de beleza. Que provoca sensações agradáveis (à audição, à visão, ao tato etc.). De valor moral elevado; sublime.
Sinônimos: distinto, nobre, escolhido, interessante, lucrativo.
Exemplo: O espaço da confraternização estava muito belo.

BEM *sm.* 1. Qualquer elemento, em uma empresa ou entidade, que integra o seu patrimônio e é necessário para a produção direta ou indireta de lucro. 2. Tudo o que tem valor utilitário ou monetário.
Sinônimos: meio, posse, propriedade.
Exemplo: Ficou encarregado de inventariar todos os bens da empresa.

BEM-AFORTUNADO *adj.* 1. Que foi abençoado com a abastança.
Sinônimos: feliz, ditoso, próspero.
Exemplo: José é bem-afortunado, obteve diversas conquistas na vida.

BEM-AMADO *sm.* 1. Aquele que é muito querido, muito estimado.
Sinônimos: querido, mimoso, dileto, preferido.
Exemplo: "– Ele foi o primeiro amor! Olhos sonhadores, evocava o bem-amado perdido" (Dalton Trevisan, *O vampiro de Curitiba*).

BEM-APESSOADO *adj.* 1. Que tem boa aparência.
Sinônimos: bonito, garboso, gentil.
Exemplo: Sempre foi muito bem-apessoado.

BEM-AVENTURANÇA *sf.* 1. Estado de exaltação e completa felicidade.
Sinônimos: felicidade, glória, paraíso.
Exemplo: "Tudo era paz e bem-aventurança" (Aluísio Azevedo. *Casa de Pensão*)

BEM-AVINDO *adj.* 1. Que está em boas relações com (outra pessoa).
Sinônimos: conciliado, amigável, harmonizado.
Exemplo: Mediante a situação difícil, notava-se que o casal era bem-avindo.

BEM-BOM *sm.* 1. Vida boa e folgada.
Sinônimos: comodidade, descanso, à vontade.
Exemplo: Queria ficar no bem-bom, mas precisava trabalhar para pagar as contas.

BEM-CRIADO *adj.* 1. Que foi cevado; gordo, nutrido.
Sinônimos: delicado, polido, urbano, cortês.
Exemplo: João foi bem-criado.

BEM-ESTAR *sm.* 1. Sensação agradável de segurança, conforto, tranquilidade. 2. Condição material confortável, com haveres suficientes para a comodidade da vida; conforto material.
Sinônimos: comodidade, conforto, tranquilidade.
Exemplo: Trabalhou muito durante anos, mas alcançou bem-estar financeiro e de vida.

BEM-FADADO *adj.* 1. Que tem boa sorte.
Sinônimos: feliz, afortunado, ditoso.
Exemplo: Era um homem bem-fadado.

BENEFICIAR *vtd./vpr.* 1. Fazer benefício a algo, a alguém ou a si mesmo, atribuir(-se) vantagem. 2. Melhorar o estado ou as condições (de alguém ou de si mesmo); fazer prosperar.
Sinônimos: favorecer(-se), enriquecer.
Exemplo: O edital do projeto beneficia ideias inovadoras de *startups*.

BENEFÍCIO *sm.* 1. Toda vantagem produzida por alguma coisa, estado ou ação; resultado proveitoso. 2. Ato ou efeito de fazer o bem; prestação de serviço a outrem.
Sinônimos: serviço, favor, graça, mercê.
Exemplo: Pensou nos benefícios de trabalhar para si mesmo e decidiu empreender.

BENÉFICO *adj.* 1. Que faz bem. 2. Que é propício.
Sinônimos: beneficente, salutar, favorável, bondoso, generoso.
Exemplo: Mudar de emprego, naquele momento, não seria benéfico para ela.

BENEMERÊNCIA *sf.* 1. Qualidade, virtude ou ação benemérita. 2. Estado ou condição de bem-merecer; situação de ter mérito.
Sinônimos: merecimento, mérito.
Exemplo: Aquele homem é um benemérito cidadão.

BENEPLÁCITO *sm.* 1. Aprovação régia ou de autoridade de instância superior. 2. Ato ou efeito de consentir.
Sinônimos: aplauso, aprovação, consentimento, consenso.
Exemplo: Agiu de acordo com o beneplácito do magistrado.

BENFEITOR *sm.* 1. Que ou aquele que pratica o bem; que ou aquele que beneficia, ajuda ou favorece alguém.
Sinônimos: beneficiador, benéfico, útil, favorável.
Exemplo: Mais do que um investidor, era um benfeitor para aqueles pequenos empresários.

BILIONÁRIO *adj./sm.* 1. Que ou aquele que tem haveres da ordem do bilhão ou dos bilhões em unidades monetárias de qualquer país.
Sinônimos: biliardário, multimilionário.
Exemplo: Tornou-se bilionário antes dos 40 anos.

BIOGRAFIA *sf.* 1. Relato não ficcional de uma série de eventos que constituem a vida (ou parte da vida) de uma pessoa, em geral notável por seus feitos ou obras.
Sinônimos: história de vida, memórias.
Exemplo: Sua biografia é inspiradora, um exemplo de superação e sucesso.

BOLADA *sf.* 1. Grande soma de dinheiro.
Sinônimos: dinheirama.
Exemplo: Ganhou uma bolada.

BONIFICAÇÃO *sf.* 1. O mesmo que bônus.
Sinônimos: gratificação, recompensa.
Exemplo: Recebeu uma bela gratificação pela venda.

BÔNUS *sm.* 1. Prêmio ou bonificação, diante de lucros acumulados, que algumas empresas concedem aos seus sócios e acionistas. 2. Prêmio ou pagamento extra concedido a um empregado de uma empresa por bom desempenho; abono, gratificação. 3. Desconto que algumas empresas concedem aos seus clientes.
Sinônimos: acréscimo, abono, bonificação, gratificação, abatimento, desconto.
Exemplos: Conseguiu vender bastante e recebeu um bônus alto.
Ganhou um bônus na compra do aparelho.

BRAVEZA *sf.* 1. Qualidade de bravo.
Sinônimos: coragem, destemor, valentia.
Exemplo: Sua braveza o fez progredir.

BRILHANTE *adj.* 1. Que se sobressai por revelar grande talento ou capacidade intelectual. 2. Que se faz admirar pela originalidade, inventividade e/ou pelo ineditismo.
Sinônimos: magnífico, pomposo, ilustre, célebre; próspero.
Exemplo: É um de nossos mais brilhantes desenvolvedores.

BRILHANTISMO *sm.* 1. Êxito excepcional. 2. Reconhecimento público.
Sinônimos: esplendor, imponência, magnificência.
Exemplo: Seu brilhantismo é resultado do empenho em sempre aprender mais.

BRILHAR *vint.* 1. Dar-se a conhecer. 2. Atrair, cativar a atenção, fazer-se admirar. 3. Mostrar-se superior.
Sinônimos: sobressair, destacar-se, distinguir-se, evidenciar-se.
Exemplo: Ele brilha por seu imenso saber.

BRILHO sm. 1. Qualidade do que é grandioso. 2. Conceito bom que se tem de alguém ou algo.
Sinônimos: suntuosidade, magnificência, esplendor, glória.
Exemplo: Suas pesquisas trouxeram brilho à universidade brasileira.

BUSCA sf. 1. Tentativa de encontrar ou conseguir algo. 2. Esforço a fim de obter ou alcançar algo.
Sinônimos: procura, investigação, esforço, tentativa.
Exemplo: Vivia na constante busca pelo sucesso.

BUSCAR vtd. 1. Esforçar-se por encontrar ou descobrir. 2. Procurar atingir ou alcançar.
Sinônimos: procurar, indagar, investigar, pesquisar, inquirir, examinar.
Exemplo: A jovem buscava ser boa em tudo o que fazia.

C

CABAL adj. 1. Que é ou está como deve ser. 2. Que apresenta ou demonstra decisão.
Sinônimos: completo, perfeito.
Exemplo: O evento está cabal.

CABEÇA sf./sm.+f. 1. Pessoa reconhecidamente inteligente e culta. 2. Pessoa mais importante de um grupo ou movimento.
Sinônimos: prodígio, sábio, dirigente, líder.
Exemplos: É uma das grandes cabeças do setor de tecnologia.
Sempre foi o cabeça do grupo.

CADASTRO sm. 1. Conjunto de informações patrimoniais, comerciais, financeiras etc. relativas a uma empresa, organização ou instituição. 2. Arquivo ou documento em que são registradas ou armazenadas todas essas informações.
Sinônimos: recenseamento, censo, registro, fichário.
Exemplo: Fazia cadastro dos clientes para enviar-lhes ofertas.

CALCULAR vtd. 1. Avaliar os gastos precisamente. 2. Determinar as possibilidades. 3. Organizar a fim de obter resultados lucrativos. 4. Prever as consequências baseado em especulações ou informações.
Sinônimos: computar, avaliar, contar, determinar, orçar, prever.
Exemplo: Sempre calculou as consequências de cada ato antes de realizar qualquer movimentação.

CÁLCULO sm. 1. Processo de avaliar ou estimar. 2. Ato de prever resultados lucrativos reais ou irreais.
Sinônimos: avaliação, balanço, conta, orçamento; conjetura, suposição; calculação.
Exemplo: Fez os cálculos e percebeu que o investimento traria ótimo retorno.

CALENDÁRIO sm. 1. Divisão do tempo em anos, meses e dias, de acordo com certas convenções e com certos fenômenos astronômicos. 2. Tabela prefixada com as datas de determinados acontecimentos.
Sinônimos: cronônimo, tabela.
Exemplos: Estavam correndo contra o calendário para finalizar o projeto.
Definiu um calendário com as etapas de execução do projeto.

CALMA sf. 1. Ausência de agitação física ou mental.
Sinônimos: serenidade, tranquilidade.
Exemplo: Sua calma sempre o ajudou a raciocinar melhor em situações de pressão.

CAMBIAR vtd./vtdi./vint. 1. Exercer a atividade de câmbio; trocar algo por outra coisa de mesmo valor. 2. Trocar,

permutar (moeda nacional por estrangeira e vice-versa).
Sinônimos: permutar, trocar; negociar.
Exemplo: Cambiei os euros por reais antes que desvalorizassem.

CÂMBIO *sm*. 1. Operação financeira centrada na compra, venda ou troca de moeda de um país pela de outro. 2. Negócio de troca ou de compra e venda de moedas, títulos de dívida pública, papel-moeda, ações de companhia etc.
Sinônimos: permuta, comutação, troca, negócio.
Exemplo: Aproveitou que o câmbio estava favorável e comprou euros.

CAMINHO *sm*. 1. Modo ou maneira de realizar algo ou atingir um objetivo.
Sinônimos: maneira, meio.
Exemplo: Qual o caminho para o sucesso?

CAMPANHA *sf*. 1. Série de determinadas operações ou esforços sistemáticos enviados para a obtenção de um resultado específico.
Sinônimos: esforço, trabalho (para se conseguir alguma coisa).
Exemplo: Campanhas publicitárias ajudam a melhorar a imagem da marca e a vender mais.

CANDIDATAR-SE *vti*. 1. Tornar-se ou declarar-se candidato.
Sinônimos: aspirar, pretender, concorrer.
Exemplo: Candidatou-se ao cargo de gerente.

CAPACIDADE *sf*. 1. Poder, aptidão ou possibilidade de fazer ou produzir qualquer coisa.
Sinônimos: inteligência, habilidade, habilitação; aptidão; competência.
Exemplo: Demonstrou grande capacidade de resolver os problemas que surgiam.

CAPACITAÇÃO *sf*. 1. Ato ou efeito de capacitar(-se).
Sinônimos: habilitação, qualificação, preparo.
Exemplo: Se vai empreender, busque a capacitação profissional.

CAPACITADO *adj*. 1. Que se capacitou.
Sinônimos: apto, habilitado.
Exemplo: Depois do treinamento, sentia-se capacitado a exercer a função.

CAPACITAR *vtdi./vpr*. 1. Tornar(-se) apto a; tornar(-se) capaz de.
Sinônimos: habilitar, aptar.
Exemplo: O treinamento visa a capacitar os participantes para novas funções dentro da empresa.

CAPAZ *adj*. 1. Que tem capacidade ou habilidade para realizar algo.
Sinônimos: apto, capacitado, preparado, habilitado.
Exemplo: Mostrou-se capaz de realizar a tarefa que lhe foi dada.

CAPITAL *sm*. 1. Importância em dinheiro que é investida ou usada para se iniciar um negócio.
Sinônimos: dinheiro, recursos.
Exemplo: Levantou o capital inicial para o negócio.

CAPITALISMO *sm*. 1. Influência ou supremacia do capital. 2. Organização econômica em que as atividades de produção e distribuição, obedecendo aos princípios da propriedade privada, da competição livre e do lucro, produzem uma divisão da sociedade em duas classes antagônicas, porém vinculadas pelo mecanismo do mercado: a dos possuidores dos meios de produção e a do proletariado industrial e rural.
Sinônimo: globalização.
Exemplo: O capitalismo rege o mundo moderno.

CAPITALISTA *adj.* 1. Relativo a capital ou a capitalismo. 2. Diz-se daquele que provê o capital em uma empresa.
Sinônimos: argentário, banqueiro.
Exemplo: Vivemos em um mundo capitalista, regido pelo dinheiro.

CAPITALIZAR *vint.* 1. Acumular bens, riqueza, de modo que forme um capital.
Sinônimos: juntar, acumular (dinheiro).
Exemplo: Graças ao empreendimento que lançou, conseguiu capitalizar bastante.

CAPRICHO *sm.* 1. Toque de esmero.
Sinônimos: apuro, distinção, garbo.
Exemplo: Desempenha suas funções com capricho.

CAPRICHOSO *adj.* 1. Que faz as coisas com empenho, esmero.
Sinônimos: aplicado, esmerado, primoroso.
Exemplo: Sempre foi caprichoso em tudo o que fazia.

CARACTERÍSTICA *sf.* 1. Qualidade que permite distinguir uma pessoa ou coisa de outras de sua espécie; aquilo que caracteriza, que é inerente à natureza de uma pessoa ou coisa.
Sinônimos: marca, peculiaridade, traço.
Exemplo: Uma de suas principais características é a determinação.

CARACTERÍSTICO *adj.* 1. Que serve para revelar e distinguir o caráter individual de alguém ou de alguma coisa; que caracteriza.
Sinônimos: caracterizante, distintivo, típico.
Exemplo: Um traço característico dela é a integridade.

CARGA *sf.* 1. Tudo que é ou pode ser transportado por homem, animal, carro, avião, navio, trem etc.
Sinônimo: carregamento.
Exemplo: A carga chegou dentro do tempo previsto.

CARGO *sm.* 1. Função em empresa pública ou privada. 2. Aquilo que é ou se tornou incumbência de alguém.
Sinônimos: encargo, incumbência, missão; emprego, ofício, função.
Exemplo: Por seu bom desempenho foi promovido a um cargo superior.

CARIMBAR *vtd.* 1. Marcar com um carimbo.
Sinônimos: selar, timbrar.
Exemplo: A secretária carimbou a data de chegada em todos os documentos.

CARIMBO *sm.* 1. Peça de metal, de madeira ou de borracha que tem letras, números ou figuras em relevo, usada para marcar ou assinalar, à tinta, documentos, etiquetas, livros etc.
Sinônimos: selo, marca, timbre.
Exemplo: Marcou o documento com o carimbo da instituição.

CARO *adj.* 1. Que tem preço elevado. 2. Que custa sacrifícios ou grandes despesas. 3. Que é muito estimado.
Sinônimos: dispendioso, oneroso, custoso, árduo, estimado, querido.
Exemplos: Este produto, realmente, é caro. Foi muito caro chegar onde cheguei. Caro amigo, bom revê-lo.

CARREIRA *sf.* 1. Qualquer profissão, especialmente a que oferece oportunidades de progresso ou em que há promoção hierárquica.
Sinônimos: ocupação, atividade.
Exemplo: Em sua carreira na empresa sempre manteve foco no crescimento profissional.

CARTAZ *sm.* 1. Opinião geral sobre a notoriedade de alguma pessoa.

Sinônimos: fama, popularidade.
Exemplo: Tinha cartaz de ser um ótimo profissional.

CARTÓRIO sm. 1. Escritório destinado ao funcionamento de tabelionatos, ofícios de notas, registros públicos etc. 2. Lugar onde se arquivam cartas, notas, títulos e outros documentos de importância.
Sinônimos: arquivo, escritório.
Exemplo: Foi ao cartório registrar sua nova empresa.

CATALOGAR vtd./vtdi. 1. Enumerar, inventariar, relacionar em catálogo.
Sinônimos: cadastrar, inventariar.
Exemplo: Catalogou os produtos do estoque.

CATÁLOGO sm. 1. Relação, rol, lista ou enumeração sistemática, geralmente em ordem alfabética, de pessoas ou coisas.
Sinônimos: cadastro, registro.
Exemplo: Criou um catálogo de produtos.

CATEGORIA sf. 1. Conjunto de pessoas ou coisas que partilham características ou propriedade comuns, o que lhes possibilita serem agrupados sob um mesmo conceito ou concepção genérica. 2. Classe ou grupo profissional. 3. Qualidade superior ou característica distintiva que ressalta algo ou alguém, de forma positiva, em relação aos demais.
Sinônimos: grupo, camada, excelência.
Exemplos: A categoria luta por melhoria salarial.
Trata-se de um projeto de categoria.

CATEGÓRICO adj. 1. Que é claro, definido, explícito; que não deixa margem a dúvidas.
Sinônimos: claro, formal, definido, explícito, positivo, terminante.
Exemplo: Ele foi categórico ao afirmar que não toleraria má conduta dos funcionários.

CATIVAR vtd. 1. Granjear a estima ou a simpatia de.
Sinônimos: atrair, encantar, seduzir.
Exemplo: É preciso cativar a clientela.

CAUTELA sf. 1. Cuidado ou precaução para evitar um mal.
Sinônimos: cuidado, previdência, prudência.
Exemplo: Há que se ter cautela ao definir estratégias de mercado.

CAUTELOSO adj. 1. Que procede com cautela.
Sinônimos: acautelado, cuidadoso, prudente.
Exemplo: Nos negócios, prefere ser cauteloso a se aventurar demais.

CELEBRAR vtd./vint. 1. Marcar determinado acontecimento com comemoração ou festejo.
Sinônimos: festejar, comemorar.
Exemplo: Celebraram os bons resultados do ano.

CÉLEBRE adj. 1. Que é muito conhecido.
Sinônimos: famoso, lendário, notável.
Exemplo: Tornou-se um célebre empresário, principalmente por sua história de superação.

CELEIRO sm. 1. Fonte inesgotável de (qualquer coisa).
Sinônimos: fonte, fábrica.
Exemplo: A universidade é um celeiro de talentos.

CERIMÔNIA sf. 1. Conjunto de atos formais por ocasião de determinado acontecimento.
Sinônimos: solenidade, rito.
Exemplo: Durante a cerimônia foi transmitido o cargo de presidente da instituição.

CERIMONIAL sm. 1. Conjunto de formalidades que se devem observar em determinadas cerimônias. 2. Setor administrativo responsável pelas cerimônias e pela observância de suas normas.

Sinônimos: etiqueta, protocolo, rito.
Exemplo: O cerimonial organizou todos os detalhes do evento.

CERTEZA *sf.* 1. Conhecimento exato.
2. Aquilo que não suscita dúvida.
Sinônimos: convicção, segurança, afirmação.
Exemplos: Tinha certeza de que era a melhor estratégia.
Uma certeza na vida do empreendedor é de que o caminho par ao sucesso não será fácil, é preciso determinação para vencer.

CERTIDÃO *sf.* 1. Documento que tem fé pública, emitido por escrivão ou tabelião, com o qual se certifica algo como verdadeiro.
Sinônimos: documento, atestado, certificado.
Exemplo: O órgão emitiu a certidão de regularidade da empresa.

CERTIFICADO *sm.* 1. Documento oficial que atesta ou certifica a exatidão de alguma coisa.
Sinônimos: atestado, declaração, documento.
Exemplo: Recebeu o certificado de participação no workshop de empreendedorismo.

CERTO *adj.* 1. Em que não há erro. 2. Que corresponde à verdade e não suscita dúvida. 3. Convencido acerca de.
Sinônimos: correto, exato, verdadeiro, persuadido.
Exemplos: O modo como age sempre foi certo. Estava certo de que tomara a melhor decisão.

CHANCE *sf.* 1. Condição do que é possível ou provável de acontecer.
Sinônimos: oportunidade, possibilidade.
Exemplo: Todas as chances de sucesso do seu negócio só se tornarão reais se você souber aproveitá-las.

CHAVÃO *sm.* 1. Padrão adotado pela maioria. 2. Lugar-comum, clichê.
Sinônimos: molde, modelo, bordão.

Exemplo: Parece chavão, mas sem esforço não há resultados.

CHAVE *sf.* 1. Elemento decisivo, de vital importância.
Sinônimos: segredo, fecho.
Exemplo: A chave para a solução do problema.

CHECAR *vtd./vtdi./vint.* 1. Conferir a exatidão de fatos, de números etc. 2. Fazer comparação.
Sinônimos: verificar, comparar, confrontar.
Exemplo: Checou a planilha de gastos.

CHEFE *sm.+sf.* 1. Pessoa que ocupa lugar de destaque numa empresa e tem poder de decisão. 2. Ocupante de maior importância de cargo oficial, civil ou militar. 3. Aquele que se sobressai sobre outras pessoas.
Sinônimos: principal, cabeça, cabecilha, dirigente.
Exemplo: Ele admira seu chefe por sua capacidade de liderar.

CHEFIA *sf.* 1. Cargo de chefe. 2. Atribuição de chefe.
Sinônimos: direção, governo, chefiar.
Exemplo: A chefia foi confiada a ele por conta de seu comprometimento.

CHEFIAR *vtd./vint.* 1. Dirigir como chefe ou exercer a função de chefe.
Sinônimos: comandar, dirigir, governar, capitanear.
Exemplo: Esse rapaz nasceu para chefiar.

CHEGADOR *adj sm.* 1. Diz-se de ou cobrador de direitos e rendas.
Sinônimos: corajoso, valente, decidido, audacioso.
Exemplo: O jovem tinha um perfil chegador admirável.

CHEGAR *vti./vint.* 1. Atingir uma posição depois de vencer etapas.

Sinônimos: atingir, bater, alcançar.
Exemplo: Conseguiu chegar no objetivo com muito esforço.

CHELPA *sf.* 1. Cédula ou moeda para transações comerciais.
Sinônimos: grana, coco, dinheiro.
Exemplo: Precisamos utilizar a chelpa correta no país.

CHEQUE *sm.* 1. Ordem de pagamento, à vista, de forma impressa, com determinada quantia, emitida ao banco pelo titular de uma conta-corrente a seu favor ou de outra pessoa ou empresa.
Sinônimos: pré-datado, prescrição.
Exemplo: Aceitava pagamento em cheque.

CHETA *sf.* 1. Moeda pequena de cobre. Pouco dinheiro; qualquer quantia.
Sinônimos: vintém, dinheiro.
Exemplo: Não vamos vender o nosso negócio por qualquer cheta.

CÍCLICO *adj.* 1. Que se repete com certa constância ou ritmo.
Sinônimos: periódico, intermitente.
Exemplo: Certas tendências de mercado são cíclicas.

CICLO *sm.* 1. Conjunto de operações, fatos, obras etc. que se sucedem no tempo, evoluindo e se transformando, e que, ao atingirem o estágio final, apresentam uma diferença sensível, tendo em vista as características iniciais.
Sinônimos: época, período.
Exemplo: Encerrou um ciclo de sua carreira ao deixar a empresa para abrir seu próprio negócio.

CIÊNCIA *sf.* 1. Conhecimento sistematizado como campo de estudo. 2. Observação e classificação dos fatos inerentes a um determinado grupo de fenômenos e formulação das leis gerais que o regem.
Sinônimos: conhecimento, saber, sabedoria, instrução.
Exemplo: Há muita ciência envolvida neste invento.

CIENTE *adj.* 1. Que sabe ou tem conhecimento de alguma coisa; bem informado.
Sinônimos: sábio, douto, erudito, conhecedor.
Exemplo: Estou ciente da situação e já estou tomando as providências cabíveis.

CIENTIFICAR *vtdi./vpr.* 1. Tornar(-se) ciente, informado.
Sinônimos: informar, avisar, advertir, inteirar, participar.
Exemplo: É preciso cientificar a presidência sobre os fatos.

CIFRA *sf.* 1. Soma das operações comerciais. 2. Importância total ou montante.
Sinônimos: algarismo, número, soma, importância.
Exemplo: O investimento chegou à cifra de 1 milhão.

CIRCUNSTÂNCIA *sf.* 1. Situação, acidente ou conjunto de condições que acompanham um fato ou acontecimento e são intrínsecos a sua natureza. 2. Particularidade, acaso ou ocorrência que se liga a um fato ou a uma situação.
Sinônimos: estado, condição, situação.
Exemplo: A circunstância atual requer medidas enérgicas.

CIRCUNSTANCIAR *vtd.* 1. Expor todas as circunstâncias (de um fato).
Sinônimos: particularizar, pormenorizar, esmiuçar.
Exemplo: O médico circunstanciava os exames à medida que o paciente apresentava melhoras.

CIRCUNSTANTE *adj. m+f.* 1. Que ou aquele que está presente; assistente, espectador, testemunha. 2. Que está à volta.
Sinônimos: presente, circundante.
Exemplo: O assistente do diretor era circunstante nos eventos.

CÍVICO *adj.* 1. Relativo a cidadão, como membro integrante do Estado. 2. Que revela amor à pátria.
Sinônimo: patriótico.
Exemplo: Sempre prezou por manter valores cívicos.

CIVIL *adj./sm.* 1. Relativo às relações estabelecidas entre cidadãos. 2. Indivíduo que não é militar nem eclesiástico
Sinônimos: social, cortês, polido, urbano.
Exemplo: O processo corria na esfera civil.

CIVILIZAÇÃO *sf.* 1. Conjunto de aspectos próprios da vida social, intelectual, artística, cultural, econômica, política e moral de uma sociedade. 2. Estágio de desenvolvimento econômico, científico e tecnológico de uma sociedade.
Sinônimos: cultura, desenvolvimento, adiantamento.
Exemplo: Atingimos um grau de civilização bastante avançado.

CIVILIZADO *adj.* 1. Diz-se de ou indivíduo que tem civilidade, que é bem-educado.
Sinônimos: instruído, culto, esclarecido.
Exemplo: Sou civilizado o suficiente para não entrar em uma discussão à toa.

CIVILIZAR *vt./vpr.* 1. Tornar(-se) civil ou cortês; urbanizar(-se).
Sinônimos: instruir, educar, polir, policiar.
Exemplo: Era preciso civilizar os novos moradores.

CIVISMO *sm.* 1. Dedicação pelo interesse público ou pela causa da pátria.
Sinônimos: civilismo, patriotismo.
Exemplo: Demonstrava grande civismo nas ações sociais que promovia.

CLAREZA *sf.* 1. Qualidade do que é de fácil percepção, do que é inteligível.
Sinônimos: transparência, limpidez, nitidez, lucidez.
Exemplo: A clareza de sua explicação me fez compreender melhor a ideia.

CLARO *adj.* 1. Fácil de entender. 2. Que é evidente, manifesto.
Sinônimos: compreensível, inteligível, patente.
Exemplos: A informação está bem clara. É claro que nenhuma empresa gosta de operar no vermelho.

CLASSE *sf.* 1. Cada um dos grupos ou divisões de uma série ou conjunto. 2. Distinção no modo de vestir-se, comportar-se etc.
Sinônimos: secção, ordem, grupo, categoria.
Exemplos: A classe empresarial precisa se unir mais.
Sempre teve muita classe no trato com as pessoas.

CLÁSSICO *adj.* 1. Que tem como base a tradição. 2. Que obedece a certo padrão de técnica ou de estilo.
Sinônimos: habitual, acostumado, tradicional.
Exemplo: Sempre usa o clássico argumento de que não se pode conquistar coisas sem sair da zona de conforto.

CLASSIFICAR *vtd.* 1. Determinar, em um conjunto, as categorias a que pertencem os elementos que o constituem. 2. Formar juízo a respeito de outrem ou de si mesmo.
Sinônimos: arrumar, catalogar, organizar, fichar.

Exemplos: O site classifica as vagas de emprego para melhor localizá-las.
Os avaliadores classificaram o produto como inovador.

CLÁUSULA sf. 1. Cada um dos artigos ou itens que fazem parte de um tratado, de um contrato ou de qualquer outro documento público ou particular.
Sinônimos: artigo, condição, preceito, disposição.
Exemplo: Este contrato de compra e venda inclui uma cláusula que dá garantias ao comprador em caso de não cumprimento das obrigações pelo fornecedor.

CLIENTE sm+f. 1. Comprador frequente de um estabelecimento comercial.
Sinônimos: consumidor, comprador, freguês.
Exemplo: Trato todos os clientes de minha loja da mesma maneira, com respeito e simpatia.

CLIENTELA sf. 1. Grupo de pessoas que frequentam um determinado lugar.
Sinônimo: freguesia.
Exemplo: Este estabelecimento possui uma clientela fiel, composta por moradores do próprio bairro.

CLUBE sm. 1. Local onde as pessoas se encontram regularmente para realizar reuniões de âmbito artístico, cultural, político, social etc. 2. Local com instalações para a prática de diversas modalidades de esporte e recreação. 3. Associação de pessoas que compartilham interesses comuns.
Sinônimos: grêmio, associação, sociedade, junta.
Exemplos: O clube de empreendedores se reuniu para debater assuntos relevantes do setor.
Os funcionários participam de um clube de vantagens com descontos em vários estabelecimentos.

COADJUVAÇÃO sf. 1. Ato ou efeito de coadjuvar; auxílio.
Sinônimos: colaboração, cooperação, assessoria conselho.
Exemplo: As empresas firmaram acordo de coadjuvação.

COADJUVAR vtd. 1. Prestar auxílio ou apoio a; ajudar(-se), auxiliar(-se).
Sinônimos: ajudante, auxiliar, cooperador.
Exemplo: O pai resolveu coadjuvar o filho na compra do apartamento.

COADUNAÇÃO sf. 1. Ajuntamento de várias pessoas, coisas ou elementos, a fim de formar um todo.
Sinônimos: combinação, adaptação, união.
Exemplo: A coadunação dos talentos formou uma equipe vencedora.

COADUNADO adj. 1. Que se reuniu num só; ajuntado, reunido. 2. Adaptado, aliado, combinado.
Sinônimos: ajuntado, reunido, adaptado, conformado.
Exemplo: Os melhores profissionais da área foram coadunados pela empresa.

COADUNAR vtd./vtdi. 1. Reunir em um para formar um todo; juntar. 2. Incorporar, reunir.
Sinônimos: reunir, ajuntar, incorporar, associar.
Exemplo: Na ausência de um professor, coadunamos duas classes.

COBRADOR sm. 1. O que cobra ou faz cobranças. 2. Recebedor de contribuições, prestações ou quaisquer dívidas.
Sinônimos: recebedor, tesoureiro, arrecadador.
Exemplo: Antigamente, o cobrador de impostos ia de porta em porta receber os tributos.

COBRANÇA *sf.* 1. Ato ou efeito de cobrar dívidas. 2. Arrecadação de contribuições.
Sinônimos: recebimento, arrecadação.
Exemplo: Teve que fazer a cobrança três vezes para ser pago.

COBRAR *vtd./vtdi./vint.* 1. Proceder à cobrança do que é devido. 2. Exigir o valor de. 3. Reclamar um direito.
Sinônimos: adquirir, receber, recuperar, readquirir, reivindicar, pleitear.
Exemplos: Cobra o aluguel do escritório sempre no começo do mês.
Ela me cobrou uma fortuna pelo serviço.
Cobrei a liberação das minhas férias.

COBRES *sm.* 1. Dinheiro em moedas. 2. Qualquer valor em dinheiro.
Sinônimos: dinheiro, moedas.
Exemplo: Deis alguns cobres ao guardador de carros na rua.

CÓDIGO *sm.* 1. Compilação de leis, regulamentos ou constituições. 2. Conjunto de ideias de uma pessoa ou de um grupo a respeito da maneira de fazer algo ou de comportar-se.
Sinônimos: regra, sistema.
Exemplo: Possuíam um código de conduta muito rígido.

COEFICIENTE *sm.* 1. Cada um dos fatores de um produto, considerado em relação a um fator específico. 2. Grandeza ou expressão numérica utilizada para avaliar a intensidade de algo ou a propriedade de uma substância.
Sinônimos: fator, multiplicador, nível, grau.
Exemplo: O coeficiente de sucesso de uma empresa não é medido apenas pelo lucro.

COERÊNCIA *sf.* 1. Ligação, harmonia, conexão ou nexo entre os fatos ou as ideias.
Sinônimos: conformidade, nexo, lógica.
Exemplo: Uma organização precisa demonstrar coerência entre seus valores estabelecidos e sua prática de mercado.

COERENTE *adj.* 1. Que apresenta coerência; que tem nexo. 2. Que age com coerência, conforme seus princípios.
Sinônimos: conforme, procedente, ajustado, lógico.
Exemplo: Ele é bastante coerente em seus pensamentos e suas ações.

COESÃO *sf.* 1. Coerência de pensamento ou de um todo.
Sinônimos: ligação, harmonia, aderência.
Exemplo: As ideias que apresentou têm coesão.

COESO *adj.* 1. Firmemente unido ou ligado. 2. Que apresenta harmonia.
Sinônimos: unido, harmônico.
Exemplo: A equipe estava coesa e com foco nas metas estabelecidas.

COGITAR *vtd.* 1. Pensar em algo de maneira insistente.
Sinônimos: pensar, matutar, parafusar, imaginar.
Exemplo: Agora que vou sair em férias, estou cogitando a ideia de viajar ao exterior.

COINCIDÊNCIA *sf.* 1. Concomitância, não prevista, de dois ou mais acontecimentos. 2. Estado de duas coisas que coincidem, ajustam-se.
Sinônimos: eventualidade, acaso, sincronia, concomitância.
Exemplo: O sucesso nunca é uma coincidência ou sorte, mas uma conjunção de fatores.

COINCIDENTE *adj.* 1. Que coincide no tempo ou no espaço. 2. Que é simultâneo, concomitante.

Sinônimos: idêntico, sincrônico.
Exemplo: Os dois eventos são coincidentes para atrair maior público.

COINCIDIR *vti/vint*. 1. Acontecer ou suceder ao mesmo tempo ou ocupar o mesmo período de tempo. 2. Estar de acordo; combinar, concordar.
Sinônimos: concordar, combinar, harmonizar.
Exemplo: Tais planos não coincidem com a realidade.

COLABORAÇÃO *sf.* 1. Ato ou efeito de colaborar, de trabalhar em conjunto.
Sinônimos: cooperação, ajuda.
Exemplo: A colaboração deixa a equipe mais produtiva.

COLABORAR *vti/vint*. 1. Trabalhar em comum com outrem na mesma obra. 2. Concorrer, cooperar para a realização de qualquer coisa.
Sinônimos: cooperar, participar, contribuir.
Exemplo: É preciso colaborar para que o trabalho seja feito corretamente.

COLEÇÃO *sf.* 1. Conjunto de coisas da mesma natureza, reunidas para fins de estudo, comparação ou exposição, ou apenas pelo desejo e prazer de colecioná-las. 2. Coletânea, compilação, seleção.
Sinônimos: conjunto, série, reunião, grupo.
Exemplo: O instituto tem uma coleção de obras de arte.

COLECIONADOR *adj./sm* 1. Que ou aquele que coleciona.
Sinônimos: colecionista, ajuntador.
Exemplo: Ele é um colecionador de prêmios profissionais.

COLECIONAR *vtd*. 1. Fazer coleção de; reunir um conjunto de coisas por gosto ou passatempo.
Sinônimos: coligir, compilar, juntar, reunir.
Exemplo: Colecionava velhos gibis que lhe serviam de inspiração para suas criações.

COLEGA *sm+f* 1. Pessoa que, em relação a outra, pertence à mesma comunidade, corporação, profissão etc. 2. Cada um dos que exercem a mesma profissão ou têm as mesmas funções.
Sinônimos: companheiro, confrade, camarada, sócio.
Exemplo: Ela motiva seus colegas a quererem ser sempre melhores.

COLÉGIO *sm*. 1. Estabelecimento público ou particular de ensino fundamental ou secundário.
Sinônimos: escola, ginásio, liceu.
Exemplo: As boas aulas que teve no colégio fizeram diferença na sua carreira profissional.

COLEGUISMO *sm*. 1. Lealdade ou procedimento próprio de colega.
Sinônimos: camaradagem, companheirismo, solidariedade.
Exemplo: Agiam sempre com coleguismo no trabalho.

COLENDO *adj*. 1. Digno de respeito e veneração.
Sinônimos: respeitável, venerável.
Exemplo: O fundador era colendo.

COLETIVIDADE *sf.* 1. Qualidade ou estado do que é coletivo. 2. Conjunto de seres que, por possuírem interesses comuns, constituem um corpo coletivo.
Sinônimos: sociedade, conjunto, comunidade.
Exemplo: Leve em consideração como suas ações se refletem na coletividade.

COLETIVO *adj./sm*. 1. Relativo ou pertencente a muitas coisas ou pessoas. 2. Aquilo

que remete a ou é do interesse de uma coletividade.
Sinônimos: comunitário, comum.
Exemplo: Pense no coletivo antes de fazer qualquer coisa.

COLIGAÇÃO *sf.* 1. Liga, aliança ou associação de várias pessoas ou entidades para uma finalidade comum. 2. Confederação ou aliança de partidos políticos.
Sinônimos: união, liga, coalizão.
Exemplo: As empresas formaram uma coligação para pleitear benefícios para o setor.

COLIGAR *vtd./vpr.* 1. Estabelecer(-se) (em) alianças ou uniões.
Sinônimos: aproximar, aliar, associar.
Exemplo: Coligou-se com um grande amigo para lançar a empresa.

COLIMAR *vtd.* 1. Colocar em mira. 2. Ter como objetivo; pretender alcançar.
Sinônimos: visar, propor, projetar.
Exemplo: Ele sempre colimou um cargo de chefia dentro da organização.

COMANDANTE *sm+f.* 1. Indivíduo que, em parceria com outro, determina ou dá ordens.
Sinônimos: chefe, capitão, oficial.
Exemplo: Era uma boa comandante, pois sabia direcionar bem as ações de sua equipe.

COMANDAR *vtd.* 1. Exercer autoridade sobre outrem.
Sinônimos: dirigir, governar, mandar.
Exemplo: Sabe comandar sem ser intransigente.

COMANDO *sm.* 1. Habilidade de exercer a chefia, de dirigir. 2. Autoridade, dignidade ou funções de quem comanda; posto ou âmbito de competência de comandante.
Sinônimos: direção, chefia, governo, mando, controle.
Exemplo: Ficou responsável pelo comando das operações da empresa na região.

COMBINAÇÃO *sf.* 1. Plano ou providências adotadas, mediante acordo ou composição, para atingir determinado objetivo. 2. Processo, método ou maneira pela qual se encontram combinadas as diferentes partes de um todo.
Sinônimos: ajuste, contrato, acordo, pacto.
Exemplo: Fizeram uma combinação para atingir a meta final.
O sucesso é uma combinação de fatores.

COMBINADO *sm.* 1. Aquilo que foi tratado.
Sinônimos: acordo, ajuste, tratado.
Exemplo: O combinado foi vender 400 peças a mais por mês para incrementar a receita da loja.

COMBINAR *vtd./vtdi.* 1. Reunir, agrupar elementos díspares ou afins. 2. Estabelecer um acordo; pactuar, ajustar algum pormenor (horário de encontro, data de um compromisso etc.).
Sinônimos: ordenar, coordenar, agrupar, dispor.
Exemplo: Combinamos que a reunião seria às 10h.

COMEÇAR *vtd.* 1. Iniciar algo (ação ou processo).
Sinônimos: principiar, iniciar.
Exemplo: Começou um novo projeto.

COMEÇO *sm.* 1. Primeiro momento de algo. 2. Ato de começar. 3. Parte inicial de uma ação que tem continuidade.
Sinônimos: princípio, início.
Exemplo: O começo de qualquer empreendimento é difícil.

COMEMORAÇÃO *sf.* 1. Ação de comemorar. 2. Solenidade em que se comemora um fato.

Sinônimos: celebração, festa, festividade.
Exemplo: Ontem foi a comemoração dos bons resultados do ano.

COMEMORAR *vtd./vint.* 1. Festejar com comemoração.
Sinônimos: celebrar, festejar.
Exemplo: Comemorou o prêmio de empreendedor do ano.

COMERCIAL *adj. m+f/sm* 1. Relativo a comércio. 2. Feito unicamente com o fito de auferir lucro. 3. Anúncio de rádio ou de televisão, transmitido como parte de um programa patrocinado.
Sinônimos: mercantil, mercante, mercatório.
Exemplo: O produto provou-se bastante comercial.
O comercial atraiu novos clientes.

COMERCIANTE *adj. m+f/sm+f.* 1. Diz-se de uma pessoa física ou jurídica que atua no comércio como intermediário de vendas e negociações.
Sinônimos: negociante, mercador, merceeiro.
Exemplo: Um bom comerciante precisa ser também um bom negociador.

COMERCIAR *vti.* 1. Fazer negócio em uma área específica do comércio. 2. Realizar comércio com alguém.
Sinônimos: negociar, mercadejar.
Exemplo: Há vendedores que conseguem comerciar qualquer mercadoria, não importa quão difícil seja a venda.

COMÉRCIO *sm.* 1. Prática mercantil que se fundamenta em venda, permuta ou compra de produtos, com fins lucrativos. 2. Conjunto de estabelecimentos que exercem a prática mercantil.
Sinônimos: negócio, permutação, troca.
Exemplo: O comércio é o setor em que sempre quis trabalhar.

COMISSÃO *sf.* 1. Gratificação que se dá ao comissionado por serviços prestados. 2. Reunião de pessoas designadas por uma assembleia para realizar uma tarefa.
Sinônimos: pagamento, gratificação, comitê, delegação.
Exemplos: Recebia comissão sobre as vendas realizadas.
A comissão se reuniu para debater sobre as reformas necessárias no escritório.

COMISSÁRIO *sm.* 1. Aquele que compra ou vende gêneros mediante comissão. 2. Indivíduo que exerce um cargo no governo temporariamente ou o representa.
Sinônimos: agente, feitor, comissionado.
Exemplo: Trabalhava como comissário da marca.

COMISSIONADO *adj./sm.* 1. Que ou aquele que recebe uma comissão para desempenhar. 2. Diz-se de ou indivíduo que tem emprego público, de caráter temporário, e ganha comissão.
Sinônimos: comitente, comissário.
Exemplo: Tem um emprego comissionado.

COMISSIONAR *vtd.* 1. Nomear um comissário. 2. Incumbir alguém de alguma tarefa temporariamente.
Sinônimos: encarregar, confiar, delegar.
Exemplo: Comissionou o vendedor de supervisionar a equipe.

COMITÊ *sm.* 1. Reunião de membros para avaliar questões de interesse comum. 2. Local destinado a reuniões desse grupo.
Sinônimos: junta, liga, comissão.
Exemplo: O Comitê de Política Monetária tem como uma das funções estabelecer diretrizes a respeito da taxa de juros.

COMPARAR *vtd./vtdi.* 1. Examinar simultaneamente duas ou mais coisas, para

lhes determinar semelhança, diferença ou relação.
Sinônimos: contrapor, contrastar, aferir, verificar.
Exemplo: Comparou os produtos para escolher o mais adequado.

COMPARECER *vti./vint.* 1. Aparecer ou apresentar-se juntamente com outro(s) em local determinado.
Sinônimos: ir, apresentar-se, vir, estar, aparecer.
Exemplo: Ainda bem que você compareceu à reunião. Sua presença era imprescindível.

COMPARECIMENTO *sm.* 1. Ato de comparecer, presença em certo lugar.
Sinônimos: presença, apresentação.
Exemplo: O comparecimento à próxima reunião é obrigatório a todos os funcionários.

COMPETÊNCIA *sf.* 1. Conjunto de conhecimentos. 2. Aptidão que um indivíduo tem de opinar sobre um assunto e sobre o qual é versado.
Sinônimos: aptidão, capacidade, sabedoria, habilidade.
Exemplo: Ele é o único com competência para resolver tal problema.

COMPETENTE *adj.* 1. Que tem competência. 2. Com capacidade ou aptidão para dar parecer em uma questão.
Sinônimos: apto, capaz, hábil. Respectivo, devido, adequado.
Exemplo: Buscamos um profissional competente na área de TI.

COMPETIÇÃO *sf.* 1. Esforço de duas ou mais partes para ganharem como freguês uma terceira parte, pela oferta dos termos mais vantajosos.
Sinônimos: disputa, concorrência.
Exemplo: No mercado, a competição deve ser honesta.

COMPETIDOR *adj./sm.* 1. Que ou o que com outrem pretende ou pleiteia alguma coisa simultaneamente.
Sinônimos: adversário, concorrente.
Exemplo: Sempre foi muito competidor nos negócios.

COMPETIR *vti/vint/vpr.* 1. Concorrer com outrem na mesma pretensão; fazer concorrência com.
Sinônimos: disputar, rivalizar, concorrer.
Exemplo: Competiu com gigantes do setor, mas se sobressaiu pelo caráter inovador de sua proposta.

COMPLETAR *vtd./vpr.* 1. Agregar a alguma coisa o que lhe falta para deixá-la completa ou aperfeiçoada. 2. Levar alguma coisa ao seu término.
Sinônimos: complementar, concluir.
Exemplo: Completou o projeto a tempo de inseri-lo no programa de investimentos.

COMPLETO *adj.* 1. Que chegou à conclusão.
Sinônimos: concluído, acabado.
Exemplo: O projeto está completo; agora, vamos dar início à execução.

COMPLEXO *adj.* 1. Que encerra muitos elementos ou partes, de difícil compreensão.
Sinônimos: complicado, difícil.
Exemplo: O plano era bastante complexo, tinha várias etapas.

COMPONENTE *adj. m+f/sm+f.* 1. Que ou o que faz parte da composição.
Sinônimos: parte, elemento.
Exemplo: Os componentes do sucesso são vários.

COMPOSIÇÃO *sf.* 1. Forma pela qual os componentes se organizam em um todo.
Sinônimos: estruturação, organização.
Exemplo: A composição societária da empresa acabou levando a alguns entraves legais.

COMPRA *sf.* 1. Ação de comprar. 2. A coisa comprada.
Sinônimos: aquisição, obtenção, mercadoria, produto.
Exemplo: Sou encarregado pela compra dos materiais de escritório.

COMPRADOR *adj./sm.* 1. Que ou aquele que compra algo e se compromete a pagar certo preço.
Sinônimos: cliente, consumidor.
Exemplo: Com seu trabalho de marketing, conseguiu diversos novos compradores.

COMPRAR *vtd./vtdi.* 1. Adquirir coisa mediante pagamento em dinheiro ou qualquer outra compensação financeira.
Sinônimos: obter, conseguir, adquirir.
Exemplo: Compra sempre os insumos com melhor custo-benefício.

COMPRÁVEL *adj.* 1. Que se pode comprar.
Sinônimos: negociável, comerciável.
Exemplo: Tudo na vida é comprável, menos os valores pessoais.

COMPROMISSO *sm.* 1. Promessa formal.
Sinônimos: comprometimento, acordo.
Exemplo: Assumiu consigo mesmo o compromisso de lutar para realizar seus sonhos.

COMPUTAR *vtd.* 1. Fazer o cômputo de; contar. 2. Calcular em, orçar em.
Sinônimos: estimar, avaliar, incluir.
Exemplo: Computou os gastos com a folha de pagamento.

COMUNICADO *sm.* 1. Aviso ou informação, geralmente de caráter oficial, veiculado ao público pelos meios de comunicação.
Sinônimos: aviso, participação, informação, comunicação.
Exemplo: Encaminhei à equipe o comunicado sobre a compensação de horas extras.

COMUNICADOR *sm.* 1. Que ou aquele que comunica. 2. Profissional que cria e/ou transmite mensagens. 3. Apresentador ou animador de programas de rádio ou de televisão.
Sinônimos: participador, transmissor, comunicante.
Exemplo: Abelardo Barbosa, o Chacrinha, foi um dos maiores comunicadores do Brasil.

COMUNICAR *vtd./vtdi.* 1. Transmitir conhecimento, informação, mensagem etc. 2. Espalhar ou propagar algo.
Sinônimos: avisar, notificar.
Exemplo: É preciso comunicar aos demais sobre minha decisão.

CONCENTRAÇÃO *sf.* 1. Ato ou efeito de concentrar(-se). 2. Fixação intensa da atenção em determinado assunto.
Sinônimos: atenção, dedicação.
Exemplo: Estude com empenho e concentração para se preparar para os desafios da vida.

CONCORDAR *vti/vint.* 1. Estar de acordo; apresentar a mesma opinião. 2. Responder de forma afirmativa a uma solicitação. 3. Permitir ou consentir que alguém faça alguma coisa.
Sinônimos: acordar, combinar, anuir, conceder, consentir.
Exemplos: Concordaram que era necessário um reposicionamento da marca.
Concordou que o sócio o representasse na reunião.

CONCORRÊNCIA *sf.* 1. Disputa de mercado entre empresas que fabricam os mesmos produtos ou oferecem os mesmos serviços. 2. Conjunto de indivíduos que exercem uma mesma atividade ou atuam na mesma área de conhecimento.
Sinônimos: afluência, competição, emulação.
Exemplo: A concorrência é um dos reguladores dos preços dos produtos.

CONCORRENTE *sm+f/adj.* Empresa ou empresário que participa do mercado com produtos iguais ou similares aos de seus competidores. 2. Que concorre a um mesmo cargo ou emprego.
Sinônimos: competidor, adversário.
Exemplo: A concorrente lançou um produto muito parecido com o nosso.

CONCORRER *vti.* 1. Unir-se ou juntar-se para uma ação ou fim comum. 2. Disputar clientes no mercado.
Sinônimos: cooperar, contribuir, competir, disputar.
Exemplo: Para obter sucesso é necessário concorrer.

CONCRETIZAR *vtd./vpr.* 1. Tornar(-se) concreto ou real.
Sinônimos: materializar(-se), realizar(-se).
Exemplo: Trabalhou durante anos para concretizar seu grande sonho de vida.

CONDUTA *sf.* 1. Procedimento moral.
Sinônimos: comportamento, atitude.
Exemplo: Sua conduta profissional é irrepreensível.

CONFECÇÃO *sf.* 1. Ato ou efeito de confeccionar. 2. Acabamento ou conclusão de alguma coisa. 3. Fábrica que confecciona roupas em geral.
Sinônimos: fabrico, factura, feitura.
Exemplo: A confecção das peças publicitárias demorou uma semana.

CONFECCIONAR *vtd.* 1. Dar acabamento a algo.
Sinônimos: preparar, fazer, executar, compor, fabricar.
Exemplo: Confeccionaram um projeto muito bem fundamentado.

CONFERÊNCIA *sf.* 1. Reunião de especialistas para discutirem um assunto importante. 2. Conversação ou discussão entre duas ou mais pessoas. 3. Ato ou efeito de comparar duas coisas.
Sinônimos: verificação; discurso, palestra, preleção.
Exemplos: A conferência debateu as novas práticas do mercado atual.
Ele é o encarregado pela conferência dos produtos.

CONFISCAÇÃO *sf.* 1. Ato ou efeito de fazer apreensão de mercadorias de contrabando ou comercializadas em desobediência às leis fiscais.
Sinônimos: arresto, apreensão; confisco.
Exemplo: A Polícia Federal realiza a confiscação diária de milhares de produtos ilegais.

CONFISCADO *adj.* 1. Apreendido por ordem judicial. 2. Apreendido pelo fisco.
Sinônimos: preso, capturado, recolhido, arrestado.
Exemplo: Seu carro foi confiscado a mando do juiz federal.

CONFISCAR *vtd.* 1. Obter algo por força em proveito do fisco ou do tesouro público. 2. Apoderar-se de algo alheio como meio de punição ou por determinação de direito.
Sinônimos: apreender; arrestar.
Exemplo: A Justiça mandou confiscar os bens do acusado.

CONFISCO *sm.* 1. Apreensão de algo que está em desacordo com as leis, os regulamentos e o bom senso. 2. Ato ou efeito de fazer apreensão de mercadorias de contrabando ou comercializadas em desobediência às leis fiscais.
Exemplo: Empresas que cometem ilicitudes estão sujeitas ao confisco de bens.

CONHECIMENTO *sm.* 1. Processo pelo qual se adquire um saber intelectual. 2. Conjunto de informações e princípios que o homem aprendeu. 3. O ato de conhecer por meio da razão e/ou da experiência.
Sinônimos: ciência, saber, competência, *know-how*.
Exemplos: Adquiriu muito conhecimento em anos de estudo.
Tinha conhecimento sobre investimentos financeiros.

CONQUISTA *sf.* 1. Ato ou efeito de conquistar. 2. Território ou coisa conquistados. 3. Aquisição de melhorias (políticas, trabalhistas, nas condições de vida, educacionais etc.).
Sinônimos: triunfo, êxito.
Exemplo: A abertura de sua primeira empresa foi a maior conquista de sua vida.

CONQUISTAR *vtd.* 1. Conseguir (algo) ou alcançar (determinada coisa), superando obstáculos, oposições ou condições difíceis. 2. Adquirir ou receber algo devido à força do trabalho ou de outros méritos pessoais.
Sinônimos: vencer, triunfar, atingir, alcançar.
Exemplo: Conquistou tudo o que tem hoje graças à dedicação ao trabalho.

CONSELHO *sm.* 1. Decisão ou resolução que resulta de reflexão, de ponderação e equilíbrio para encontrar a justa medida. 2. Reunião de pessoas que deliberam sobre assuntos particulares. 3. Grupo de pessoas que constitui um corpo consultivo, com funções deliberativas e/ou administrativas, seja nas áreas de atividades públicas, seja nas de atividades privadas.
Sinônimos: voto, parecer, opinião, juízo, tribunal, comitê, assembleia.
Exemplo: Siga o conselho que sua chefe lhe deu.
O Conselho decidiu aumentar as atividades da fábrica.

CONSIGNAÇÃO *sf.* 1. Desconto, a título de amortização de dívida ou empréstimo, feito em folha de pagamento de funcionário público.
Sinônimos: endereço, destinação, destino; notificação; depósito.
Exemplo: Recebia diversos produtos em consignação; os que não gostasse, devolvia à fábrica.

CONSIGNAR *vtd./vtdi.* 1. Entregar (mercadorias) por depósito ou consignação (a uma comissão, pessoa comissionada ou consignatária). 2. Confiar (algo) aos cuidados de.
Sinônimos: destinar, endereçar, entregar, confiar.
Exemplo: Consignou-lhe a direção da empresa.

CONSÓCIO *sm.* 1. Sócio ou indivíduo que integra uma sociedade juntamente com outros. 2. Que ou aquele que é um dos sócios ou sócio em relação aos demais.
Sinônimos: sócio, coassociado.
Exemplo: A empresa foi fundada por três consócios.

CONSÓRCIO *sm.* 1. Grupo de pessoas que se comprometem a pagar, em geral mensalmente, determinada quantia em dinheiro, a título de prestação ou cota para um fundo comum, com o objetivo de autofinanciarem

um bem qualquer ou objeto de elevado valor, os quais serão entregues paulatinamente a cada participante, seja por meio de sorteio, seja por lance, conforme datas preestabelecidas. 2. Associação de pessoas ou empresas com patrimônio e interesses em comuns em um negócio.
Sinônimos: associação, união, combinação; sociedade, conversação, trato.
Exemplo: Formou-se um consórcio de empresas para realizar aquele grande empreendimento.

CONSTRUÇÃO *sf.* 1. Ação, processo ou resultado de compor, estruturar ou elaborar algo.
Sinônimos: composição, elaboração, estruturação, criação.
Exemplo: O sucesso é uma construção feita aos poucos, em várias etapas.

CONSTRUIR *vtd.* 1. Elaborar um trabalho de criação mental. 2. Criar passo a passo. 3. Organizar as ideias ou os pensamentos de modo a formar um todo coerente e articulado; arquitetar, dispor, estruturar um raciocínio ou produto da imaginação.
Sinônimos: conceber, criar, organizar, planejar.
Exemplos: Construiu uma carreira sólida. Construiu uma boa linha de argumentação.

CONSULTOR *sm.* 1. Que ou aquele que tem a função de aconselhar, emitir parecer técnico sobre determinado assunto de sua especialidade e/ou sugerir soluções, fornecer subsídios etc.
Sinônimos: consulente, aconselhador.
Exemplo: Contratamos um consultor para aperfeiçoar os processos internos da empresa.

CONSULTORIA *sf.* 1. Ação ou efeito de um especialista emitir um parecer técnico ou orientação profissional sobre um assunto de sua especialidade.
Sinônimos: aconselhamento, orientação.
Exemplo: Prestou-nos consultoria por dois anos.

CONSUMIDOR *adj./sm.* 1. Que ou aquele que consome; aquele que compra produtos ou serviços para seu próprio gasto (ou de sua família).
Sinônimos: comprador, cliente, freguês.
Exemplo: É preciso escutar os anseios do consumidor e atendê-los de forma criativa.

CONSUMO *sm.* 1. Uso que se faz de bens e serviços produzidos. 2. Quantidade que se utiliza de (serviços, combustível etc.).
Sinônimos: gasto, despesa, extração, aquisição.
Exemplo: Precisamos atentar para o alto consumo de energia no escritório.

CONTABILIDADE *sf.* 1. Cálculo, computação e planejamento de ganhos e despesas.
Sinônimos: cálculo, conta, computação.
Exemplo: A contabilidade demonstrou um aumento substancial do lucro líquido nos últimos três meses.

CONTABILISTA *sm.* 1. Denominação comum dos profissionais que atuam na área contábil, sejam os contadores (nível superior), sejam os técnicos em contabilidade (nível médio) ou guarda-livros.
Sinônimos: guarda-livros; contador.
Exemplo: O contabilista ficou responsável pelo controle financeiro da loja.

CONTABILIZAR *vtd.* 1. Registrar, nos livros apropriados para lançamentos, os fatos contábeis de uma empresa, conforme os processos prescritos pela ciência e pela técnica da contabilidade. 2. Avaliar o que se ganha e o que se perde em uma determinada atividade. 3. Fazer o cálculo de (algo).
Sinônimos: escriturar, computar, calcular.

Exemplo: Contabilizou as perdas e os ganhos que teria se fosse trabalhar como empreendedor individual.

CONTADOR *sm.* 1. Aquele que faz a contabilidade de uma firma. 2. Que ou aquele que conta, que faz cálculo, que enumera, que faz o cômputo ou a apuração de algo.
Sinônimos: calculador, calculista, contabilista.
Exemplo: Contratei um contador para fazer minha declaração de Imposto de Renda.

CONTEÚDO *sm.* 1. Assunto, tema ou argumento encontrado em determinado livro, documento, carta etc. 2. Força ou intensidade de ideias, sentimentos, sensações etc.; grande valor ou interesse.
Sinônimos: matéria, teor, expressão, importância.
Exemplos: O conteúdo de suas palestras é inspirador.
Pensamentos cheios de conteúdo.

CONTEXTO *sm.* 1. Conjunto de circunstâncias inter-relacionadas de cuja tessitura se depreende determinado fato ou situação. 2. Conjunto de circunstâncias que envolvem um fato e são imprescindíveis para o entendimento dele.
Sinônimos: circunstância(s), conjuntura, situação.
Exemplo: Há que se analisar todo o contexto econômico local antes de abrir uma empresa.

CONTRATAÇÃO *sf.* 1. Ato ou efeito de contratar. 2. Trato de mercadorias.
Sinônimos: contrato. Trato (de mercadorias).
Exemplo: O gestor autorizou sua contratação.

CONTRATADOR *sm.* 1. Que ou aquele que contrata. 2. Que ou aquele que arremata algum fornecimento.
Sinônimo: contratante.

Exemplo: O contratador informou que começo a trabalhar em dez dias.

CONTRATAR *vtd.* 1. Fazer contrato de. 2. Dar emprego a.
Sinônimos: assalariar, admitir, empregar.
Exemplo: A empresa contratou cinco novos profissionais para o setor de TI.

CONTRATO *sm.* 1. Acordo ou convenção entre duas ou mais pessoas, tendo em vista um fim qualquer (adquirir, resguardar, modificar ou extinguir direitos), sob determinadas condições. 2. Documento em que se registra esse acordo ou convenção.
Sinônimos: convenção, ajuste, convênio, acordo, trato.
Exemplo: Fecharam contrato de fornecimento de matéria-prima por dois anos.

CONTRIBUIÇÃO *sf.* 1. Subsídio de natureza moral, intelectual, científica etc.
Sinônimos: apoio, auxílio.
Exemplo: Deixou valorosas contribuições para o desenvolvimento do ecossistema empreendedor local.

CONTRIBUINTE *sm.* 1. Que ou aquele que está sujeito a tributação ou que paga tributos.
Sinônimos: contribuidor, contributário; colaborador, cooperador.
Exemplo: O contribuinte brasileiro tem sofrido com impostos cada vez mais altos.

CONTRIBUIR *vti.* 1. Colaborar para a realização de algo. 2. Ter parte em um resultado.
Sinônimos: colaborar, concorrer, cooperar.
Exemplo: Contribuiu para a criação do produto.

CONTROLE *sm.* 1. Ato de dirigir qualquer atividade, fiscalizando-a e orientando-a do modo mais conveniente. 2. Fiscalização das finanças.

Sinônimos: controle, gestão, monitoramento.
Exemplo: Tinha grande controle de todo o processo produtivo dentro da empresa.

CONVENCER *vtd./vint/vpr.* 1. Persuadir com argumentos, razões ou fatos.
Sinônimos: persuadir, induzir, instigar.
Exemplo: Uma boa estratégia de marketing tem o papel de convencer o cliente a adquirir o produto.

CONVÊNIO *sm.* 1. Contrato entre duas ou mais entidades, visando a uma prestação de serviço.
Sinônimos: acordo, contrato, tratado.
Exemplo: As empresas firmaram convênio para prestação de serviços hospitalares.

CONVERSÃO *sf.* 1. Ação ou efeito de converter. 2. Transformação das características de uma ação ou título, que pode envolver mudanças nos rendimentos dos segurados.
Sinônimos: transmutação, transformação, mudança, convertimento.
Exemplo: A compra da matéria-prima no exterior parecia vantajosa, mas, ao fazer a conversão do valor para reais, desistiram.

CONVIDADO *adj./sm.* 1. Que recebeu convite. 2. Indivíduo a quem se fez convite.
Sinônimos: convocado, visitante.
Exemplo: Foi convidado para participar de uma mesa-redonda sobre inovação.

CONVIDAR *vtd./vtdi.* 1. Solicitar a presença de alguém em algum lugar, para participar de um acontecimento (festa, reunião etc.).
Sinônimos: chamar, convocar.
Exemplo: Convidou a equipe para uma reunião.

CONVITE *sm.* 1. Solicitação para comparecer a determinado ato. 2. Solicitação para assumir ou fazer alguma coisa.

Sinônimos: convocação, chamado.
Exemplos: Recebeu o convite para o evento de empreendedorismo.
Honrou-se com o convite para assumir a gerência do setor.

CONVIVER *vti/vint.* 1. Relacionar-se amigavelmente ou dar-se bem.
Sinônimos: coabitar, coexistir.
Exemplo: É necessário conviver bem com os colegas de trabalho.

CONVOCAR *vtd./vtdi.* 1. Fazer reunir. 2. Solicitar o comparecimento de alguém em uma festa, reunião etc.
Sinônimos: convidar, intimar.
Exemplo: Convocou os acionistas para a reunião trimestral.

COOPERAÇÃO *sf.* 1. Prestação de auxílio para um fim comum.
Sinônimos: colaboração, solidariedade.
Exemplo: As duas empresas firmaram um acordo de cooperação tecnológica.

COOPERAR *vti/vint.* 1. Agir ou trabalhar junto com outro ou outros para um fim comum.
Sinônimos: contribuir, auxiliar.
Exemplo: Todo o grupo cooperou para o desenvolvimento do projeto.

COORDENAÇÃO *sf.* 1. Ação ou efeito de coordenar. 2. Quem realiza a atividade de coordenar.
Sinônimos: disposição, ordem, ordenação, organização.
Exemplo: A coordenação do setor passou novas instruções para os funcionários.

COORDENAR *vtd.* 1. Organizar e dirigir as atividades daqueles que trabalham visando a um objetivo comum.
Sinônimos: organizar, arranjar, ordenar.

Exemplo: Foi encarregado de coordenar o grupo de trabalho.

CORAGEM *sf.* 1. Atributo de quem tem determinação para realizar atividades que exigem firmeza.
Sinônimos: arrojo, bravura, destemor.
Exemplo: Teve muita coragem para enfrentar os desafios que a vida lhe impôs.

CORAJOSO *adj./sm.* 1. Que ou aquele que é desprovido de medo. 2. Que ou aquele que denota firmeza diante de situações críticas.
Sinônimos: destemido, valente, audacioso, bravo.
Exemplo: Há que ser corajoso para superar as adversidades.

CORDIAL *adj.* 1. Que denota sinceridade, afabilidade, amabilidade etc.
Sinônimos: civilizado, cortês.
Exemplo: Seja cordial com quem está à sua volta.

CORDIALIDADE *sf.* 1. Manifestação clara de afeição e simpatia. 2. Franqueza na atitude de simpatia.
Sinônimos: afeição, amabilidade, sinceridade.
Exemplo: A cordialidade é necessária em qualquer ambiente profissional.

CORRIGIR *vtd.* 1. Alterar ou fazer a correção de algo que está errado.
Sinônimos: consertar, retificar, repreender, advertir.
Exemplo: Corrigiu alguns *bugs* do aplicativo antes de lançar a versão definitiva.

CORPORAÇÃO *sf.* 1. Reunião de pessoas com finalidades profissionais, que se organizam em uma associação através de regulamentos ou estatutos. 2. Empresa ou grupo de empresas de grande porte e de forte presença em um ou mais setores.
Sinônimos: congregação, associação, junta.
Exemplo: A Petrobras é uma importante corporação.

CORTÊS *adj.* 1. Que é educado ou civilizado. 2. Que é delicado ou gentil nas atitudes.
Sinônimos: amável, afável, educado, atencioso.
Exemplo: Tratava a todos de maneira cortês.

CORTESIA *sf.* 1. Amabilidade ou educação no trato com as pessoas.
Sinônimos: gentileza, polidez, educação, cordialidade.
Exemplo: A cortesia abre portas.

COSTUME *sm.* 1. Tradição habitual ou prática frequente. 2. Procedimento característico de um indivíduo, de um grupo, de um povo etc.
Sinônimos: prática, hábito.
Exemplo: Antes de lançar um produto é indicado pesquisar os costumes do público local.

CRÉDITO *sm.* 1. Adiantamento financeiro. 2. Boa reputação.
Sinônimos: confiança, crença.
Exemplos: Por ser bom pagador, foi fácil obter crédito.
Era um profissional de crédito e renome.

CRESCER *vti/vint.* 1. Tornar-se melhor ou superior; aumentar em estatura moral, intelectual etc.
Sinônimos: desenvolver-se, progredir.
Exemplo: Por seu talento e sua competência, cresceu rapidamente no ramo.

CRIAR *vtd.* 1. Inventar ou imaginar algo novo ou original.
Sinônimos: gerar, formar, originar, produzir, inventar.

Exemplo: Criou um aplicativo inovador, sucesso no mundo todo.

CURIOSIDADE *sf.* 1. Informação que revela algo interessante e surpreendente. 2. Desejo forte de ver, conhecer ou desvendar alguma coisa. 3. Desejo de aprender ou adquirir conhecimentos.
Sinônimos: singularidade, interesse.
Exemplo: Sua curiosidade o levou a aprender sobre vários assuntos.

CUSTO *sm.* 1. O valor de mercado de algo, calculado monetariamente, a partir do capital e do tempo gastos na sua produção e a margem de lucro de seu produtor. 2. A quantia com que se adquire algum bem ou serviço.
Sinônimos: dispêndio, despesa, desembolso.
Exemplo: O custo para adquirir novas máquinas ainda é muito alto, não dispomos desse capital.

CUSTOSO *adj.* 1. De grande custo. 2. Que exige muito esforço ou trabalho.
Sinônimos: caro, valioso, difícil, trabalhoso.
Exemplo: Foi muito custoso terminar o relatório financeiro.

D

DADO *sm.* 1. Aquilo que representa o ponto de partida para uma inferência, um argumento, o desenvolvimento de um raciocínio etc. 2. Aquilo que se obtém após investigação e pesquisa e está disponível para análise.
Sinônimos: Informação, aspecto, base, elemento.
Exemplo: Coletou dados sobre o mercado e o público antes de lançar o produto.

DEBATE *sm.* 1. Exposição e troca de ideias em defesa ou contra um assunto, argumento, decisão, projeto de lei etc., geralmente para se chegar a uma conclusão.
Sinônimos: argumentação, discussão.
Exemplo: Houve um intenso debate durante a reunião da equipe.

DEBATER *sm.* 1. Discutir um assunto. 2. Examinar algo (assunto, pendência, problema etc.) em conjunto.
Sinônimos: argumentar, discutir, deliberar.
Exemplo: Debateram sobre em que nicho de mercado deveriam investir.

DEBELAR *vtd.* 1. Pôr fim ao efeito de algo que é considerado prejudicial.
Sinônimos: eliminar, extinguir, superar, vencer.
Exemplo: Debelaram as incongruências nos processos após análise aprofundada.

DEBÊNTURE *sf.* 1. Título de dívida amortizável ao portador, garantido normalmente pelos bens do ativo das empresas, passível de juros e correção monetária.
Sinônimo: obrigação.
Exemplo: As debêntures têm se tornado mais populares no mercado de capitais.

DEBUTANTE *adj./sm+f* 1. Que ou aquele que se inicia em determinada atividade.
Sinônimos: estreante, iniciante, novato.
Exemplo: Ele era debutante na profissão, mas se saiu muito bem.

DEBUTAR *vint.* 1. Iniciar-se em algum tipo de atividade.
Sinônimos: começar, estrear.
Exemplo: A empresa decidiu debutar em um setor no qual ainda não atuava, diversificando suas atividades.

DECÊNCIA *sf.* 1. Qualidade ou estado que está de acordo com as regras morais e éticas da sociedade. 2. Qualidade ou caráter de honesto.
Sinônimos: decoro, compostura, honestidade, honradez.

Exemplo: É um profissional que sempre agiu com decência.

DECENTE *adj. m+f* 1. Conforme as regras morais e éticas da sociedade. 2. Que age com decência.
Sinônimos: honesto, decoroso, correto, digno.
Exemplo: Uma pessoa decente terá mais facilidade em crescer na carreira.

DECIDIDO *adj.* 1. Que age com segurança e firmeza. 2. Que foi estabelecido; posto em vigor.
Sinônimos: resoluto, determinado, seguro, convicto.
Exemplo: Ele estava decidido de que aquela seria a melhor escolha.

DECIDIR *vtd.* 1. Tomar resolução ou decisão sobre. 2. Dar preferência a alguém ou algo dentre várias possibilidades de escolha.
Sinônimos: definir, escolher, optar.
Exemplo: Decidiu pelo produto mais caro, pois apresentava uma qualidade bastante superior.

DECISÃO *sf.* 1. Capacidade de solucionar algo difícil sem hesitar. 2. Opção por uma determinada estratégia para a solução de alguma coisa.
Sinônimos: deliberação, resolução, confiança, firmeza.
Exemplo: Chegaram à decisão de que não iriam cortar funcionários.

DECISIVO *adj.* 1. Em que há ou houve decisão. 2. Que oferece a solução. 3. Que impõe decisão.
Sinônimos: decisório, resolutivo.
Exemplo: A reunião decisiva sobre a questão será realizada hoje.

DECLARAÇÃO *sf.* 1. Ação ou efeito de declarar. 2. Afirmação oral ou escrita. 3. Depoimento para explicar ou esclarecer algo. 4. Documento em que se declara alguma coisa.
Sinônimos: alegação, afirmação, esclarecimento, exposição, atestado, certificação.
Exemplo: Fez uma declaração aos funcionários.

DECLARANTE *adj./sm+f* 1. Que ou aquele que declara. 2. Que ou aquele que informa oficialmente seus bens, mercadorias, rendas etc. para controle das autoridades fiscais.
Sinônimos: declarador, depoente.
Exemplo: O declarante não deve esconder bens do Fisco.

DECLARAR *vtd.* 1. Tornar público, dando a conhecer. 2. Fazer nomeação ou nomear. 3. Decretar solenemente. 4. Apresentar (bens, rendas) para fins de fiscalização.
Sinônimos: expor, designar, proclamar, anunciar.
Exemplo: O juiz declarou que a empresa deverá pagar os débitos com o funcionário demitido em uma única parcela.

DECORO *sm.* 1. Seriedade e decência ao agir. 2. Compostura nas maneiras.
Sinônimos: Decência, dignidade.
Exemplo: Aja com decoro e será reconhecido como um profissional íntegro.

DECOROSO *adj.* 1. Conforme ao decoro.
Sinônimos: decente, digno, honesto, honroso.
Exemplo: Sempre foi muito decoroso com as colegas de trabalho.

DECRETAR *vtd./vtdi./vint.* 1. Dar ordens. 2. Estabelecer incisiva e categoricamente. 3. Ordenar a publicação de decreto ou lei sobre algo, tornando-o público oficialmente; promulgar lei ou decreto sobre algo.
Sinônimos: mandar, ordenar, determinar, deliberar, sentenciar.

Exemplo: A justiça decretou a ilegalidade do movimento paredista.

DECRETO *sm.* 1. Determinação escrita por autoridade superior.
Sinônimos: desígnio, determinação, ordem, provisão.
Exemplo: O decreto presidencial concedeu benefícios às empresas que possuíam dívidas com a União.

DEDICAÇÃO *sf.* 1. Qualidade de quem se dedica a alguém. 2. Afeto extremo.
Sinônimos: cuidado, empenho, abnegação, entrega.
Exemplo: Sempre trabalhou com dedicação para atingir seus objetivos.

DEDICADO *adj.* 1. Diz-se de pessoa que trabalha e se dedica ao que faz.
Sinônimos: aplicado, diligente, esforçado.
Exemplo: Um profissional dedicado logo alcança postos mais altos dentro de uma organização.

DEDICAR *vpr.* 1. Fazer grande empenho por. 2. Oferecer-se ao serviço de.
Sinônimos: investir, aplicar-se, empenhar-se.
Exemplo: Dedicou-se à empresa por trinta anos e, ao se aposentar, foi homenageado pela diretoria.

DEDICATÓRIA *sf.* 1. Palavras afetuosas, escritas principalmente em livros, fotos, CDs ou outro objeto artístico, dedicadas a alguém.
Sinônimo: oferecimento.
Exemplo: Autografou o livro com uma dedicatória carinhosa.

DEDUÇÃO *sf.* 1. Consequência tirada de um princípio. 2. Modo ou processo de raciocinar, partindo de uma ou várias proposições consideradas verdadeiras e que encerram uma evidência. 3. Redução em qualquer valor, altura ou intensidade.
Sinônimos: conclusão, ilação, inferência, abatimento, baixa.
Exemplo: Chegaram à dedução de que não valia a pena investir naquele mercado.
O valor final teve uma dedução de 30%.

DEDUZIR *vtd./vtdi.* 1. Tirar conclusão por meio de raciocínio. 2. Reduzir valor, intensidade ou altura.
Sinônimos: inferir, depreender, descontar, abater.
Exemplos: Como não o vira, deduziu que não tinha ido trabalhar naquele dia.
Deduziu da dívida o valor dos tributos.

DEFENDER *vtd./vtdi./vint/vpr* 1. Atuar em defesa de alguém ou de si mesmo. 2. Falar a favor de, interceder por. 3. Afirmar com veemência um ponto de vista, uma opinião. 4. Lutar a favor de algo ou de alguém.
Sinônimos: proteger, resguardar, interceder, intervir, apoiar.
Exemplos: Defendeu o colega acusado, pois tinha certeza de sua inocência. / Se tem uma ideia realmente boa, defenda-a com bons argumentos.

DEFENSOR *adj./sm* 1. Que ou quem defende ou protege. 2. Que ou quem defende uma causa, ideia etc.
Sinônimos: defendedor, defendente, apoiador, protetor, guardião.
Exemplo: Ele é defensor da valorização dos funcionários como forma de motivação.

DEFERÊNCIA *sf.* 1. Procedimento que encerra consideração e respeito, em geral a pessoa mais velha ou a um superior. 2. Atenção, condescendência para com assuntos alheios.
Sinônimos: consideração, respeito, condescendência, complacência.

Exemplo: Por deferência, cedeu a palavra, primeiramente, ao fundador do instituto.

DEFERENTE *adj. m+f/sm.* 1. Que defere. 2. Que concede o solicitado. 3. Que se ocupa dos interesses alheios.
Sinônimos: educado, atencioso, cortês, respeitoso.
Exemplo: Foi bastante deferente com o pedido que lhe foi feito.

DEFESA *sf.* 1. Ato ou efeito de defender. 2. Apresentação oral de tese ou dissertação, geralmente pública.
Sinônimos: proteção, amparo, argumentação.
Exemplo: Apresentou a defesa do projeto de expansão da matriz.

DEFINIÇÃO *sf.* 1. Proposição que expõe com clareza e exatidão os caracteres genéricos e diferenciais de uma coisa. 2. Palavras com que se define algo ou alguém.
Sinônimos: explicação, exposição.
Exemplo: A melhor definição para ele é de um profissional dedicado e competente.

DEFINIDO *adj.* 1. Exposto com clareza, fixado. 2. Delimitado com precisão.
Sinônimos: determinado, estabelecido, preciso, delineado.
Exemplo: Sempre teve objetivos muito bem definidos na vida.

DEFINIR *vtd.* 1. Tomar uma resolução. 2. Estabelecer com precisão. 3. Fixar os limites.
Sinônimos: determinar, estabelecer, explicar.
Exemplo: Definiu-se que a melhor alternativa seria recorrer a parcerias.

DEFINITIVO *adj.* 1. Que não sofre mais modificação. 2. Cuja forma é permanente.
Sinônimos: cabal, absoluto, final.
Exemplo: Esta é a versão definitiva do código de conduta interno da empresa.

DEFLAÇÃO *sf.* 1. Ato de reduzir ou conter a inflação por meio de medidas monetárias que incluem a diminuição da circulação do papel-moeda superabundante ou a redução e o controle do crédito.
Sinônimos: redução de preços, redução da circulação de dinheiro.
Exemplo: O IGP-M apontou deflação de 0,1% em junho.

DELEGAR *vti.* 1. Confiar o poder a alguém.
Sinônimos: confiar, encarregar.
Exemplo: Um líder ou gestor deve saber delegar funções.

DELIBERAÇÃO *sf.* 1. Debate oral de um assunto entre muitas pessoas, para tomar uma decisão, resolver um problema etc. 2. Resolução que se toma após uma discussão ou reflexão.
Sinônimos: análise, determinação, decisão.
Exemplo: Após muita deliberação, o Conselho decidiu as ações a serem tomadas diante da crise.

DELIBERAR *vti/vint.* 1. Tomar decisão depois de consultar a si mesmo ou a outrem.
Sinônimos: decidir, resolver, determinar.
Exemplo: A gestão se reuniu para deliberar sobre assuntos pendentes.

DELIBERATIVO *adj.* 1. Que envolve deliberação. 2. Relativo a ou próprio de deliberação.
Sinônimos: decisório, resolutivo.
Exemplo: Foi criado um conselho deliberativo para definir ações e estratégias para o futuro.

DEMANDA *sf.* 1. Demonstração de uma vontade. 2. Qualquer produto ou serviço que se procura no mercado.
Sinônimos: procura, busca, necessidade.
Exemplo: A alta demanda por combustível fez os preços subirem.

DEMOCRACIA *sf.* 1. Forma de governo em que a soberania é exercida pelo povo. 2. Sistema político influenciado pela vontade popular e que tem por obrigação distribuir o poder equitativamente entre os cidadãos, assim como controlar a autoridade de seus representantes.
Sinônimos: democratismo, governo popular.
Exemplo: A verdadeira democracia deve promover direitos igualitários a todos os cidadãos.

DEMOCRÁTICO *adj.* 1. Relativo a democracia. 2. Que respeita a liberdade de expressão.
Sinônimos: antiautoritário, liberal, popular, democrata.
Exemplo: Sempre foi um chefe democrático, dava espaço para seus colaboradores se expressarem.

DEMONSTRAÇÃO *sf.* 1. Ato ou efeito de demonstrar. 2. Apresentação de algo novo. 3. Meio utilizado para tornar evidente a autenticidade de qualquer coisa.
Sinônimos: argumentação, raciocínio, prova.
Exemplo: Durante a demonstração, puderam entender melhor o funcionamento do produto.

DEMONSTRAR *vtd.* 1. Provar por meio de raciocínio convincente. 2. Fazer demonstração de. 3. Expor um ponto de vista.
Sinônimos: comprovar, validar, apresentar, explicar.
Exemplo: Demonstrou o novo produto aos clientes.

DEPARTAMENTO *sm.* 1. Repartição em alguma organização pública ou privada. 2. Subdivisão de uma organização administrativa.
Sinônimos: repartição, seção, setor.
Exemplo: Os vários departamentos precisaram trabalhar em conjunto para solucionar a crise.

DEPOSITAR *vtdi.* 1. Colocar algo em algum lugar. 2. Pôr dinheiro em depósito para obter rendimentos.
Sinônimos: colocar, depor, recolher.
Exemplo: Depositou o questionário na urna.

DEPÓSITO *sm.* 1. Dinheiro colocado em qualquer estabelecimento bancário. 2. Lugar comercial onde se guardam provisoriamente certas mercadorias e materiais para venda. 3. Lugar amplo, apropriado para armazenar qualquer coisa.
Sinônimos: remessa, armazém, reservatório.
Exemplo: O rapaz comprou todos os pisos e azulejos da nova casa no depósito de materiais de construção.

DEPREENDER *vtd./vtdi.* 1. Atingir o conhecimento intelectual de. 2. Fazer dedução, chegar à conclusão.
Sinônimos: concluir, inferir, absorver, captar.
Exemplo: Depois de receber as informações, depreendeu que poderia agir de outra forma.

DEPREENSÃO *sf.* 1. Compreensão intelectual. 2. Capacidade de raciocinar de forma dedutiva.
Sinônimos: conclusão, inferência.
Exemplo: Diante desse problema, a depreensão é que se deve manter um diálogo aberto com toda a equipe.

DESAFIADO *adj./sm.* 1. Que ou quem foi chamado para um desafio ou duelo.
Sinônimos: provocado, instigado.
Exemplo: Foi desafiado a criar uma nova solução de tecnologia para o setor.

DESAFIADOR *adj./sm.* 1. Que ou o que desafia.
Sinônimos: provocante, tentador.
Exemplo: Era um problema desafiador, que exigiu muita habilidade para ser resolvido.

DESAFIAR *vtd./vtdi.* 1. Convidar alguém para participar de algum tipo de confronto (debate, jogo, luta etc.). 2. Incitar alguém a realizar alguma coisa que supostamente está acima de sua capacidade.
Sinônimos: instigar, incitar, estimular, provocar.
Exemplo: Desafiei-o a provar que era capaz de resolver a situação.

DESAFIO *sm.* 1. Situação ou problema cujo enfrentamento demanda esforço e disposição firme.
Sinônimos: estímulo, incitação.
Exemplo: Vencer na vida é um desafio diário e constante.

DESBRAVAR *vtd.* 1. Penetrar em terra ou lugar desconhecido para explorá-lo.
Sinônimo: explorar.
Exemplo: Juntos, decidiram desbravar um campo ainda não explorado do mercado local.

DESCOBRIR *vtd.* 1. Achar ou passar a conhecer algo cuja existência era desconhecida. 2. Criar ou inventar algo.
Sinônimos: encontrar, imaginar, idealizar.
Exemplo: Descobriram um rombo nas contas da companhia após uma auditoria minuciosa.

DESCOMPLICAR *vtd.* 1. Fazer cessar a complicação.
Sinônimos: facilitar, simplificar.
Exemplo: O novo computador ajudou a descomplicar o seu trabalho.

DESEJAR *vtd./vint.* 1. Ter desejo ou vontade de. 2. Querer algo cuja concretização atenda a uma necessidade intelectual ou de outra natureza. 3. Exprimir o desejo de.
Sinônimos: almejar, ambicionar, ansiar, cobiçar.
Exemplo: Ao despedir-se, desejou-lhe boa viagem.

DESEJO *sm.* 1. Tendência da vontade a buscar o conhecimento, a posse ou o desfrute de alguma coisa. 2. Anseio veemente de alcançar determinado objetivo. 3. Aquilo que se procura alcançar quando se faz alguma coisa.
Sinônimos: aspiração, vontade, propósito, pretensão.
Exemplo: Ser bem-sucedido em uma profissão é o desejo de todos.

DESEMPENHO *sm.* 1. Modo de executar uma tarefa que terá, posteriormente, seu grau de eficiência submetido a análise e apreciação. 2. Conjunto de características que permitem determinar o grau de eficiência e as possibilidades de operação de determinado veículo, motor, máquina etc.
Sinônimos: performance, funcionamento.
Exemplo: A escola está atenta ao desempenho do novo professor.

DESENVOLTURA *sf.* 1. Qualidade de desenvolto; falta de acanhamento.
Sinônimos: agilidade, prontidão, habilidade, destreza.
Exemplo: Demonstrou desenvoltura no novo posto.

DESENVOLVER *vtd./vpr.* 1. Fazer passar ou passar por um processo de crescimento, de evolução por alterações sucessivas, de um estágio menos perfeito a um mais perfeito ou mais altamente organizado.
Sinônimos: progredir, evoluir, aprimorar, aperfeiçoar.
Exemplo: O projeto se desenvolveu completamente por três anos.

DESENVOLVIDO *adj.* 1. Que se desenvolveu. 2. Cujo potencial e capacidade de crescimento e progresso atingiram um estado avançado. 3. Que se caracteriza por um alto nível de melhoria econômica.

Sinônimos: avançado, próspero, expandido, rico.
Exemplo: Aquela cidade tem um ecossistema de empreendedorismo bem desenvolvido.

DESENVOLVIMENTO *sm.* 1. Passagem gradual (da capacidade ou possibilidade) de um estágio inferior a um estágio maior, superior, mais aperfeiçoado etc. 2. Crescimento econômico de um país ou região, acompanhado por alterações na estrutura política e social, que resulta em melhoria do padrão de vida da população.
Sinônimos: progresso, evolução, aperfeiçoamento, crescimento, expansão.
Exemplo: O desenvolvimento do Brasil depende da volta da atividade econômica a padrões mais altos.

DESIDERATO *sm.* 1. Aquilo que se deseja.
Sinônimos: aspiração, pretensão.
Exemplo: O desiderato dele é ter sucesso e ser plenamente feliz.

DESIGNAR *vtd./vtdi.* 1. Nomear uma pessoa para certa função. 2. Escolher (alguém ou algo) entre os demais.
Sinônimos: apontar, indicar, eleger.
Exemplo: Designou um dos funcionários como supervisor.

DESPESA *sf.* 1. Aquilo que se gasta, despende-se.
Sinônimos: gasto, custo.
Exemplo: No primeiro mês da empresa, pagou todas as despesas do próprio bolso.

DESTAQUE *sm.* 1. Figura ou assunto de relevância.
Sinônimos: distinção, notoriedade, relevância.
Exemplo: Foi o destaque do ano no prêmio de empreendedorismo.

DESTEMIDO *adj.* 1. Que não tem temor. 2. Que revela coragem ou valentia.
Sinônimos: corajoso, valente, audaz, audacioso.
Exemplo: Era destemido; não esmorecia frente às adversidades da vida.

DESTEMOR *sm.* 1. Falta de temor.
Sinônimos: coragem, valentia.
Exemplo: Por seu destemor, superou os obstáculos mais difíceis.

DETALHAR *vtd.* 1. Expor algo de forma minuciosa; apresentar em detalhes.
Sinônimos: pormenorizar, especificar.
Exemplo: Detalhou o plano de forma a ficar bem claro para todos os presentes.

DETALHE *sm.* 1. Fato, coisa ou pessoa que não é essencial. 2. Relato ou exposição minuciosa.
Sinônimos: pormenor, minúcia.
Exemplo: Não deixou passar nenhum detalhe.

DETECTAR *vtd.* 1. Descobrir ou revelar algo imperceptível ou escondido.
Sinônimos: identificar, constatar, notar.
Exemplo: Detectou falhas no produto e ajustou-as.

DETERMINAÇÃO *sf.* 1. Resolução a que se chegou sobre algum assunto. 2. Qualidade do que é inabalável.
Sinônimos: definição, resolução, firmeza, coragem.
Exemplo: Com muita determinação, conseguiu vencer aquele obstáculo.

DETERMINADO *adj.* 1. Que se mantém firme em seus propósitos.
Sinônimos: firme, perseverante, resoluto, tenaz.
Exemplo: Como um bom empreendedor, sempre foi determinado e obstinado em seus propósitos.

DEVER *sm.* 1. Obrigação de fazer alguma coisa imposta por lei, pela moral, pelos usos e costumes ou pela própria consciência. 2. Em sentido particular, uma regra de ação específica ou uma obrigação definida.
Sinônimos: obrigação, encargo.
Exemplo: É nosso dever, como cidadãos, zelar pela cidade.

DIALOGAR *vti/vint.* 1. Conversar com outra pessoa ou com outro grupo. 2. Procurar entender-se (com outras pessoas ou grupos) tendo em vista a superação de problemas comuns.
Sinônimos: conversar, debater, conciliar-se.
Exemplo: Dialogaram para chegar a um acordo.

DIÁLOGO *sm.* 1. Troca de ideias, opiniões etc., que tem por finalidade a solução de problemas comuns.
Sinônimos: conversa, colóquio.
Exemplo: Por meio do diálogo, chegaram a um consenso sobre a situação.

DIFERENCIAL *sm.* 1. Diferença que uma empresa, um prestador de serviços ou um produto apresenta, de forma a oferecer a seus clientes uma vantagem ou melhor satisfazer suas exigências, e que aumenta a sua competitividade em relação às concorrentes.
Sinônimos: diferença, distinção.
Exemplo: Nosso principal diferencial é o atendimento personalizado a cada cliente.

DIFUNDIR *vtd./vpr.* 1. Tornar(-se) conhecido.
Sinônimos: divulgar(-se), propagar(-se).
Exemplo: Difundiu seus ensinamentos sobre inovação.

DIGNIDADE *sf.* 1. Modo de proceder que transmite respeito. 2. Autoridade moral.
Sinônimos: honra, autoridade, nobreza.
Exemplo: Manteve sua dignidade.

DIGNO *adj.* 1. Que tem dignidade.
Sinônimos: honesto, honrado.
Exemplo: É um homem digno.

DINÂMICO *adj.* 1. Muito empreendedor. 2. Que evolui permanentemente. 3. Que inclui criatividade e atividade.
Sinônimos: enérgico, ativo, diligente, proativo.
Exemplo: Seja um profissional dinâmico, que não fica na mesmice.

DINAMISMO *sm.* 1. Característica do que é energético, ativo e vigoroso. 2. Espírito capaz de realizações.
Sinônimos: atividade, energia, entusiasmo, vitalidade.
Exemplo: Seu dinamismo o tornou um profissional de destaque.

DIRETORIA *sf.* 1. Cargo, ofício ou lugar de diretor. 2. Equipe que coordena uma instituição.
Sinônimo: administração.
Exemplo: A diretoria passou o dia todo em reunião.

DIRETRIZ *sf.* 1. Conjunto de instruções para se levar a termo um negócio ou uma empresa.
Sinônimos: conduta, instrução, norma, orientação.
Exemplo: A corporação possui várias diretrizes para o ambiente de trabalho.

DINHEIRO *sm.* 1. Recursos financeiros. 2. Moedas ou cédulas utilizadas como meio de troca na aquisição de bens, serviços, força de trabalho e quaisquer outras transações financeiras que são colocadas em circulação pelo governo de cada nação, o qual as emite e lhes fixa o valor.
Sinônimos: moeda, verba, capital.
Exemplo: Dinheiro nunca foi sua prioridade: queria que seu trabalho fizesse a diferença.

DIPLOMA *sm.* 1. Título oficial concedido por uma autoridade com que se confere um cargo, dignidade ou privilégio; carta.
2. Documento oficial com que uma instituição educacional declara que seu portador está habilitado para exercer uma função ou lhe confere um título por ter concluído um curso; canudo.
Sinônimos: canudo, patente, título.
Exemplo: O diploma de especialista foi essencial para sua contratação na empresa.

DISCIPLINA *sf.* 1. Obediência às normas convenientes para o bom andamento dos trabalhos.
Sinônimos: método, aplicação, respeito.
Exemplo: Sempre prezou pela disciplina no ambiente de trabalho.

DISPOSIÇÃO *sf.* 1. Expressão da vontade de alguém. 2. Prontidão para servir, para se colocar a serviço de (outrem).
Sinônimos: determinação, propósito, entusiasmo, desejo.
Exemplo: Sua disposição em lutar e perseguir seus sonhos o levou longe.

DOMÍNIO *sm.* 1. Profundo conhecimento teórico ou prático de um assunto, uma arte, uma técnica etc.
Sinônimos: competência, compreensão, conhecimento, entendimento.
Exemplo: Mostrou domínio da técnica de produção.

E

ECONOMIA *sf.* 1. Ciência que estuda os fenômenos de produção, distribuição e consumo de bens e serviços, com o intuito de promover o bem-estar de uma comunidade. 2. Controle financeiro a fim de evitar gastos desnecessários.
Sinônimos: contenção, racionamento, provisão.
Exemplo: Ter noções de Economia é fundamental para administrar uma empresa.

ECONÔMICO *adj.* 1. Relativo a economia. 2. Que evita desperdícios.
Sinônimos: financeiro, financial.
Exemplo: O fenômeno do empreendedorismo é de suma importância para o desenvolvimento econômico do país.

ECONOMIZAR *vtd./vti.* 1. Administrar com economia. 2. Reduzir despesas.
Sinônimos: poupar, guardar, acumular.
Exemplo: É importante economizar as despesas visando a uma velhice tranquila.

EDUCAÇÃO *sf.* 1. Processo que visa ao desenvolvimento físico, intelectual e moral do ser humano, por meio da aplicação de métodos próprios, com o intuito de assegurar-lhe a integração social e a formação da cidadania.
Sinônimos: didática, ensino, disciplina.
Exemplo: "A educação exige os maiores cuidados, porque influi sobre toda a vida" (Sêneca).

EFETIVAR *vtd./vpr.* 1. Tornar(-se) efetivo; efetuar(-se), realizar(-se).
Sinônimos: estabilizar, fixar, permanecer.
Exemplo: Efetivar-se em um bom emprego é o sonho de muitos.

EFICÁCIA *sf.* 1. Qualidade do que produz o resultado esperado. 2. Qualidade do que é aplicável; aplicabilidade, valia.
Sinônimos: êxito, eficácia, ação, efeito.
Exemplo: A eficácia desses métodos é questionável.

ELABORAÇÃO *sf.* 1. Ato ou efeito de elaborar. 2. Formação ou criação de ideia.

Sinônimos: preparação, preparo, arranjo, trabalho.
Exemplo: A elaboração de uma tese.

ELABORAR *vtd.* 1. Preparar ou organizar gradualmente, com trabalho.
Sinônimos: arranjar, formar, ordenar.
Exemplo: Os deputados elaboraram o projeto de lei.

ELUCIDAR *vtd./vpr.* 1. Tornar(-se) claro; esclarecer(-se), explicar(-se).
Sinônimos: explicar, aclarar, esclarecer.
Exemplo: O delegado facilmente elucidou o crime.

EMANAR *vti.* 1. Disseminar(-se) em partículas; exalar(-se), soltar(-se).
Sinônimos: exir, derivar, advir.
Exemplo: Um perfume delicioso emanava do jardim.

EMANCIPAR *vtd./vti.* 1. Tornar(-se) livre e independente; libertar(-se).
Sinônimos: libertar, liberar, desobrigar.
Exemplo: O movimento feminista emancipou as mulheres do jugo masculino.

EMBALAGEM *sf.* 1. Ato ou efeito de embalar. 2. Proteção externa da mercadoria, para a sua apresentação no mercado. 3. Departamento destinado a empacotar ou embalar produtos.
Sinônimos: empacotamento, encaixotamento.
Exemplo: A embalagem é um dos elementos mais importantes na apresentação de um produto.

EMÉRITO *adj.* 1. Aposentado que se beneficia dos rendimentos e das horas do cargo. 2. Muito versado numa ciência, arte ou profissão; insigne.
Sinônimos: jubilado, reformado.
Exemplo: Convidamos professores eméritos para a palestra.

EMISSÃO *sf.* 1. Ato ou efeito de emitir. 2. Ato de pôr em circulação uma nova moeda, ou à venda, selos, ações etc. 3. Expedição de recibo, cheque etc.
Sinônimo: lançamento.
Exemplo: Providenciou a emissão das certidões para regularizar a empresa.

EMPENHAR *vtd./vtdi./vpr.* 1. Comprometer(-se) moralmente por promessa. 2. Pôr todo empenho em.
Sinônimos: dedicar-se, aplicar-se, esforçar-se, diligenciar.
Exemplos: Empenhou toda a sua energia no novo projeto. Empenhou-se muito para passar no concurso.

EMPENHO *sm.* 1. Grande dedicação ou interesse.
Sinônimos: esforço, dedicação, interesse, afinco.
Exemplo: Realizou a tarefa com empenho.

EMPREENDEDOR *adj./sm.* 1. Que empreende. 2. Que se lança à realização de coisas difíceis ou fora do comum. 3. Aquele que torna a seu cargo uma empresa.
Sinônimos: ativo, diligente, trabalhador, arrojado.
Exemplo: O empreendedor de sucesso é a pessoa que cria algo novo, que vê uma oportunidade ainda não explorada.

EMPREENDER *vtd.* 1. Resolver-se a praticar (algo laborioso e difícil). 2. Pôr em execução.
Sinônimos: tentar, resolver, experimentar, delinear, ensaiar.
Exemplo: Empreender é o modo de pensar e agir de modo inovador, identificando e criando oportunidades.

EMPREENDIMENTO *sm*. 1. Ato de empreender. 2. Entidade organizada para a realização de negócios.
Sinônimos: empresa, cometimento, tentativa.
Exemplo: Para que um empreendimento tenha sucesso é fundamental estabelecer metas a serem alcançadas.

EMPREGADO *sm*. 1. Pessoa física que presta serviços de natureza não eventual a empregador, sob a dependência dele, mediante salário, aplicado.
Sinônimos: funcionário, empregue.
Exemplo: Para o bom funcionamento e rendimento de uma empresa, a relação entre patrão e empregado tem que ser constituída de respeito mútuo.

EMPREGAR *vtd*. 1. Dar emprego ou colocação a.
Sinônimos: gastar, aplicar, ocupar, colocar.
Exemplo: Após entrevistá-la, a empresa a empregou.

EMPREGO *sm*. 1. Trabalho ou ocupação que se realiza em troca de remuneração. 2. Aplicação ou uso de alguma coisa.
Sinônimos: função, cargo, colocação, exercício, lugar, ocupação, posto.
Exemplo: Conseguiu um emprego de designer.

EMPRESA *sf*. 1. Sociedade organizada para a exploração de indústria ou comércio; com a finalidade de obter um rendimento monetário através de produção de bens ou serviços.
Sinônimos: empreendimento, negócio, associação, sociedade.
Exemplo: Para alcançar o sucesso, uma empresa deve se preocupar menos com a concorrência e mais com seus próprios diferenciais.

EMPRESÁRIO *sm*. 1. Pessoa que se estabelece com uma empresa ou indústria, tomando a seu cargo a execução de um trabalho. 2. Pessoa que, objetivando lucro, investe capital na realização de espetáculos artísticos, esportivos etc.
Sinônimos: administrador, gestor, dirigente.
Exemplo: Mesmo sendo um empresário rico e de sucesso, manteve a humildade.

EMPRESTAR *vtd./vtdi./vint*. 1. Confiar ou dar alguma coisa a outrem por certo tempo, com a obrigatoriedade implícita de retribuição. 2. Ceder numerário a juro.
Sinônimos: ceder, dar, conceder.
Exemplo: O banco vai emprestar dinheiro aos correntistas com juros baixíssimos.

EMPRÉSTIMO *sm*. 1. Entrega de dinheiro a pessoa ou empresa para devolução em tempo prefixado, acrescido de taxas remuneratórias (juros e comissões). 2. Cedência gratuita de uma coisa a alguém com a condição de que ela seja restituída.
Sinônimos: cedência, cessão.
Exemplo: Pegou um empréstimo no banco para iniciar seu negócio.

ENCAMINHAR *vtd./vtdi./vpr*. 1. Mostrar o caminho a outrem ou a si mesmo; conduzir(-se), dirigir(-se).
Sinônimos: conduzir guiar, dirigir.
Exemplo: Encaminhou a proposta dentro do prazo.

ENCARECER *vtd*. 1. tornar(-se) mais caro ou elevar o preço de algo.
Sinônimo: encarentar.
Exemplo: Encareci o empreendimento e sugeri que eles não desistissem.

ENCARECIDO *adj*. 1. Que teve seu preço elevado. 2. enaltecido.
Sinônimos: encarecedor, exagerado.
Exemplo: Isso só encarece ainda mais o valor dos produtos.

ENCARECIMENTO *sm.* 1. Ato de tornar mais caro ou de aumentar de preço. 2. Qualidade do que é excessivo; exagero. 3. Ato de enaltecer ou exaltar as qualidades de alguém ou alguma coisa.
Sinônimos: alta, carestia.
Exemplo: O encarecimento das passagens irá nos atrapalhar durante a viagem.

ENCARGAR *vtdi.* 1. Dar encargo ou incumbência a alguém.
Sinônimo: encarregar.
Exemplo: O benefício é suportado pela CDE, encargo cobrado de todos os consumidores, com orçamento de 2,8 bilhões neste ano.

ENCARGO *sm.* 1. Obrigação ou responsabilidade de alguém. 2. Função que se exerce em instituição pública ou privada.
Sinônimos: obrigação, incumbência, dever; cargo, obrigação, emprego, atribuições.
Exemplo: Seu encargo será supervisionar o setor.

ENCARREGADO *adj./sm.* 1. Que ou aquele que tem incumbência de um serviço, negócio ou cargo.
Sinônimos: incumbido; agente, representante.
Exemplo: Era encarregado pelo controle de qualidade na linha de produção.

ENCARREGAR *vtdi./vpr.* 1. Conferir cargo, emprego, ocupação ou atividade a alguém ou a si mesmo. 2. Incumbir alguém ou a si mesmo de uma tarefa, um encargo ou uma missão.
Sinônimos: incumbir, delegar, atribuir, confiar.
Exemplo: Encarregou a secretária de fazer os contatos.

ENCOMENDA *sf.* 1. Pedido ou solicitação de mercadoria ou prestação de serviço.
Sinônimo: pedido.
Exemplo: A encomenda chegou hoje.

ENCOMENDAR *vtd./vtdi.* 1. Mandar fazer ou pedir algo (mercadoria ou serviço) a (alguém).
Sinônimos: comprar, adquirir, pedir, reservar.
Exemplo: Já encomendou tudo com muita antecedência.

ENFOCAR *vtd.* 1. Pôr em enfoque; evidenciar, destacar, realçar.
Sinônimos: focalizar, focar, realçar, evidenciar.
Exemplo: Durante o programa, o jornalista enfocou os principais problemas da cidade.

ENGENDRADO *adj.* 1. Que se criou, idealizou, produziu.
Sinônimos: criado, inventado, gerado, produzido.
Exemplo: O projeto foi engendrado há muitos anos e só agora foi concretizado.

ENGENDRAR *vtd.* 1. Elaborar (algo) mentalmente.
Sinônimos: gerar, produzir, procriar; inventar, arquitetar, engenhar, imaginar, criar, formar.
Exemplo: Aquele material engendra parte do projeto de análise.

ENGENHAR *vtd.* 1. Fabricar ou construir por meio de processos industriais.
Sinônimos: idear, criar, inventar, planear, engendrar, construir, fabricar.
Exemplo: A fábrica engenha somente aparelhos digitais.

ENGLOBAR *vtd./vpr.* 1. Reunir(-se) em um todo; conglomerar(-se), incorporar(-se), juntar(-se).
Sinônimos: compreender, conter, integrar.
Exemplo: Há vários aspectos desse tema que se englobam.

ENRIQUECER *vtd./vint/vpr.* 1. Fazer ficar ou ficar rico; tornar(-se) rico ou opulento.
Sinônimos: enricar, locupletar, opulentar.

Exemplo: Enriqueceu com muito trabalho e dedicação.

ENTIDADE *sf.* 1. Associação ou sociedade de pessoas ou de bens constituída para determinado fim. 2. Indivíduo de grande importância.
Sinônimos: associação, sociedade.
Exemplo: A entidade promoveu ações de responsabilidade social.

ENTREGA *sf.* 1. Ato ou efeito de entregar. 2. Transferência de posse ou de direito.
Sinônimos: concessão, transferência, transmissão.
Exemplo: Fiquei de entregar o trabalho para a professora até sexta-feira à noite.

ENTREGADOR *adj.* 1. Diz-se de ou quem faz entrega em domicílio.
Sinônimo: distribuidor.
Exemplo: Pediu ao entregador que levasse a mala-direta.

ENTREGAR *vtd./vtdi.* 1. Transferir para outrem uma propriedade por certo preço.
Sinônimos: dar, oferecer, ceder.
Exemplo: Entregou pontualmente a mercadoria aos clientes.

ENTRETENIMENTO *sm.* 1. Ato ou efeito de entreter.
Sinônimos: divertimento, recreação, passatempo, distração, diversão.
Exemplo: Queria algo como forma de entretenimento diário.

ENTRETER *vtd.* 1. Ocupar(-se) de forma agradável (com).
Sinônimos: recrear, distrair, divertir.
Exemplo: Entretém os seus fins de semana descansando.

ENUMERAR *vtd.* 1. Fazer indicação por números, designar por número.
Sinônimos: enunciar, expor, numerar, contar, relacionar, especificar.
Exemplos: "Durante cerca de trinta minutos o prefeito de Antares enumera as boas coisas que sua administração tem feito" (EV). / Pediu à professora que enumerasse todos os defeitos do filho.

EQUILIBRAR *vtd./vpr.* 1. Pôr(-se) ou manter(-se) em equilíbrio. 2. Recuperar o equilíbrio ou a posição normal de. 3. Fazer que não exceda; compensar, contrabalançar, igualar.
Sinônimos: balancear, harmonizar, conciliar.
Exemplo: Equilibrava as suas despesas controlando o cartão de crédito.

EQUIPAR *vtd./vpr.* 1. Providenciar o ou prover-se do equipamento necessário a alguma coisa para seu funcionamento normal.
Sinônimos: prover, aprestar, munir, guarnecer.
Exemplo: Equipou a equipe com os materiais necessários.

EQUIPE *sf.* 1. Grupo de pessoas organizado para um serviço determinado.
Sinônimos: assessores, assistente, conjunto.
Exemplo: A equipe pedagógica está de parabéns.

ESCRITÓRIO *sm.* 1. Sala ou conjunto de salas destinadas ao atendimento de clientes e entabulações de negócios.
Sinônimos: gabinete, sala, repartição, seção.
Exemplo: Ademais de um escritório central, a empresa está dividida em três repartições.

ESCRITURA *sf.* 1. Documento legal, em forma escrita, lavrado em cartório por oficial público, especialmente título de sociedade imóvel.

Sinônimos: documento, contrato.
Exemplo: A escritura do terreno está pronta no cartório.

ESCRITURAÇÃO *sf.* 1. Registro sistemático e metódico, em livros próprios, de todos os fatos, bem como da documentação pertinente, ocorridos em uma organização, possibilitando que tais dados se tornem disponíveis para consulta, verificação ou fiscalização a qualquer tempo.
Sinônimos: escrita, escrituramento, contabilidade.
Exemplo: O método de escrituração mais desenvolvido é o método das partidas dobradas.

ESFORÇO *sm.* 1. Intenso emprego de forças e energias (física, moral, intelectual etc.) para dar conta de um determinado empreendimento, satisfazer um desejo, realizar um sonho ou ideal, cumprir um dever etc.
Sinônimos: diligência, zelo, empenho.
Exemplo: Empreendeu grande esforço para superar as adversidades do caminho.

ESPECIALIDADE *sf.* 1. Produto especial de uma casa comercial ou destinado a determinado fim. 2. Coisa superior; coisa fora do comum; raridade.
Sinônimo: particularidade.
Exemplo: Desenvolver soluções nas áreas de manutenção industrial é a especialidade da empresa, que conta com o suporte de profissionais altamente qualificados.

ESPECULAÇÃO *sf.* 1. Ideia ou pensamento que, por ser de natureza abstrata e arbitrária, não encontra fundamento ou justificação na experiência e na observação. 2. Operação financeira que visa a obter lucros sobre valores sujeitos à oscilação do mercado e que envolve riscos em comum.
Sinônimos: conjectura, consideração, ágio.

Exemplo: A alta dos preços era apenas especulação; tudo continua normal.

ESTABELECIMENTO *sm.* 1. Instituição pública ou privada. 2. Casa comercial ou lugar onde se faz comércio.
Sinônimos: fundação, instituição, instituto.
Exemplo: Abriu seu primeiro estabelecimento comercial aos 20 anos.

ESTAGIÁRIO *sm.* 1. Indivíduo que faz estágio.
Sinônimos: praticante, aprendiz.
Exemplo: A admissão de estagiários por parte da empresa visa à promoção e à construção de competências profissionais.

ESTÁGIO *sm.* 1. Período que se permanece em uma empresa para aprendizagem e aprimoramento do cargo que se pretende ocupar definitivamente.
Sinônimos: aprendizagem, exercício.
Exemplo: Durante todo o período de estágio na empresa, o bolsista receberá o investimento necessário para viabilizar e apoiar a realização do projeto.

ESTATÍSTICA *sf.* 1. Ramo da matemática que tem por objetivo a coleção, análise e interpretação de dados numéricos a respeito de fenômenos coletivos ou de massa.
Sinônimos: cadastro, recenseamento.
Exemplo: As estatísticas mostram que a mortalidade de empresas está diminuindo.

ESTATUTO *sm.* 1. Conjunto de leis que formalizam os princípios que norteiam a organização de um Estado, sociedade ou associação.
Sinônimos: regulamento, regimento, regra, norma.
Exemplo: A associação de *startups* definiu seu estatuto interno.

ESTOQUEAR *vtd.* 1. Ferir com estoque; estoquear.

Sinônimo: estocar.
Exemplo: O João vai estoquear todos materiais da obra.

ESTRATÉGIA *sf*. 1. Arte de utilizar planejadamente os recursos de que se dispõe ou de explorar de maneira vantajosa a situação ou as condições favoráveis de que por ventura se desfrute, de modo a atingir determinados objetivos.
Sinônimos: estratagema, tática, estratégica.
Exemplo: Um empreendimento sem uma estratégia bem definida, bem comunicada e bem implementada é como um barco à deriva.

ESTRUTURAR *vtd*. 1. Organizar as diferentes partes que constituem uma estrutura (um todo), conforme um plano ou sistema.
Sinônimos: organizar, constituir, elaborar, idealizar, planear, dispor, arrumar.
Exemplo: O gerente estruturou o plano de ação do setor.

ÉTICA *sf*. 1. Conjunto de princípios, valores e normas morais e de conduta de um indivíduo ou de grupo social ou de uma sociedade.
Sinônimos: moral, normal, princípios.
Exemplo: Parece que não há mais ética na política.

EVIDÊNCIA *sf*. 1. Algo que prova a existência de algo com certa probabilidade; indício, sinal. 2. Qualidade ou caráter daquilo que é evidente, incontestável, que todos veem ou podem ver e verificar e que não deixa dúvidas. 3. Situação na qual alguém ou alguma coisa se distingue, ocupando posição de destaque e atraindo a atenção; ponta.
Sinônimos: indício, sinal, indicação.
Exemplo: A música brasileira tem estado em evidência desde a bossa nova.

EVITAR *vtd*. 1. Esquivar-se de algo por ser desagradável ou perigoso; fugir a, tornejar.
Sinônimos: fugir, escapar, proteger, poupar.
Exemplo: Evitou o acidente, mas o susto foi grande.

EVOLUÇÃO *sf*. 1. Transformação e mudança contínua, lenta e gradual em que certas características ou estados mais simples tornam-se mais complexos, mais desenvolvidos e aperfeiçoados; desenvolvimento, progresso.
Sinônimos: progresso, desenvolvimento, crescimento.
Exemplo: É gratificante acompanhar a evolução de empresas que nasceram pequenas e hoje estão gigantes.

EXAGERAR *vtd*. 1. Fazer ou dizer algo com exagero; ser exagerado e não ter limites nos modos, nas ações, nas palavras; desmedir-se.
Sinônimos: aumentar, ampliar, realçar.
Exemplo: Exagerava quando falava em público.

EXAME *sm*. 1. Observação ou investigação minuciosa e atenta; inspeção, verificação, vistoria.
Sinônimos: apuração, análise, prova, estudo.
Exemplo: "Tibério Vacariano fez um rápido exame de consciência e achou-se culpado" (EV).

EXATIDÃO *sf*. 1. Cumprimento rigoroso; observância à risca de prazo; pontualidade. 2. Rigor na determinação de medida, peso, valor etc.
Sinônimos: correção, justeza, acerto, franqueza.
Exemplo: Preciso que os prazos sejam cumpridos com exatidão.

EXCELÊNCIA *sf*. 1. Superioridade em qualidade.
Sinônimos: sublimidade, primor, primazia.

Exemplo: A empresa busca profissionais especialmente treinados para proporcionar excelência dos serviços prestados.

EXIGÊNCIA *sf.* 1. Ato ou efeito de exigir. 2. Atributo de exigente.
Sinônimos: imposição, condição, requisito.
Exemplo: As exigências foram cumpridas.

ÊXITO *sm.* 1. Consequência, resultado final, resultado satisfatório.
Sinônimos: conclusão, acabamento, desfecho.
Exemplo: O êxito foi a prova dos nossos esforços.

EXPECTATIVA *sf.* 1. Situação de quem espera um acontecimento em tempo anunciado ou conhecido. 2. Estado de quem espera um bem que se deseja e cuja realização se julga provável.
Sinônimos: esperança, espera, aguardo.
Exemplo: A expectativa é que a economia do país cresça rapidamente.

EXPEDIENTE *sm.* 1. Período cotidiano de trabalho em repartição pública, empresa, comércio etc.
Sinônimos: trabalho, serviço, tarefa.
Exemplo: É proibido exercer qualquer atividade político-partidária e/ou religiosa durante o expediente ou dentro do âmbito da empresa.

EXPERIÊNCIA *sf.* 1. Conhecimento adquirido graças aos dados fornecidos pela própria vida. 2. Ensaio prático para descobrir ou determinar um fenômeno, um fato ou uma teoria; experimenta, experimentação, experimento. 3. Conhecimento das coisas pela prática ou observação.
Sinônimos: traquejo, treino, conhecimento.
Exemplo: É um jogador de muita experiência.

F

FÁBRICA *sf.* 1. Estabelecimento industrial onde se transforma matéria-prima em produtos. 2. Local de onde vem ou que produz ativamente algo.
Sinônimos: indústria, manufatura.
Exemplo: Aquela faculdade era uma fábrica de bons profissionais.

FABRICAÇÃO *sf.* 1. Ação, processo ou arte de fabricar algo. 2. Ação de inventar ou elaborar algo novo.
Sinônimos: produção, manufatura.
Exemplo: Laboratórios de fabricação digital são novas alternativas para quem quer testar uma ideia de produto ou serviço.

FABRICAR *vtd./vint.* 1. Dar origem a um produto, a partir de materiais diversos, utilizando diferentes processos. 2. Dar origem a algo novo.
Sinônimos: produzir, confeccionar, inventar, conceber.
Exemplo: Deixou o trabalho assalariado para fabricar seus próprios produtos.

FAÇANHA *sf.* 1. Ação extraordinária, maravilhosa, fora do comum.
Sinônimos: conquista, realização.
Exemplo: Foi uma grande façanha ter conquistado tudo o que conquistou.

FÁCIL *adj.* 1. Que se faz ou se obtém sem trabalho, esforço ou dificuldade. 2. Que é entendido ou aprendido sem esforço.
Sinônimos: simples, descomplicado.
Exemplo: A tarefa que lhe foi dada era fácil.

FACILIDADE *sf.* 1. Ausência de dificuldade, do que atrapalha, impede. 2. Habilidade natural.
Sinônimos: simplicidade, clareza, destreza, aptidão.

Exemplo: Ela teve uma grande facilidade na elaboração do trabalho.

FACILITAR *vtd./vtdi.* 1. Tornar fácil ou mais fácil. 2. Pôr à disposição ou ao alcance.
Sinônimos: simplificar, descomplicar, ajudar, colaborar, facultar, possibilitar.
Exemplo: O novo software facilitou a interação com os clientes.

FALÊNCIA *sf.* 1. Situação ou estado de insolvência de débitos ou compromissos financeiros de um comerciante ou empresa, reconhecidos por tribunal; bancarrota, quebra. 2. Processo de execução coletiva em que, por sentença judicial, todos os bens do comerciante devedor são arrecadados para venda e posterior distribuição proporcional do ativo entre todos os credores.
Sinônimos: ruína, quebra, crise.
Exemplo: "Tinha um laboratório farmacêutico, talvez fosse, de todos nós, o mais rico, depois dos últimos problemas financeiros do João e da quase falência da indústria do Pedro" (LFV).

FAMA *sf.* 1. Qualidade daquilo que é notório; celebridade, nome, nomeada, notoriedade, renome.
Sinônimos: notoriedade, notabilidade, popularidade.
Exemplo: A fama da marca se espalhou mundialmente.

FARO *sm.* 1. Capacidade de intuição.
Sinônimos: instinto, perspicácia.
Exemplo: Seu faro empreendedor o levou a criar negócios inovadores.

FASCÍNIO *sm.* 1. Qualidade ou poder de fascinar. 2. Sensação de admiração, de encanto.
Sinônimos: atração, deslumbramento, atratividade.

Exemplo: Um empresário bem-sucedido exerce certo fascínio sobre quem o admira.

FAVOR *sm.* 1. Algo que se faz para alguém por iniciativa própria ou em atendimento a um pedido, com disposição amistosa e sem cobrar. 2. Afeto, estima ou simpatia que se conquista junto a alguém ou a um grande número de pessoas; apreço, consideração, deferência.
Sinônimos: fineza, ajuda, gentileza.
Exemplo: Conquistou o favor de um público extremamente exigente.

FAVORECIDO *adj.* 1. Que aparece melhor do que é em qualquer tipo de relato, narrativa, reprodução etc. 2. Que goza de certa vantagem em relação a outro(s).
Sinônimos: apaniguado, beneficiado.
Exemplo: O principal favorecido nessa história foi o filho do governador.

FAZER *vtd.* 1. Dar existência ou forma a. 2. Produzir (algo) a partir de matérias-primas diversas.
Sinônimos: criar, conceber, gerar, confeccionar.
Exemplo: Estão fazendo uma casa.

FEITIO *sm.* 1. Aparência de algo; modo como alguma coisa foi feita; aspecto, feitura, formato. 2. Maneira de ser, de atuar ou de apresentar-se; caráter, índole, temperamento.
Sinônimos: caráter, estrutura, maneira.
Exemplo: É um empreendedor de feitio visionário.

FENÔMENO *sm.* 1. Acontecimento ou fato raro e surpreendente. 2. Pessoa, animal ou coisa com algo de extraordinário, que provoca admiração ou espanto.
Sinônimos: acontecimento, maravilha, sensação.

Exemplo: O menino é um fenômeno; toca piano desde os cinco anos.

FELICIDADE *sf.* 1. Estado de espírito de quem se encontra alegre ou satisfeito.
Sinônimos: alegria, satisfação, contentamento.
Exemplo: A felicidade de realizar um sonho.

FELIZ *adj.* 1. Favorecido pela boa sorte. 2. Que sente satisfação por uma obra bem realizada, por um desejo atendido etc.
Sinônimos: animado, contente, exultante, afortunado.
Exemplo: Ficou feliz com o sucesso do seu empreendimento.

FIADOR *adj.* 1. Que ou aquele que presta fiança, que se responsabiliza pelo cumprimento de pagamento ou de obrigação de outra pessoa; afiançador.
Sinônimos: avalista, responsável, abonador.
Exemplos: O amigo fiador teve que pagar todas as dívidas dela.
Meu cunhado foi meu fiador no aluguel da casa.

FIANÇA *sf.* 1. Ato de fiar ou abonar obrigação de outrem; penhor. 2. Responsabilidade assumida por terceiro (fiador), a fim de garantir o pagamento de obrigação assumida por outra pessoa (devedor), conforme condições estabelecidas em contrato; fiadoria.
Sinônimos: aval, abono, caução.
Exemplo: "Mas ainda não é sonho e nada devo ao proprietário, pois minha irmã é avalista, adiantou seis meses a título de fiança [...]" (CB).

FIBRA *sf.* 1. Força de vontade. 2. Firmeza de caráter.
Sinônimos: energia, pulso.
Exemplo: Era um profissional de fibra, sempre determinado em seus propósitos.

FILANTROPIA *sf.* 1. Generosidade com os outros.
Sinônimos: caridade, beneficência.
Exemplo: Nosso programa de responsabilidade social investe na filantropia.

FIDELIDADE *sf.* 1. Característica ou qualidade do que é fiel, do que respeita alguém ou algo; lealdade. 2. Constância nas afeições e nos compromissos assumidos com pessoas ou instituições. 3. Compromisso rigoroso com o conhecimento ou com a verdade.
Sinônimos: apreço, dedicação, honradez.
Exemplo: A cópia deste documento é de uma fidelidade impressionante.

FIEL *adj. m+f.* 1. Que dá provas de confiança, de lealdade. 2. Que revela honestidade; honesto. 3. Diz-se de algo (cópia, reprodução, tradução) que reproduz o original com fidelidade.
Sinônimos: confiável, bom, firme, leal, sincero.
Exemplo: "Em sua opinião, a Tribuna da Imprensa, apesar de liderar com ferocidade a oposição ao governo, era a única que estava sendo fiel aos lances daquela viagem" (CA).

FILANTROPO *adj./sm.* 1. Que ou quem pratica a filantropia. 2. Que ou quem atua a favor de seus semelhantes; humanitário.
Sinônimos: benfeitor, caridoso.
Exemplo: Além de grande empresário, também é filantropo.

FILÃO *sm.* 1. Fonte rica de informações, vantagens e lucros.
Sinônimo: fonte.
Exemplo: Esse nicho de mercado é um filão para nós.

FILIAL *sf.* 1. Diz-se de ou estabelecimento dependente e subordinado a outro que é sede ou matriz.
Sinônimo: sucursal.

Exemplo: Esta é a terceira filial aberta fora do nosso estado de origem.

FINALIDADE *sf.* 1. Intenção de realizar algo; objetivo. 2. Elucidação de natureza intelectual de algo, pelos fatos apresentados e seu propósito.
Sinônimos: alvo, propósito, função.
Exemplo: "E ondas seguidas de saudade/ sempre na tua direção/caminharão, caminharão/sem nenhuma finalidade" (CM).

FINANÇAS *sf.* 1. Estado financeiro de um país ou de um particular. 2. Conjunto dos recursos financeiros públicos.
Sinônimos: erário, tesouro.
Exemplo: As finanças da empresa estão sob controle.

FINANCEIRO *adj./sm.* 1. Relativo às finanças. 2. Indivíduo que trata das finanças de uma empresa.
Sinônimos: fazendário, financista.
Exemplo: O departamento financeiro da empresa em que trabalho é muito competente.

FINANCIAR *vtdi./vtd.* 1. Dar como financiamento a. 2. Custear gastos necessários.
Sinônimos: bancar, custear, subsidiar, pagar.
Exemplo: O banco financiou o terreno onde foi instalada a fábrica.

FIRMA *sf.* 1. Qualquer estabelecimento que se dedica a uma atividade com fins lucrativos. 2. Assinatura feita por extenso ou abreviada, que pode ser manuscrita ou gravada. 3. Nome usado pelo comerciante, registrado conforme o direito comercial, para que o estabelecimento possa exercer suas atividades.
Sinônimos: assinatura, rubrica, empresa, companhia, razão social.

Exemplo: A firma liberou os funcionários mais cedo por conta da paralisação dos ônibus.

FIRMEZA *sf.* 1. Determinação nas atitudes. 2. Capacidade enérgica de decisão. 3. Característica do que é persistente.
Sinônimos: determinação, resolução, persistência, perseverança, obstinação.
Exemplo: Sua firmeza o fez vencer diversos obstáculos e chegar longe.

FISCAL *sm+f/adj. m+f* 1. Funcionário encarregado de fiscalizar certas atividades, como o cumprimento de certas disposições legais, regulamentos etc. 2. Relativo a fisco.
Sinônimos: inspetor, fiscalizador, tributário.
Exemplos: O fiscal mandou que retornassem ao trabalho.
A situação fiscal da empresa está controlada.

FISCALIZAÇÃO *sf.* 1. Ato ou efeito de fiscalizar. 2. Cargo e exercício de fiscal. 3. Observação cuidadosa.
Sinônimos: exame, controle, inspeção, vigilância.
Exemplo: A fiscalização é uma função ingrata, mas necessária.

FISCALIZADOR *adj./sm.* 1. Que ou quem fiscaliza.
Sinônimos: fiscal, inspetor.
Exemplo: O Ministério Público é um órgão fiscalizador que tem a função de investigar o poder público e privado.

FISCALIZAR *vint/vtd./vpr.* 1. Exercer o ofício de fiscal. 2. Verificar com atenção. 3. Controlar(-se) com rigor. 4. Observar se a realização de algo está como o previsto.
Sinônimos: supervisionar, verificar, examinar, averiguar.
Exemplo: O presidente veio ao estado fiscalizar o andamento das obras.

FISCO *sm.* 1. Administração pública encarregada das cobranças tributárias.
Sinônimos: tesouro, erário.
Exemplo: Este ano, o fisco está mais rigoroso com as declarações de renda.

FLEXIBILIDADE *sf.* 1. Qualidade de quem é flexível. 2. Aptidão para coisas ou aplicações variadas.
Sinônimos: maleabilidade, tolerância.
Exemplo: É necessário ter flexibilidade para se adaptar às condições do mercado de trabalho.

FLEXÍVEL *adj.* 1. Que se adapta bem às circunstâncias. 2. Que se adapta bem à diferentes atividades ou funções.
Sinônimos: complacente, compreensivo, acomodatício, adaptável.
Exemplo: Um profissional flexível tem mais possibilidades de ser bem-sucedido.

FLUXO *sm.* 1. Escoamento ou movimento contínuo que segue um curso, uma corrente. 2. Sequência de acontecimentos. 3. Registro do movimento de entradas e saídas de dinheiro do caixa de uma empresa ou de um órgão governamental.
Sinônimos: curso, corrente, sequência, sucessão, *cash flow*.
Exemplo: O fluxo de caixa da empresa era bem controlado pelo dono.

FOCO *sm.* 1. Ter um objetivo. 2. Determinado a alcançar ou atingir uma meta. 3. Ter prioridade em fazer algo.
Sinônimos: cerne, essência.
Exemplo: O foco de nossa atividade é criar soluções para o mercado gastronômico.

FOLHA *sf.* 1. Relação dos funcionários que trabalham em uma empresa ou em um órgão governamental, com seus respectivos vencimentos.
Sinônimos: registro, lista.
Exemplo: Foi necessário enxugar a folha de pagamento.

FOMENTAR *vtd.* 1. Promover o desenvolvimento ou o progresso de.
Sinônimos: estimular, desenvolver, impulsionar.
Exemplo: É importante fomentar o ecossistema de inovação local.

FOMENTO *sm.* 1. Ajuda, apoio, proteção.
Sinônimos: estímulo, incentivo.
Exemplo: O fomento ao empreendedorismo estimula as mentes pensantes.

FORÇA *sf.* 1. Vontade firme, que não se deixa abater.
Sinônimos: ânimo, disposição, vigor.
Exemplo: Demonstrou bastante força para superar os desafios que a vida lhe impôs.

FORMAÇÃO *sf.* 1. A educação acadêmica de um indivíduo, incluindo-se os cursos concluídos e os títulos obtidos.
Sinônimos: educação, instrução.
Exemplo: Uma boa formação acadêmica é imprescindível para quem quer ter sucesso.

FORMAL *adj. m+f.* 1. Que obedece a certas convenções ou normas.
Sinônimos: solene, cerimonioso.
Exemplo: Há certas exigências formais para participar de uma audiência com o presidente.

FORMALIDADE *sf.* 1. Procedimento formal na execução de certos atos civis, judiciários, comerciais etc.
Sinônimos: praxe, protocolo.
Exemplo: Proceda às formalidades para a contratação.

FORMALIZAR *vtd.* 1. Proceder à formalização de.
Sinônimos: normatizar, solenizar.

Exemplo: Formalizar uma empresa ainda é muito custoso no Brasil.

FORMATURA *sf.* 1. Conclusão de curso de nível médio ou superior. 2. Cerimônia e/ou festa por ocasião da conclusão de curso.
Sinônimos: cerimônia.
Exemplo: Sua formatura foi a realização de um sonho.

FORNECEDOR *sm.* 1. Que ou aquele que fornece produtos ou bens de consumo com regularidade a alguém.
Sinônimos: provedor, abastecedor.
Exemplo: Entre em contato com nossos fornecedores para que aumentem a frequência de envio dos materiais.

FORNECER *vtd./vtdi.* 1. Prover ou ser fonte de algo, especialmente matéria-prima. 2. Gerar alguma coisa.
Sinônimos: abastecer, guarnecer, oferecer, prover, produzir.
Exemplo: Forneceu as informações necessárias para a montagem do plano de ação.

FORNECIMENTO *sm.* 1. Ação ou efeito de fornecer.
Sinônimos: abastecimento, aprovisionamento, provimento, provisão.
Exemplo: Temos que aumentar o fornecimento para dar conta da demanda.

FORTALECER *vtd./vpr.* 1. Tornar(-se) sólido e firme. 2. Tornar mais resistente ou mais firme. 3. Tornar-se mais influente ou mais poderoso. 4. Dar coragem a.
Sinônimos: fortificar, estimular.
Exemplos: A atuação firme do gestor diante da crise fortaleceu-o.
Pensou em desistir, mas os amigos fortaleceram-na.

FORTALECIMENTO *sm.* 1. Ação ou efeito de fortalecer(-se).
Sinônimos: consolidação, robustecimento.
Exemplo: O fortalecimento do pensamento positivo o fez encarar melhor os desafios.

FORTALEZA *sf.* 1. Qualidade ou característica de forte. 2. Força moral. 3. Solidez ou segurança de alguém ou de algo.
Sinônimos: vigor, robustez, firmeza, fibra, resistência.
Exemplo: Sua fortaleza evitou que chegasse a um colapso nervoso.

FORTUNA *sf.* 1. Conjunto de bens e capital de valor considerável que pertencem a alguém, a uma família ou a uma empresa. 2. Grande soma de dinheiro.
Sinônimos: bens, posses, dinheirama.
Exemplo: Com seu trabalho e empenho, amealhou uma verdadeira fortuna.

FORTÚNIO *sm.* 1. Boa fortuna.
Sinônimos: sorte, felicidade, fortuna.
Exemplo: O fortúnio de alcançar um objetivo.

FRANQUIA *sf.* 1. Sistema pelo qual determinada empresa concede os direitos a uma pessoa, física ou jurídica, de representá-la mediante pagamento de *royalties* e autorização, sob certas condições. 2. O estabelecimento que recebe da franqueadora autorização para funcionamento.
Sinônimos: franchise, franchising.
Exemplo: Certas franquias podem custar até 2 milhões para serem adquiridas.

FRATERNAL *adj. m+f.* 1. De atitude afetuosa.
Sinônimo: fraterno.
Exemplo: Tomou uma atitude fraternal.

FRATERNINDADE *sf.* 1. Amor ao próximo. 2. União ou convivência como de irmãos.

Sinônimos: harmonia, concórdia.
Exemplo: A fraternidade gera empatia entre as pessoas.

FRATERNO *adj.* 1. De maneira amigável ou afetuosa.
Sinônimos: afetivo, carinhoso.
Exemplo: Receba meu abraço fraterno.

FREGUÊS *sm.* 1. Pessoa habituada a comprar nos mesmos estabelecimentos. 2. Qualquer consumidor.
Sinônimo: cliente.
Exemplo: O freguês sempre tem razão.

FREGUESIA *sf.* 1. Conjunto de pessoas que frequentam habitualmente um determinado lugar ou fazem uso rotineiro do mesmo serviço.
Sinônimos: clientela, público.
Exemplo: Como estamos no local há trinta anos, já temos uma freguesia fiel.

FRETAR *vtd.* 1. Ceder ou tomar a frete um meio de transporte.
Sinônimos: alugar, carregar.
Exemplo: Fretaram uma van para levar os funcionários em casa.

FRETE *sm.* 1. Transporte de carga ou de passageiros por via marítima, fluvial, terrestre ou aérea, mediante pagamento.
Sinônimos: carregamento, carga.
Exemplo: O preço do frete varia de acordo com a distância.

FRUTO *sm.* 1. Resultado final obtido de um projeto, trabalho intelectual, físico ou iniciativa qualquer; aquilo que se conquista como produto de um esforço, da realização de um desejo, de um ideal etc. que se concretizou.
Sinônimos: efeito, consequência, produto, resultado.
Exemplo: Colhe agora os frutos de todos esses anos de dedicação ao trabalho.

FUNÇÃO *sf.* 1. Exercício ou prática de algo. 2. O conjunto das ações e atividades atribuídas a, esperadas ou exigidas de uma pessoa ou de um grupo.
Sinônimos: cargo, atividade, ocupação, ofício, trabalho.
Exemplo: Sua função será receber as ligações de consumidores.

FUNCIONAR *vint.* 1. Estar em atividade. 2. Exercer sua função; estar em exercício de algum cargo ou emprego.
Sinônimos: trabalhar, atuar, operar, agir.
Exemplos: Às 8 horas, o comércio começa a funcionar.
Faça-me o favor de pôr esses novatos para funcionar.

FUNCIONÁRIO *sm.* 1. Indivíduo regular ou legalmente investido em determinado cargo ou função. 2. Pessoa que presta serviços a outra, em geral mediante remuneração; empregado.
Sinônimos: empregado, trabalhador, contratado, colaborador.
Exemplo: O funcionário conseguiu ascender na empresa por sua competência e presteza.

FUNDAÇÃO *sf.* 1. Ato do Estado ou da iniciativa privada que lança os fundamentos de uma obra ou de uma organização que tem por objetivo servir a determinado fim de utilidade pública ou atuar em benefício de uma comunidade. 2. A obra ou organização assim fundada.
Sinônimos: estabelecimento, criação, constituição, instituição, instituto, entidade.
Exemplo: A fundação se dedica a projetos sociais.

FUNDADOR *sm.* 1. Que ou aquele que é criador ou organizador de algo novo em qualquer área do saber.

Sinônimos: iniciador, instituidor, criador, inventor.
Exemplo: O fundador desta companhia se orgulha de tê-la construída do zero.

FUNDAMENTAL *adj. m+f.* 1. Que é muito importante ou necessário.
Sinônimos: essencial, indispensável, primordial.
Exemplo: Estamos vivendo um momento fundamental de nossa história.

FUNDAMENTAR *vtd./vtdi.* 1. Assentar em bases sólidas. 2. Justificar com provas ou razões.
Sinônimos: apoiar, amparar, respaldar, comprovar, demonstrar.
Exemplos: Fundamentou bem seu parecer. Os advogados fundamentaram a defesa com provas e razões irrefutáveis.

FUNDAMENTO *sm.* 1. Conjunto de princípios básicos que regem a organização e o funcionamento de uma atividade, uma instituição, um ramo do conhecimento etc., exprimindo sempre uma série de circunstâncias, quer jurídicas, quer de fato, em que se firmam as coisas ou em que se sancionam as ações.
Sinônimos: princípio, causa, fundação, norma.
Exemplo: Um dos fundamentos da boa administração é o controle dos gastos.

FUNDAR *vtd.* 1. Dar início a.
Sinônimos: criar, instituir, estabelecer.
Exemplo: Fundou sua primeira empresa aos 20 anos.

FUNDO *sm.* 1. Parcela do capital ou do patrimônio, especialmente quando reservada para fins específicos.
Sinônimos: capital, patrimônio, reserva.
Exemplo: Temos um fundo para eventuais necessidades.

FUSÃO *sf.* 1. Reunião de duas ou mais sociedades ou firmas coletivas, que se extinguem, formando nova entidade jurídica, sob razão ou denominação diferente, com a mesma ou diversa organização e fim.
Sinônimos: aglomeração, associação, integração, sociedade.
Exemplo: Após meses negociando, as empresas anunciaram sua fusão.

G

GABARITO *sm.* 1. Grau (negativo ou positivo) de excelência.
Sinônimos: categoria, classe, nível.
Exemplo: Um profissional de gabarito como ele sempre aspira a postos de trabalho mais altos.

GABINETE *sm.* 1. Sala reservada a funcionários superiores ou ao exercício de certas funções.
Sinônimos: oficina, escritório, governo.
Exemplo: Impressora de seu gabinete jamais cuspiu sentença de tamanha leveza" (TM1).

GANHO *sm.* 1. Aquilo que se ganhou. 2. Diferença existente entre o preço de compra e o preço de venda de um ativo, sempre que essa diferença for positiva.
Sinônimos: lucro, provento, rendimento.
Exemplo: O ganho daquela venda foi de 30%.

GARANTIA *sf.* 1. Instrumento pelo qual, por palavra ou documento escrito, garante-se o cumprimento de uma obrigação ou promessa ou se assume o compromisso de cumpri-la. 2. Valor ou conjunto de valores que é dado para garantir o pagamento de dívida ou promessa.
Sinônimos: abono, caução, penhor.
Exemplo: Deu a garantia de que ele seria recompensado pelo trabalho.

GASTO sm. 1. Ato ou efeito de gastar. 2. Aquilo que se despendeu em dinheiro.
Sinônimos: despesa, dispêndio, emprego, aplicação.
Exemplo: No mês passado, os gastos superaram a receita.

GENEROSIDADE sf. 1. Qualidade de generoso. 2. Grandeza de alma. 3. Atitude de altruísta.
Sinônimos: bondade, benevolência, grandeza.
Exemplo: A generosidade é inspiradora.

GENEROSO adj. 1. Que tem grandeza de alma. 2. Que doa de espontânea vontade, principalmente dinheiro.
Sinônimos: benevolente, bondoso, grandioso, distinto.
Exemplo: Era sempre generoso em orientar os profissionais mais novos.

GÊNIO sm. 1. Aptidão inata para uma determinada atividade ou área do conhecimento. 2. Indivíduo com uma grande capacidade intelectual.
Sinônimos: talento, dom, prodígio.
Exemplo: Era um gênio da tecnologia.

GENTIL adj. 1. De boas maneiras. 2. Delicado nas palavras.
Sinônimos: educado, afável, amável, amistoso.
Exemplo: Era gentil mesmo quando precisava repreender alguém.

GENTILEZA sf. 1. Qualidade de gentil. 2. Ato de delicadeza.
Sinônimos: cortesia, favor.
Exemplo: Sua gentileza impressiona.

GERÊNCIA sf. 1. Ato de gerir. 2. Conjunto de administradores.
Sinônimos: administração, gestão.
Exemplo: A gerência solicitou a todos que atualizassem suas fichas cadastrais.

GERENTE sm+f. 1. Quem administra negócios ou serviços.
Sinônimos: gestor, administrador, encarregado.
Exemplo: O gerente resolveu o problema.

GERIR vtd. 1. Exercer as funções de gerente.
Sinônimos: administrar, chefiar, coordenar.
Exemplo: Gerir este setor requer profundas noções de finanças.

GESTÃO sf. 1. Atividade ou processo de administração de uma empresa, instituição etc.
Sinônimos: administração, comando, gerência.
Exemplo: Gestão de empresas envolve diversas habilidades e competências.

GESTOR sm. 1. Diz-se de ou indivíduo que, sem mandato, administra negócios alheios.
Sinônimos: administrador, gerente.
Exemplo: Demonstrou ser um gestor competente.

GOVERNO sm. 1. Sistema ou estrutura política do Estado. 2. Capacidade de ter o controle de algo.
Sinônimos: administração, domínio.
Exemplo: O Governo estuda o aumento do salário mínimo.

GOVERNAR vtd./vint. 1. Ter poder de mando, de direção; administrar, dirigir.
Sinônimos: administrar, gerir, dirigir, comandar.
Exemplo: Apesar de não ser letrado, governava com muito bom senso.

GRADUAÇÃO sf. 1. Curso de nível universitário, feito após a conclusão do Ensino Médio.
Sinônimo: formação.
Exemplo: Hoje, ter uma graduação é essencial para conseguir um bom trabalho.

GRATIDÃO *sf.* 1. Sentimento experimentado por uma pessoa em relação a alguém que lhe concedeu algum favor, um auxílio ou benefício qualquer.
Sinônimos: agradecimento, reconhecimento.
Exemplo: Não sabia o que fazer ou dizer para mostrar gratidão.

GRATIFICAÇÃO *sf.* 1. Pequena quantia em dinheiro (ou mesmo em forma de presente), dada como agradecimento a quem prestou um trabalho ou favor. 2. Suplemento salarial pago espontaneamente a um funcionário, embora não devido conforme as cláusulas contratuais, como gratidão por colaboração ou serviços prestados ou como bônus ou prêmio em virtude de produção, vendas etc. 3. Adicional de salário pago a um funcionário, em cumprimento às cláusulas contratuais previstas ou em decorrência de exigência de convenção coletiva.
Sinônimos: remuneração, retribuição.
Exemplo: Recebia gratificação por acúmulo de funções.

GRATIFICAR *vtd.* 1. Dar benefício, gratificação, prêmio ou recompensa a (como retribuição ou agradecimento). 2. Dar remuneração adicional a alguém por um serviço prestado. 3. Dar gorjeta a.
Sinônimos: dar gorjeta, compensar, premiar, remunerar.
Exemplos: Ela gratificou sua diarista por tê-la ajudado na mudança para a nova casa. Gratificou muito bem o garçom.

GRÁTIS *adj. m+f/adv.* 1. Que independe de pagamento, que nada custa. 2. Sem pagamento ou custo.
Sinônimos: de graça, gratuito, gratuitamente.
Exemplo: Estava sem dinheiro e conseguiu viajar grátis no ônibus.

GRATO *adj.* 1. Que tem ou expressa sentimentos de gratidão.
Sinônimos: agradecido, gratifico.
Exemplo: Ficou grato pela gentileza que recebeu.

GRATUITO *adj.* 1. Que dispensa pagamento. 2. Sem esperar nada em troca.
Sinônimos: grátis, de graça, desinteressado, espontâneo.
Exemplo: Como a compra foi grande, recebeu um item gratuito.

GRUPO *sm.* 1. Conjunto de seres ou coisas previamente estabelecidas e para fins específicos.
Sinônimos: associação, equipe, time.
Exemplo: Do grupo das línguas neolatinas, sempre tive interesse por italiano.

GUERREIRO *adj./sm.* 1. Que ou aquele que se esforça e luta muito por seus objetivos.
Sinônimos: lutador, batalhador.
Exemplo: Sempre foi um guerreiro, por isso que conseguiu realizar seus sonhos.

GUINADA *sf.* 1. Mudança brusca, repentina e radical de um movimento ou situação.
Sinônimos: virada, mudança.
Exemplo: Depois de vinte anos fazendo a mesma coisa, decidiu dar uma guinada na sua carreira.

H

HÁBIL *adj. m+f.* 1. Que tem capacidade ou habilidade para realizar algo. 2. Que revela destreza ou engenho. 3. Apto para resolver situações que exigem maior competência.
Sinônimos: capaz, competente, astuto, astucioso.
Exemplos: Era hábil no convívio social, tratando a todos sem distinção de classe. Muito hábil, ele sabia consertar qualquer computador.

HABILIDADE *sf.* 1. Conjunto de qualificações para o exercício de uma atividade ou cargo.
Sinônimos: competência, aptidão, perspicácia.
Exemplo: Ela tem muita habilidade para tarefas que exigem raciocínio lógico e matemático.

HABILIDOSO *adj.* 1. Dotado de habilidade e destreza.
Sinônimos: capaz, talentoso.
Exemplo: É extremamente habilidoso na gestão de crises.

HABILITAÇÃO *sf.* 1. Conjunto de atributos que capacitam alguém ao exercício de uma função. 2. Documento ou título que garante a aptidão para algo.
Sinônimos: competência, aptidão, capacidade.
Exemplo: Revelou habilitação para desenvolver a função.

HABILITADO *adj.* 1. Que ou quem se habilitou para alguma coisa.
Sinônimos: competente, capaz.
Exemplo: Ele é habilitado para o cargo.

HÁBITO *sm.* 1. Procedimento repetido que conduz a uma prática.
Sinônimos: costume, prática.
Exemplo: Tinha o hábito de registrar tudo o que fazia.

HARMONIZAR *vtd.* 1. Pôr(-se) em harmonia; reconciliar, reunir.
Sinônimos: apropriar, adequar, aliar, combinar.
Exemplo: "[...] ele é respeitado, sobretudo, por seu grande poder de harmonizar" (HP).

HERANÇA *sf.* 1. Aquilo que se herda por disposição testamentária ou por via de sucessão e que também inclui dívidas e encargos. 2. Conjunto de bens e direitos, ativos e passivos, que uma pessoa deixa ao morrer.
Sinônimos: espólio, herdade, legado, sucessão.
Exemplo: Deixou uma herança milionária para os filhos, resultado de anos de trabalho duro.

HERDEIRO *sm.* 1. Aquele que recebe bens por morte de alguém, seja por testamento ou por força da lei. 2. Pessoa que recebe algo de outrem por transmissão, doação etc.
Sinônimos: sucessor, legatário.
Exemplo: É o único herdeiro do império construído pelo pai.

HETEROGENEIDADE *sf.* 1. Qualidade do que é heterogêneo, do que é composto de coisas, elementos ou partes de natureza diferente.
Sinônimos: diferença, diversidade.
Exemplo: A heterogeneidade possibilita melhores resultados por juntar diferentes culturas, visões e saberes.

HETEROGÊNEO *adj.* 1. Composto de elementos variados. 2. Que não apresenta uniformidade.
Sinônimos: diverso, desigual.
Exemplo: O setor era bastante heterogêneo e, por isso, congregava diversos talentos.

HÍBRIDO *adj./sm.* 1. Que ou o que é composto de elementos distintos ou disparatados.
Sinônimos: misto, miscigenado, mestiço.
Exemplo: Desenvolveu um aparelho híbrido.

HIERARQUIA *sf.* 1. Distribuição organizada dos poderes com subordinação sucessiva de uns aos outros. 2. Categoria atribuída às pessoas ou às coisas, classificadas de acordo com a ordem de importância, crescente ou decrescente.
Sinônimos: organização, ordenação, ordem, estrutura.
Exemplo: Respeite a hierarquia dentro da empresa.

HIPÓTESE *sf.* 1. Suposição que se faz sobre algo, que pode ser verdadeira ou falsa, fundamentando-se em evidências incompletas ou pressentimentos; conjectura.
Sinônimos: suposição, conjectura, teoria, tese, possibilidade.
Exemplo: "[...] a hipótese de ter Lacerda no Congresso, como deputado ou senador, fazia tremer as bases que sustentavam a ditadura" (CA).

HISTÓRICO *sm.* 1. Registro conciso da origem, da natureza e de outros pormenores esclarecedores das operações contabilizadas. 2. Exposição cronológica de fatos.
Sinônimos: historial, relato, relação.
Exemplo: Seu histórico mostra que já trabalhou em grandes agências.

HOLERITE *sm.* 1. Folha que demonstra o pagamento com todos os descontos sofridos e salário líquido.
Sinônimos: contracheque, recibo.
Exemplo: Conferiu o salário no holerite.

HOMENAGEM *sf.* 1. Ato que demonstra cortesia ou galanteria. 2. Demonstração ou prova de admiração; respeito ou admiração por alguém.
Sinônimos: deferência, preito, tributo.
Exemplo: Sua história de sucesso lhe rendeu uma linda homenagem em forma de livro.

HONESTIDADE *sf.* 1. Qualidade de honesto; que tem honradez e probidade.
Sinônimos: equidade, correção, dignidade, honradez.
Exemplo: É preciso agir com honestidade nos negócios.

HONESTO *adj.* 1. Que possui e demonstra dignidade e se rege por valores morais e éticos elevados. 2. Diz-se de serviço, preço e/ou comida considerada correta e razoável, não excepcional.
Sinônimos: correto, bom, decente, digno.
Exemplo: Sempre primou por ser honesto em tudo o que fazia.

HONORÁRIO *adj./sm pl.* 1. Que somente conserva a honra, o título e as prerrogativas após deixar função ou cargo, sem proveito material. 2. Pagamento em retribuição a serviços prestados pelos que exercem uma profissão liberal.
Sinônimos: honroso, honorável, pagamento, remuneração.
Exemplos: Tornou-se membro honorário da associação.
Recebeu os honorários pelo serviço.

HONRA *sf.* 1. Princípio moral e ético que norteia alguém a procurar merecer e manter a consideração dos demais na sociedade.
Sinônimos: dignidade, integridade, retidão, honradez.
Exemplo: Sua honra lhe impedia de se envolver com pessoas desonestas.

HONRADEZ *sf.* 1. Caráter ou qualidade de honrado. 2. Integridade de caráter.
Sinônimos: decência, decoro, dignidade, honestidade, probidade.
Exemplo: Sempre agia com honradez.

HONRADO *adj.* 1. Que tem honra; que é rigoroso em questões de honra. 2. Que está de acordo com os princípios de honradez.
Sinônimos: brioso, distinto, honesto, probo.
Exemplo: Era um homem honrado.

HONRAR *vtd.* 1. Dar honras a; louvar os feitos e merecimentos de alguém.
Sinônimos: aclamar, exaltar.
Exemplo: Os funcionários da empresa honraram o seu fundador.

HONRARIA *sf.* 1. Graça ou mercê que nobilita. 2. Dignidade ou importância de um cargo.
Sinônimos: distinção, honra.
Exemplo: Foi-lhe concedida a mais alta honraria do Estado.

HONROSO *adj.* 1. Diz-se de ato ou dito que dignifica e enobrece. 2. Que é digno de honras, consideração e respeito.
Sinônimos: decoroso, digno, glorioso, honorífico.
Exemplo: Recebi o honroso convite de palestrar neste evento.

HUMANIDADE *sf.* 1. Sentimento de compaixão entre os seres humanos.
Sinônimos: bondade, benevolência, benignidade, compaixão.
Exemplo: Demonstrava humanidade ao se preocupar com os menos favorecidos.

HUMANITÁRIO *adj.* 1. De sentimentos filantrópicos.
Sinônimos: altruísta, filantropo, caridoso, generoso.
Exemplo: Desenvolveu um projeto humanitário que mudou vidas.

HUMILDADE *sf.* 1. Virtude com que manifestamos o sentimento de nossa fraqueza. 2. Qualidade de humilde.
Sinônimos: modéstia, simplicidade, despojamento.
Exemplo: Mesmo sendo um grande empresário, portava-se com humildade.

HUMILDE *adj.* 1. Que tem humildade. 2. Que denota modéstia. 3. Sem pretensões.
Sinônimos: modesto, comedido, moderado, recatado.
Exemplo: Mantenha-se humilde sempre.

HUMOR *sm.* 1. Estado de espírito de uma pessoa.
Sinônimos: ânimo, disposição, índole, temperamento.
Exemplo: Acordou de bom humor.

I

ÍCONE *sm.* 1. Pessoa ou coisa que faz alusão ao que é mais característico ou representativo nela.
Sinônimos: representação, imagem.
Exemplo: "*O menino maluquinho*, com mais de 100 edições e quase 3 milhões de exemplares, tornou-se um ícone da literatura infantil brasileira" (Z6).

IBOPE *sm.* 1. Resultado obtido por pesquisa de opinião pública para medir preferências e nortear técnicas de propaganda e venda de algum produto. 2. Grande influência exercida sobre as pessoas.
Sinônimos: estudo de mercado, índice de audiência, pesquisa de opinião pública, prestígio, reconhecimento, reputação
Exemplo: Está com ótimo ibope depois que seu empreendimento cresceu.

IDEALIZAR *vtd.* 1. Elaborar um plano ou um projeto.
Sinônimos: arquitetar, elaborar.
Exemplo: Idealizou o projeto com muita dedicação.

IDEIA *sf.* 1. Objeto imediato do pensamento, conceito ou noção que temos sobre algo, que pode ser concreto ou abstrato. 2. Plano a ser realizado. 3. Visão geral de um projeto.
Sinônimos: conceito, concepção, propósito, invenção.
Exemplo: A ideia que deu salvou a empresa da falência.

IDOLATRAR *vtd. / vint.* 1. Praticar a idolatria; adorar ídolos; reverenciar. 2. Amar(-se) excessivamente; adorar(-se)

Sinônimos: cultuar, venerar.
Exemplo: Os povos antigos idolatravam alguns elementos naturais como se fossem deuses.

IDÔNEO *adj.* 1. Que é digno, honrado e de honestidade inquestionável. 2. Que tem capacidade de, conhecimento ou competência para realizar bem alguma coisa.
Sinônimos: confiável, íntegro, apto, capaz.
Exemplo: Era reconhecido por ser um profissional idôneo.

IMAGEM *sf.* 1. Opinião (positiva ou negativa) que o público tem de uma pessoa (político, artista etc.), de uma organização ou de um produto.
Sinônimos: conceito, reputação.
Exemplo: Nossa corporação sempre teve uma imagem muito boa.

IMBUÍDO *adj.* 1. Totalmente convencido ou envolvido; compenetrado, persuadido.
Sinônimos: capacitado, instigado.
Exemplo: Estava imbuído de que o problema seria solucionado.

IMENSO *adj.* 1. Que existe em uma quantidade enorme; abundante, considerável, numeroso.
Sinônimos: ilimitado, colossal.
Exemplo: Teve imensas oportunidades de obter êxito.

IMITAR *vtd.* 1. Fazer ou reproduzir alguma coisa à semelhança de.
Sinônimos: copiar, repetir, reproduzir.
Exemplo: Imita muito engraçadamente os líderes políticos.

IMORTALIZAR *vtd./vpr.* 1. Tornar(-se) famoso ou célebre. 2. Manter(-se) na memória dos homens graças a recursos de reprodução de voz e imagem.
Sinônimos: eternizar, perpetuar.
Exemplo: O drama wagneriano imortalizou-se na voz do tenor espanhol.

IMPEDIR *vtd./vti.* 1. Servir de obstáculo a. 2. Dificultar ou impedir o curso de. 3. Suspender a continuidade de..
Sinônimos: impossibilitar, atrapalhar.
Exemplo: Ao tomar conhecimento dos sócios, quis impedir as negociações.

IMPERAR *vtd./ vti.* 1. Exercer predomínio ou influência sobre. 2. Reger com autoridade suprema; governar, reger, reinar.
Sinônimos: reinar, submeter, governar, dominar.
Exemplo: Dizem que a razão deve imperar sobre os sentidos.

IMPESSOAL *adj.* 1. Que não diz respeito a uma pessoa específica; geral. 2. Diz-se de lei não atribuída pessoalmente a alguém.
Sinônimos: comum, reservado, objetivo.
Exemplo: Normas impessoais. Suas cartas sempre foram impessoais.

IMPINGIR *vtd./vtdi.* 1. Fazer (alguém) aceitar algo que não deseja. 2. Fazer (alguém) acreditar (em coisa falsa).
Sinônimos: impor, impactar, obrigar.
Exemplo: Impingia uma rifa a todo freguês que entrava na loja.

IMPLANTAR *vtd./vtdi./vpr.* 1. Adotar, estimular ou fomentar o desenvolvimento de (alguma coisa ou de si mesmo); fixar(-se), inaugurar(-se).
Sinônimos: estabelecer, implantar, instituir.
Exemplo: O que essa gente mais faz é implantar modismos.

IMPLEMENTAR *vtd.* 1. Pôr em execução; fazer o implemento de; efetuar, executar, fazer. 2. Prover ou suprir de implemento(s).

Sinônimos: fazer, executar, realizar, efetuar.
Exemplo: O governo deve implementar a reforma da educação.

IMPOSTO *adj*. 1. Que se impôs; que se obrigou a aceitar. 2. Conjunto de todos os tributos ou contribuições. 3. Incumbência ou compromisso de alguém; encargo, obrigação, ônus.
Sinônimos: taxa, tributo, obrigação.
Exemplos: No caminho do empreendedor são impostos diversos obstáculos que ele deve superar.
Foi-lhe imposta a supervisão do setor.

IMPRESCINDÍVEL *adj. m+f*. 1. De que não se pode prescindir; essencial, indispensável. 2. Que é urgente, impreterível; forçoso, imperioso, inevitável.
Sinônimos: necessário, básico, vital.
Exemplo: É imprescindível que acabemos o trabalho hoje mesmo.

IMPRESSIONAR *vtd*. 1. Provocar ou receber impressão moral ou psicológica; abalar(-se), emocionar(-se), perturbar(-se). 2. Chamar a atenção.
Sinônimos: abalar, sensibilizar, alarmar.
Exemplo: A eloquência dos argumentos impressionou-o.

IMPULSIONAR *vtd*. 1. Dar impulso a; empurrar. 2. Dar incentivo a.
Sinônimos: arrojar, levar, propelir.
Exemplo: A descoberta da cura de certas doenças impulsiona a pesquisa.

INABALÁVEL *adj*. 1. Que não abre mão de algo em nenhuma circunstância. 2. Que não se deixa impressionar ou perturbar.
Sinônimos: seguro, corajoso, audaz.
Exemplo: Sua convicção de que o sucesso chegaria era inabalável.

INAUGURAÇÃO *sf*. 1. Ato ou efeito de inaugurar. 2. O princípio ou o primeiro momento de algo; início.
Sinônimos: início, abertura, começo.
Exemplo: "Sou contra Brasília. Essa 'inauguração' foi fraudulenta como quase tudo quanto o Juscelino tem feito" (EV).

INCENTIVAR *vtd./vtdi*. 1. Dar incentivo a.
Sinônimos: animar, estimular, encorajar.
Exemplo: Um bom professor deve sempre incentivar os alunos.

INCENTIVO *sm*. 1. O que encoraja, estimula ou incita.
Sinônimos: estímulo, fomento, impulso.
Exemplo: O incentivo à inovação é essencial para a economia.

INICIATIVA *sf*. 1. Qualidade de quem concebe e executa espontaneamente qualquer coisa. 2. Ação ou efeito de ser o primeiro a propor e pôr em prática qualquer coisa.
Sinônimos: atitude, diligência, proatividade.
Exemplo: Foi o único que tomou a iniciativa de resolver a situação.

INCORRER *vti*. 1. Cair ou ficar envolvido em determinada coisa ou situação, geralmente desagradável. 2. Levar a efeito; cometer, fazer. 2. Ficar sujeito a determinada consequência; incidir.
Sinônimos: entregar, submeter-se.
Exemplo: "[...] terminar um relacionamento, muitas vezes, pode incorrer em um conjunto de sentimentos conflituosos, como culpa, rejeição e abandono" (CMa).

INCUMBÊNCIA *sf*. 1. Aquilo que alguém está incumbido de fazer. 2. Ato ou efeito de incumbir(-se).
Sinônimos: encargo, tarefa, obrigação.

Exemplo: "Algumas pessoas começaram a mofar do Rubião e da singular incumbência de guardar um cão em vez de ser o cão que o guardasse a ele" (MA4).

INDENIZAR *vtd./vtdi./vpr.* 1. Dar ou receber indenização por danos ou prejuízos sofridos; compensar(-se), ressarcir(-se).
2. Dar ou receber algum tipo de compensação; premiar(-se), recompensar(-se).
Sinônimos: compensar, recompensar, reparar.
Exemplo: Sua aprovação no concurso indenizou seu empenho nos estudos.

INDEPENDÊNCIA *sf.* 1. Estado, condição ou característica daquele que goza de autonomia ou de liberdade completa em relação a alguém ou algo.
Sinônimos: autonomia, liberdade.
Exemplo: Teve bons empregos e logo conquistou sua independência.

INDICAÇÃO *sf.* 1. Ato ou efeito de indicar. 2. O que é sugerido.
Sinônimos: nomeação, recomendação.
Exemplo: A indicação do deputado que presidirá a Comissão de Direitos Humanos está sendo seriamente questionada.

INDIVIDUALIZAR *vtd./vpr.* 1. Adquirir ou fazer adquirir características próprias; individuar(-se). 2. Fazer adaptação a situações particulares de um indivíduo.
Sinônimos: especificar, diferenciar, caracterizar.
Exemplo: O país individualizava-se por sua música e cultura.

INDUSTRIALIZAR *vtd./vpr.* 1. Utilizar como matéria-prima industrial. 2. Tornar(-se) desenvolvido com base na indústria.
3. Tornar(-se) organizado em indústrias.
Sinônimos: especificar, diferenciar, caracterizar.

Exemplo: O progresso industrializou a pequena cidade.

INDUZIR *vtd./vtdi.* 1. Aconselhar ou persuadir alguém a fazer algo. 2. Deduzir por meio de raciocínio lógico.
Sinônimos: provocar, inspirar, causar.
Exemplo: Induziu sua filha a estudar Medicina.

INFALÍVEL *adj. m+f.* 1. Que não se equivoca nunca; que não comete erros; impecável, indefectível, perfeito. 2. Que produz sempre o resultado ideal.
Sinônimos: certo, indefectível.
Exemplo: Dizem que esse método é infalível.

INFERIR *vtd./vtdi.* 1. Deduzir por meio de raciocínio; concluir.
Sinônimos: deduzir, compreender, alcançar.
Exemplo: Pela letra inferiu logo quem lhe escrevera.

INFLAÇÃO *sf.* 1. Emissão excessiva de papel-moeda, que provoca a redução do valor real de uma moeda em relação a determinado padrão monetário estável ou ao ouro. 2. Excesso (de pessoas ou de coisas) com consequente desvalorização. 3. Aumento dos níveis de preços.
Sinônimos: crescimento, aumento.
Exemplo: Há uma inflação de talentos nas artes plásticas brasileiras.

INFLUÊNCIA *sf.* 1. Poder ou ação que alguém exerce sobre pessoas ou coisas. 2. Poder ou preponderância sobre outros numa determinada área; prestígio. 3. Poder de influenciar e modificar o pensamento ou o comportamento de outrem sem o uso da força ou da imposição.
Sinônimos: interferência, crédito, importância.

Exemplo: Os professores ainda exercem grande influência sobre os seus alunos.

INFLUENTE *adj*. 1. Que tem poder e prestígio.
Sinônimos: importante, poderoso, respeitado.
Exemplo: Era bastante influente no setor.

INFORMAÇÃO *sf*. 1. Conjunto de conhecimentos acumulados sobre certo tema por meio de pesquisa ou instrução.
Sinônimos: conhecimento, ciência.
Exemplo: Checou se a informação era procedente.

INFORMAL *adj*. 1. Diz-se de trabalho ou atividade exercidos sem contrato, sem registro em carteira de trabalho ou sem pagamento de impostos.
Sinônimo: coloquial.
Exemplo: Decidiu sair do mercado informal.

INFORMATIZAR *vtd*. 1. Adaptar um fato, processo ou serviço ao sistema da informática. 2. Instalar sistema de computadores em empresa, escola, clube etc.
Sinônimos: computadorizar, digitalizar.
Exemplo: O novo programa informatizou o projeto editorial.

INOVAÇÃO *sf*. 1. Ato ou efeito de inovar. 2. Tudo que é novidade; coisa nova.
Sinônimos: novidade, revolução.
Exemplo: A *startup*, apesar de pequena, trouxe diversas inovações.

INOVAR *vtd./vint*. 1. Fazer inovações; introduzir novidades em. 2. Produzir ou tornar algo novo.
Sinônimos: atualizar, modificar, alterar.
Exemplo: Inovou o velho casarão sem descaracterizar a sua arquitetura.

INQUIRIR *vtd./vti*. 1. Fazer perguntas. 2. Pedir ou obter informação sobre algo.
Sinônimos: interrogar, questionar, pesquisar.
Exemplo: Era preciso inquirir as causas que faziam o paciente agir daquela maneira.

INSISTIR *vtd./vint*. 1. Pedir (alguma coisa) com insistência a alguém. 2. Perseverar em ato ou dito. 3. Dar relevância a um tema, repetindo-o e estendendo-se sobre ele mais demoradamente que o normal; reiterar.
Sinônimos: persistir, perseverar, continuar.
Exemplo: Insistia na ideia de comprar uma casa na praia.

INSPECIONAR *vtd*. 1. Fazer a inspeção de. 2. Fazer vistoria minuciosa e criteriosa para controlar a entrada num país de mercadorias ilegais ou de animais e plantas proibidas.
Sinônimos: examinar, conferir, controlar.
Exemplo: É preciso inspecionar os carros que poluem as ruas.

INSPIRAÇÃO *sf*. 1. Iluminação súbita e geralmente genial, que tem efeito animador e estimulador da criatividade.
Sinônimos: iluminação, entusiasmo.
Exemplo: Inspiração também vem do trabalho duro.

INSTAURAR *vtd*. 1. Dar início a. 2. Fazer a abertura, geralmente com cerimônia formal e solene. 3. Iniciar processo segundo os trâmites legais.
Sinônimos: construir, criar, começar.
Exemplo: O empresário instaurou a fábrica na presença de muitas autoridades.

INSTIGAR *vtd./vtdi*. 1. Levar uma ou mais pessoas a praticar uma ação. 2. Ordenar um ataque a. 3. Ser persuasivo. 4. Provocar reação em.
Sinônimos: estimular, incentivar, conduzir.
Exemplo: O aumento de salário instigou os funcionários a produzirem mais.

INSTINTO sm. 1. Percepção de situação, determinante na forma de pensar e de agir. 2. Inclinação natural para certa atividade.
Sinônimos: intuição, aptidão.
Exemplo: Seu instinto empreendedor o fez investir naquele mercado.

INSTITUIÇÃO sf. 1. Organização pública ou privada, regida por estatutos ou leis, cujo objetivo é satisfazer as necessidades de uma sociedade ou de uma comunidade de projeção mundial.
Sinônimos: entidade, corporação, organização.
Exemplo: A instituição prezava pelas ações sociais.

INSTRUIR vtd./vint/vpr. 1. Dar ou adquirir instrução. 2. Dar ou receber informação ou orientação sobre algo. 3. Orientar sobre a execução de algo. 4. Anexar documentos comprobatórios de alegações contidas em uma petição.
Sinônimos: doutrinar, ensinar, educar.
Exemplo: O professor instruiu os alunos no uso dos novos microscópios.

INTEGRIDADE sf. 1. Qualidade ou caráter de uma pessoa de conduta irrepreensível.
Sinônimos: isenção, honestidade, honradez.
Exemplo: Era conhecido no meio por sua integridade moral.

ÍNTEGRO adj. 1. Sem falhas de conduta.
Sinônimos: honesto, digno.
Exemplo: É um homem íntegro.

INTELIGÊNCIA sf. 1. Faculdade de entender, pensar, raciocinar e interpretar. Capacidade de resolver situações novas com rapidez e êxito, adaptando-se a elas por meio do conhecimento adquirido.
Sinônimos: intelecto, perspicácia, compreensão.
Exemplo: Era dotado de grande inteligência.

INTERLIGAR vtd./vpr. 1. Ligar(-se) entre si duas ou mais coisas.
Sinônimos: relacionar, ligar, associar.
Exemplos: "O mais incrível é que estes contos de internautas seriam ficção científica trinta anos atrás, quando se imaginava [...] uma rede que interligasse todos os sistemas de informação" (LA3). / Suas opiniões, embora divergentes, interligavam-se em algum aspecto.

INTERMEDIAR vtd. 1. Estar de permeio; entremear. 2. Atuar de modo a garantir a comunicação ou o entendimento entre duas ou mais pessoas.
Sinônimos: interceder, interferir, mediar.
Exemplo: Muitos avanços tecnológicos intermediaram as últimas décadas.

INTERNACIONALIZAR vtd./vpr. 1. Espalhar-se ou difundir-se por várias nações. 2. Tornar(-se) internacional ou tornar(-se) comum a duas ou mais nações.
Sinônimos: estrangeiro, mundial, universal.
Exemplo: Internacionalizou o seu produto vendendo-o em toda a Europa.

INTUIÇÃO sf. 1. Capacidade de um indivíduo emitir julgamentos exatos e justos sem justificação lógica e sem possibilidade de análise.
Sinônimos: palpite, instinto, tino, visão.
Exemplo: Sua intuição nunca falha.

INVENÇÃO sf. 1. Ato de criatividade que resulta em objeto, processo ou técnica novos o suficiente para produzir uma mudança significativa na aplicação de tecnologia.
Sinônimos: criação, descoberta.
Exemplo: Foi a invenção do século.

INVENTIVO adj. 1. Que tem capacidade e facilidade para inventar ou criar.
Sinônimos: criativo, engenhoso.

Exemplo: Era muito inventivo, por isso lançou tantos produtos.

J

JAMEGÃO *sm*. 1. Assinatura, firma ou rubrica que confirma um ato ou legaliza um documento.
Sinônimos: rubrica, firma, assinatura.
Exemplo: Fechou o contrato com um jamegão no papel.

JEITO *sm*. 1. Modo, maneira ou forma peculiar. 2. Maneira de ser, de agir ou de se apresentar. 3. Capacidade especial para algo.
Sinônimos: disposição, aptidão, propensão.
Exemplo: Tinha muito jeito para cuidar de finanças.

JEITOSO *adj*. 1. Que tem jeito para alguma coisa; habilidoso.
Sinônimos: hábil, habilidoso, apto.
Exemplo: É jeitoso no trato com os funcionários.

JOGAR *vtd./vint*. 1. Entregar-se ao jogo. 2. Entreter-se num jogo qualquer.
Sinônimos: arriscar, aventurar, expor.
Exemplo: Todas as noites jogamos, mas nunca a dinheiro.

JOIA *sf*. 1. Pessoa ou coisa que se tem em alta estima e consideração.
Sinônimos: especial, excelente, excepcional, extraordinário.
Exemplo: Essa menina é uma joia.

JORNADA *sf*. 1. Qualquer fato ou conjunto de fatos que diga respeito a uma ou mais pessoas e que se possa perceber ou entender como uma transição para determinado fim.
Sinônimos: carreira, trajetória, percurso.

Exemplo: A jornada do empreendedor é longa e árdua, porém, recompensadora.

JUDICIÁRIO *adj./sm*. 1. Que se refere ao foro judicial, à justiça ou a juiz. 2. O Poder Judiciário.
Sinônimos: judicial, forense.
Exemplo: Teve que recorrer à instância judiciária para resolver o problema com as contas.

JUDICIOSO *adj*. 1. Que tem juízo e prudência.
Sinônimos: acertado, sensato, ponderado, criterioso.
Exemplo: É muito judicioso em suas decisões.

JUIZ *sm*. 1. Aquele que, investido de autoridade que o Estado lhe confere, tem o poder de julgar os casos submetidos a seu juízo; membro do Poder Judiciário que administra a justiça em nome do Estado. 2. Indivíduo dotado de autoridade para conduzir, dirigir ou gerir qualquer coisa, deliberando e julgando tudo que nela seja passível de debate.
Sinônimos: magistrado, árbitro, julgador, mediador.
Exemplo: O juiz julgou improcedente a ação.

JUÍZO *sm*. 1. Ato ou efeito de julgar. 2. Faculdade intelectual que compara e julga; capacidade ou qualidade de quem age com ponderação, reflexão e bom senso.
Sinônimos: discernimento, razão, entendimento.
Exemplo: Sempre foi um rapaz de juízo.

JULGAMENTO *sm*. 1. Modo de pensar, de ver. 2. Audiência em um tribunal, perante o juiz, para a realização de atos processuais.
Sinônimos: opinião, juízo, audiência, sessão.
Exemplos: Qual seu julgamento sobre o RH da empresa?
O julgamento demorou quatro horas.

JULGAR *vtd./vti.* 1. Formar juízo acerca de. 2. Formar conceito sobre alguém ou alguma coisa.
Sinônimos: analisar, conceituar, achar, considerar.
Exemplos: Nunca julgue o que desconhece. Não julgue ninguém por nenhum motivo.

JUNÇÃO *sm.* 1. Ato ou efeito de juntar(-se). 2. Lugar ou ponto em que duas ou mais coisas coincidem ou se juntam firmemente ou permitindo uma articulação.
Sinônimos: reunião, incorporação, confluência.
Exemplo: Uma junção de esforços permitiu a realização da tarefa.

JUNGIR *vtd/vtdi.* 1. Unir por causa e efeito.
Sinônimos: juntar, ligar, unir, prender.
Exemplo: É necessário ser resiliente para jungir o desejo ao sucesso.

JUNTA *sf.* 1. Grupo de pessoas reunidas após convocação para discussão, deliberação e decisão de um determinado assunto ou problema. 2. Denominação de diferentes instituições (consultivas, de administração ou de inspeção) dependentes de várias repartições do Estado.
Sinônimos: articulação, juntura, reunião.
Exemplo: A Junta Comercial passou a oferecer serviços de assessoria contábil a pequenas empresas.

JUNTAR *vtd./vtdi./vint/vpr.* 1. Unir(-se) uma coisa à outra ou coisas diferentes; pôr(-se) junto; reunir(-se).
Sinônimos: reunir, agregar, aliar, associar.
Exemplo: Juntaram-se no empreendimento.

JUPITERIANO *adj.* 1. Que tem caráter dominador;
Sinônimos: altivo, imperioso, soberano, olímpico.
Exemplo: Sempre foi um empresário de ar jupiteriano.

JURA *sf.* 1. Ato de jurar.
Sinônimos: promessa, juramento.
Exemplo: Fez mil juras de amor e fidelidade.

JURADO *sm.* 1. Membro do tribunal do júri.
Sinônimos: conselheiro, júri.
Exemplo: Os jurados declararam o réu inocente das acusações.

JURAMENTO *sm.* 1. Ato de jurar. 2. Pronunciamento, geralmente público, com caráter de comprimento solene e jurídico.
Sinônimos: promessa, jura, voto.
Exemplo: Fez o juramento de exercer a profissão com ética e dedicação.

JURAR *vtd./vtdi.* 1. Afirmar de maneira categórica e cabal.
Sinônimos: afirmar, declarar, assegurar, asseverar.
Exemplo: Jurou que iria melhorar seu desempenho dali para a frente.

JURIDICIDADE *sf.* 1. Qualidade ou caráter de jurídico, de um ato ou fato. 2. Que está conforme os princípios do direito.
Sinônimos: legalidade, licitude.
Exemplo: Analisou a juridicidade da lei.

JURÍDICO *adj.* 1. Conforme às leis do direito ou aos seus princípios; que se faz por via da justiça.
Sinônimos: legal, lícito.
Exemplo: O processo jurídico correu em segredo.

JURISDIÇÃO *sf.* 1. Poder, direito ou autoridade do Estado para editar e aplicar leis. Limite da competência da autoridade.
Sinônimos: atribuições, competências, alçada, vara, foro.

Exemplo: Aquele caso não estava sob sua jurisdição.

JURISPRUDÊNCIA *sf.* 1. Uniformidade de decisões a respeito de um caso determinado que, ao ser submetido aos tribunais, encontra precedentes em decisões anteriores.
Sinônimo: legislação.
Exemplo: A jurisprudência do caso indicava o ganho de causa do réu.

JURISTA *sm+f.* 1. Pessoa perita na ciência do direito e especializada em dar pareceres sobre questões jurídicas.
Sinônimos: advogado, jurisconsulto, jurisperito.
Exemplo: É um jurista renomado.

JURO *sm.* 1. Taxa percentual incidente sobre um capital investido em período de tempo determinado. 2. Remuneração que uma pessoa recebe pela aplicação de seu capital.
Sinônimos: interesse, prêmio, lucro, ganho, rendimento.
Exemplo: O juro do cartão de crédito é um dos mais altos.

JUSTEZA *sf.* 1. Qualidade daquilo que é justo, daquilo que está em conformidade com a justiça.
Sinônimos: exatidão, certeza, precisão.
Exemplo: Sua justeza o tornou um chefe querido.

JUSTIÇA *sf.* 1. Qualidade ou caráter do que é justo e direito. 2. Princípio moral e de valor que se invoca para dirimir a disputa entre as partes litigantes. 3. O reconhecimento do mérito e do valor de algo ou alguém.
Sinônimos: direito, equidade, razão.
Exemplos: Deve-se buscar sempre a justiça.

Justiça seja feita: ela sempre foi muito competente em suas atribuições.

JUSTIFICAÇÃO *sf.* 1. Ato ou efeito de justificar(-se).
Sinônimos: fundamento, origem, causa, razão.
Exemplo: Apresentou a justificação do projeto.

JUSTIFICAR *vtd./vpr* 1. Provar ou mostrar ser válido, necessário e conforme aos fatos e à razão. 2. Fundamentar com razões e argumentos.
Sinônimos: inocentar, reabilitar.
Exemplo: Justificou a necessidade de compra de novos materiais.

JUSTO *adj.* 1. Conforme à justiça, à razão e ao direito. 2. Que é imparcial no julgamento.
Sinônimos: probo, respeitável, imparcial, isento.
Exemplo: Procuro ser justo em todas as decisões.

L

LÁBIA *sf.* 1. Fala ardilosa para persuadir alguém ou captar agrado ou favores.
Sinônimos: manha, malícia, astúcia, esperteza.
Exemplo: Usou toda sua lábia para convencer o cliente a comprar aquele produto.

LABOR *sm.* 1. Trabalho árduo.
Sinônimos: trabalho, lida.
Exemplo: Dedicava-se ao labor na indústria têxtil.

LABORAR *vti/vint*. 1. Realizar trabalho. 2. Exercer a sua função.
Sinônimos: trabalhar, labutar, ocupar-se.
Exemplo: Nunca se furtou a laborar.

LABUTA *sf.* 1. Trabalho pesado e cansativo.
Sinônimos: trabalho, lida, esforço.
Exemplo: Labuta nossa de cada dia.

LABUTAR *vint.* 1. Trabalhar intensamente e com perseverança
Sinônimos: trabalhar, laborar.
Exemplo: É hora de levantar para labutar.

LANÇAMENTO *sm.* 1. Exibição de um filme ou de uma peça de teatro em primeira mão ou colocação no mercado de um novo produto.
Sinônimos: apresentação, estreia.
Exemplo: Realizou o lançamento do novo produto com uma grande festa.

LANÇAR *vtd.* 1. Fazer o lançamento de certo produto no mercado.
Sinônimos: apresentar, divulgar, estrear.
Exemplo: Lançou um serviço inovador, inexistente naquela cidade.

LAUTO *adj.* 1. Que se faz ou se apresenta com grande abundância. 2. Que causa admiração por seu luxo.
Sinônimos: abundante, farto, luxuoso.
Exemplo: Serviram-nos um lauto jantar.

LEAL *adj.* 1. Que não falta à palavra dada ou que a cumpre irrestritamente. 2. Com quem se pode contar.
Sinônimos: honesto, digno, íntegro, fiel.
Exemplo: Sempre foi leal aos seus sócios.

LEALDADE *sf.* 1. Cumprimento da palavra dada.
Sinônimos: fidelidade, respeito, responsabilidade.
Exemplo: Sua lealdade era inquestionável.

LEGADO *sm.* 1. Aquilo que se passa de uma geração a outra, que se transmite à posteridade.
Sinônimo: herança.
Exemplo: Deixou um legado de valores.

LEGAL *adj. m+f.* 1. Relativo a norma ou regra jurídica; que é de lei; autorizado, sancionado por lei; conforme os princípios do direito. 2. Em boas condições; como deve ser.
Sinônimos: legítimo, lícito, em ordem, muito bem, certo.
Exemplo: Pensou em uma manobra fiscal que não seria legal, mas infringiria a lei.

LEGALIDADE *sf.* 1. Caráter ou qualidade do que é legal, do que é determinado por lei. 2. Estado ou qualidade do que se revestiu de formalidades que o tornam legítimo.
Sinônimos: legitimidade, validade, conformidade, regularidade.
Exemplo: Todos os procedimentos estão dentro da legalidade.

LEGALIZAR *vtd.* 1. Dar força de lei a; tornar legal.
Sinônimos: legitimar, autenticar, justificar.
Exemplo: Por ser um produto novo, ainda não oferecido no país, precisou legalizá-lo.

LEGITIMAR *vtd.* 1. Tornar legítimo para os efeitos legais. 2. Reconhecer como autêntico (poderes, títulos ou posse de alguma coisa).
Sinônimos: reconhecer, validar, ratificar, atestar.
Exemplo: Legitimou o documento.

LEGITIMIDADE *sf.* 1. Caráter, estado ou qualidade do que é legítimo ou está de acordo com a razão, com a justiça ou com a lei.
Sinônimos: autenticidade, originalidade, legalidade, validade.
Exemplo: A legitimidade da certidão foi atestada pelo cartório.

LEGÍTIMO *adj.* 1. Que é certo e verdadeiro; que é justo. 2. Que não é adulterado, simulado ou fraudado. 3. Válido perante a lei.
Sinônimos: autêntico, genuíno, legal, lícito.
Exemplo: O produto que vendia era legítimo.

LEMA *sm.* 1. Frase ou sentença curta que resume um ideal ou objetivo.
Sinônimos: bordão, epígrafe, mote.
Exemplo: O lema da empresa era atender bem e com qualidade.

LEVANTAMENTO *sm.* 1. Arrolamento ou inventário de algo para posterior uso e pesquisa. 2. Conjunto de operações de estudo e pesquisa necessário à elaboração de projeto.
Sinônimos: relação, rol, pesquisa, sondagem.
Exemplo: Fez um levantamento das necessidades do mercado para criar um produto inovador.

LIBERDADE *sf.* 1. Autonomia para expressar-se conforme sua vontade. 2. Nível de total e legítima autonomia que representa o ideal maior de um cidadão, de um povo ou de um país. 3. Poder de agir livremente, dentro de uma sociedade organizada, de acordo com os limites impostos pela lei.
Sinônimos: independência, autonomia, soberania.
Exemplo: Tinha total liberdade para opinar sobre as ações da empresa.

LICENCIADO *adj/sm.* 1. Que tem licença. 2. Aquele que tem o grau de licenciatura.
Sinônimos: habilitado, autorizado.
Exemplo: É o único licenciado da marca na região.

LICENCIATURA *sf.* 1. Grau universitário que confere a faculdade de exercer o magistério do ensino médio.
Sinônimo: licenciamento
Exemplo: Concluiu a licenciatura em Matemática, mas decidiu mudar de rumo e empreender.

LÍCITO *adj./sm.* 1. Que é permitido por lei.
Sinônimos: legal, legítimo, justo, regular.
Exemplo: Garanto que esse procedimento é lícito.

LIDAR *vti.* 1. Enfrentar dificuldades ou problemas e achar formas adequadas para superá-los ou resolvê-los.
Sinônimos: enfrentar, aguentar, suportar, resolver.
Exemplo: Precisou lidar com os contratempos.

LÍDER *sm.* 1. Pessoa com poder de decidir, de se fazer obedecer. 2. Pessoa com capacidade de influenciar nas ideias e ações de outras pessoas.
Sinônimos: guia, chefe, dirigente, condutor.
Exemplo: O bom líder é aquele que inspira seus comandados.

LIDERANÇA *sf.* 1. Função de líder. 2. Pessoa com espírito de ascendência.
Sinônimos: autoridade, poder, direção, orientação.
Exemplo: Sempre teve espírito de liderança.

LIGEIREZA *sf.* 1. Qualidade de ligeiro. 2. Qualidade do que é rápido.
Sinônimos: leveza, celeridade, velocidade, destreza.
Exemplo: Pediu ligeireza na resolução do problema.

LISONJEAR *vtd.* 1. Fazer sentir orgulho ou prazer.
Sinônimos: adular, incensar, agradar, satisfazer.
Exemplo: A homenagem o lisonjeou a família.

LIMITAR *vtd./vtdi.* 1. Não ir além de determinados limites. Sinônimos: delimitar demarcar. 2. Fazer restrições.
Sinônimos: definir, delimitar, demarcar.
Exemplo: Em razão dos estudos, limitou a academia a duas vezes por semana.

LITIGAR *vtd./vtdi.* 1. Ter litígio, demanda ou questão. 2. Representar as partes em juízo.
Sinônimos: demandar, pleitear.
Exemplo: Os advogados de cada uma das partes litigam, tentando, cada um, ganhar a questão.

LÓGICA *sf.* 1. Maneira rígida de raciocinar. 2. Modo pelo qual se encadeiam naturalmente as coisas ou os acontecimentos.
Sinônimos: raciocínio, coerência, dialética.
Exemplo: Suas opiniões são sempre baseadas em uma lógica fria.

LOGRAR *vtd.* 1. Conseguir ou obter algo que se almeja ou a que se tem direito.
Sinônimos: gozar, desfrutar, fruir.
Exemplo: Logrou fechar a negociação depois de muito argumentar.

LUCIDEZ *sf.* 1. Clareza de ideias e precisão de raciocínio.
Sinônimos: clareza, consciência, discernimento, sagacidade.
Exemplo: Resolveu o dilema com muita lucidez.

LÚCIDO *adj.* 1. Que tem clareza de ideias e agudeza de inteligência. 2. Que é expresso com nexo, lógica ou coerência.
Sinônimos: ajuizado, astuto, perspicaz.
Exemplo: Suas observações eram lúcidas.

LUCRATIVO *adj.* 1. Que dá lucro ou vantagem.
Sinônimos: frutífero, profícuo, rentável.
Exemplo: Este é um dos produtos mais lucrativos que temos.

LUCRO *sm.* 1. Proveito de ordem material, moral ou intelectual que se tira de alguma coisa. Ganho que se obtém, resultante da diferença entre a receita e o custo de produção.
Sinônimos: ganho, rendimento, provento.
Exemplo: O lucro daquele trimestre foi o maior para o período nos últimos cinco anos.

LUTA *sf.* 1. Empenho para conseguir ou atingir alguma coisa.
Sinônimos: esforço, dedicação.
Exemplo: Travo uma luta a cada dia para fazer crescer meu empreendimento.

LUTADOR *sm.* 1. Que ou aquele que luta ou se esforça para atingir um objetivo.
Sinônimos: guerreiro, batalhador.
Exemplo: Sempre foi esforçado, um lutador.

LUTAR *vti./vint.* 1. Despender força e energia, trabalhar com afinco para conseguir determinado fim.
Sinônimos: batalhar, esforçar-se.
Exemplo: Precisou lutar muito para se tornar um grande profissional.

M

MACOTA *sm.* 1. Indivíduo influente e de prestígio numa região, por ter poder político ou econômico. 2. Diz-se de algo de qualidade superior; muito bom, ótimo.
Sinônimos: grande, bom, poderoso, excelente.
Exemplo: "Era a esperança dum turumbamba macota, em que ele desse uns socos formidáveis nas ruças dos polícias" (Mário de Andrade).

MAGISTÉRIO *sm.* 1. Ofício ou cargo de professor.
Sinônimos: professorado, ensino.
Exemplo: Exerceu o magistério por 35 anos.

MAGISTRADO *sm.* 1. Indivíduo que, na esfera político-administrativa, exerce autoridade delegada, com poderes de julgamento e de execução, ou que integra o governo de um estado, como prefeito, governador ou

presidente, entre outros. 2. Integrante do Poder Judiciário.
Sinônimos: autoridade, juiz, desembargador.
Exemplo: O magistrado apresentou seu voto.

MAGISTRAL *adj. m+f.* 1. Que pertence ou se refere ao mestre. 2. Que é completo e perfeito.
Sinônimos: perfeito, acabado, exemplar.
Exemplo: Teve uma ideia magistral.

MAGNÂNIMO *adj.* 1. Que tem grandeza de alma. 2. Que demonstra generosidade.
Sinônimos: bom, generoso, bondoso, elevado.
Exemplo: "O fraco ofendido atraiçoa, o forte e magnânimo perdoa" (Marquês de Maricá).

MAGNATA *sm+f.* 1. Pessoa rica, ilustre e influente. 2. Capitalista influente e poderoso.
Sinônimos: grande, poderoso, influente, capitalista.
Exemplo: Donald Trump é um dos grandes magnatas dos Estados Unidos.

MAGNÍFICO *adj.* 1. Que faz grande efeito e irradia beleza. 2. Que revela fartura, pompa e suntuosidade.
Sinônimos: grandioso, esplêndido, pomposo.
Exemplo: Era um espaço magnífico para instalar a empresa.

MAGNITUDE *sf.* 1. Qualidade e condição de magno.
Sinônimos: grandeza, importância.
Exemplo: A magnitude do empreendimento surpreendeu.

MAGNO *adj.* 1. Que é muito importante e relevante. 2. Que enobrece, como epíteto, personagens ilustres.
Sinônimos: grande, notável, importante.
Exemplo: O magno professor ministrará aula especial.

MAIORAL *sm+f.* 1. Aquele que se destaca pela autoridade. 2. Aquele que revela superioridade em relação aos outros.
Sinônimos: chefe, cabeça, mandão.
Exemplo: Era o maioral da tecnologia.

MALEÁVEL *adj. m+f.* 1. Suscetível de se adaptar a situações diferentes.
Sinônimos: adaptável, flexível.
Exemplo: Em certas discussões é preciso ser maleável.

MALEABILIDADE *sf.* 1. Fácil adaptação. 2. Qualidade de maleável.
Sinônimo: flexibilidade.
Exemplo: Um profissional que não tem maleabilidade pode ter dificuldades no mercado.

MANAR *vtd./vti./vint.* 1. Deixar unir ou fluir abundantemente (algum líquido ou gás) ou permanentemente. 2. Ser originário ou proveniente de.
Sinônimos: criar, originar, produzir.
Exemplo: Dos seus olhos manavam lágrimas.

MANDAR *vtd./vti./vint.* 1. Dar ordens a alguém ou exigir que se cumpra algo. 2. Recomendar como necessário ou aconselhável; determinar, preceituar, prescrever.
Sinônimos: ordenar, dirigir, dominar.
Exemplo: O bom líder nunca manda, mas comanda os seus liderados.

MANDATO *sm.* 1. Período de duração de um cargo eleitoral. 2. Preceito ou ordem de superior para inferior.
Sinônimo: legislatura.
Exemplo: Realizou diversas obras durante seu mandato.

MANTENEDOR *adj./sm.* 1. Que ou aquele que mantém ou sustenta.
Sinônimos: mantedor, financiador.

Exemplo: O grupo é mantenedor de uma série de instituições.

MANUFATURA *sf.* 1. Trabalho realizado à mão ou em máquina caseira. 2. Estabelecimento industrial.
Sinônimos: fabricação, produção, indústria.
Exemplo: Hoje uma multinacional, a empresa começou como uma pequena manufatura.

MANUFATURAR *vtd.* 1. Fabricar ou produzir algo à mão ou em máquina caseira. 2. Produzir algo em estabelecimento industrial.
Sinônimos: elaborar, fabricar.
Exemplo: Juntou o material necessário para manufaturar o produto.

MARCA *sf.* 1. Nome, termo, expressão, desenho ou símbolo ou combinação desses elementos que serve para identificar a propriedade, a categoria e origem de mercadorias ou serviços de uma empresa e para diferenciá-los dos concorrentes. 2. Identificador da empresa ou do fabricante.
Sinônimos: símbolo, modelo, chancela.
Exemplo: Esta marca é conhecida pela qualidade da produção.

MARCO *sm.* 1. Qualquer fato ou evento de extrema relevância que marca época e transforma o rumo da história em geral. 2. Tudo aquilo que marca limite ou fronteira.
Sinônimos: sinal, data, limite.
Exemplo: O lançamento do novo produto foi um grande marco da empresa.

MARKETING *sm.* 1. Conjunto de recursos estratégicos e conhecimento especializado que contribuem para o planejamento, lançamento e aspectos essenciais para a sustentação de um produto no mercado. 2. Conjunto de estratégias que têm como objetivo influenciar o público, fortalecendo a ideia, a marca, a instituição, o produto, a embalagem, os pontos de venda etc.
Sinônimos: mercadologia, mercadológico.
Exemplo: Eu trabalho na área de marketing da empresa.

MATURIDADE *sf.* 1. Estado ou condição de ter atingido uma forma adulta ou amadurecida. 2. Fase de maior importância ou qualidade; qualidade do que é pleno.
Sinônimos: madureza, amadurecimento, plenitude, excelência.
Exemplo: A *startup* atingiu sua maturidade.

MELHORAMENTO *sm.* 1. Ato ou efeito de melhorar(-se). 2. Transição e mudança para melhor estado ou condição; benefício, benfeitoria, melhora, melhoria.
Sinônimos: adiantamento, progresso, aperfeiçoamento.
Exemplo: Investiu em seu melhoramento profissional para pleitear cargos mais altos.

MELHORAR *vtd./vti./vint./vpr.* 1. Tornar(-se) melhor ou superior; aperfeiçoar(-se). 2. Passar (alguém ou a si mesmo) a ter um estado, uma condição ou uma situação melhor; adquirir melhoria.
Sinônimos: aperfeiçoar, aprimorar, progredir, prosperar.
Exemplo: Ele melhorou de vida depois que entrou no novo emprego.

MELHORIA *sf.* 1. Situação que apresenta melhores condições e vantagens.
Sinônimos: melhora, melhoramento, benfeitoria.
Exemplo: Fizeram diversas melhorias na nova versão do aplicativo.

MESTRE *sm.* 1. Indivíduo que possui o domínio de uma arte, ciência ou técnica.
Sinônimos: professor, preceptor, educador.

Exemplo: Teve um grande mestre, que lhe ensinou tudo sobre empreendedorismo.

MERCHANDISING *sm*. 1. Exposição de determinada marca, produto ou serviço por meio de vários meios de comunicação (televisão, rádio, cinema etc.) sem uma intenção publicitária declarada, com o objetivo de fixar sua imagem de forma subliminar.
Sinônimos: publicidade, anúncio, propaganda.
Exemplo: A empresa investiu alto em merchandising.

MÉRITO *sm*. 1. Condição que torna alguém digno de prêmio ou castigo. 2. Qualidade de quem faz jus a uma deferência.
Sinônimos: merecimento, virtude.
Exemplo: O mérito do prêmio que a empresa recebeu é de toda a equipe.

META *sf*. 1. Fim a que se dirigem as ações ou os pensamentos de alguém. 2. Ponto que se procura atingir com algo.
Sinônimos: objetivo, finalidade.
Exemplo: Para crescer na vida é necessário definir metas e lutar para cumpri-las.

MÉTODO *sm*. 1. Emprego de procedimentos ou meios para a realização de algo, seguindo um planejamento.
Sinônimos: metodologia, regra, modo.
Exemplo: Estude e se prepare para enfrentar os desafios da vida com método e dedicação.

MICROEMPRESA *sf*. 1. Empresa individual ou pessoa jurídica com receita bruta anual igual ou inferior a um determinado valor estabelecido pelo governo, que recebe, por conta disso, benefícios do ponto de vista tributário ou fiscal.
Sinônimo: empresa pequena.

Exemplo: Ele começou seu negócio com uma microempresa.

MICROEMPRESÁRIO *adj*. 1. Que ou aquele que tem ou é responsável por uma microempresa.
Sinônimos: domo, proprietário.
Exemplo: O microempresário foi eleito melhor gestor do ano.

MILIONÁRIO *adj./sm*. 1. Que ou aquele que possui milhões, que é extremamente rico.
Sinônimo: rico.
Exemplo: Trabalhou muito, fez a empresa crescer e ficou milionário.

MINISTRAR *vtd./vtdi*. 1. Prover do necessário; fornecer. 2. Atuar no cargo de ministro. 3. Fazer ingerir; administrar.
Sinônimos: administrar, aplicar, proporcionar.
Exemplo: A secretária é quem ministra as informações da empresa.

MISSÃO *sf*. 1. Tarefa que é dever de alguém realizar. 2. A mais importante função de uma instituição ou organização.
Sinônimos: dever, compromisso.
Exemplos: Sua missão é aperfeiçoar os processos deste setor.
A missão da *startup* é fornecer soluções tecnológicas de qualidade na área de Saúde.

MODELAGEM *sf*. 1. Cópia, imitação de hábitos e ações de pessoas de sucesso como forma de desenvolvimento pessoal.
Sinônimo: inspiração.
Exemplo: Sucesso é modelagem aos paradigmas de sucesso com constância, compromisso e disciplina.

MORAL *sf/adj. m+f*. 1. Conjunto de valores e princípios morais (virtude, honestidade

etc.) que norteiam a conduta e o pensamento de uma pessoa e sua relação com a sociedade em que vive. 2. Que é conforme e procede conforme os princípios da ética e da moralidade aceitos socialmente.
Sinônimos: honestidade, norma, procedimento.
Exemplo: Sempre teve uma ótima conduta moral.

MORALIDADE sf. Qualidade ou caráter do que é moral, do que está em conformidade com os preceitos e valores morais.
Sinônimos: decência, pudor.
Exemplo: A moralidade no ambiente de trabalho é indispensável.

MORIGERAR vtd./vpr. 1. Submeter(-se) aos bons costumes.
Sinônimos: ensinar, instruir, doutrinar.
Exemplo: É preciso morigerar os funcionários.

MOTIVAÇÃO sf. 1. Série de fatores, de natureza afetiva, intelectual ou fisiológica, que atuam no indivíduo, determinando-lhe o comportamento.
Sinônimos: estímulo, ânimo.
Exemplo: Sua motivação sempre foi criar uma grande companhia.

MULTIMILIONÁRIO adj. sm. 1. Que ou aquele que é muitas vezes milionário.
Sinônimos: ricaço, arquimilionário.
Exemplo: Lutou a vida inteira e tornou-se um multimilionário.

MULTINACIONAL adj. m+f. 1. Que é do interesse de mais de uma nação. 2. Que diz respeito a ou que conta com a participação de vários países. 3. Diz-se de acordo, tratado, pacto etc. que se realiza entre vários países.
Sinônimos: globalizado, transnacional.
Exemplo: A multinacional começou a atuar em um novo país, expandindo suas possibilidades de negócios.

MULTIPLICIDADE sf. 1. Variedade grande ou excessiva de indivíduos, fatos, espécies etc.; abundância, prodigalidade, quantidade. 2. Qualidade do que é cheio de vida.
Sinônimos: variação, pluralidade, diversidade.
Exemplo: É prodigiosa a multiplicidade de tipos de insetos que existe no mundo.

MÚLTIPLO adj. 1. Que não é simples ou único. 2. Que se manifesta ou se dá a conhecer de diferentes maneiras.
Sinônimos: variado, diversificado.
Exemplo: Tem talentos múltiplos.

N

NABABO sm. 1. Pessoa muito rica que ostenta luxo.
Sinônimos: ricaço, milionário.
Exemplo: Teve uma infância pobre, mas hoje é um nababo.

NACIONAL adj. m+f. 1. Que é produzido ou fabricado no país.
Sinônimos: pátrio, local, natural.
Exemplo: Os nacionais são muito orgulhosos de sua música.

NAIPE sm. 1. Conjunto de pessoas com interesses mais ou menos comuns. Natureza ou qualidade de pessoa ou coisa; categoria, condição.
Sinônimos: condição, casta, classe.
Exemplo: Um profissional do naipe dele não pode ficar fora do mercado.

NECESSÁRIO adj. 1. Impossível de ser dispensado. 2. Obrigado a ser cumprido.
Sinônimos: preciso, indispensável, essencial.

Exemplo: Esses são os documentos necessários para se abrir uma empresa.

NECESSIDADE *sf.* 1. Característica do que é necessário. 2. O que é absolutamente vital. 3. Aquilo que é inevitável. 4. O que exprime uma carência.
Sinônimos: precisão, indispensabilidade.
Exemplo: Crescer é uma necessidade de toda empresa.

NEGOCIAÇÃO *sf.* 1. Transação comercial. 2. Conversa que ocorre entre duas ou mais pessoas, com o fim de se chegar a um acordo em um assunto qualquer.
Sinônimos: negócio, transação, acordo, ajuste.
Exemplo: A negociação resultou em um acordo bom para as duas partes.

NEGOCIADOR *adj./sm.* 1. Que ou aquele que negocia. 2. Que ou aquele que tem a incumbência de participar de conversações sobre um assunto de interesse de duas ou mais partes e de tomar as iniciativas necessárias para se chegar a um acordo.
Sinônimos: negociante, agenciador, intermediário.
Exemplo: O negociador buscou uma solução para o conflito.

NEGOCIANTE *sm+f.* 1. Pessoa que trata de negócios. 2. Pessoa que exerce o comércio.
Sinônimos: negociador, comerciante.
Exemplo: Era o negociante na contratação do jogador famoso.

NEGOCIAR *vti./vint./vtd./vtdi.* 1. Fazer negócio. 2. Comprar, vender ou trocar. 3. Tentar chegar a um acordo por meio de discussões formais.
Sinônimos: barganhar, mercantilizar, combinar, pactuar.
Exemplo: Negociava diretamente com o consumidor final.

NEGÓCIO *sm.* 1. Empreendimento comercial, industrial ou financeiro. 2. Transação comercial de qualquer natureza.
Sinônimos: comércio, empresa, negociação, acordo.
Exemplo: Tenho um negócio no ramo alimentício. Fechou negócio com o importador.

NOBILITAR *vtd.* 1. Conceder foros e privilégios de nobreza. 2. Tornar(-se) nobre, magnânimo; fazer(-se) crescer em dignidade, generosidade.
Sinônimos: honrar, esclarecer, notificar.
Exemplo: Sua abnegação e seu heroísmo o nobilitaram.

NOBRE *adj. m+f.* 1. Que tem ascendência ilustre. 2. Que revela elevação moral, grandeza de alma; altruísta, compassivo, generoso. 3. Em que se celebra (algo) com pompa e suntuosidade, em geral com a presença de pessoas importantes. 4. Que tem grande qualidade e valor; que é de luxo.
Sinônimos: aristocrata, elevado, digno, grandioso.
Exemplo: Esta cadeira é feita de madeira nobre.

NOMEAÇÃO *sf.* 1. Ato pelo qual a autoridade competente designa alguém para ser provido no exercício de um cargo público. 2. Ato de nomear ou designar alguém para o desempenho de um encargo, investindo-o dos poderes atinentes ao exercício de tal responsabilidade ou incumbência.
Sinônimos: designação, provimento.
Exemplo: Sua nomeação foi publicada no Diário Oficial.

NOMEADO *adj.* 1. Que recebeu nomeação para exercer função pública.
Sinônimos: designado, eleito.
Exemplo: Foi nomeado juiz federal do Trabalho.

NORMA *sf.* 1. Tudo que estabelece e regula procedimentos. 2. No campo da conduta humana, a diretriz de um comportamento socialmente estabelecido e geralmente aceito.
Sinônimos: diretriz, conduta, lei, preceito.
Exemplo: A empresa tem diversas normas internas que devem ser observadas pelos colaboradores.

NORTEAR *vtd.* 1. Dirigir ou encaminhar para o norte. 2. Orientar(-se) em determinada direção moral, profissional, intelectual etc.; regular(-se).
Sinônimos: orientar, guiar, conduzir, dirigir, regular.
Exemplo: Norteava-se pelos bons exemplos do pai.

NOTABILIDADE *sf.* 1. Qualidade ou atributo de notável. 2. Pessoa notável ou ilustre.
Sinônimos: sumidamente, celebridade.
Exemplo: Ganhou notabilidade por sua grande expertise.

NOTABILIZAR *vtd./vpr.* 1. Tornar(-se) notável ou afamado; destacar(-se), evidenciar(-se), sobressair(-se).
Sinônimos: celebrar, afamar, distinguir, destacar.
Exemplo: Notabilizou-se por sua habilidade em gestão.

NOTADAMENTE *adv.* 1. De modo especial; especialmente.
Sinônimos: especialmente, principalmente, designadamente.
Exemplo: Era um profissional notadamente apto para o cargo.

NOTADO *adj.* 1. Que se notou, reparou-se; observado.
Sinônimos; anotado, pontado.

Exemplo: Tem-se notado a lentidão no ressuprimento de produtos, tais como luvas de vaqueta, tênis de segurança, capacetes etc.

NOTÁVEL *adj. m+f.* 1. Digno de nota ou de atenção. 2. Que merece apreço ou louvor. 3. Ilustre por seus feitos.
Sinônimos: afamado, importante, eminente, ilustre, conceituado.
Exemplo: Um notável magistrado.

NOTÍCIA *sf.* 1. Informação sobre situação atual ou de acontecimento recente; nova, novidade. 2. Informação e conhecimento sobre algo ou alguém. 3. Relato de fatos e acontecimentos atuais de interesse público, veiculado em jornal, televisão, rádio, revista.
Sinônimos: apontamento, aviso, comunicação.
Exemplo: As notícias que nos interessam são as econômicas.

NOTORIEDADE *sf.* 1. Estado, qualidade ou condição de notório; condição de quem ou do que é publicamente conhecido. 2. Fama adquirida por obras, feitos ou ditos considerados notáveis.
Sinônimos: reputação, renome, notabilidade, fama, prestígio.
Exemplo: Ganhou notoriedade por sua presteza e competência.

NOVIDADE *sf.* 1. Qualidade, caráter ou condição do que é novo. 2. Condição daquilo que se vê, conhece-se ou se sente pela primeira vez. 3. Qualidade ou condição do que é inédito, original e que atrai atenção e interesse. 4. Produto, artigo, obra que se lança no mercado.
Sinônimos: modernidade, atualidade, originalidade, inovação.
Exemplo: A empresa entrou no mercado com uma série de novidades.

NUMERÁRIO *adj./sm.* 1. Relativo a dinheiro. 2. Dinheiro em espécie; dinheiro vivo.
Sinônimos: moeda, dinheiro.
Exemplo: Entregou o numerário ao caixa do banco.

NUMERÁVEL *adj. m+f.* 1. Que se pode numerar.
Sinônimos: calculável, contável.
Exemplo: A sequência de modelos no desfile será numerável.

NÚMERO *sm.* 1. Cada elemento ou um conjunto de elementos do sistema numérico usado em contagem ou medição. 2. Expressão de quantidade; soma.
Sinônimos: conta, soma, quantidade, porção.
Exemplo: Precisei contar o número de caixas que ainda tínhamos em estoque.

NUMEROSO *adj.* 1. Em grande número; que apresenta grande quantidade.
Sinônimos: abundante, copioso, harmonioso.
Exemplo: Seu trabalho recebeu numerosos elogios por parte de toda a diretoria.

O

OBEDECER *vti.* 1. Submeter-se à vontade de (outra pessoa). 2. Estar sob a autoridade ou o comando de.
Sinônimos: observar, cumprir, executar.
Exemplo: O funcionário deve obedecer às ordens de seu superior.

OBEDIÊNCIA *sf.* 1. Ato ou efeito de obedecer. 2. Qualidade ou estado de obediente.
Sinônimos: submissão, sujeito, resignado.
Exemplo: A obediência às regras internas gera um ambiente mais agradável.

OBEDIENTE *adj. m+f.* 1. Que obedece; que presta obediência a outrem.
Sinônimos: submisso, subordinado, dócil.
Exemplo: Seja obediente ao chefe.

OBFIRMADO *adj.* 1. Muito firme. 2. Que demonstra persistência, tenacidade, obstinação.
Sinônimos: firme, pertinaz, teimoso.
Exemplo: Estava obfirmado em seu propósito.

OBFIRMAR *vti.* 1. Estar muito firme em. 2. Ser insistente.
Sinônimos: persistir, obstinar-se, perseverar.
Exemplo: Agora que consegui obfirmar o conteúdo da matéria, vou marcar a prova.

OBJETIVIDADE *sf.* 1. Qualidade de atitude ou de disposição de espírito daquele que vê as coisas como elas são, daquele que está isento de parcialidade, daquele que não se deixa influenciar por preferências, sentimentos pessoais etc. 2. Característica ou caráter do que é direto, que não apresenta evasões e não se perde em lucubrações. 3. Qualidade do que apresenta base nos fatos e na realidade concreta, do que fornece uma representação fiel e exata de um objeto.
Sinônimos: assertividade, decisão, clareza, transparência, firmeza.
Exemplo: Tratou do problema com objetividade.

OBJETIVO *sm.* 1. Resultado ou meta que se quer atingir numa ação.
Sinônimos: alvo, finalidade, propósito.
Exemplo: Tinha um objetivo muito claro.

OBRA *sf.* 1. Conjunto de ações realizadas por alguém ou por uma instituição.
Sinônimos: efeito, resultado, produto.
Exemplo: Sua grande obra de vida foi ter criado uma companhia forte e de sucesso.

OBRIGAÇÃO *sf.* 1. Necessidade moral da prática de certos atos. 2. Encargo a que se está obrigado. 3. Compromisso assumido. 4. Qualquer ação executada por imposição.
Sinônimos: disposição, dever, compromisso, responsabilidade.
Exemplo: Tinha a obrigação de produzir mil unidades por dia.

OBRIGADO *adj.* 1. Que se obrigou. 2. Colocado como imposição. 3. Que revela sentimento de gratidão.
Sinônimos: necessário, forçado, grato.
Exemplo: Agradeço a todos. Obrigado.

OBRIGATÓRIO *adj.* 1. Que envolve obrigação. 2. Que tem o poder ou a força de obrigar.
Sinônimos: necessário, forçoso, inevitável.
Exemplo: "[...] a execução do Hino Nacional deveria voltar a ser obrigatória nas escolas, todos os dias, no pátio, antes das aulas" (AD).

OBSEQUENTE *adj. m+f.* 1 Que demonstra docilidade. 2. Que trata com agrados. 3. Que denota complacência.
Sinônimos: obediente, dócil, favorável, propício.
Exemplo: Costumava ser obsequente com sua equipe.

OBSERVÂNCIA *sf.* 1. Pleno acatamento às regras, às leis etc. 2. Cumprimento estrito à vida de clausura.
Sinônimos: cumprimento, prática, uso, execução, disciplina.
Exemplo: Tem que haver observância rígida às regras da empresa.

OBSERVAÇÃO *sf.* 1. Olhar atento sobre qualquer coisa ou pessoa. 2. Exame minucioso de fenômenos ou fatos físicos ou morais. 3. Fazer análise minuciosa.
Sinônimos: análise, estudo, exame, investigação.
Exemplo: A observação atenta sobre as pessoas de sucesso lhe permite aprender que caminho seguir para também ter sucesso em sua vida.

OBSERVADOR *adj./sm.* 1. Que ou aquele que examina. 2. Diz-se de ou indivíduo que faz observações com argúcia.
Sinônimos: espectador, atento, observante, examinador.
Exemplo: Era bastante observador, tanto que notou as melhorias que poderiam ser feitas no processo produtivo.

OBSERVAR *vtd./vtdi.* 1. Olhar atentamente. 2. Fazer análise minuciosa. 3. Prestar atenção a.
Sinônimos: constatar, verificar, analisar, examinar.
Exemplo: Observou as práticas dos concorrentes para desenvolver seu próprio negócio.

OBSTINAÇÃO *sf.* 1. Firmeza de pensamento.
Sinônimos: perseverança, persistência, tenacidade.
Exemplo: Trabalhe e corra atrás dos seus sonhos com obstinação que conseguirá realizá-los.

OBSTINADO *adj.* 1. Que se obstina ou persiste. 2. Insistente em uma opinião ou propósito.
Sinônimos: persistente, perseverante, incansável.
Exemplo: O empreendedor mostra-se obstinado em relação ao seu ideal.

OBTEMPERAR *vtd./vti.* 1. Ponderar moderadamente e sem arrogância. 2. Aderir à opinião de; pôr-se de acordo.
Sinônimos: obedecer, anuir, consentir, ceder.

Exemplo: Obtemperou ao chefe que não concordava em trabalhar até tarde.

OBTER *vtd./vti.* 1. Alcançar algo. Ser bem-sucedido em. 2. Receber o que é de direito.
Sinônimos: alcançar, conseguir, achar, encontrar.
Exemplo: Obteve na carreira muitos logros e satisfações.

OCUPAÇÃO *sf.* 1. Trabalho remunerado que constitui a principal atividade de uma pessoa; emprego, ofício, serviço. 2. Atividade de qualquer ordem que se realiza por determinado período de tempo.
Sinônimos: emprego, cargo, função, ofício.
Exemplo: Qual é a sua ocupação?

OCUPADO *adj.* 1. Que se ocupou. 2. Em que há muito o que fazer ou muito em que pensar. 3. Que não está livre ou vago; preenchido.
Sinônimos: empregado, aplicado, entretido, atarefado.
Exemplo: Estou muito cansado, tive um dia muito ocupado.

OCUPAR *vtd.* 1. Apoderar-se ou tornar-se dono de algo. 2. Conseguir determinada coisa por merecimento. 3. Cumprir o conjunto de obrigações próprias do cargo.
Sinônimos: habitar, conquistar, tomar, obter.
Exemplo: A empresa ocupa duas salas naquele empresarial.

OFENSIVA *sf.* 1. Ato ou situação de quem ataca. 2. Uma série de ações com o objetivo de combater algo.
Sinônimos: iniciativa, ataque, acometimento, investida.
Exemplo: Depois de avaliarem a situação, decidiram por uma ofensiva midiática para conquistar mais clientes.

OFERECER *vtd./vtdi.* 1. Apresentar ou propor, como dádiva ou empréstimo. 2. Dar como oferta, mimo ou presente. 3. Dar algo voluntariamente, com o objetivo de obter alguma coisa em troca. 4. Propor, em negociação.
Sinônimos: apresentar, exibir, mostrar, dar, presentear, ofertar.
Exemplo: Ofereceu dinheiro e não cobrou os juros.

OFERTA *sf.* 1. Conjunto de bens ou serviços disponíveis no mercado em determinado momento, com um preço dado.
Sinônimo: proposta.
Exemplo: A oferta está grande, então os preços devem cair.

OFICIAL *adj. m+f.* 1. Revestido de todas as formalidades. 2. Reconhecido como o mais importante entre outros que têm o mesmo papel.
Sinônimos: solene, obrigatório, ocupação, dever.
Exemplo: O decreto oficial veio de Brasília.

OFÍCIO *sm.* 1. Trabalho realizado de modo regular, por meio do qual a pessoa obtém os recursos necessários à sua subsistência. 2. Ocupação que exige um preparo específico. 3. Aquilo que se tem de realizar porque faz parte de uma responsabilidade moral ou de um dever.
Sinônimos: profissão, obrigação, ocupação, dever.
Exemplo: Tinha um importante ofício na empresa.

OLADA *sf.* 1. Ocasião favorável; momento propício. 2. Sucessão de fatos auspiciosos, animadores; maré de sorte.
Sinônimos: ocasião, oportunidade.
Exemplo: Sentiu-se de olada, em uma maré de sorte.

OLHAR *sm.* 1. Forma de posicionar-se quanto a determinado assunto, tema, ideologia etc.
Sinônimos: interpretação, perspectiva, postura.
Exemplo: Tinha um olhar muito apurado para o empreendedorismo.

ONIPOTENTE *adj. m+f.* 1. Que tem poder ilimitado; que é todo-poderoso; onipoderoso. 2. Que tem e exerce poder e autoridade absoluta e ilimitada.
Sinônimos: salvador, todo-poderoso.
Exemplo: O espírito onipotente do diretor oprime todos os funcionários.

ÔNUS *sm.* 1. Aquilo de que se é obrigatoriamente incumbido; dever, encargo, obrigação.
Sinônimos: encargo, obrigação, compromisso.
Exemplo: "Casou-se com uma milionária, e é preciso sujeitar-se aos ônus da posição" (SEN).

OPÇÃO *sf.* 1. Ato, faculdade ou resultado de optar. 2. Direito negociável de compra e venda de títulos, mercadorias, ações etc. a ser exercido dentro de data futura e preço preestabelecido, amplamente utilizado nos mercados de *commodities* e no mercado futuro de ações.
Sinônimos: preferência, optação.
Exemplo: Sugeriu, como opção, transportar a mercadoria por barco.

OPERAÇÃO *sf.* 1. Ato ou efeito de operar. 2. Qualquer transação comercial. 3. Conjunto de ações e atividades planejadas, que se combinam com os meios necessários para se obter determinados resultados.
Sinônimos: cálculo, transação, manobra.
Exemplo: A operação de venda da empresa foi feita por meio de um corretor.

OPERANTE *adj. m+f.* 1. Que opera, produz, realiza, trabalha. 2. Que produz o devido efeito; que serve para operar.
Sinônimos: ativo, operador, operativo, operatório.
Exemplo: A fábrica já está operante.

OPERAR *vint.* 1. Realizar ou exercer ação, função, atividade. 2. Entrar em atividade ou funcionamento; funcionar ou fazer funcionar.
Sinônimos: agir, atuar, funcionar, trabalhar
Exemplo: A máquina não opera sem energia.

OPERÁRIO *sm.* 1. Funcionário de fábrica ou indústria, principalmente o que exerce, mediante salário, ocupação, manual ou mecânica. 2. Qualquer trabalhador que exerce uma ocupação manual ou mecânica mediante salário. 3. Qualquer indivíduo que produz qualquer trabalho ou obra.
Sinônimos: empregado, trabalhador.
Exemplo: Reuniu os operários para passar instruções de trabalho.

OPEROSO *adj.* 1. Que opera. 2. Que dá trabalho ou é difícil de executar.
Sinônimos: produtivo, trabalhador, laborioso, esforçado.
Exemplo: "Um operoso deputado, o Sr. Dr. Nilo Peçanha, acaba de apresentar um projeto de lei" (JAl2).

OPIFÍCIO *sm.* 1. Trabalho, obra, construção de opífice.
Sinônimos: trabalho oficina, fatura, fazimento.
Exemplo: Sentia-se realizado com seu opifício.

OPIMO *adj.* 1. De grande riqueza e fertilidade. 2. Que é de grande qualidade.
Sinônimos: excelente, rico, abundante, fecundo.

Exemplo: Aventurou-se por um segmento opimo para investimentos.

OPINAR *vti./vint./vtd.* 1. Emitir opinião; expor o que se pensa. 2. Ser de opinião.
Sinônimos: achar, considerar, arbitrar, avaliar.
Exemplo: Opinou que o mais importante era competir e que não devíamos desistir.

OPINATIVO *adj.* 1. Dependente de opinião, que se baseia em determinada opinião.
Sinônimos: discutível, contestável.
Exemplo: Sua teoria era meramente opinativa, sem base científica.

OPINÁVEL *adj. m+f.* 1. Em que se pode opinar. 2. Sujeito a diversas opiniões divergentes.
Sinônimos: provável, discutível, opinativo.
Exemplo: Nelson Rodrigues já dizia que, em assuntos opináveis, toda unanimidade é burra.

OPINIÃO *sf.* 1 Modo de pensar, de julgar, de ver. 2. Ponto de vista ou posição tomada sobre assunto em particular (social, político, religioso etc.). 3. Juízo de valor que se faz sobre alguém ou alguma coisa.
Sinônimos: ponto de vista, posição, teoria, tese, conceito.
Exemplo: Tinha uma opinião diferente da maioria sobre os negócios da empresa.

OPORTUNIDADE *sf.* 1. Ocasião favorável. 2. Circunstância oportuna e propícia para a realização de alguma coisa. 3. Circunstância útil, benéfica e vantajosa.
Sinônimos: chance, ensejo.
Exemplo: Muitas oportunidades só aparecem uma vez na vida.

OPORTUNO *adj.* 1. Que vem ou se realiza a propósito, a tempo, em momento adequado.

2. Que é favorável, conveniente e próprio para alguma coisa. 3. Vantajoso.
Sinônimos: apropriado, tempestivo, apto, propício.
Exemplo: É um momento oportuno para investirmos na renovação do maquinário.

ORÇAMENTO *sm.* 1. Avaliação do custo de qualquer empreendimento. 2. Discriminação da receita e da despesa com a devida aplicação da verba.
Sinônimos: cálculo, estimativa.
Exemplo: O orçamento total para este ano teve um aumento de 12%.

ORÇAR *vtd./vtdi.* 1. Fazer o orçamento de.
Sinônimos: calcular, estimar.
Exemplo: Orçou os lucros em 20%.

ORDEM *sf.* 1. Qualquer determinação imposta por um superior. 2. Comportamento exemplar. 3. Conjunto de conduta daqueles que participam de uma coletividade.
Sinônimos: regra, norma, organização, ordenação.
Exemplo: Há que se manter a ordem no ambiente de trabalho.

ORDENAÇÃO *sf.* 1. Ato ou efeito de ordenar(-se); ordenamento. Mandado expedido por alguém. Disposição apropriada para a manutenção da ordem.
Sinônimos: mando, mandado, determinação, ordem.
Exemplo: Não tire os livros da ordenação que arrumei.

ORDENAR *vtd./vtdi.* 1. Dispor organizadamente pessoas ou coisas. 2. Determinar que seja cumprido.
Sinônimos: arranjar, arrumar, dispor, regular.
Exemplo: Ordenou um assistente para cada professor. Ordenou que a produção fosse aumentada.

ORDINÁRIO *adj.* 1. De acordo com o costume.
Sinônimos: regular, normal, comum, vulgar, trivial.
Exemplo: Expressava-se com um vocabulário ordinário que ofendia a muitos.

ORGANIZAÇÃO *sf.* 1. Conjunto de diretrizes, normas e funções que contribuem para o bom funcionamento de qualquer empreendimento. 2. Instituição, associação ou entidade que atua no âmbito dos interesses comuns.
Sinônimos: arrumação, disciplina, órgão, entidade.
Exemplo: Seus bons conhecimentos administrativos ajudaram-no a impor uma organização exemplar na empresa.

ORGANIZAR *vtd./vpr.* 1. Adquirir determinada estrutura ou conformação. 2. Reunir indivíduos ou elementos para um objetivo específico.
Sinônimos: arranjar, arrumar, ordenar(-se).
Exemplo: Sua equipe foi se organizando com o tempo.

ÓRGÃO *sm.* 1. Qualquer organização de caráter social, político ou administrativo.
Sinônimos: associação, corporação, entidade.
Exemplo: Instituiu um órgão interno responsável pela qualidade na empresa.

ORGULHO *sm.* 1. Sentimento de prazer ou satisfação que uma pessoa sente em relação a algo que ela própria ou alguém a ela relacionado realiza bem.
Sinônimos: brio, honra.
Exemplo: Sentia muito orgulho por ver tudo que realizou na vida.

ORIENTAÇÃO *sf.* 1. Conjunto de regras a serem seguidas.
Sinônimos: diretriz, prescrição, explicação, instrução.
Exemplo: Toda a orientação sobre o funcionamento das máquinas está afixada no mural de avisos.

ORIENTADOR *sm.* 1. Que ou o que orienta, que conduz. 2. Que ou o que dita regras para o funcionamento de alguma coisa.
Sinônimos: diretor, mentor, guia, conselheiro.
Exemplo: Foi o orientador dos trainees.

ORIENTAR *vtd.* 1. Mostrar a direção a ser seguida. 2. Dar um rumo. 3. Reconhecer aptidões de uma pessoa e incentivá-la a alcançar seu propósito.
Sinônimos: guiar, encaminhar, dirigir, direcionar, aconselhar, estimular.
Exemplo: Orgulhava-se em poder orientar os jovens aprendizes.

ORIGEM *sf.* 1. Lugar de onde provém alguém ou alguma coisa.
Sinônimos: procedência, fonte.
Exemplo: Você sabe a origem desses produtos?

ORIGINAL *adj. m+f.* 1. Que não existiu ou não ocorreu antes; de caráter inovador. 2. Que revela autenticidade. 3. De características próprias, sem semelhança com outra pessoa ou coisa.
Sinônimos: inédito, particular, *sui generis*.
Exemplo: Alguém tem uma ideia original?

ORIGINALIDADE *sf.* 1. Qualidade ou condição de original, de algo que se caracteriza por determinada origem. 2. Capacidade criativa. 3. Caráter inovador.
Sinônimos: criatividade, singularidade.
Exemplo: A originalidade da ideia lhe rendeu vários prêmios.

ORIGINAR *vtd./vpr.* 1. Dar origem ou princípio a. 2. Ser a origem ou ter sua origem em. 3. Fazer nascer.

Sinônimos: causar, motivar, provocar, determinar, suscitar.
Exemplo: Seu sonho originou uma empresa que hoje é de grande sucesso.

ÓTIMO *adj. sm.* 1. Que ou o que é muito bom; boníssimo.
Sinônimos: muito bom, excelente, magnífico.
Exemplo: A proposta ficou ótima.

OTIMISMO *sm.* 1. Disposição, natural ou adquirida, para ver as coisas pelo lado bom e esperar sempre uma solução favorável das situações, ainda que as mais difíceis.
Sinônimos: esperança, confiança.
Exemplo: Manter o otimismo para não esmorecer diante das dificuldades.

OTIMISTA *adj. m+f/sm+f.* 1. Diz-se de ou pessoa que tem otimismo.
Sinônimos: esperançoso, positivo, confiante.
Exemplo: Estou otimista em relação aos nossos planos de expansão.

OURO *sm.* Qualquer moeda ou objeto valioso, geralmente feito desse metal.
Sinônimos: riqueza, dinheiro, fausto, esplendor.
Exemplo: Sua empresa hoje vale ouro.

OUSADIA *sf.* 1. Qualidade ou característica do que é ousado.
Sinônimos: bravura, arrojo.
Exemplo: Foi uma grande ousadia criar uma empresa de baterias em uma cidade onde não havia carros.

OUSADO *adj./sm.* 1. Que ou aquele que não demonstra ter medo. 2. Que ou aquele que demonstra ser inovador ou vanguardeiro.
Sinônimos: audaz, corajoso, arrojado, inovador.
Exemplo: Mostrou-se ousado ao defender a ideia.

OUSAR *vtd./vint.* 1. Ter coragem suficiente para dizer ou fazer algo. 2. Tentar fazer algo difícil ou incomum.
Sinônimos: arriscar, empreender, tentar.
Exemplo: Ousou investir em um setor pouco explorado.

OUTORGA *sf.* 1. Declaração feita através de escritura pública. 2. Concessão de lei ou ordenação concedida por alguém que detém poder.
Sinônimos: aprovação, concessão, permissão, autorização.
Exemplo: A outorga da comenda foi proposição do deputado João.

OUTORGADO *adj.* 1. Que se outorgou; concedido. 2. Diz-se de ou indivíduo a favor de quem se outorga algo.
Sinônimos: permitido, facultado, concedido, autorizado.
Exemplo: A posse do terreno foi outorgada.

OUTORGAR *vtd./vtdi.* 1. Dar legalmente um benefício, um bem ou um direito a alguém. 2. Estar de acordo com algo; aprovar.
Sinônimos: dar, doar, conceder, facultar.
Exemplo: Decidiu-se outorgar a medalha de mérito.

OVACIONAR *vtd.* 1. Fazer ovação a; aclamar.
Sinônimos: aprovar, aclamar, aplaudir.
Exemplo: O público ovacionou a cantora talentosa em seu último espetáculo.

P

PACIÊNCIA *sf.* 1. Virtude que consiste em suportar males, dissabores e incômodos resignadamente, sem revolta ou queixa.

2. Perseverança em realizar ou continuar um trabalho, apesar das dificuldades.
Sinônimos: calma, tranquilidade, serenidade, tolerância.
Exemplo: Com muita paciência, conseguiu contornar a situação.

PACTO *sm.* 1. Ajuste, contrato, convenção entre duas ou mais pessoas.
Sinônimos: acordo, combinação, tratado.
Exemplo: "– Tenho medo que você falhe. Porque, se você falhar, eu falho também. E eu não posso. – Eu não vou falhar. Não porque não posso, mas porque não quero. – É como um pacto? – Se você quiser" (CFA).

PACIENTE *adj. m+f.* 1. Que sabe esperar com calma e tranquilidade. 2. Que persevera na realização de algo.
Sinônimos: calmo, tranquilo, firme, insistente.
Exemplo: Foi paciente para perseguir seu sonho com determinação, sem desistir.

PADRÃO *sm.* 1. Que serve como regra para medidas de peso, valor, comprimento ou quantidade, oficialmente estabelecida por autoridade. 2. Modelo estabelecido cuja aprovação por consenso geral ou por autoridade oficial serve de base de comparação; *standard*. 3. Aquilo que tem forma, tamanho, dimensões mais comuns em sua categoria ou em seu gênero; modelo, tipo.
Sinônimos: modelo, exemplo, protótipo.
Exemplo: Esta construtora foi a primeira a customizar apartamentos, dando início a um novo padrão de prédios.

PAGAMENTO *sm.* 1. Salário ou retribuição que se dá em troca de um serviço prestado; estipêndio, remuneração. 2. Cumprimento efetivo da obrigação exigível, pela realização do pagamento da prestação.
Sinônimos: salário, embolso, vencimento.

Exemplo: "Acabava de apanhar dinheiro no banco para o pagamento do pessoal" (NR).

PALESTRA *sf.* 1. Conferência sobre tema que aborde a cultura ou a ciência. 2. Conversa entre duas ou mais pessoas.
Sinônimos: conversa, discussão.
Exemplo: A palestra foi bastante produtiva.

PALESTRANTE *sm.* 1. Diz-se de ou pessoa que palestra. 2. Palestrador.
Sinônimos: conferente, conferencista, debatedor.
Exemplo: O palestrante deu dicas de gestão de projetos.

PALESTRAR *vti./vint.* 1. Conversar de forma amigável. 2. Acompanhar uma atividade com palestra.
Sinônimos: dialogar, conferenciar, discorrer.
Exemplo: Irei palestrar sobre finanças pessoais para microempreendedores.

PAPEL *sm.* 1. Atribuições ou funções que alguém tem em uma organização, na sociedade, em um relacionamento.
Sinônimos: documentação, funções, atribuições, lugar.
Exemplo: Seu papel era coordenar o setor de RH.

PAPELADA *sf.* 1. Grande número de papéis. Conjunto de documentos.
Sinônimos: papéis, documentos.
Exemplo: Sempre é bom começar o ano com toda papelada em ordem.

PAPELETA *sf.* 1. Papel avulso, geralmente pequeno, usado para vários fins. Papel que se fixa em lugar determinado para ser lido por pessoas a quem o assunto diz respeito; anúncio, cartaz, edital.
Sinônimos: anúncio, cartaz, edital.

Exemplo: As papeletas em minha mesa eram muitas.

PAPELISTA *sf+m*. 1. Diz-se de ou pessoa que trata de papéis ou investiga documentos antigos.
Sinônimos: arquivista, inflacionista.
Exemplo: O papelista descobriu documentos antigos de grande valia.

PARÁFRASE *sf*. 1. Interpretação ou tradução na qual o autor procura manter as ideias originais do texto. 2. Explicação ou nova versão de um texto com o objetivo de torná-lo mais inteligível em relação ao anterior.
Sinônimos: explicação, interpretação.
Exemplo: Usou uma paráfrase de um escritor famoso para explicar seu ponto de vista.

PARAFRASEAR *vtd*. 1. Interpretar ou explicar algo por meio de paráfrase. 2. Expor algo de maneira pormenorizada.
Sinônimos: comentar, explicar, desenvolver.
Exemplo: Parafraseou o grande Ariano Suassuna.

PARCERIA *sf*. 1. Reunião de pessoas por interesse e objetivo comum.
Sinônimos: sociedade, colaboração, cooperação.
Exemplo: Firmaram parceria para o novo empreendimento.

PARTICIPAÇÃO *sf*. 1. Sistema de rateio de resultados financeiros a que o sócio de uma empresa tem direito. 2. Distribuição regular de parte dos lucros entre empregados de uma empresa, que é acrescentada aos salários e independe do aumento de produtividade.
Sinônimos: aviso, comunicação.
Exemplo: Tinha uma participação de 35% na empresa.

PARTICIPANTE *adj. m+f/sm+f*. 1. Que ou quem participa. 2. Que ou quem participa ativamente de atividades diversas, políticas ou não.
Sinônimos: participador, partícipe, comparte.
Exemplo: Era participante ativo das decisões da equipe.

PARTICIPAR *vti*. 1. Compartilhar um sentimento ou um pensamento. 2. Ter ou tomar parte de. 3. Ter parcela de.
Sinônimos: comunicar, avisar, cientificar, informar
Exemplo: Trabalha com o pai e participa dos lucros da empresa.

PASSAPORTE *sm*. 1. Licença franca ou irrestrita. Documento de licença pelo qual a autoridade pública permite que um cidadão deixe seu país de origem e ingresse em país estrangeiro.
Sinônimos: passe, licença, autorização.
Exemplo: Ele precisava do passaporte para deixar o Brasil.

PATACA *sf*. 1. Os recursos de alguém, incluindo dinheiro e bens; pataco.
Sinônimos: moeda, dinheiro, riqueza.
Exemplo: Conseguiu amealhar umas boas patacas como retorno do investimento.

PATACUDO *adj*. 1. Cheio de pataca; endinheirado.
Sinônimos: rico, endinheirado.
Exemplo: Trabalhou muito e tornou-se um patacudo.

PATENTE *sf*. 1. Registro de uma invenção ou descoberta, de marca de fábrica, de nome de produto concedido pelo Estado para garantir a propriedade ao autor, bem como uso e exploração exclusivos.
Sinônimos: registro, título.

Exemplo: Com a patente sobre sua invenção, ganhou muito dinheiro com licenciamentos.

PATENTEAR *vtd.* 1. Registrar com patente de invenção.
Sinônimo: registrar.
Exemplo: Patenteou o aparelho.

PATRÃO *sm.* 1. Proprietário de empresa, fábrica, oficina, fazenda etc., em relação a seus empregados. 2. Chefe de um escritório, uma repartição, de uma empresa, um estabelecimento comercial, uma fábrica etc. 3. O dono da casa em relação aos criados.
Sinônimos: empregador, proprietário, dono.
Exemplo: "Ano após ano, mal entrava o mês de novembro, Tibério punha-se a caminho do Rio Grande do Sul, de Antares e das suas terras, onde tornava a ser o estancieiro, o patrão, o homem que manda, desmanda e grita" (EV).

PATRIARCAL *adj. m+f.* 1. Diz-se da administração em forma de patriarcado. Que merece respeito e obediência.
Sinônimos: respeitável, venerando, venerável.
Exemplo: O modelo patriarcal ainda é vigente em muitas empresas.

PATRICIADO *sm.* 1. Classe social elevada; aristocracia, nobreza.
Sinônimos: nobreza, aristocracia.
Exemplo: A tribuna principal se dividia em duas zonas: a mais central, ocupada pelo patriciado da cidade, e a restante, onde se amontoava a plebe da cidade.

PATRÍCIO *adj.* 1. Que ou aquele que tem elegância ou distinção; aristocrata, nobre. Diz-se de ou indivíduo que pertencia à classe dos nobres, em Roma.
Sinônimos: nobre, aristocrata, distinto, fino.

Exemplo: Os patrícios, assim como os funcionários, citavam regularmente exemplos clássicos nos debates públicos.

PATROCINADO *adj.* 1. Que recebe ou recebeu apoio, de modos diversos, inclusive financeiro.
Sinônimos: favorecido, protegido, apadrinhado, apoiado.
Exemplo: O projeto cultural foi patrocinado por uma empresa de cosméticos.

PATROCINADOR *sm.* 1. Que ou aquele que protege, favorece ou apoia. 2. Diz-se de ou pessoa, empresa ou instituição que assume como estratégia de marketing parte ou a totalidade dos custos de um evento cultural, esportivo etc.
Sinônimos: protetor, patrono, apadrinhador.
Exemplo: O instituto é o patrocinador da maratona.

PATROCINAR *vtd.* 1. Dar proteção ou apoio; amparar, favorecer. 2. Assumir parte ou a totalidade dos custos de um evento cultural, esportivo etc.
Sinônimos: proteger, amparar, favorecer, defender.
Exemplo: Patrocinou a festa.

PATROCÍNIO *sm.* 1. Ato de dar proteção ou apoio. 2. Custeio de parte ou da totalidade de um evento cultural, esportivo, de um programa de rádio ou televisão etc.
Sinônimos: amparo, ajuda, auxílio, proteção.
Exemplo: Comprou uma cota de patrocínio do programa.

PATRONATO *sm.* 1. Autoridade ou qualidade de patrão. Classe de donos de empresas, de patrões ou empregadores.
Sinônimos: proteção, auxílio, defesa, patrocínio, padroado, patrões.

Exemplo: O patronato decidiu conceder benefícios aos trabalhadores.

PATRONO *sm.* 1. Indivíduo notável que defende uma causa, uma entidade, uma pessoa; protetor.
Sinônimos: protetor, defensor, advogado, patrocinador.
Exemplo: Tornou-se um grande patrono das artes.

PECHINCHA *sf.* 1. Coisa comprada a preço muito reduzido.
Sinônimo: barganha.
Exemplo: Aquela máquina foi uma pechincha.

PECHINCHAR *vtd./vint.* 1. Comprar muito barato. 2. Pedir redução no preço.
Sinônimos: regatear, barganhar.
Exemplo: Pechinchou até conseguir uma boa redução no valor do imóvel.

PECULIARIDADE *sf.* 1. Qualidade ou característica do que é peculiar. 2. Traço próprio de alguém ou de alguma coisa.
Sinônimos: particularidade, especialidade.
Exemplo: Este projeto tem diversas peculiaridades; atente aos detalhes.

PECÚLIO *sm.* Reserva de dinheiro disponível que uma pessoa acumula aos poucos, como resultado de seu trabalho e economia, que poderá ser usado numa eventualidade. Qualquer reserva de dinheiro.
Sinônimos: economias, pé-de-meia, dinheiro, bens, patrimônio.
Exemplo: Os pecúlios só corrigem os benefícios pelo IGP-M, mais taxa de carregamento de até 30%.

PECÚNIA *sf.* 1. Forma de pagamento. 2. Valores financeiros.
Sinônimos: dinheiro, moeda, importância.

Exemplo: Ter uma obrigação pecuniária significa ter uma obrigação de entregar dinheiro.

PECUNIOSO *adj.* 1. Que tem muita pecúnia.
Sinônimos: endinheirado, opulento, rico.
Exemplo: Seu trabalho o tornou pecunioso.

PEDIDO *sm.* 1. Que se pediu. 2. Solicitação de compra.
Sinônimos: solicitado, desejado, encomenda.
Exemplo: O pedido chegou antes do prazo previsto.

PELEJAR *vtd./vti/vint.* 1. Travar ou participar de discussão, combate, luta etc. 2. Insistir muito, com teimosia; teimar.
Sinônimos: combater, lutar, trabalhar.
Exemplo: A jovem teve que pelejar com o pai para estudar no exterior.

PENHOR *sm.* 1. Tudo aquilo (palavra, contrato etc.) que assegura o cumprimento de uma dívida, obrigação, promessa etc.
Sinônimos: depósito, caução, garantia, prova, segurança.
Exemplo: Realizou o penhor do imóvel para quitar as dívidas.

PENHORADO *adj.* 1. Que se penhorou; tomado em penhor. Muito agradecido, muito grato.
Sinônimos: grato, obrigado, agradecido, reconhecido.
Exemplo: O carro foi penhorado como garantia.

PENHORAR *vtd./vtdi.* 1. Dar em garantia; empenhar. 2. Garantir com certeza; afiançar.
Sinônimos: garantir, assegurar, afiançar.
Exemplo: Penhorou um relógio de ouro para poder pagar o que devia.

PENSÃO *sf.* 1. Renda anual paga temporariamente ou de forma vitalícia. 2. Pagamento

periódico e obrigatório feito a uma pessoa capaz de suprir suas necessidades.
Sinônimos: ordenado, renda, estipêndio, encargos.
Exemplo: Após se aposentar, passou a receber uma boa pensão.

PERCALÇO *sm.* 1. Lucro advindo de alguma atividade. 2. Qualquer obstáculo que se apresenta durante alguma atividade.
Sinônimos: lucro, vantagem, proventos, contratempo.
Exemplo: Superou os percalços do caminho e alcançou seu objetivo.

PERCEBER *vtd.* 1. Abranger com a inteligência; entender.
Sinônimos: alcançar, compreender, entender, conhecer.
Exemplo: Percebeu que o planejamento inicial precisava de ajustes.

PERCEPÇÃO *sf.* 1. Capacidade de distinguir por meio dos sentidos ou da mente.
Sinônimos: inteligência, perspicácia, compreensão, entendimento.
Exemplo: Sua percepção geral do negócio era muito apurada; nada lhe escapava.

PERCEPTÍVEL *adj.* 1. Capaz de ser percebido; percebível.
Sinônimos: inteligível, compreensível, percebível.
Exemplo: Sua determinação é perceptível.

PERCORRER *vtd.* 1. Visitar em toda a extensão ou em todos os sentidos. 2. Completar uma etapa ou um ciclo.
Sinônimos: visitar, correr, calcorrear.
Exemplo: Percorreu um longo caminho para chegar na posição que ocupa hoje.

PERFAZER *vtd.* 1. Pôr fim a; concluir, terminar. 2. Levar a efeito; executar, realizar.
Sinônimos: ajustar, atingir, completar
Exemplo: Perfez seu trabalho em pouquíssimo tempo.

PERFECCIONISMO *sm.* 1. Exigência exagerada de perfeição em relação a si mesmo ou aos outros. 2. Característica própria de doutrina moral ou religiosa que preconiza a busca da perfeição, concebida segundo um modelo previamente estabelecido, como ocorre com o cristianismo, o estoicismo etc.
Sinônimos: caprichoso, cuidadoso, primoroso.
Exemplo: Este trabalho ainda não está bom. Se eu tivesse me dedicado mais ou talvez muito mais ele estaria melhor. Acho que sou muito perfeccionista.

PERFEIÇÃO *sf.* 1. Ausência de falhas ou defeitos, em relação a um padrão ideal. 2. O mais alto grau de uma qualidade (beleza, inteligência, polidez etc.) que pode ser alcançado.
Sinônimos: excelência, maestria.
Exemplo: Executou o serviço com perfeição.

PERÍCIA *sf.* 1. Um conhecimento especial ou uma grande habilidade em uma atividade ou área específica.
Sinônimos: competência, capacidade, habilidade, aptidão.
Exemplo: Demonstrou perícia ao realizar o procedimento.

PERMISSÃO *sf.* 1. Ato de permitir; autorização, consentimento.
Sinônimos: licença, autorização, outorga.
Exemplo: Recebeu permissão para levar o planejamento adiante.

PERMUTA *sf.* 1. Troca recíproca de coisas entre seus donos. 2. Intercâmbio de informações, conhecimentos, ideias entre pessoas ou instituições.
Sinônimos: troca, câmbio, permutação.

Exemplo: Fizeram uma permuta de conhecimentos.

PERSCRUTAR *vtd.* 1. Averiguar minuciosamente; esquadrinhar, indagar, investigar, perquirir. 2. Procurar conhecer; tentar penetrar no mistério das coisas.
Sinônimos: examinar, analisar, pesquisar.
Exemplo: O delegado estava perscrutando a ligação que o suspeito tinha com a vítima.

PERSEVERANÇA *sf.* 1. Qualidade de quem persevera. 2. Persistência bastante forte.
Sinônimos: firmeza, tenacidade.
Exemplo: A vida de empreendedor deve ser pautada pela perseverança.

PERSISTÊNCIA *sf.* 1. Ato de persistir. 2. Qualidade de persistente.
Sinônimos: insistência, obstinação.
Exemplo: Com muita persistência fez seu empreendimento dar certo.

PERSONALIDADE *sf.* 1. Tudo aquilo que determina a individualidade de uma pessoa moral, segundo a percepção alheia. 2. Qualidade essencial e exclusiva de uma pessoa; aquilo que a distingue de todas as outras. 3. Imagem assumida e projetada publicamente por alguém. 4. Pessoa célebre, afamada; celebridade.
Sinônimos: pessoa, ego, personalidade, originalidade.
Exemplo: "Havia muito tempo, decidira pela inutilidade de tentar comunicar sua experiência, tão rica e variegada, que ele considerava uma marcha em direção à sabedoria, sabedoria que cada vez mais percebia como parte inseparável de sua personalidade" (JU).

PERSONALIZAR *vtd.* 1. Produzir, modificar ou adequar um serviço ou um produto, atendendo a gosto, necessidades ou exigências particulares de um cliente ou usuário.
Sinônimos: customizar, particularizar.
Exemplo: Seu trabalho traz uma nova perspectiva sobre o assunto.

PERSPECTIVA *sf.* 1. Ponto de vista; modo particular com que cada pessoa, influenciada por seu tipo de personalidade e por suas experiências, vê o mundo. 2. Aparência, visão ou aspecto sob o qual algo se representa.
Sinônimos: entendimento, visão, olhar.
Exemplo: Seu trabalho traz uma nova perspectiva sobre o assunto.

PERSPICÁCIA *sf.* 1. Qualidade de perspicaz. 2. Agudeza de espírito. 3. Capacidade de compreensão e penetração.
Sinônimos: esperteza, inteligência, sagacidade, astúcia.
Exemplo: Teve muita perspicácia para descobrir a resolução do problema.

PERSUASÃO *sf.* 1. Ato ou efeito de persuadir(-se), levar (alguém ou a si próprio) a crer, aceitar ou tomar decisão.
Sinônimos: convencimento, convicção.
Exemplo: Com sua persuasão convenceu o cliente a levar todas as roupas que provou.

PESQUISA *sf.* 1. Série de atividades dedicadas a novas descobertas, abrangendo todas as áreas de conhecimento.
Sinônimos: busca, procura, indagação.
Exemplo: Realizou uma importante pesquisa.

PESQUISADOR *sm.* 1. Que ou quem pesquisa.
Sinônimos: observador, investigador.
Exemplo: O pesquisador apresentou as conclusões do estudo realizado na empresa.

PESQUISAR *vtd./vint.* 1. Buscar cuidadosamente. 2. Obter informações acerca de.
Sinônimos: investigar, buscar, esquadrilhar.
Exemplo: Pesquisaram novos produtos.

PIONEIRO *adj*. 1. Que ou aquele que desbrava caminhos e faz a exploração de uma região desconhecida. 2. Que ou aquele que anuncia algo de novo, antecipando-se aos demais de sua área de conhecimento.
Sinônimos: explorador, desbravador, precursor, avançado.
Exemplo: Foi pioneiro no setor de alimentação saudável.

PLÁCIDO *adj*. 1. Que é pacífico. 2. Que é suave, brando. 3. Em que há tranquilidade.
Sinônimos: paz, calmaria, bonança.
Exemplo: Após muitos anos de trabalho árduo, alcançou uma vida plácida e feliz.

PLACITAR *vtd*. 1. Dar plácito ou consentimento a.
Sinônimos: aprovar, sancionar, ratificar.
Exemplo: A Corte placitou o pedido extraordinário.

PLÁCITO *sm*. 1. Expressão de consentimento. 2. Acordo entre duas ou mais pessoas.
Sinônimos: aprovação, sanção, beneplácito.
Exemplo: O Ministério concedeu o plácito ao pedido da categoria.

PLANEJAMENTO *sm*. 1. Determinação de ações para atingir as metas estipuladas por uma empresa, órgão do governo etc.
Sinônimos: programação, organização.
Exemplo: Uma empresa precisa de um bom planejamento para crescer.

PLANEJAR *vtd*. 1. Criar ou elaborar um plano.
Sinônimos: conceber, idealizar.
Exemplos: Planejou todos os passos de sua carreira.
A equipe de trabalho tem experiência e habilidade suficientes para planejar, construir e administrar uma empresa.

PLASMAR *vtd./vpr*. 1. Dar forma ou feição a alguém ou algo ou a si próprio.
Sinônimos: modelar(-se), formar(-se).
Exemplo: Plasmou-se, segundo as crenças políticas de sua família.

PLAUSÍVEL *adj. m+f*. 1. Digno de aplauso ou de aprovação. 2. Que se pode aceitar ou admitir; aceitável, razoável.
Sinônimos: acreditável, razoável, aceitável.
Exemplo: Ele fez algumas observações plausíveis.

PLEITEAR *vtd*. 1. Defender ou sustentar algo em uma discussão. 2. Empenhar-se para conseguir algo.
Sinônimos: litigar, demandar.
Exemplo: Os funcionários pleitearam melhorias para a empresa.

PLENIFICAR *vtd*. 1. Tornar pleno ou completo. 2. Atribuir a um examinando o grau de aprovação.
Sinônimos: completar, perfazer, preencher.
Exemplo: Plenificou a ideia antes de colocá-la em prática.

PLENITUDE *sf*. 1. Estado ou qualidade do que é pleno, cheio ou completo; totalidade.
Sinônimos: inteireza, totalidade, integralidade.
Exemplo: É a plenitude do projeto que nós estamos esperando.

PLENO *adj*. 1. Que está cheio ou repleto. 2. Que teve acabamento completo; perfeito.
Sinônimos: cheio, completo, inteiro, integral.
Exemplo: Agora, sinto-me pleno.

PODER *sm*. 1. Domínio exercido sobre algo.
Sinônimos: autoridade, comando.
Exemplo: Dinheiro nem sempre é poder.

POLIR *vtd./vpr*. 1. Tornar(-se) brilhante ou lustroso. 2. Tornar(-se) educado ou refinado. Tornar mais perfeito; aprimorar.
Sinônimos: educar, civilizar, aprimorar.
Exemplo: Poliu-se durante os diversos anos de convivência com pessoas da alta sociedade.

POLÍTICA *sf*. 1. Arte ou ciência de governar. 2. Arte ou ciência da organização, direção e administração de nações ou Estados. 3. Habilidade especial ao relacionar-se com outras pessoas, com o intuito de obter certos resultados anteriormente planejados.
Sinônimos: esperteza, sagacidade, astúcia, artifício.
Exemplo: Fazia política como ninguém.

PONDERAÇÃO *sf*. 1. Ato ou efeito de ponderar. 2. Qualidade ou característica de quem age com reflexão; meditação. 3. Qualidade ou característica de quem tem bom senso e procura evitar excessos. 4. Propriedade daquilo que é importante. 5. Situação de equilíbrio entre forças ou tendências contrárias.
Sinônimos: avaliação, análise, consideração, prudência.
Exemplo: As decisões que toma são precedidas de muita ponderação.

PONDERAR *vtd./vtdi*. 1. Examinar algo detidamente. 2. Levar em conta. 3. Pensar muito sobre algo.
Sinônimos: considerar, cuidar, cogitar, raciocinar.
Exemplo: Eu gostaria que você ponderasse, com calma, todos os argumentos que apresentei para você permanecer na empresa.

PORCENTAGEM *sf*. 1. Proporção de uma quantidade ou grandeza calculada sobre cem unidades. Símbolo: %. 2. Quantia paga ou recebida a título de pagamento, comissão, lucro etc. calculada sobre cem unidades.
Sinônimos: proporção, razão, taxa.
Exemplo: Recebia uma porcentagem dos lucros da empresa.

POSIÇÃO *sf*. 1. Situação moral, econômica, social etc. 2. Cargo ocupado numa empresa, num departamento etc. 3. Situação em que alguém se encontra.
Sinônimos: conjuntura, circunstância, cargo, função, atitude, juízo
Exemplo: Ele sempre tentou ascender a uma posição de destaque na sociedade paulistana.

POSSUIR *vtd*. 1. Ser proprietário de. Ter o domínio de ou deixar-se dominar.
Sinônimos: ter, conter, encerrar.
Exemplo: Possui uma determinação incrível.

POTÊNCIA *sf*. 1. Controle de algo de que se apossou. 2. Poder de decidir, de se fazer obedecer. 3. Aptidão inata para produzir. 4. Nação que demonstra sua independência econômica e soberania militar.
Sinônimos: eficácia, efeito, capacidade.
Exemplo: "[...] todos esses fatores formavam um cenário que obrigava a um estado de alerta, de emergência mesmo, cada potência procurando adivinhar o poderio, as ligações e as intenções dos possíveis adversários" (CA).

POUPADO *adj*. 1. Que se poupou ou economizou. 2. Que não é gastador; econômico, parcimonioso.
Sinônimos: economizado, seguro, econômico.
Exemplo: A empresa recebeu um prêmio pelo dinheiro poupado com o novo programa de eficiência de gastos.

POUPANÇA *sf*. 1. Parte da renda pessoal ou nacional que não se gasta em consumo e que se guarda e aplica, depois de deduzidos os impostos.
Sinônimos: economia, avareza.
Exemplo: Investiu seu dinheiro na poupança.

POUPAR *vtd./vint.* 1. Gastar sem desperdício. 2. Juntar dinheiro, fazendo economia, com o objetivo de investir em um bem futuramente.
Sinônimo: economizar.
Exemplo: Poupou dinheiro durante dois anos para iniciar seu próprio negócio.

PRÁTICA *sf.* 1. Exercício de qualquer ocupação ou profissão. 2. Execução repetida de um trabalho ou exercício sistemático com o fim de adquirir destreza ou proficiência. 3. Habilidade em qualquer ocupação ou ofício adquirida por prolongado exercício deles; perícia, técnica.
Sinônimos: atividade, exercício, perícia, habilidade.
Exemplo: A prática leva à perfeição.

PRATICAR *vtd.* 1. Realizar regularmente uma atividade. 2. Exercer uma profissão.
Sinônimos: fazer, realizar, cometer.
Exemplo: Ela pratica administração já há algum tempo.

PRAZO *sm.* 1. Espaço de tempo convencionado, dentro do qual deve ser realizada alguma coisa. 2. Período de tempo determinado.
Sinônimos: limite, termo, emprazamento.
Exemplo: Concluiu a tarefa dentro do prazo.

PRECEITO *sm.* 1. Regra ou princípio que guia o comportamento. 2. Ensinamento que se transmite a alguém.
Sinônimos: determinação, norma, doutrina, lição.
Exemplo: Temos uma série de preceitos em nossa organização.

PRECISÃO *sf.* 1. Exatidão ou regularidade na execução de algo.
Sinônimos: exatidão, rigor, justeza.
Exemplo: Executou a tarefa com precisão.

PREÇO *sm.* 1. Valor em dinheiro de uma mercadoria. 2. Quantia determinada na compra e venda, expressa em moeda ou valor fiduciário, paga pelo comprador ao vendedor.
Sinônimos: valia, valor, custo, taxa.
Exemplo: Qual o preço deste computador?

PRECONIZAR *vtd.* 1. Tornar público. Indicar como recomendável; aconselhar.
Sinônimos: elogiar, exaltar, divulgar, publicar.
Exemplo: Todo governo preconiza suas boas obras e tenta subtrair o que não lhe convém.

PREDISPOR *vtd./vtdi./vpr.* 1. Dispor(-se) de antemão; preparar(-se) para receber uma impressão qualquer.
Sinônimos: preparar, preestabelecer, dispor.
Exemplo: Predispôs-se a ouvir o que tinham a dizer.

PREDISPOSTO *adj.* 1. Que se predispôs; que apresenta predisposição para.
Sinônimos: inclinado, propenso, preparado.
Exemplo: Mostrou-se predisposto àquele trabalho.

PREDOMINAÇÃO *sf.* 1. Ato ou efeito de predominar.
Sinônimos: predomínio, predominância, supremacia.
Exemplo: A empresa consolidou sua predominação no mercado.

PREDOMINAR *vti./vint.* 1. Exercer predomínio, poder ou ascendência. 2. Ter destaque ou predomínio.
Sinônimos: prevalecer, preponderar.
Exemplo: Predominou durante anos naquele setor.

PREDOMÍNIO *sm.* 1. Poder, superioridade e/ou força pelos quais se destaca uma pessoa ou coisa. 2. Superioridade total e incontestável.

Sinônimos: preponderância, superioridade, supremacia, hegemonia.
Exemplo: O predomínio daquela empresa era notável.

PREEMINÊNCIA *sf.* 1. Superioridade em hierarquia ou categoria.
Sinônimos: prerrogativa, vantagem, excelência.
Exemplo: Havia uma preeminência de matérias-primas nobres na linha de produção.

PREESTABELECER *vtd.* 1. Estabelecer ou determinar antecipadamente; predeterminar, prefixar.
Sinônimos: predeterminar, predispor, prefixar.
Exemplo: Preestabeleceu uma série de regras para a realização da obra.

PREFERÊNCIA *sf.* 1. Ação ou efeito de preferir uma pessoa ou coisa a outra. 2. Direito de, preço por preço, haver certas coisas em primeiro lugar que outras pessoas.
Sinônimos: primazia, predileção, anteposição.
Exemplo: A preferência sempre será pelo profissional mais capacitado.

PREFERIDO *adj.* 1. Que se preferiu ou se prefere.
Sinônimos: escolhido, eleito, predileto.
Exemplo: Nem sempre o produto mais moderno é o preferido.

PREFERIR *vtd./vtdi.* 1. Dar primazia a uma pessoa ou coisa em detrimento de outras. 2. Querer antes; gostar mais de.
Sinônimos: escolher, optar, antepor, prepor.
Exemplo: Teve a sabedoria de preferir um caminho a outro.

PRELIMINAR *adj. m+f.* Que antecede o assunto ou objeto principal e serve para o esclarecer ou para facilitar a sua compreensão.
Sinônimos: preparatório, prévio.
Exemplo: Antes da reunião do Conselho de Administração para decidir sobre a fusão das companhias, faremos uma reunião preliminar com a presença dos diretores estatutários.

PRÊMIO *sm.* 1. Distinção conferida a quem se destaca por certos trabalhos ou por certos méritos.
Sinônimos: láurea, honraria, glória, homenagem.
Exemplo: Ganharam o prêmio de empresa mais inovadora do ano.

PREPARAR *vtd.* 1. Planejar algo de antemão; armar, premeditar.
Sinônimos: dispor, aparelhar, organizar.
Exemplo: Preparou uma apresentação sobre a nova proposta de marca.

PREPONDERÂNCIA *sf.* 1. Estado ou condição de preponderante.
Sinônimos: predomínio, superioridade, soberania.
Exemplo: Há que se reconhecer a preponderância daquela empresa no setor.

PRERROGATIVA *sf.* 1. Direito especial, inerente a uma função ou profissão. 2. Privilégio ou vantagem que alguns indivíduos de uma determinada classe possuem; regalia.
Sinônimos: excelência, superioridade, privilégio, direito.
Exemplo: Tinha a prerrogativa de tomar a decisão final.

PRESCREVER *vtd.* 1. Ordenar antecipada e explicitamente. 2. Dar ordem para que se faça algo; determinar, estabelecer.
Sinônimos: ordenar, regular, dispor, preceituar.
Exemplo: Prescreveu uma série de determinações para a equipe.

PRESENCIAL *Adj m+f* 1. Relativo a pessoa ou coisa que está presente.
Sinônimos: de vista, ocular.
Exemplo: A inscrição para o concurso deve ser presencial.

PRESENTE *sm* 1. Que se encontra, num dado momento, no mesmo lugar em que acontece algo. 2. Que existe ou ocorre no momento em que se fala.
Sinônimos: atual, evidente, claro, manifesto.
Exemplo: A presente conjuntura econômica não encoraja muitos investimentos.

PRESERVAR *vtd./vti.* 1. Colocar(-se) a salvo de qualquer mal ou dano; resguardar(-se).
Sinônimos: livrar, defender.
Exemplo: Você precisa preservar-se desses exploradores que só pensam em aproveitar do seu dinheiro.

PRESIDENTE *sm + f.* 1. Pessoa que preside algo. 2. Título que é normalmente dado ao diretor-geral de uma instituição (empresa, banco, clube etc.).
Sinônimos: chefe, dirigente.
Exemplo: O presidente decidiu abrir uma filial em outra região.

PRESIDIR *vtd./vti.* 1. Dirigir como presidente; ocupar a presidência.
Sinônimos: dirigir, chefiar, guiar, orientar.
Exemplos: Meu irmão preside uma entidade de classe há algum tempo.
Preside a um país com muitas dificuldades econômicas.

PRESTAÇÃO *sf.* 1. Pagamento a prazo para saldar uma dívida de algo que se adquiriu ou para quitar um encargo.
Sinônimos: cota, parcela.
Exemplo: Pagou a última prestação do empréstimo que contraiu para abrir a empresa.

PRESTAR *vtdi.* 1. Conceder algo a alguém que precisa disso; satisfazer as necessidades de alguém. Apresentar algo de maneira reverencial.
Sinônimos: dar, dispensar, conceder, emprestar.
Exemplo: Presta todos os cuidados possíveis às crianças do orfanato.

PRESTATIVO *adj.* 1. Que gosta de ajudar as pessoas e o faz com frequência. 2. Que ajuda com presteza.
Sinônimos: obsequioso, prestante, obsequiador, oficioso.
Exemplo: Sempre foi prestativo com os colegas de trabalho.

PRESTÍGIO *sm.* 1. Influência exercida por pessoas ou coisas sobre outras pessoas. 2. Reconhecimento dos atributos de alguém ou de algo.
Sinônimos: importância, preponderância, valor, influência.
Exemplo: Era notável seu prestígio entre os colegas.

PRESTIGIOSO *adj.* 1. Que exerce poder ou influência.
Sinônimos: respeitado, considerado, influente.
Exemplo: Prestigioso que era, conseguiu algumas regalias.

PRETENDER *vtd./vtdi.* 1. Exigir como algo de direito. 2. Aspirar a algo. 3. Ter a intenção ou o propósito de fazer algo.
Sinônimos: reclamar, reivindicar, desejar, solicitar.
Exemplos: Os funcionários pretendem o aumento da categoria.
Os empregados pretendem dos patrões tudo o que têm direito.
Pretendia lançar o produto até o fim do ano.

PRETENSÃO *sf.* 1. Sentimento que leva alguém a conseguir algo. 2. Reivindicação ou

reclamação imposta por alguém, por uma instituição, por uma nação etc.
Sinônimos: aspiração, desejo, solicitação, pedido.
Exemplo: Sua pretensão era ser o maior do ramo na região.

PRETENSIOSO *adj.* 1. Que ou aquele que revela vaidade exagerada, suficiente.
Sinônimos: presumido, vaidoso, afetado.
Exemplo: Uma pessoa pretensiosa corre grandes riscos de se frustrar.

PREVALECER *vti./vint.* 1. Impor-se pelo valor ou importância; levar vantagem.
Sinônimos: sobressair, sobrelevar, predominar, preponderar.
Exemplo: Prevaleceu a vontade do diretor.

PREVALÊNCIA *sf.* 1. Qualidade ou característica do que prevalece ou predomina
Sinônimos: supremacia, superioridade.
Exemplo: Em nossas escolhas, a prevalência é sempre pelo melhor custo-benefício.

PREVENÇÃO *sf.* 1. Ato ou efeito de prevenir(-se).
Sinônimos: preparação, disposição, preventiva.
Exemplo: Um bom planejamento permite a prevenção de perdas e erros.

PREVENIDO *adj.* 1. Que foi avisado ou alertado a respeito de algo. 2. Que se preveniu.
Sinônimos: cuidadoso, cauteloso, precavido, prudente.
Exemplo: Sempre foi prevenido em relação a possíveis erros nos projetos.

PREVENIR *vtd./vint.* 1. Dispor algo com antecipação, a fim de evitar qualquer dano ou mal. 2. Tomar precauções para que algo não aconteça.
Sinônimos: preparar, acautelar.

Exemplo: Redigiu um contrato para se prevenir contra qualquer problema.

PREVENTIVO *adj.* 1. Que previne. 2. Que foi realizado por medida de segurança.
Sinônimos: preservativo.
Exemplo: Medidas preventivas já foram tomadas.

PREVER *vtd.* 1. Conceber antecipadamente a ocorrência de algo que vai acontecer, tendo como base a observação de dados reais. 2. Anunciar algo antecipadamente, diante da observação do que já ocorreu anteriormente.
Sinônimos: dispor, calcular, supor.
Exemplo: Previram um crescimento de 15% no lucro anual.

PREVIDÊNCIA *sf.* 1. Qualidade do que é previdente.
Sinônimos: precaução, cautela, antevisão.
Exemplo: Investiu em um plano de Previdência privada.

PRÉVIO *adj.* 1. Dito ou feito antes de outra coisa.
Sinônimos: antecipado, anterior, preliminar.
Exemplo: Já havia um acordo prévio sobre essa questão.

PREZADO *adj.* 1. Que se preza ou se prezou; estimado, querido.
Sinônimos: estimado, querido.
Exemplo: Ontem recebi em minha casa um prezado amigo.

PREZAR *vtd.* 1. Ter apreço ou estima por; estimar, gostar.
Sinônimos: estimar, amar, acatar, respeitar.
Exemplo: Preocupada em sempre manter-se atualizada, a empresa preza a qualidade técnica de seus produtos.

PRIMÁRIO *adj*. 1. Que antecede outro; que vem antes. 2. Que é simples ou fácil.
Sinônimos: primeiro, principal, essencial.
Exemplo: Alguns erros são tão primários que não podem ser tolerados.

PRIMAZIA *sf*. 1. Dignidade ou cargo de primaz. 2. Possibilidade legal de passar à frente de outras pessoas. 3. Superioridade de categoria ou de classe; excelência. 4. Primeiro lugar; primeira colocação.
Sinônimos: precedência, prioridade, primado, superioridade.
Exemplo: A empresa dá primazia às seleções internas para vagas abertas, pois confia na capacidade de seus contratados.

PRIMOR *sm*. 1. Qualidade superior. 2. Perfeição e excelência na execução de um trabalho.
Sinônimos: suntuosidade, grandiosidade, magnificência.
Exemplo: Sempre prezam pelo primor na prestação de serviço.

PRIMORDIAL *adj. m+f*. 1. Que é o mais importante, que está acima dos demais.
Sinônimos: primeiro, primário, primitivo, originário.
Exemplo: Nosso valor primordial é a ética.

PRIMÓRDIO *sm*. 1. O que se organiza primeiro. O período da criação.
Sinônimos: princípio, fonte, origem.
Exemplo: "A paisagem selvagem lembrava os primórdios da vida em nosso planeta...".

PRINCIPAL *adj. m+f*. 1. Que é o mais importante, o mais relevante em um grupo de pessoas ou coisas comparáveis.
Sinônimos: o primeiro, o mais importante.
Exemplo: Este é nosso principal produto.

PRINCIPALIDADE *sf*. 1. Qualidade do que é principal.
Sinônimos: prioridade, primazia, supremacia.
Exemplo: Países cuja pincipalidade é o investimento na inovação conseguem se desenvolver mais, melhor e mais rápido.

PRINCIPIADOR *sm./adj*. 1. Que ou o que principia ou começa alguma coisa; inaugurador, iniciador.
Sinônimos: iniciador, fundador, inaugurador.
Exemplo: Ele foi o principiador da comunidade de *startups* daquela cidade.

PRINCIPIANTE *adj. m+f/sm+f*. 1. Que principia; que está no princípio ou começo.
Sinônimos: nascente, incipiente, aprendiz.
Exemplo: Apesar de ser principiante, sempre tem ótimas ideias e é muito proativo.

PRINCÍPIO *sm*. 1. Regra ou norma de ação e conduta moral. 2. Ponto de vista ou modo de ver.
Sinônimos: convicção, fundamento.
Exemplo: Os princípios da organização são bem claros.

PRIORIDADE *sf*. 1. Condição ou estado de primeiro; antecedência no tempo e na ordem.
Sinônimos: primazia, preferência, anterioridade.
Exemplo: Nossa prioridade é oferecer ao público o melhor serviço.

PRIVADO *adj*. 1. A quem se privou de algo ou a quem falta algo. 2. Que não é público ou que não tem caráter público.
Sinônimos: particular, individual, reservado, secreto.
Exemplo: Desculpe, mas este é um assunto privado.

PRIVAR *vtdi*. 1. Impedir alguém de ter a posse ou o gozo de alguma coisa.
Sinônimos: tirar, despojar, proibir, desapossar.

Exemplo: Nunca privou ninguém da equipe de emitir opiniões.

PRIVATIVO *adj.* 1. Que é específico a uma pessoa ou um grupo;
Sinônimos: característico, peculiar, pessoal, próprio, exclusivo.
Exemplo: A competência para deliberar sobre certos assuntos é privativa do conselho gestor.

PRIVILEGIADO *adj.* 1. Que goza de privilégio; que tem certas prerrogativas e imunidades que outros não têm. 2. Singularmente dotado.
Sinônimos: único, singular, extraordinário, excepcional.
Exemplo: Sentia-se privilegiado por trabalhar na empresa que sempre sonhou.

PRIVILEGIAR *vtd.* 1. Conceder privilégio ou benefício a. 2. Dar ou tirar vantagem de algum benefício, prerrogativa, direito especial.
Sinônimos: distinguir, especializar, isentar, favorecer, beneficiar-se.
Exemplo: Eles sempre privilegiam os que realmente merecem.

PRIVILÉGIO *sm.* 1. Direito, vantagem ou imunidades especiais gozadas por uma ou mais pessoas, em detrimento da maioria.
Sinônimos: concessão, direito, prerrogativa, regalia.
Exemplo: Teve o privilégio de participar do congresso.

PRÓ *adv.* 1. A favor, em defesa.
Sinônimos: vantagem, lucro, conveniência.
Exemplo: Peso os prós e os contras daquele investimento.

PROATIVIDADE *sf.* 1. Característica ou estado de proativo, que se antecipa a futuras mudanças ou problemas.
Sinônimos: iniciativa, presteza, diligência.
Exemplo: Sua proatividade o destacou dos demais.

PROATIVO *adj.* 1. Que se antecipa a futuras mudanças ou problemas.
Sinônimo: antecipador.
Exemplo: Sempre foi muito proativo, não esperava que lhe pedissem as coisas.

PROCEDENTE *adj. m+f.* 1. Que procede, que provém.
Sinônimos: oriundo, proveniente, originário.
Exemplo: Todos os insumos são procedentes da agricultura familiar.

PROCEDER *vint.* 1. Comportar-se de determinada maneira; ter certo comportamento. 2. Ter continuidade; ter seguimento. 3. Ter origem.
Sinônimos: prosseguir, continuar.
Exemplos: A forma como ele procede no trabalho é exemplar.
Mesmo enfrentando dificuldades, o trabalho procedeu.

PROCEDIMENTO *sm.* 1. Modo de iniciar e dar continuidade a um processo.
Sinônimos: método, trâmite, técnica.
Exemplo: O procedimento de fabricação deve ser seguido à risca.

PROCESSO *sm.* 1. Sequência contínua de fatos ou fenômenos que apresentam certa unidade ou se reproduzem com certa regularidade.
Sinônimos: método, procedimento.
Exemplo: Definiu os processos internos da empresa.

PROCLAMAÇÃO *sf.* 1. Texto que contém o que se proclama.
Sinônimos: publicação solene, pregão, aclamação.

Exemplo: A proclamação da sentença foi feita pelo juiz do Trabalho.

PROCLAMAR *vtd./vpr.* 1. Anunciar pública e oficialmente e em voz alta. Afirmar de maneira enfática.
Sinônimos: publicar, anunciar, aclamar, apregoar.
Exemplo: O Governo proclamou o decreto que estabelecia incentivos a empresas de tecnologias.

PROCURA *sf.* 1. Interesse por parte do consumidor em comprar determinado produto ou serviço.
Sinônimos: busca, demanda.
Exemplo: A demanda por aquele produto aumentou bastante nos últimos meses.

PROCURAÇÃO *sf.* 1. Poder ou autorização que uma pessoa dá a outra para agir em seu nome em certos negócios. Instrumento lavrado em cartório pelo qual, legalmente, uma pessoa física ou jurídica outorga a outrem esse poder; mandato.
Sinônimos: mandato, incumbência, poderes.
Exemplo: Assinou uma procuração para que o sócio o representasse nas negociações de venda da empresa.

PROCURADOR *adj./sm.* 1. Que ou aquele que procura. Pessoa autorizada por procuração para dirigir os negócios de outrem ou agir como seu agente, representante, substituto ou advogado. 2. Intermediário entre partes interessadas para fechar um contrato, um negócio; mediador.
Sinônimos: solicitador, interventor, mediador.
Exemplo: Foi instituído como procurador dos donos da companhia.

PROCURAR *vtd.* 1. Fazer as diligências necessárias para tentar achar algo.
Sinônimos: buscar, pretender, tentar, desejar.

Exemplo: Procurou a nota fiscal da compra do aparelho.

PRODÍGIO *sm.* 1. Pessoa de extraordinário talento.
Sinônimos: portento, gênio.
Exemplo: Era um prodígio da tecnologia.

PRODUÇÃO *sf.* 1. Atividade de criar bens e serviços para prover o necessário ao ser humano. 2. Qualquer coisa resultante do trabalho humano, da tecnologia ou produzida naturalmente.
Sinônimos: produto, realização, criação.
Exemplo: A produção de carros aumentou graças aos incentivos fiscais.

PRODUCENTE *adj. m+f.* 1. Que resulta em uma produção. 2. Apropriado para produzir.
Sinônimos: lógico, procedente, produzir.
Exemplo: A ideia dele se mostrou muito producente.

PRODUTIVIDADE *sf.* 1. Taxa de produção física obtida num determinado período de tempo, considerando-se o fator utilizado: terra, trabalho ou capital.
Sinônimos: rendimento, fecundidade.
Exemplo: Tivemos o ano com maior produtividade da história.

PRODUTIVO *adj.* 1. Que produz. 2. Que traz proveito ou que rende.
Sinônimos: fértil, fecundo, rentável.
Exemplo: Foi o mais produtivo da equipe.

PRODUTO *sm.* 1. Qualquer coisa fabricada. 2. O que é produzido, destinado ao consumo próprio ou ao comércio.
Sinônimos: artigo, mercadoria, fabrico, resultado.
Exemplo: Nosso produto é da mais alta qualidade.

PRODUTOR *sm.* 1. Aquele que produz. 2. O que promove a produção de bens, mercadorias etc.
Sinônimos: autor, fabricante, criador.
Exemplo: Estamos na era dos produtores de conteúdo.

PRODUZIR *vtd.* 1. Dar existência ou origem a. 2. Fazer bens úteis que atendam às necessidades do homem.
Sinônimos: gerar, criar, originar, fazer.
Exemplo: Uma fábrica de São Paulo está produzindo um novo carrinho para compras muito prático.

PROEMINENTE *adj. m+f.* 1. Elevado em relação ao que está em volta. 2. Reconhecido pela superioridade intelectual, qualidade moral, riqueza ou manifestação de poder.
Sinônimos: elevado, alto, excelso, distinto, notável.
Exemplo: Tornou-se um proeminente empresário.

PROFERIÇÃO *sf.* 1. Significado: Ato de proferir; proferimento.
Sinônimos: pronunciação, enunciação.
Exemplo: Comemoraram o resultado do processo após a proferição da sentença.

PROFESSOR *sm.* 1. Aquele que tem diploma de professor. 2. Aquele que tem vasto conhecimento sobre determinado assunto. 3. Com título de professor em alguma área de conhecimento.
Sinônimos: mestre, preceptor.
Exemplo: O professor orientou o trabalho dos alunos.

PROFETIZAR *vtd.* 1. Anunciar antecipadamente, segundo as circunstâncias.
Sinônimos: profetar, predizer, prever.
Exemplo: Parecia estar profetizando ao expor a ideia que teve.

PROFISSÃO *sf.* 1. Ocupação ou emprego do qual se obtém o sustento para si e seus dependentes. 2. Ofício para o qual uma pessoa se especializou.
Sinônimos: ofício, ocupação, emprego, ganha-pão.
Exemplo: Hoje, exerce a profissão que sempre sonhou.

PROGREDIR *vti./vint.* 1. Fazer progresso. 2. Avançar aos poucos. 3. Ir adiante.
Sinônimos: avançar, prosseguir, desenvolver-se, adiantar-se.
Exemplo: Conseguiram progredir na execução do projeto.

PROGRESSÃO *sf.* 1. Desenvolvimento gradativo. 2. Sequência das diversas etapas de um processo.
Sinônimos: desenvolvimento, progresso, crescimento.
Exemplo: Apresentou a progressão do planejamento.

PROGRESSO *sm.* 1. Avanço de um processo.
Sinônimos: adiantamento, desenvolvimento, evolução.
Exemplo: Como anda o progresso da obra?

PROJETAR *vtd.* 1. Idealizar um projeto. 2. Elaborar um projeto.
Sinônimos: atirar, lançar, arremessar, arrojar.
Exemplo: Projetou toda sua carreira profissional.

PROJETO *sm.* 1. Plano detalhado de um empreendimento a ser realizado. 2. Esboço de trabalho que se pretende realizar.
Sinônimos: esboço, esquema, plano.
Exemplo: O projeto tem prazo de dois anos.

PROLIFERAR *vint.* 1. Reproduzir-se rapidamente. 2. Aumentar em quantidade.
Sinônimos: reproduzir-se, multiplicar-se.

Exemplo: Em algumas regiões da cidade proliferam prédios de muitos andares.

PROMESSA *sf.* 1. Compromisso assumido consigo mesmo ou com alguém de fazer algo. 2. Qualquer coisa prometida. 3. Afirmativa que motiva esperanças.
Sinônimos: obrigação, compromisso, oferta.
Exemplo: Fez uma promessa a si mesmo de nunca desistir de seus sonhos.

PROMETER *vtd./vtdi./vint.* 1. Afirmar, verbalmente ou por escrito, algum ato.
Sinônimos: assegurar, afirmar, garantir.
Exemplos: O chefe prometeu que, findo aquele projeto, manteria toda a equipe.
Ele prometeu a seus funcionários que, no fim do ano, daria férias coletivas no período de festas.

PROMOÇÃO *sf.* 1. Elevação a categoria ou a cargo superior. 2. Conjunto de atividades que contribuem para melhor aceitação de um produto, pessoa, instituição, marca etc. 3. Estratégia de venda que consiste em baixar os preços de certas mercadorias.
Sinônimos: ascensão, progresso, anúncio, propaganda, oferta, pechincha.
Exemplos: Depois de cinco anos, finalmente recebeu a esperada promoção.
Realizou uma promoção para atrair mais clientes.

PROMOVER *vtd./vtdi.* 1. Elevar a cargo ou posição superior. 2. Dar impulso a.
Sinônimos: desenvolver, fomentar, incrementar.
Exemplos: O chefe promoveu o funcionário mais antigo da casa.
A empresa promoveu-o a gerente, considerando sua competência e dedicação.

PROMOVIDO *adj.* 1. Que se promoveu. 2. Elevado a cargo ou dignidade superior. 3. Lançado no mercado. 4. Causado por fatores exteriores.
Sinônimos: causado, originado, elevado, ascendido.
Exemplo: Exerceu vários cargos na empresa e, no último ano, foi promovido para o cargo de vice-presidente.

PROMULGAR *vtd.* 1. Publicar oficialmente. 2. Fazer com que se cumpra a publicação de lei, decreto ou outro documento legislativo.
Sinônimos: publicar, decretar, proclamar.
Exemplo: O Estado promulgou a lei de incentivo ao empreendedorismo.

PRONTIDÃO *sf.* 1. Estado de pessoa preparada para agir sem demora, conforme a ocasião exige. 2. Rapidez nas decisões.
Sinônimos: presteza, agilidade, desembaraço, brevidade.
Exemplo: A empresa é reconhecida pela qualidade do serviço prestado e pela prontidão de suas respostas.

PRONTIFICAR *vtdi./vpr.* 1. Colocar(-se) à disposição para qualquer eventualidade.
Sinônimos: oferecer, ministrar, aprontar, preparar.
Exemplo: Prontificou-se a buscar o material.

PRONÚNCIA *sf.* 1. Ato ou efeito de pronunciar; pronunciação.
Sinônimos: articulação, prolação, pronunciação.
Exemplo: Todos esperavam a pronúncia dele sobre o ocorrido.

PRONUNCIAR *vtd.* 1. Manifestar-se oralmente. Tomar uma decisão e divulgá-la.
Sinônimos: proferir, enunciar, articular.

Exemplo: A universidade só vai pronunciar os aprovados no vestibular na próxima semana.

PROPAGAÇÃO *sf.* 1. Divulgação para grande número de pessoas, utilizando vários meios de comunicação.
Sinônimos: multiplicação, aumento, difusão.
Exemplo: A propagação da notícia foi rápida.

PROPAGADOR *sm.* 1. Aquele que propaga.
Sinônimos: divulgador, propagandista.
Exemplo: Faz-se necessário o empenho do educador que será o propagador principal deste eixo "aluno versos professor", tornando para o aluno o aprendizado prazeroso.

PROPAGANDA *sf.* 1. Disseminação de ideias, informação ou rumores com o fim de auxiliar ou prejudicar uma instituição, causa ou pessoa. 2. Divulgação de mensagens por meio de anúncios escritos, falados ou musicados em veículos de comunicação (rádio, TV, jornal, prospectos etc.), por um patrocinador identificável, visando a influenciar o público consumidor.
Sinônimos: propagação, divulgação, publicidade.
Exemplo: A concorrência tem aumentado a quantidade de propaganda nos meios de comunicação.

PROPAGAR *vtd.* 1. Aumentar em número. 2. Tornar amplamente conhecido; difundir, divulgar, espalhar, semear.
Sinônimos: multiplicar, aumentar, ampliar, desenvolver.
Exemplo: Clientes felizes propagam a reputação de uma empresa que oferece bons serviços.

PROPENSÃO *sf.* 1. Interesse natural que demonstra alguém por algo; inclinação, pendor, vocação.
Sinônimos: vocação, inclinação, tendência.
Exemplo: Não, não fora bem assim. Precisava acabar com a mania de ser excessivamente exigente consigo mesmo. Chegava a parecer uma propensão ao perfeccionismo.

PROPENSO *adj.* 1. Que tem ou mostra propensão ou disposição para alguma coisa. 2. Que revela a intenção ou a vontade de fazer alguma coisa.
Sinônimos: inclinado, disposto, tendente.
Exemplo: "Era certo que Sua Majestade Imperial estava muito propenso a aceitar a petição cachoeirense para passar de vila a cidade, com o invencível nome de Petrópolis? Sim, era certo [...]" (JU).

PROPÍCIO *adj.* 1. Que apresenta indícios favoráveis; auspicioso, encorajador. 2. Que tende a favorecer ou auxiliar.
Sinônimos: favorável, benigno, bom, vantajoso, oportuno, adequado.
Exemplo: O momento atual é propício para investimentos mais ousados.

PROPOR *vtd./vtdi.* 1. Apresentar para consideração, discussão ou solução. Ter como fim ou propósito; objetivar, visar.
Sinônimos: apresentar, expor, contar, narrar.
Exemplo: Propôs algumas mudanças na organização interna da empresa.

PROPORÇÃO *sf.* 1. Relação das partes de um todo entre si ou entre cada uma delas e o todo, com relação a número, tamanho, quantidade, grau etc.; razão.
Sinônimos: dimensão, tamanho, extensão, harmonia.
Exemplo: Nesta faculdade, a proporção entre homens e mulheres no curso de Letras é de cinco mulheres para um homem. / Uma proporção bem maior de mulheres ocupa hoje cargos executivos.

PROPORCIONADO *adj.* 1. Cujas partes têm as medidas adequadas para que o conjunto resulte num todo harmonioso.
Sinônimos: bem conformado, harmônico, simétrico.
Exemplo: Todo investimento tem que ser bem proporcionado para não gerar prejuízos.

PROPORCIONAL *adj. m+f.* 1. Que tem uma relação equilibrada com outra coisa em tamanho, grau, intensidade etc.
Sinônimos: simétrico, harmônico, igual, regular.
Exemplo: "O bacharel estava comovido. [...] a miséria é proporcional à civilização" (JR).

PROPORCIONAR *vtd./vtdi.* 1. Dar alguma coisa ou torná-la disponível; oferecer, promover, propiciar.
Sinônimos: harmonizar, acomodar, adaptar, prestar, oferecer.
Exemplo: Vamos estudar um meio de proporcionar o prêmio ao merecimento.

PROPOSIÇÃO *sf.* 1. Ato de propor, de submeter a exame ou deliberação; propositura, proposta.
Sinônimos: proposta, alvitre, sentença.
Exemplo: Sua proposição foi aceita pelo corpo consultivo.

PROPOSITADO *adj.* 1. Que revela propósito ou resolução prévia; intencional, premeditado, proposital.
Sinônimos: intencional, deliberado, premeditado.
Exemplo: Uma ofensa propositada assim pode encerrar uma amizade.

PROPÓSITO *sm.* 1. Intenção de fazer ou deixar de fazer alguma coisa. 2. Decisão após consideração e várias possibilidades.
Sinônimos: deliberação, decisão, resolução, projeto.

Exemplo: Seu propósito agora é fazer a *startup* crescer.

PROPOSTA *sf.* 1. Aquilo que se propõe. 2. Aquilo que é apresentado para ser avaliado ou estudado.
Sinônimos: proposição, propositura, sugestão, oferta.
Exemplo: Fez uma proposta comercial interessante ao cliente.

PROPRIEDADE *sf.* 1. A coisa possuída; a coisa cuja posse pertence por direito a alguém. 2. Ação, comportamento etc. apropriado para determinado fim ou determinada situação.
Sinônimos: prédios, terras, fazenda, bens, particularidade.
Exemplos: Ele tem várias propriedades na cidade e no interior.
Falou com muita propriedade.

PROPRIETÁRIO *adj./sm.* 1. Que ou o que possui algo, que é senhor de quaisquer bens.
Sinônimos: dono, senhor, senhorio
Exemplo: Era proprietário do terreno da fábrica.

PROPUGNAR *vtd./vti.* 1. Lutar em defesa de algo; sustentar luta física ou moral.
Sinônimos: defender, lutar.
Exemplos: Propugnar pelo progresso da humanidade.
Eles estão propugnando seus direitos.

PRORROGÁVEL *adj. m+f.* 1. Que pode ser prorrogado.
Sinônimo: adiável.
Exemplo: Contratos de trabalho terão validade de um ano, sendo prorrogáveis por igual período.

PROSÉLITO *sm.* 1. Indivíduo que aderiu a uma doutrina, ideia ou sistema; partidário, sectário.

Sinônimos: adepto, seguidor.
Exemplo: De tanto que falava em empreendedorismo e inovação, era visto quase como um prosélito da disrupção.

PROSPERAR *vtd./vti.* 1. Tornar(-se) próspero; desenvolver(-se) de modo favorável, principalmente, financeira e economicamente. 2. Crescer ou desenvolver-se, incorporando coisas novas.
Sinônimos: melhorar, enriquecer, avançar, progredir.
Exemplo: Ele conseguiu prosperar os seus negócios, trabalhando muitas horas por dia.

PROSPERIDADE *sf.* 1. Situação que revela sucesso financeiro. 2. Acúmulo de bens e capital.
Sinônimos: fartura, fortuna.
Exemplo: Alcançou a prosperidade com muita dedicação.

PROTEÇÃO *sf.* 1. Auxílio de ordem moral ou material, concedido por um indivíduo, um grupo etc.
Sinônimos: amparo, ajuda, apoio.
Exemplo: Os pequenos negociantes tiveram a proteção do governo.

PROTESTAR *vtd./vtdi.* 1. Afirmar algo solene e categoricamente; declarar.
Sinônimos: afirmar, assegurar, asseverar, garantir.
Exemplos: O diretor protestou publicamente todas as medidas a serem tomadas na empresa. O rapaz protestou aos pais que não mais faltará à escola.

PROTETOR *sm.* 1. Aquele que cuida do bem-estar de outrem, apoiando-o moral ou financeiramente.
Sinônimos: defensor, patrono, padroeiro.
Exemplo: São Francisco é o protetor dos animais.

PROTÓTIPO *sm.* 1. Primeiro tipo; primeiro exemplar.
Sinônimos: modelo, exemplar, padrão
Exemplo: Antes de começar a produção em larga escala foi feito um protótipo.

PROVA *sf.* 1. Aquilo que demonstra a veracidade de uma afirmação ou de um fato. 2. Avaliação dos conhecimentos de um candidato a um cargo em uma empresa; concurso, teste.
Sinônimos: indício, demonstração, confirmação, comprovação, evidência.
Exemplo: Os candidatos às vagas remanescentes deverão fazer a prova daqui a quinze dias.

PROVADO *adj.* 1. Que se provou de maneira categórica. 2. Que passou por prova.
Sinônimos: experimentado, conhecido, evidente, testado.
Exemplo: Já está provado que o estímulo à inovação é essencial para se criar uma sociedade do futuro.

PROVAR *vtd./vti.* 1. Demonstrar a veracidade ou a autenticidade de algo por meio de provas documentais, fatos, testemunhos etc.
Sinônimos: demonstrar, mostrar, patentear, evidenciar.
Exemplo: Ele provou sua capacidade de liderança.

PROVÁVEL *adj. m+f.* 1. Que se pode provar; comprovável, demonstrável. 2. Que tem probabilidade de ocorrer ou de ser.
Sinônimos: possível, verossímil.
Exemplo: Diante da resposta do advogado é provável que ele ganhe a causa.

PROVEITOSO *adj.* 1. Que traz proveito, que tem utilidade.
Sinônimos: útil, lucrativo, vantajoso, prestável, profícuo, útil.

Exemplo: Hoje foi um dia proveitoso na linha de produção.

PROVENTO *sm.* 1. Benefício ou vantagem, especialmente financeira, que se tira de algo.
Sinônimos: rendimento, proveito, renda, lucro, ganho.
Exemplo: Recebeu os proventos da transação.

PROVER *vtd./vti./vint.* 1. Tomar providências acerca de. 2. Abastecer(-se) do que for necessário para determinada situação.
Sinônimos: dispor, arrumar, organizar, ordenar.
Exemplo: Era responsável por prover os diretores com as informações necessárias para que tomassem decisões acertadas.

PROVIDÊNCIA *sf.* 1. Medida prévia com a finalidade de evitar uma ação futura que possa causar danos ou promover o mal. 2. Medida concreta para a obtenção ou realização de algo; decisão, encaminhamento.
Sinônimos: cautela, previdência, presciência.
Exemplo: Quando o consultavam sobre alguma providência, pedia que falassem com o chefe.

PROVIDENCIAR *vtd./vti.* 1. Tomar providências para a obtenção ou realização de algo.
Sinônimos: ordenar, determinar, dispor.
Exemplo: Providenciou as mudanças solicitadas no documento.

PROVIDO *adj.* 1. Que é guarnecido de algo; munido. Que possui o que é necessário em abundância; cheio, repleto.
Sinônimos: abastecido, munido, cheio.
Exemplo: É preciso prover acesso a medicamentos no trabalho.

PROVIR *vti.* 1. Ter origem de (em); originar-se, proceder. 2. Surgir como consequência de; advir, resultar.
Sinônimos: proceder, derivar-se, descender.
Exemplo: O documento provém de São Paulo.

PROVISÃO *sf.* 1. Conjunto de produtos de consumo e estoque de alimentos. 2. Ato ou efeito de prover; provimento.
Sinônimos: abastecimento, fornecimento, cópia, abundância.
Exemplo: Deposito um maço de notas sobre a mesa para o tesoureiro fazer a provisão.

PROVISÓRIO *adj.* 1. Que não é permanente; interino, provisional, temporário.
Sinônimos: passageiro, interino, transitório.
Exemplo: O chofer faz um retorno em local proibido, toma um viaduto provisório, mas conseguimos chegar.

PROVOCAR *vtdi.* 1. Instigar alguém a aceitar um desafio. Desafiar alguém a fazer algo; estimular, incitar, solicitar.
Sinônimos: excitar, incitar, estimular, exaltar.
Exemplo: Provoquei-o a participar de uma maratona.

PRUDÊNCIA *sf.* 1. Virtude que nos faz prever e evitar as faltas e os perigos e que nos leva a conhecer e praticar o que nos convém.
Sinônimos: seriedade, tino, moderação, consideração, serenidade.
Exemplo: Ela tocaria com prudência no assunto de que os gestores não gostam.

PUBLICAÇÃO *sf.* 1. Ato ou efeito de publicar. 2. Preparação e entrega de um trabalho impresso ao público.
Sinônimos: divulgação, vulgarização, promulgação.
Exemplo: Essa nova editora fez várias publicações de escritores jovens.

PUBLICAR *vtd.* 1. Levar algo ao conhecimento do público.

Sinônimos: divulgar, promulgar, anunciar, espalhar.
Exemplo: O Diário Oficial publicou a demissão dos servidores que manipularam as licitações.

PUBLICIDADE *sf*. 1. Divulgação de fatos ou informações, matéria encomendada ou não, a respeito de pessoas, ideias, serviços, produtos ou instituições, utilizando-se os veículos normais de comunicação.
Sinônimos: divulgação, anúncio, merchandising.
Exemplo: Uma agência famosa está fazendo a publicidade desse novo carro.

PÚBLICO *sm*. 1. Grupo de pessoas com interesses comuns ou que estão envolvidas na mesma atividade. 2. Grupo de pessoas para as quais determinada campanha é dirigida, com fins de consumo.
Sinônimo: audiência.
Exemplo: Que público você quer atingir?

PUJANÇA *sf*. 1. Vigor excessivo. 2. Poder de ordenar e ser obedecido.
Sinônimos: poderio, poder, força, superioridade.
Exemplo: Algumas indústrias nacionais vivem um momento de pujança.

PUJAR *vtd*. 1. Esforçar-se para obter algo. 2. Elevar o preço de.
Sinônimos: superar, vencer, exceder.
Exemplo: Precisou pujar para alcançar o sucesso.

Q

QUALIDADE *sf*. 1. Atributo, condição natural, propriedade pela qual algo ou alguém se individualiza; maneira de ser. 2. Traço positivo inerente que faz alguém ou algo se sobressair em relação aos demais.
Sinônimos: condição, requisito, caráter, atributo.
Exemplo: Faltam-lhe as qualidades de um líder.

QUALIFICAÇÃO *sf*. 1. Capacidade inata ou adquirida que habilita uma pessoa para um cargo ou emprego.
Sinônimos: competência, aptidão, habilidade, talento.
Exemplo: Seu título serviu-lhe de qualificação para ser admitido nesse meio tão competitivo.

QUALIFICADAMENTE *adv*. 1. De maneira qualificada; em que há qualificação ou qualidade.
Sinônimo: distintamente.
Exemplo: Você está qualificadamente pronto para a seleção.

QUALIFICADO *adj*. 1. Que se qualificou; que tem certa qualidade ou atributo. 2. Que cumpriu as exigências ou pré-requisitos para alguma coisa.
Sinônimos: distinto, nobre, preeminente; autorizado.
Exemplo: No fim do curso estaremos qualificados para o cargo.

QUALIFICAR *vtd*. 1. Atribuir qualidade a. 2. Preparar alguém ou preparar(-se) para realizar determinada tarefa ou exercer uma função.
Sinônimos: avaliar, qualificar; habilitar, capacitar, instruir, preparar.
Exemplos: O comitê qualificou o projeto após longo debate.
Os trainees foram qualificados para suas funções.

QUANTIA *sf*. 1. Importância em dinheiro; um grande número.
Sinônimo: quantidade.

Exemplo: Arrecadaram uma boa quantia com o *crowdfunding*, que viabilizou o desenvolvimento do projeto.

QUANTIDADE *sf.* 1. Grande porção ou grande número de pessoas ou coisas; propriedade de alguma coisa medida ou estimada.
Sinônimos: quantia, número, porção.
Exemplo: Produzimos uma quantidade suficiente para atender à demanda.

QUANTIFICAR *vtd.* 1. Avaliar algo com precisão.
Sinônimos: calcular, dimensionar, estimar.
Exemplo: Quantificou os ganhos com o lançamento do novo produto.

QUERER *vtd./sm.* 1. Almejar algo profundamente. 2. Força interior que impulsiona o indivíduo a fazer algo.
Sinônimos: aspirar, pretender, vontade.
Exemplo: Queria muito abrir uma empresa. Seu querer sempre o levou adiante.

QUESTIONAR *vtd.* 1. Pôr em questão ou em discussão um determinado assunto.
Sinônimos: rebater, interpelar.
Exemplo: Questionava as decisões do sócio que considerava erradas.

QUITAÇÃO *sf.* 1. Declaração, escrita pelo credor, de que recebeu do devedor determinada quantia relativa a seu crédito, liberando-o da obrigação.
Sinônimos: recibo, remissão, quitamento, quitança.
Exemplo: Como não recebemos nenhuma comunicação sobre a quitação do débito, solicitamos que entre em contato o quanto antes para negociação.

QUITADO *adj.* 1. Aquele ou aquilo que foi liberado de uma dívida; que se conseguiu quitar.

Sinônimo: quite.
Exemplo: A dívida que tínhamos com a Receita foi quitada.

QUITAR *vtd.* 1. Desobrigar(-se) de uma dívida ou encargo.
Sinônimos: solver(-se), tornar(-se) quite.
Exemplo: Quitar as dívidas era sua meta.

QUITE *adj. m+f.* 1. Livre de dívida ou de obrigação.
Sinônimos: desobrigado, pago.
Exemplo: Estamos quites.

R

RAÇA *sf.* 1. Espírito de luta.
Sinônimos: determinação, firmeza, decisão, coragem, garra.
Exemplo: Correu atrás de seus sonhos com muita raça.

RACIOCINAR *vtd./vint.* 1. Fazer uso da razão para estabelecer relações entre (coisas e fatos), para entender, calcular, deduzir, julgar (algo).
Sinônimos: refletir, razoar, discorrer.
Exemplo: Pôs-se a raciocinar sobre a melhor solução para o problema.

RACIOCÍNIO *sm.* 1. Exercício da razão pelo qual se procura alcançar o entendimento de atos e fatos, formulam-se ideias, elaboram-se juízos, deduz-se algo a partir de uma ou mais premissas.
Sinônimos: juízo, discernimento, lógica, argumento.
Exemplo: Seu raciocínio convenceu os acionistas.

RACIONAL *adj.* 1. Que demonstra bom senso ou juízo ponderado.
Sinônimos: sensato, ponderado, prudente, ajuizado.

Exemplo: Sempre foi muito racional em suas decisões.

RALAR *vtd./vint.* 1. Trabalhar muito, trabalhar em excesso. 2. Fazer (algo) com muita aplicação, com grande seriedade; mostrar diligência em (algo).
Sinônimos: esforçar-se, diligenciar.
Exemplos: Ralou muito para chegar onde chegou.
Ralou de estudar para aprender inglês.

RAMO *sm.* 1. Especialidade de uma ciência, de uma categoria ou de uma atividade profissional.
Sinônimos: área, especialidade, domínio, âmbito, campo, setor.
Exemplo: Escolheu um ramo de atuação pouco explorado.

RAPIDEZ *sf.* 1. Qualidade de algo ou de alguém que é rápido.
Sinônimos: celeridade, velocidade, ligeireza.
Exemplo: A encomenda chegou com muita rapidez.

RÁPIDO *adj.* 1. Com agilidade de raciocínio. 2. Que denota ligeireza em qualquer atividade.
Sinônimos: veloz, ligeiro, acelerado, ágil, apressurado.
Exemplo: Preciso chegar rápido na empresa, o horário da reunião foi mudado.

RARIDADE *sf.* 1. Qualidade do que é raro.
Sinônimos: rareza, preciosidade.
Exemplo: A raridade desse material o torna caro.

RARO *adj.* 1. Não encontrado facilmente.
Sinônimos: extraordinário, singular, incomum.

Exemplo: Será difícil encontrar outro funcionário como ele, pessoas comprometidas são cada vez mais raras.

RATIFICAÇÃO *sf.* 1. Corroboração definitiva do que antes foi dito ou feito pela própria pessoa ou por outra.
Sinônimos: confirmação, validação, comprovação.
Exemplo: A ratificação do contrato ocorreu após longa negociação.

RATIFICADO *adj.* 1. Que se ratificou; que foi confirmado.
Sinônimos: autenticado, sancionado.
Exemplo: Sua posição foi ratificada pelo superior.

RATIFICAR *vtd./vtdi.* 1. Fazer a ratificação, a validação de (ato, declaração, promessa, situação). 2. Comprovar a veracidade de um fato.
Sinônimos: comprovar, confirmar, firmar, autenticar, validar, sancionar.
Exemplo: A presidente ratificou as novas medidas econômicas que beneficiariam os pequenos empresários.

RAZÃO *sf.* 1. Faculdade do ser humano que lhe permite conhecer, julgar e agir de acordo com determinados princípios.
Sinônimos: inteligência, entendimento, juízo, tino.
Exemplo: No mundo dos negócios precisamos agir muito com a razão.

RAZOÁVEL *adj. m+f.* 1. Admissível segundo a lógica.
Sinônimos: racionável, moderado, comedido, justo, sensato.
Exemplo: O plano deverá restaurar a competividade da empresa em um prazo razoável.

REAÇÃO *sf.* 1. Resposta a uma ação anterior. 2. Movimento de opinião que age em sentido oposto ao que o precedeu.
Sinônimos: resposta, oposição.
Exemplo: Apresentou reação às medidas tomadas pelo superior.

REAGIR *vtd./vti.* 1. Ter uma reação contra; opor a uma ação outra contrária.
Sinônimos: lutar, resistir, protestar.
Exemplo: Reagiu ao comentário do colega.

REAL *adj. m+f.* 1. Que não é imaginário; que tem existência no mundo dos sentidos. 2. Que existe ou ocorre de fato.
Sinônimos: verdadeiro, existente, autêntico.
Exemplo: Demonstrou uma alegria real com o sucesso da empresa.

REALIDADE *sf.* 1. O conjunto das coisas e fatos reais. 2. O que realmente existe; fato real.
Sinônimos: verdade, veracidade, real.
Exemplo: A realidade é dura, mas não podemos esmorecer.

REALISTA *adj. m+f/sm+f.* 1. Que ou quem tem espírito prático.
Sinônimos: racional, pragmático.
Exemplo: As expectativas de crescimento precisam ser realistas.

REALIZAÇÃO *sf.* 1. Aquilo que foi executado ou concluído. 2. Transformação de bens ou gêneros em capital.
Sinônimos: efetuação, execução.
Exemplo: A realização do evento foi importante para o setor.

REALIZADO *adj.* 1. Que conseguiu atingir seu(s) objetivo(s), cumprir sua(s) meta(s).
Sinônimos: satisfeito, completo, contente, feliz.
Exemplo: Sentia-se realizado por ter chegado onde chegou.

REALIZAR *vtd.* 1. Levar a efeito uma ação, um projeto, um intento.
Sinônimos: efetuar, executar, fazer, efetivar, conseguir.
Exemplo: Realizou quase todos os sonhos que tinha.

REBATER *vtd./vtdi.* 1. Pôr em dúvida a veracidade de.
Sinônimos: contestar, refutar, repelir.
Exemplo: Rebateu o argumento com outro mais forte.

RECEBER *vtd./vtdi.* 1. Cobrar o que é devido. 2. Ter como aceitável.
Sinônimos: cobrar, arrecadar, admitir.
Exemplo: A empresa receberá juros sobre o seu capital.

RECEITA *sf.* 1. Soma de todos os valores que uma pessoa física ou jurídica recebe dentro de determinado espaço de tempo, quanto a seus negócios, proventos ou rendas. 2. Indicação relativa ao modo de proceder, para se atingir determinado fim.
Sinônimos: renda, faturamento, exemplo, método.
Exemplo: A receita do semestre foi ótima. Não existe uma receita certa para o sucesso.

RECOMENDAÇÃO *sf.* 1. Qualidade de recomendável.
Sinônimos: apresentação, abonação, aprovação.
Exemplo: A grande clientela é sua melhor recomendação.

RECOMENDADO *adj.* 1. Que se recomendou.
Sinônimos: sugerido, apontado, indicado.
Exemplo: Foi muito bem recomendado.

RECOMENDAR *vtd./vti.* 1. Indicar (algo) a.
Sinônimos: advertir, aconselhar, lembrar.

Exemplo: O chefe recomendou pontualidade a todos os funcionários.

RECOMPENSA *sf.* 1. Ato pelo qual se reconhece um serviço, uma boa ação ou um favor especial.
Sinônimos: gratificação, retribuição, remuneração.
Exemplo: Os colaboradores recebem recompensa por produtividade.

RECOMPENSAR *vtd./vtdi.* 1. Dar recompensa a. 2. Reconhecer (ação, atitude etc.) de, retribuindo. 3. Dar retorno (a alguém, algo ou a si mesmo).
Sinônimos: premiar, galardoar, corresponder, compensar(-se).
Exemplo: O chefe recompensou seu esforço com um elogio.

RECOMPOR *vtd.* 1. Compor(-se) novamente; tornar a compor.
Sinônimos: reconstruir, reorganizar, remodelar.
Exemplo: Recompôs a saúde durante a internação hospitalar.

RECONHECER *vtd./vti./vtdi.* 1. Manifestar agradecimento a. 2. Admitir como bom, legítimo ou verdadeiro.
Sinônimos: agradecer, aprovar.
Exemplo: Reconheceu o favor.
Reconheceu a disposição do funcionário.

RECONHECIMENTO *sm.* 1. Recompensa por serviços valiosos.
Sinônimos: galardão, prêmio.
Exemplo: O reconhecimento por seu esforço veio com o tempo.

RECONQUISTAR *vtd.* 1. Tornar a conquistar; conquistar novamente.
Sinônimos: recuperar, recobrar, reaver.

Exemplo: A secretária conseguiu reconquistar a confiança do chefe.

RECONSTRUIR *vtd.* 1. Construir novamente.
Sinônimos: reorganizar, reformar, refundir.
Exemplo: Uma reforma não seria o suficiente. Foi necessário reconstruir o prédio.

RECORDE *sm.* 1. Resultado extraordinário que supera aqueles que foram obtidos até então numa atividade.
Sinônimos: marco, feito.
Exemplo: Este ano tivemos nosso recorde de vendas.

RECORRÊNCIA *sf.* 1. Ocorrência periódica e frequente de um fenômeno.
Sinônimos: repetição, reincidência.
Exemplo: As vendas com recorrência devem ser valorizadas.

RECORRER *vti./vint.* 1. Lançar mão de. 2. Pedir ajuda ou proteção a. 3. Interpor recurso judicial a.
Sinônimos: agravar, apelar, invocar.
Exemplos: Recorreu ao chefe para saber como proceder.
Recorreu da sentença.

RECRUTAR *vtd.* 1. Alistar ou reunir indivíduos para determinada finalidade.
Sinônimos: convocar, inscrever.
Exemplo: Para uma empresa crescer a partir de um negócio unipessoal do fundador tem de recrutar empregados.

RECURSO *sm.* 1. Meio de que se lança mão para vencer uma dificuldade ou um embaraço.
Sinônimos: artifício, jeito, maneira.
Exemplo: Seu último recurso foi apelar para o presidente da empresa.

REFAZER *vtd.* 1. Constituir de novo; formar nova organização.

Sinônimos: reparar, restaurar, consertar, reorganizar.
Exemplo: O novo diretor refez o cronograma da empresa.

REFINADO *adj.* 1. Que tem requinte e delicadeza.
Sinônimos: requintado, rebuscado, elegante.
Exemplo: Apresentou um produto bastante refinado.

REFINAR *vtd.* 1. Tornar mais aprimorado, mais aperfeiçoado.
Sinônimos: aperfeiçoar, aprimorar, sofisticar.
Exemplo: Refinou o plano de negócio antes de apresentá-lo aos investidores.

REGER *vtd./vint.* 1. Fazer exercer ou exercer o governo ou a direção de; governar(-se), regular(-se).
Sinônimos: dirigir, governar, guiar.
Exemplo: Rege-se por princípios morais muito rígidos.

REGRA *sf.* 1. Preceito que determina uma norma de conduta e de pensamento.
Sinônimos: norma, princípio, preceito.
Exemplo: Em regra, uma empresa recém-inaugurada não pode ser considerada uma empresa em dificuldade.

REGULAMENTAÇÃO *sf.* 1. Ato ou efeito de regulamentação. 2. Redação e publicação de um conjunto de normas regulamentares que regem uma associação, uma instituição etc.
Sinônimos: regulamento, regras, estatutos. Regularidade.
Exemplo: Tive dúvidas de como proceder e fui olhar a regulamentação interna da empresa.

REGULAMENTAR *adj. m+f.* 1. Relativo ou pertencente a regulamento.
Sinônimos: regular, regulamentário, regimental.

Exemplo: Regulamentou a empresa para poder trabalhar sem problemas.

REGULAMENTO *sm.* 1. Ato ou efeito de estabelecer regras. 2. Estatuto ou instrução que estabelece o que deve ser feito ou cumprido.
Sinônimos: prescrição, preceito, norma, lei, estatuto.
Exemplo: Eles precisam seguir o regulamento da instituição, que foi exposto no primeiro dia de trabalho.

REGULARIDADE *sf.* 1. Qualidade de regular.
Sinônimo: conformidade.
Exemplo: No mercado brasileiro nossa empresa é fornecedora praticamente exclusiva de uma clientela bem definida e leal, que há mais de dez anos compra com regularidade.

REITOR *sm.* 1. Aquele que rege ou administra. 2. Dirigente máximo de uma universidade.
Sinônimos: regente, superior.
Exemplo: O reitor da universidade me recebeu muito bem para conversar sobre as dificuldades da turma.

RELACIONAMENTO *sm.* 1. Ato ou efeito de relacionar(-se). 2. Capacidade de interagir bem com as pessoas.
Sinônimos: relação, rato, contato.
Exemplo: É importante manter um bom relacionamento com o cliente.

RELACIONAR *vtd.* 1. Listar elementos, um a um. 2. Narrar por escrito ou oralmente, de forma pormenorizada.
Sinônimos: arrolar, inventariar, narrar, referir.
Exemplo: Juliano sentiu-se aliviado por conseguir relacionar com certa objetividade as ideias centrais de seu projeto.

RELEVANTE *adj.* 1. De grande importância e interesse num contexto. 2. Que se destaca ou se sobressai.

Sinônimos: importante, pertinente, proeminente, saliente.
Exemplo: Tornou-se uma empresa relevante no setor.

REMODELAR *vtd.* 1. Modelar novamente; refazer com modificações significativas.
Sinônimos: modificar, refazer.
Exemplo: Foi preciso remodelar o plano de negócio.

REMUNERAÇÃO *sf.* 1. Vencimentos pagos pelo empregador ao empregado, como cumprimento de obrigações por serviços prestados.
Sinônimos: recompensa, salário.
Exemplo: Procurei muito um emprego com a remuneração que eu desejava e, enfim, encontrei.

REMUNERADOR *adj./sm.* 1. Que ou aquele que remunera.
Sinônimos: (re)compensador, remuneratório.
Exemplo: Sou remunerador daquela empresa.

REMUNERAR *vtd.* 1. Dar remuneração ou recompensa. 2. Dar a alguém uma determinada quantia em dinheiro em troca de trabalho, serviços etc.
Sinônimos: recompensar, pagar, gratificar.
Exemplo: Os juros sobre o capital próprio têm por finalidade remunerar os investimentos com base no patrimônio líquido da empresa.

RENDA *sf.* 1. Dinheiro que uma pessoa ou uma instituição recebe, geralmente com regularidade, como pagamento por trabalho ou serviços prestados ou como juros de ações ou investimentos.
Sinônimo: rendimento.
Exemplo: Tem uma renda mensal bem confortável.

RENDER *vtd./vti.* 1. Produzir bons resultados.
Sinônimos: tributar, ofertar, prestar.
Exemplo: A participação no evento deve render novos negócios para a empresa.

RENDIMENTO *sm.* 1. Lucro alcançado em uma empresa ou uma operação financeira.
Sinônimos: renda, lucros, proventos.
Exemplo: O rendimento trimestral foi o melhor em sete anos.

RENTABILIDADE *sf.* 1. Capacidade de gerar rendimento. 2. Grau de êxito de uma empresa, calculado em relação ao capital nela investido.
Sinônimo: lucratividade.
Exemplo: Era um negócio de grande rentabilidade.

REPUTAÇÃO *sf.* 1. Conceito em que uma pessoa é tida. 2. Fama reconhecida.
Sinônimos: bom nome, renome.
Exemplo: Sempre teve uma reputação muito boa.

REQUINTE *sm.* 1. Extrema perfeição, excesso de apuro e primor.
Sinônimos: primor, esmero, elegância.
Exemplo: Este é um produto de grande requinte.

RESOLVER *vtd./vti./vpr.* 1. Dar solução a algo; solucionar. 2. Definir(-se) quanto a uma solução proposta para determinada questão.
Sinônimos: dissolver, separar, esclarecer, tornar.
Exemplo: Resolveu lutar pelos seus direitos.

RESPEITAR *vtd.* 1. Agir conforme determinações. 2. Tratar com respeito.
Sinônimos: obedecer, acatar.
Exemplo: Sempre respeitou as leis fiscais.

RESPEITO sm. 1. Tratamento com profunda reverência ou consideração. 2. Consideração demonstrada por uma pessoa ou por alguma coisa.
Sinônimos: consideração, atenção, aceitação.
Exemplo: Tratava seus colegas de trabalho com respeito.

RESPONSABILIDADE sf. 1. Obrigação moral, jurídica ou profissional de responder pelos próprios atos, relacionados ao cumprimento de determinadas leis, atribuições ou funções.
Sinônimos: dever, obrigação.
Exemplo: A responsabilidade de fiscalizar a produção era dele.

RESPONSABILIZAR vtd./vpr. 1. Atribuir responsabilidade a. 2. Considerar-se responsável pelos próprios atos ou de outros.
Sinônimos: considerar, tachar.
Exemplo: Responsabilizou-se pelos erros cometidos pelo funcionário.

RESPONSÁVEL sf. 1. Que ou aquele que assume ou tem responsabilidade.
Sinônimos: encarregado, intendente, incumbido.
Exemplo: A empresa é responsável por fornecer a capacitação necessária, treinamento, recursos e outros apoios para seus colaboradores.

RESULTADO sm. 1. Lucro ou prejuízo decorrente de um investimento.
Sinônimos: lucro, ganho, rendimento.
Exemplo: O investimento inicial deu ótimo resultado.

RETIDÃO sf. 1. Integridade de caráter. 2. Lisura de procedimento.
Sinônimos: correção, honestidade, integridade.
Exemplo: Procura agir sempre com retidão, mesmo na competição que é o mercado.

RETRIBUIÇÃO sf. 1. Certo valor em dinheiro que se paga por trabalho realizado; remuneração, salário. 2. Ato ou efeito de retribuir.
Sinônimos: remuneração, gratificação, recompensa.
Exemplo: A retribuição por seu esforço é o sucesso.

REUNIÃO sf. 1. Encontro de pessoas, a fim de tratar de determinados assuntos, geralmente de negócios.
Sinônimos: conferência, conselho, sessão, assembleia.
Exemplo: Vamos fazer uma reunião para estipular a meta de crescimento e o novo programa de marketing.

REVENDER vtd. 1. Vender aquilo que se comprou para negócio.
Sinônimos: comercializar, repassar.
Exemplo: Atua revendendo produtos de tecnologia.

REVISÃO sf. 1. Ato ou efeito de rever ou de revisar.
Sinônimos: exame, análise, revista.
Exemplo: É saudável que se faça a revisão dos planos periodicamente, para adequá-los à realidade do momento.

REVOLUÇÃO sf. 1. Transformação radical dos conceitos artísticos, dos padrões culturais e dos paradigmas científicos dominantes em determinada época.
Sinônimos: alteração, inovação, mudança.
Exemplo: O iPhone causou uma grande revolução na comunicação.

REVOLUCIONAR vtd. 1. Causar alterações ou mudanças aparentes em. 2. Provocar mudança radical em algo.
Sinônimos: inovar, modificar.
Exemplo: A Apple revolucionou o mercado de tecnologia mais de uma vez.

REVOLUCIONÁRIO *adj./sm.* 1. Que ou aquele que é partidário de inovações artísticas, culturais etc.
Sinônimos: inovador, original, ousado, arrojado.
Exemplo: O mundo já presenciou várias mentes revolucionárias.

RIGIDEZ *sf.* 1. Austeridade generalizada, especialmente de princípios ou de comportamento. 2. Rigor ao lidar com algo; precisão absoluta.
Sinônimos: austeridade, severidade, precisão.
Exemplo: Tratava seus negócios com rigidez para não perder dinheiro.

RÍGIDO *adj.* 1. Que se revela inflexível em suas opiniões ou decisões.
Sinônimos: severo, austero.
Exemplo: Sempre foi rígido em seus posicionamentos.

RIGOR *sm.* 1. Rigidez moral ou de princípios.
Sinônimos: força, fortaleza, dureza.
Exemplo: Dirigia a empresa com rigor.

RIGOROSO *adj.* 1. Que age com rigor; que professa o rigor e a austeridade. 2. Que revela cuidado ou escrúpulo. 3. Que se preocupa com todos os aspectos de alguma coisa.
Sinônimos: austero, intransigente, cuidadoso, escrupuloso, minucioso.
Exemplo: É rigoroso no controle de gastos.

RIQUEZA *sf.* 1. Grande abundância e quantidade de dinheiro, de bens materiais.
Sinônimos: abastança, fartura, fortuna.
Exemplo: Acumulou uma grande riqueza com seu trabalho.

RISCO *sm.* 1. Probabilidade de prejuízo ou de insucesso em determinado empreendimento, projeto, coisa etc. em razão de acontecimento incerto, que independe da vontade dos envolvidos.
Sinônimos: perigo, ameaça.
Exemplo: Assumiu os riscos de empreender e foi bem-sucedido.

ROBUSTEZ *sf.* 1. Intensa determinação e firmeza nos atos, nas convicções etc.
Sinônimos: energia, fortaleza.
Exemplo: Sua robustez o fez prosperar mesmo em meio às adversidades.

RUMO *sm.* 1. Modo ou ordem de proceder.
Sinônimo: método.
Exemplo: Decidiu o rumo que queria para sua carreira.

S

SABEDORIA *sf.* 1. Acúmulo de conhecimentos sobre assuntos diversos.
Sinônimos: conhecimento, sapiência.
Exemplo: O saber é a primeira condição para atingir a sabedoria.

SABER *sm.* 1. Capacidade ou habilidade que advém da experiência.
Sinônimos: experiência, conhecimento.
Exemplo: Acumulou muito saber durante os anos de estudo.

SÁBIO *adj./sm.* 1. Que ou aquele que sabe muito; que ou aquele que revela muita erudição ou uma vasta soma de conhecimentos variados.
Sinônimos: erudito, sapiente.
Exemplo: Tinha um mentor em sua carreira, um homem sábio que lhe dava os melhores conselhos sobre como se desenvolver profissionalmente.

SACADA *sf.* 1. Diz-se quando alguém ou alguma atitude foi observada, percebida em um determinado instante, de forma especial.

Sinônimo: boa ideia.
Exemplo: A sacada dele foi perceber um nicho de mercado ainda não explorado.

SAGACIDADE *sf.* 1. Qualidade ou virtude de sagaz; capacidade de facilmente entender o que está apenas implícito.
Sinônimos: argúcia, discernimento, finura, inteligência.
Exemplo: Agiu com sagacidade para contornar a situação.

SAGAZ *adj. m+f.* 1. Que é esperto, rápido.
Sinônimos: astucioso, astuto.
Exemplo: É realmente sagaz em todas suas ideias.

SALÁRIO *sm.* 1. Recompensa ou paga de serviços efetuados ou prestados.
Sinônimos: paga, remuneração.
Exemplo: O salário é depositado sempre no mesmo dia do mês.

SANCIONAR *vtd.* 1. Aceitar como bom ou admitir.
Sinônimos: admitir, aprovar, confirmar.
Exemplo: O governador sancionou a lei de incentivo ao empreendedorismo.

SATISFAÇÃO *sf.* 1. Sensação agradável que sentimos quando as coisas correm de acordo com nossa vontade.
Sinônimos: alegria, contentamento, júbilo.
Exemplo: Ele tem muita satisfação com seu novo trabalho.

SATISFAZER *vtd./vti./vint./vpr.* 1. Dar execução a. 2. Completar plena e satisfatoriamente (exigências ou requisitos). 3. Ser suficiente, não deixar nada a desejar.
Sinônimos: cumprir, realizar, preencher, bastar.
Exemplo: O produto satisfez as necessidades do público.

SATISFEITO *adj.* 1. Contente do que se fez ou disse.
Sinônimos: agradado, contente.
Exemplo: O cliente ficou satisfeito com o bom atendimento.

SEDE *sf.* 1. Lugar onde reside um governo, um tribunal, uma administração ou onde uma empresa comercial tem sua matriz.
Sinônimos: centro, local.
Exemplo: Nossa sede fica em São Paulo.

SEGMENTAÇÃO *sf.* 1. Processo de análise e divisão do mercado em grupos de consumidores (segmentos de mercado), com necessidades e preferências semelhantes.
Sinônimos: fracionamento.
Exemplo: A segmentação de público permite conhecer melhor o cliente.

SEGMENTO *sm.* 1. Cada grupo de um mercado no qual se encontram consumidores em potencial, com necessidades semelhantes àquelas que uma empresa pretende atender.
Sinônimos: parcela, fração, recorte.
Exemplo: O segmento de tecnologia não sofreu com a crise econômica.

SEGURANÇA *sf.* 1. Confiança em si mesmo. 2. Crença ou opinião firme.
Sinônimos: autoconfiança, desembaraço, certeza, confiança, firmeza.
Exemplo: Demonstra muita segurança em seus posicionamentos. Tem muita segurança quando fala de negócios.

SENSATEZ *sf.* 1. Cautela e ponderação no trato e resolução de assuntos difíceis ou delicados.
Sinônimos: precaução, prudência, sabedoria.
Exemplo: Há que se ter sensatez ao investir em *startups*.

SENSATO *adj.* 1. Que tem juízo; que age ou pensa com cautela, prudência e sabedoria.
Sinônimos: precavido, prudente, sábio.
Exemplo: É sensato ao planejar os próximos passos de sua empresa.

SERIEDADE *sf.* 1. Compostura na apresentação e maneiras. 2. Integridade de caráter.
Sinônimos: honradez, retidão.
Exemplo: Sabia se portar com seriedade nas ocasiões mais formais.

SERVIÇO *sm.* 1. Execução de trabalho ou desempenho de função ordenados ou pagos por outrem. 2. Ato ou ação útil aos interesses de alguém.
Sinônimos: emprego, trabalho, funções.
Exemplo: Realizei um serviço para aquela empresa.

SIMPATIA *sf.* 1. Tratamento amistoso dado a alguém, usado como interlocutório pessoal. 2. Boa disposição e gentileza em atender às solicitações de alguém.
Sinônimos: cuidado, atenção.
Exemplo: Trato meus clientes com a simpatia que merecem.

SIMPÁTICO *adj.* 1. Que inspira ou demonstra simpatia.
Sinônimos: acolhedor, agradável, afável.
Exemplo: Era simpático com os colegas de trabalho.

SIMULAÇÃO *sf.* 1. Teste, experiência ou ensaio em que se reproduz artificialmente uma situação ou as condições reais de um meio, fenômeno etc., frequentemente realizado com modelos.
Sinônimos: teste, demonstração.
Exemplo: Fez uma simulação antes de lançar o serviço no mercado para levantar as falhas e corrigi-las.

SINTETIZAR *vtd./vtdi.* 1. Reunir elementos distintos, de modo a compor um todo congruente. 2. Unificar de forma harmoniosa uma multiplicidade de fatos, elementos etc.
Sinônimos: abreviar, resumir, substanciar.
Exemplo: Sintetizou os argumentos para apresentar ao Conselho.

SOCIEDADE *sf.* 1. Associação de duas ou mais pessoas que atuam como proprietários de uma empresa, visando a lucros.
Sinônimos: parceria, associação.
Exemplo: Firmaram sociedade para abrir a empresa.

SÓCIO *sm.* 1. Aquele que se associou a outra pessoa para abrir uma empresa.
Sinônimos: membro, associado, parceiro.
Exemplo: Meu sócio não participará da reunião, irei representá-lo.

SOFISTICAÇÃO *sf.* 1. Estado do que é extremamente avançado, tecnológico ou aparelhado.
Sinônimos: complexidade, requinte.
Exemplo: O produto atingiu, depois de alguns anos de aperfeiçoamento contínuo, um alto grau de sofisticação.

SOFISTICADO *adj.* 1. Que é extremamente avançado, tecnológico ou aparelhado.
Sinônimos: fino, aprimorado, refinado, requintado.
Exemplo: É, sem dúvida, um aparelho sofisticado.

SOLUÇÃO *sf.* 1. Aquilo que resolve ou soluciona uma dificuldade ou um problema.
Sinônimos: recurso, resultado.
Exemplo: A solução para os meus problemas estava na minha frente.

SOLUCIONAR *vtd.* 1. Dar solução a algo (dificuldade, problema etc.).

Sinônimos: resolver, esclarecer.
Exemplo: Solucionou o problema com relativa facilidade.

SONDAR *vtd.* 1. Procurar conhecer (algo ou alguém) indagando ou observando cautelosamente.
Sinônimos: averiguar, investigar.
Exemplo: Sondou o mercado local antes de colocar o produto em circulação.

SONHAR *vti.* 1. Pensar constantemente em; ter a ideia fixa de; ansiar por.
Sinônimos: almejar, ansiar, aspirar, desejar.
Exemplo: Se você sonha em ter sucesso, prepare-se e corra atrás dele.

SONHO *sm.* 1. Ideal ou ideia dominante que se persegue com interesse e paixão. 2. Desejo vivo, intenso, veemente e constante.
Sinônimos: ambição, anseio, aspiração, ideal.
Exemplo: Seu sonho é se tornar um grande empreendedor.

SORTE *sf.* 1. Força desconhecida e poderosa a que supostamente se atribuem os acontecimentos e o seu desenrolar e que independe da vontade do ser humano.
Sinônimos: destino, sina, fortuna.
Exemplo: Nossa sorte ou nosso azar depende de nós e de mais nada.

SUBSIDIÁRIA *sf.* 1. Empresa comercial controlada por outra, que possui a maioria absoluta de suas ações.
Sinônimo: subordinada.
Exemplo: O plano é ter uma subsidiária em cada estado dentro de cinco anos.

SUBSÍDIO *sm.* 1. Auxílio ou benefício concedido pelo governo a empresas (indústria e comércio) com o objetivo de manter os preços dos produtos vendidos por elas inferiores aos do livre mercado. 2. Ajuda financeira ou de outro tipo qualquer fornecida pelo governo em benefício de pessoas ou instituições que enfrentam alguma dificuldade.
Sinônimos: incentivo, financiamento, recurso, socorro.
Exemplo: Conseguiu subsídios junto ao governo para tocar o empreendimento.

SUCESSOR *adj./sm.* 1. Que ou aquele que substitui outro indivíduo em um cargo ou função.
Sinônimos: substituto, suplente.
Exemplo: Treinou seu sucessor para quando deixasse o comando da empresa.

SUPERIOR *adj. m+f.* 1. Que ocupa um lugar ou posição elevada numa escala natural ou artificial.
Sinônimos: elevado, distinto, extraordinário.
Exemplo: Esses são os meus superiores no trabalho.

SUPERIORIDADE *sf.* 1. Condição de adiantamento ou vantagem de alguém ou algo em relação a outro(s).
Sinônimos: ascendência, hegemonia, predominância.
Exemplo: Era clara a superioridade de nosso serviço em relação à concorrência.

SUPORTE *sm.* 1. Aquele ou aquilo que auxilia, apoia, dá suporte.
Sinônimos: apoio, assistência.
Exemplo: O Conselho de Administração dá suporte às decisões da presidência da empresa.

SURPREENDENTE *adj.* 1. Que surpreende; que causa surpresa ou assombro. 2. Que causa admiração ou impacto.
Sinônimos: admirável, extraordinário.
Exemplo: É preciso pensar em maneiras surpreendentes de se atender às necessidades do público.

SURPREENDER *vtd./vint.* 1. Causar surpresa.
Sinônimos: admirar, encantar.
Exemplo: Surpreendeu a clientela com a inovação que apresentou.

T

TALENTO *sm.* 1. Habilidade natural para a realização de algo com destreza ou perfeição. 2. Aptidão inata para uma determinada área. 3. Pessoa possuidora de inteligência invulgar.
Sinônimos: dom, aptidão.
Exemplo: Seu talento foi reconhecido pelo diretor.

TÁTICA *sf.* 1. Habilidade ou meios empregados para sair-se bem de qualquer negócio, empresa, situações cotidianas etc.
Sinônimos: estratégia, técnica, método.
Exemplo: Definiram, na reunião, a melhor tática de mercado.

TÉCNICA *sf.* 1. Conjunto dos métodos e pormenores práticos essenciais à execução de uma arte ou profissão. 2. O modo como algo é realizado. 3. Conhecimento prático. 4. Grande habilidade.
Sinônimos: método, procedimento, prática, meio, destreza, perícia.
Exemplo: Aprendeu a técnica para criar aquelas peças com o pai.

TÉCNICO *adj./sm.* 1. Que tem técnica em qualquer área de atuação. 2. Relativo a uma arte ou a um ramo específico de atividade. 3. Aquele que é perito ou versado nos detalhes de uma atividade.
Sinônimos: especialista, perito, específico, competente, hábil.
Exemplos: Foi elogiado por sua competência técnica.
Usava um vocabulário técnico da administração.
Chamou o técnico de TI.

TECNOLOGIA *sf.* 1. Conjunto de processos, métodos, técnicas e ferramentas relativos a arte, indústria, educação etc. 2. Conhecimento técnico e científico e suas aplicações a um campo particular.
Sinônimos: ciência, técnica, engenharia, conhecimento.
Exemplo: É preciso estar atento às novas tecnologias.

TENACIDADE *sf.* 1. Persistência muito forte.
Sinônimos: perseverança, obstinação
Exemplo: Sua tenacidade o fez seguir em frente.

TENDÊNCIA *sf.* 1. Evolução de algo num dado sentido. 2. Orientação comum em determinada categoria ou grupo de pessoas.
Sinônimos: orientação, movimento.
Exemplo: Analise as tendências de mercado para adequar o produto ou serviço que oferece.

TENTAR *vtd./vint.* 1. Empregar meios para atingir certos objetivos. 2. Fazer esforço por.
Sinônimos: diligenciar, intentar, buscar, procurar.
Exemplo: Nunca se cansou de tentar alcançar o sucesso.

TENTATIVA *sf.* 1. Ação que tem por objetivo a realização ou execução de uma ideia ou de um projeto. 2. Ato de experimentar ou de ensaiar; teste experimental.
Sinônimos: investida, ensaio, prova.
Exemplo: Foi vitorioso em sua tentativa de empreender. Fez várias tentativas antes de lançar o produto final.

TESOURO *sm.* 1. Grande quantidade de dinheiro, joias ou outros valores importantes. 2. Coisa de muito apreço ou utilidade.
Sinônimos: riqueza, coleção, erário.

Exemplo: Seu maior tesouro era sua dignidade.

TESTE *sm*. 1. Exame crítico ou prova das qualidades de uma pessoa ou coisa. 2. Exame para avaliar o conhecimento de candidatos a empregos em empresas, concursos etc. 3. Processo de investigação da autenticidade ou precisão de fatos, afirmações etc.
Sinônimos: prova, ensaio, verificação.
Exemplos: Passou por um teste antes de ser admitido à empresa. O produto precisou passar por alguns testes.

TÍTULO *sm*. 1. Qualificação que exprime uma dignidade, uma função, uma relação social etc. 2. Denominação de honra ou de nobreza conferida a uma pessoa. 3. Documento com valor jurídico que valida um direito qualquer.
Sinônimos: denominação, nome, designação.
Exemplo: Considerava a diretoria apenas um título; não usava o cargo para diminuir outras pessoas.

TRABALHADOR *adj./sm*. 1. Que ou aquele que trabalha. 2. Que ou aquele que gosta de trabalho, que é dado ao trabalho.
Sinônimos: empregado, proletário, ativo, laborioso.
Exemplo: Sempre foi muito trabalhador; por isso, conseguiu conquistar tudo o que desejava.

TRABALHAR *vint./vti*. 1. Ocupar-se em alguma profissão, ofício, atividade, geralmente remunerada. 2. Desenvolver uma atividade; exercer profissão de. 3. Empregar diligência e trabalho; esforçar-se para fazer ou alcançar alguma coisa.
Sinônimos: laborar, labutar, empenhar-se.
Exemplos: Trabalhou a vida toda.
Trabalho como gerente de uma empresa.
Trabalhei muito para chegar onde estou.

TRABALHO *sm*. 1. Atividade profissional, regular, remunerada ou assalariada, objeto de um contrato trabalhista. 2. Conjunto de atividades produtivas ou intelectuais exercidas pelo homem para gerar uma utilidade e alcançar determinado fim. 3. Qualquer obra (manual, artística, intelectual) realizada. 4. Qualquer tarefa que é ou se tornou uma obrigação ou responsabilidade de alguém.
Sinônimos: emprego, ofício, ocupação, função, empreendimento, realização, dever, encargo.
Exemplos: Meu trabalho sempre me trouxe alegrias.
Seu trabalho agora será supervisionar o setor.

TRAJETÓRIA *sf*. 1. Espaço que alguém ou alguma coisa precisa percorrer, para passar de um lugar a outro.
Sinônimos: percurso, história.
Exemplo: Sua trajetória profissional é admirável.

TRANSAÇÃO *sf*. 1. Ajuste pelo qual as partes realizam uma negociação ou contrato. 2. Operação envolvendo transferência de valores.
Sinônimos: negócio, operação, transferência.
Exemplo: Decerto muita gente andou ganhando dinheiro por baixo do poncho na transação.

TRAQUEJO *sm*. 1. Grande experiência em qualquer área de atuação.
Sinônimos: vivência, prática.
Exemplo: Seu traquejo para invenções o faz ser um grande empreendedor.

TRILHA *sf*. 1. Caminho a seguir; exemplo a ser imitado; modelo.
Sinônimos: caminho, vereda, estrada.
Exemplo: O pai era um homem honesto, trabalhador e, felizmente, os filhos seguiram sua trilha.

TRIUNFO *sm.* 1. Conquista brilhante. 2. Júbilo intenso.
Sinônimos: sucesso, êxito.
Exemplo: Foi contratado pela empresa em que sempre sonhou trabalhar e ficou exultante com mais esse triunfo.

U

UNÂNIME *adj. m+f.* 1. Em que há acordo entre todas as pessoas.
Sinônimos: uniforme, conforme, concorde, consoante.
Exemplo: A decisão do conselho foi unânime.

UNANIMIDADE *sf.* 1. Comunhão de ideias, opiniões ou pensamentos.
Sinônimos: uniformidade, concordância, consonância.
Exemplo: Chegaram à decisão por unanimidade.

UNIÃO *sf.* 1. Ato ou efeito de unir(-se). 2. Associação formando um todo harmônico. 3. Acordo que estabelece compromissos entre pessoas ou grupos, com objetivos definidos; aliança, pacto.
Sinônimos: soma, unidade, comunhão.
Exemplo: O objetivo foi alcançado graças à união da equipe.

ÚNICO *adj.* 1. Que não existe outro de sua espécie ou gênero. 2. Que é especial ou fora do comum. 3. Sem par, sem igual ou semelhante.
Sinônimos: singular, ímpar, original, diferente.
Exemplo: Ele tem provado ao longo destes anos que sua gestão é única.

UNIDADE *sf.* 1. Ato de se juntar pessoas ou partes de qualquer coisa a fim de se conseguir uniformidade e coesão. 2. O estado do que está em completa concordância.
Sinônimos: união, unificação, homogeneidade, uniformidade.
Exemplo: A discussão levou a uma unidade de pensamentos.

UNIFORME *adj. m+f/sm.* 1. Que se caracteriza pela ausência de variação, diversidade, intensidade, modo, grau etc. 2. Vestuário idêntico para todos os componentes de um grupo particular (militares, estudantes, profissionais etc.) e que serve como um modo de identificação; farda, fardamento.
Sinônimos: invariável, regular, farda, traje.
Exemplo: Todos procederam de maneira uniforme.
Os operários utilizam uniforme.

UNIFORMIZAR *vtd./vpr.* 1. Tornar(-se) uniforme, igualar(-se), padronizar(-se)
Sinônimos: igualar, padronizar.
Exemplo: Foi preciso uniformizar os processos da empresa.

UNIR *vtd./vtdi./vpr.* 1. Pôr junto, para tornar um. 2. Estabelecer comunicação. 3. Pôr em harmonia; conciliar.
Sinônimos: juntar, ligar, unificar, reunir.
Exemplo: Uniu a antiga empresa do pai à sua, para diminuir gastos.

UNIVERSAL *adj. m+f.* 1. Que abrange todas as coisas; que se estende a tudo e a todos, sem exceção. 2. Que provém de todos.
Sinônimos: geral, global, total, coletivo.
Exemplo: A concordância em relação a esse assunto é quase universal.

UNIVERSIDADE *sf.* 1. Instituição de nível superior, responsável por ensino e pesquisa, constituída de várias faculdades que preparam os alunos em diversas áreas profissionais, conferindo-lhes diploma em nível de graduação. Oferece, também, cursos de

pós-graduação em nível de mestrado e doutorado em diversas áreas do saber. 2. Totalidade.
Sinônimos: curso, totalidade.
Exemplo: Cursar uma universidade é um diferencial para o currículo.

URGÊNCIA *sf.* 1. Qualidade ou condição de algo que é urgente; que não pode ser adiado. 2. Necessidade de agir prontamente. 3. Situação crítica ou bastante grave.
Sinônimos: emergência, premência, iminência, necessidade.
Exemplo: Preciso do relatório com urgência.

URGENTE *adj.* 1. Que precisa ser atendido ou feito com prontidão; que não pode ser adiado. 2. Que demonstra necessidade imediata.
Sinônimos: inadiável, impreterível, improrrogável.
Exemplo: Há que se tomar uma providência urgente.

USUÁRIO *sm.* 1. Aquele que, por direito de uso, frui as utilidades da coisa. 2. Cada indivíduo que faz uso de um serviço coletivo, público ou privado.
Sinônimos: utilizador, cliente, usador, usufruidor.
Exemplo: A maioria dos usuários elogiou o aplicativo que desenvolvemos.

USUFRUIR *vtd./vti./vtdi.* 1. Ter o usufruto de; estar na posse ou no gozo de algo que não se pode alienar. 2. Estar na posse de benefício moral ou material. 3. Usar algo de forma prazenteira.
Sinônimos: usar, aproveitar, desfrutar.
Exemplo: Trabalhou duro a vida toda; agora, usufrui dos resultados com tranquilidade.

UTENSÍLIO *sm.* 1. Qualquer instrumento de trabalho próprio para a fabricação de um produto ou para o exercício de uma arte, profissão etc. 2. Qualquer objeto útil ou necessário aos usos da vida diária.
Sinônimos: objeto, peça, instrumento, aparelho.
Exemplo: Estes são os utensílios de que dispõe para seu trabalho.

ÚTIL *adj.* 1. Que tem ou pode ter algum uso; que serve para alguma coisa. 2. Reservado ao trabalho ou à atividade produtiva.
Sinônimos: proveitoso, aproveitável.
Exemplo: Este livro é bastante útil para aprender sobre gerência de projetos.

UTILIDADE *sf.* 1. Qualidade ou caráter do que é útil. 2. Qualidade de um bem ou de um serviço que tem por fim satisfazer as necessidades humanas. 3. Uso ou função a que algo se destina; serventia.
Sinônimos: conveniência, comodidade, serventia, uso.
Exemplo: Qual é a utilidade deste aparelho?

V

VALIA *sf.* 1. Valor intrínseco ou extrínseco que se dá a uma pessoa ou coisa, que é determinado por suas qualidades. 2. Preço que determinado produto pode ter no mercado.
Sinônimos: preço, valor, merecimento.
Exemplo: É um profissional de grande valia para a empresa.

VALIDADE *sf.* 1. Propriedade daquilo que é valido e que pode surtir os resultados dele esperados. 2. Qualidade daquilo que é realizado em conformidade com a lei. 3. Que tem validade.
Sinônimos: legitimidade, regularidade, legalidade.
Exemplo: Qual a validade deste documento se não está assinado?

VALIDAR *vtd.* 1. Dar força ou firmeza legal. 2. Tornar válido.
Sinônimos: legitimar, legalizar, regularizar.
Exemplo: Validaram a ideia a partir de testes com o público.

VALIOSO *adj.* 1. De grande valor financeiro. 2. Que tem muito merecimento ou grandes qualidades.
Sinônimos: precioso, custoso, válido.
Exemplos: Cuidado com esta máquina, ela é muito valiosa.
Este rapaz tem se mostrado um funcionário valioso.

VALOR *sm.* 1. Preço que se atribui a algo. 2. Qualidade pela qual se calcula o merecimento intrínseco ou extrínseco de algo ou alguém.
Sinônimos: preço, valia, estimação.
Exemplo: Os imóveis subiram muito de valor e ficou difícil encontrar um para instalar nossa *startup*.

VAREJO *sm.* 1. Maneira de vender certas mercadorias, diretamente ao consumidor final, sem passar por intermediários.
Sinônimos: comércio.
Exemplo: Aqui não trabalhamos com varejo.

VEIA *sf.* 1. Disposição natural para a realização de algo.
Sinônimos: tendência, aptidão, vocação.
Exemplo: Tem uma veia empreendedora muito forte.

VENCEDOR *adj./sm.* 1. Indivíduo que conseguiu vencer na vida. 2. Que ou aquele que alcançou vitória em uma competição.
Sinônimos: vitorioso, campeão.
Exemplo: A francesa foi a vencedora do prêmio de empreendedorismo feminino.

VENCER *vtd./vint.* 1. Alcançar vitória ou triunfo; derrotar. 2. Obter resultado favorável em algo (competição, concurso, eleição etc.).
Sinônimos: triunfar, persuadir, ganhar, superar.
Exemplo: O novo gestor vence o anterior em competência, organização e seriedade.

VENCIMENTO *sm.* 1. Remuneração ou salário de um cargo. 2. Término do prazo para o cumprimento de um encargo ou de uma obrigação. 3. Ato ou efeito de vencer. 4. Término da vigência de um contrato.
Sinônimos: vitória, triunfo, vencida.
Exemplos: Recebeu seu primeiro vencimento este mês.
O contrato tem vencimento de dois anos.

VENDA *sf.* 1. Transferência da posse ou do direito sobre algo mediante preço e pagamento estipulados. 2. Ato ou efeito de vender.
Sinônimos: cedência, vendagem.
Exemplo: Este domingo fiz uma ótima venda.

VENDER *vtd./vti.* 1. Transferir algo para a posse de alguém em troca de determinada quantia em dinheiro. 2. Ter algo para comerciar; praticar o comércio de.
Sinônimos: ceder, entregar, trocar, negociar.
Exemplo: Vendeu a empresa quando ela já estava madura e gerando bom lucro.

VERSATILIDADE *sf.* 1. Capacidade de ser multifacetado em suas atividades.
Sinônimos: multifuncionalidade, flexibilidade.
Exemplo: Sua versatilidade profissional é um diferencial.

VIABILIDADE *sf.* 1. Característica do que pode ter bom resultado, bom êxito.

Sinônimos: exequibilidade, possibilidade, efetividade.
Exemplo: Avaliaram a viabilidade do plano de expansão antes de colocá-lo em prática.

VIRTUDE *sf.* 1. Qualidade ou atributo que está de acordo com a moral, a religião, a lei etc. 2. Capacidade de realização em que se emprega grande eficiência.
Sinônimos: valor, qualidade.
Exemplo: Virtude é uma qualidade moral que hoje está escassa.

VISIONÁRIO *adj./sm.* 1. Diz-se de ou indivíduo de ideais grandiosos.
Sinônimos: idealista, utopista, sonhador.
Exemplo: Foi um grande visionário da tecnologia.

VOCAÇÃO *sf.* 1. Inclinação para qualquer atividade, ofício, profissão etc.
Sinônimos: aptidão, talento.
Exemplo: Eu tenho vocação para empreender.

VOLUME *sm.* 1. Uma determinada quantidade de algo.
Sinônimos: massa, quantidade, mole.
Exemplo: Teve um volume de trabalho considerável na semana passada.

Z

ZELAR *vtd./vti.* 1. Ter zelo ou cuidar com o maior interesse e solicitude. 2. Ficar atento a algo. 3. Pôr-se de sobreaviso em relação a algo ou alguém, a fim de evitar uma situação indesejável.
Sinônimos: cuidar, proteger, guardar, vigiar.
Exemplo: Somos responsáveis por zelar pelo cumprimento das normas internas.

ZELO *sm.* 1. Dedicação extrema a alguém ou algo. 2. Estado de quem se empenha na realização de algo.
Sinônimos: cuidado, dedicação.
Exemplo: Era comovente o zelo que tinha pelos pais.

ZELOSO *adj.* 1. Que é extremamente dedicado a alguém ou algo. 2. Que está atento a tudo; cauteloso, prevenido.
Sinônimos: aplicado, dedicado, interessado, atencioso.
Exemplo: Sempre foi zeloso com os equipamentos do escritório.

REFERÊNCIAS E PUBLICAÇÕES

BIBLIOGRAFIA

ACHOR, Shawn. *O jeito Harvard de ser feliz*. São Paulo: Saraiva, 2012.

ARBESMAN, Samuel. *The half-life of facts: why everything we know has an expiration date*. Nova York: Penguin Putnam Inc., 2013.

BABAUTA, Leo. *Como desenvolver uma resiliência extraordinária*. Portal Administradores, 2018.

CARNEIRO, Caio. *Seja foda*. São Paulo: Buzz Editora, 2017.

COLLINS, Jim. *Empresas feitas para vencer*. São Paulo: HSM Editora, 2015.

DRUCKER, Peter. *Administrando para obter resultados*. Pioneira Thomson Learning, 2002 [1. ed. 1964].

EKER, Harv T. *Os segredos da mente milionária*. Rio de Janeiro: Sextante, 2006.

FISHER, Robert. *O cavaleiro preso na armadura*: uma fábula para quem busca a Trilha da Verdade. Tradução de Luiz Paulo Guanabara. 28. ed. Rio de Janeiro – São Paulo: Editora Record, 2018.

GRACIÁN, Baltasar. *A arte da prudência*. São Paulo: Martin Claret, 1998.

HISRICH, Robert D. *Empreendedorismo*. 9. ed. Porto Alegre: AMGH Editora, 2014.

KAO, Raymond. *Administration*. The Catholic University of America, 1997.

MENEZES, Jorge. *Aprenda a negociar com tubarões*. Rio de Janeiro: Alta Books Editora, 2013.

MORETTO, V. P. Reflexões construtivistas sobre habilidades e competências. *Dois Pontos*: Teoria & Prática em Gestão. Belo Horizonte, v. 5, n. 42, p. 50-54, maio/jun. 1999.

PERSONA, Mario. Trecho da entrevista "Empreendedorismo em Medicina e Saúde", concedida ao jornal *Correio Braziliense*.

ROBBINS, Anthony. *Desperte o gigante que há em si*. Portugal: Lua de Papel, 2015.

SUTERIO, Ana Paula Marques. *A relevância do trabalho do professor na formação da autoestima da criança na sala de aula*. Monografia (conclusão de curso) – Pontifícia Universidade Católica do Rio Grande do Sul, Porto Alegre, 2009.

SCHUMPETER, Joseph Alois. *Capitalismo, socialismo e democracia*. Tradução de Luiz Antonio Oliveira de Araújo. São Paulo: Editora Unesp Digital, 2017.

LIVROS PUBLICADOS PELO AUTOR

DINIZ, Janguiê. *Os recursos no processo trabalhista:* teoria e prática. Brasília: Consulex, 1994.

_____. *Os recursos no processo trabalhista:* teoria e prática. 2. ed. Brasília: Consulex, 1994.

_____. *A sentença no processo trabalhista:* teoria e prática. Brasília: Consulex, 1996.

_____. *Temas de processo trabalhista*. Brasília: Consulex, 1996. v. 1

_____. *Ação rescisória dos julgados*. São Paulo: LTr, 1997.

_____. *Manual para pagamento de dívidas com títulos da dívida pública*. Brasília: Consulex, 1998.

_____. *O Direito e a justiça do trabalho diante da globalização*. São Paulo: LTr, 1999.

_____. *Os recursos no processo trabalhista:* teoria, prática e jurisprudência. 3. ed. São Paulo: LTr, 1999.

_____. *Ministério Público do Trabalho:* ação civil pública, ação anulatória, ação de cumprimento. Brasília: Consulex, 2004.

_____. *Os recursos no processo trabalhista:* teoria, prática e jurisprudência. 4. ed. São Paulo: LTr, 2005.

_____. *Atuação do Ministério Público do Trabalho como árbitro nos dissídios individuais de competência da justiça do trabalho*. São Paulo: LTr, 2005.

_____. *Educação superior no Brasil*. Rio de Janeiro: Lumen Juris, 2007.

_____. *Desvelo* (Poemas). Recife: Bargaço, 1990. Reed. 2011.

_____. *Educação na Era Lula*. Rio de Janeiro: Lumen Juris, 2011.

_____. *O Brasil e o mundo sob o olhar de um brasileiro*. Rio de Janeiro: Lumen Juris, 2012.

_____. *Política e economia na contemporaneidade*. Rio de Janeiro: Lumen Juris, 2012.

_____. *Palavras em pergaminho*. Rio de Janeiro: Lumen Juris, 2013.

_____. *Os recursos no processo trabalhista:* teoria, prática e jurisprudência. 5. ed. São Paulo: Atlas, 2015.

_____. *Transformando sonhos em realidade*. São Paulo: Novo Século, 2015.

_____. *Ação rescisória dos julgados*. 2. ed. São Paulo: GEN/Atlas, 2016.

_____. *Ministério Público do Trabalho:* ação civil pública, ação anulatória, ação de cumprimento. 2. ed. São Paulo: GEN/Atlas, 2016.

_____. *O Brasil da política e da politicagem:* desafios e perspectivas. São Paulo: Novo Século, 2017.

_____. *Falta de educação gera corrupção*. São Paulo: Novo Século, 2018.

_____. *Discursos em palavras em pergaminho*. São Paulo: Novo Século, 2018.

_____. *Fábrica de vencedores*: aprendendo a ser um gigante. São Paulo: Editora Novo Século, 2018.

_____. *O sucesso é para todos*: manual do livro Fábrica de vencedores. São Paulo: Editora Novo Século, 2018.

PUBLICAÇÕES EM COORDENAÇÃO

DINIZ, Janguiê (Org.). *Estudo de Direito processual: trabalhista, civil e penal*. Brasília: Consulex, 1996.

_____ (Org.). *Estudos de Direito constitucional (administrativo e tributário)*. Brasília: Consulex, 1998.

_____ (Org.). *Direito processual: penal, civil, trabalhista e administrativo*. Recife: Litoral, 1999.

_____ (Org.). *Direito constitucional: administrativo, tributário e filosofia do Direito*. Brasília: Esaf, 2000. v. II.

_____ (Org.). *Direito penal: processo penal, criminologia e vitimologia*. Brasília: Esaf, 2002. v. III

_____ (Org.). *Direito constitucional: administrativo, tributário e gestão pública*. Brasília: Esaf, 2002. v. IV

_____ (Org.). *Direito civil: processo trabalhista e processo civil*. Brasília: Esaf, 2002. v. V

_____ (Org.). *Direito: coletânea jurídica*. Recife: Ibed, 2002. v. VI

_____ (Org.). *Direito & relações internacionais*. Recife: Ibed, 2005. v. VII.

_____. *Revista de Comunicação Social*, v. I (Anais do Congresso de Comunicação). Recife: Faculdade Maurício de Nassau, 2005, 146p.

_____ (Org.). *Direito processual: civil, penal, trabalhista, constitucional e administrativo*. Recife: Ibed, 2006.

_____. Sapere, *Revista Bimestral do Curso de Comunicação Social*, Recife: Faculdade Maurício de Nassau, v. 1, 145 p., 2006.

_____. Revista da Faculdade de Direito Maurício de Nassau, ano 1, n. 1. Recife: Faculdade Maurício de Nassau, 2006.

_____. *Revista do Curso de Administração da Faculdade Maurício de Nassau*, v. 1, n. 1. Recife: Faculdade Maurício de Nassau, abr.-set. 2006.

_____. *Revista Turismo, Ciência e Sociedade*, v. 1, n. 1, Recife, Faculdade Maurício de Nassau, abr.-set. 2006.

_____. *Revista do Curso de Comunicação Social*, v. 1, Recife, Faculdade Maurício de Nassau, 2006.

_____. *Revista da Faculdade de Direito Maurício de Nassau*, ano 2, n. 2, Recife, Faculdade Maurício de Nassau, 2007.

_____. *Revista do Curso de Administração da Faculdade Maurício de Nassau*, v. 2, n. 2, Recife, Faculdade Maurício de Nassau, jun.-jul. 2007.

_____. *Revista da Faculdade de Direito Maurício de Nassau*, ano 3, n. 3. Recife: Faculdade Maurício de Nassau, 2008.

_____. *Revista da Faculdade de Direito Maurício de Nassau*. Direito Constitucional, v. XI. Recife: Faculdade Maurício de Nassau, 2009.

_____. *Revista da Faculdade de Direito Maurício de Nassau*. Direito Público e Direito processual, v. XII. Recife: Faculdade Maurício de Nassau, 2010.

| referências e publicações |

CURRÍCULO

- Graduado em Direito (UFPE);
- Graduado em Letras (UNICAP);
- Pós-Graduação (Lato Sensu) em Direito do Trabalho – UNICAP;
- Pós-Graduação (Lato Sensu) em Direito Coletivo – OIT – Turim – Itália;
- Especialização em Direito Processual Trabalhista – ESMAPE;
- Mestre em Direito – UFPE;
- Doutor em Direito – UFPE;
- Juiz Togado do Trabalho do TRT da 6ª Região de 1992 a 1993;
- Procurador Regional do Trabalho do Ministério Público da União – MPT 6ª Região de 1993 a 2013;
- Professor efetivo adjunto (concursado) da Faculdade de Direito do Recife – UFPE de 1994 a 2010;
- Professor de Processo Civil da Escola Superior da Magistratura de Pernambuco – Esmape (Licenciado);
- Professor Titular de Processo Trabalhista da UNINASSAU – Centro Universitário Maurício de Nassau;
- Reitor da UNINASSAU – Centro Universitário Maurício de Nassau, Recife, de 18/06/2014 a 01/10/2018; da UNAMA – Universidade da Amazônia, de 28/10/2014 a 19/09/2018; e UNIVERITAS – Centro Universitário Universus Veritas RJ, de 18/01/2017 a 30/11/2018.
- Chanceler da UNINASSAU – Centro Universitário Maurício de Nassau; da UNAMA – Universidade da Amazônia; UNIVERITAS – Centro Universitário Universus Veritas, UNIVERITAS/UNG – Universidade Universus Veritas Guarulhos; e UNINABUCO – Centro Universitário Joaquim Nabuco.
- Fundador, Acionista Controlador e Presidente do Conselho de Administração do Grupo Ser Educacional – Mantenedor da UNINASSAU – Centro Universitário Maurício de Nassau, UNINABUCO – Centro Universitário Joaquim Nabuco, UNIVERITAS/UNG – Universidade Universus Veritas Guarulhos, UNIVERITAS – Centro Universitário Universus Veritas, UNAMA – Universidade da Amazônia, das Faculdades UNINASSAU, UNINABUCO, UNAMA, e UNIVERITAS, Bureau Jurídico, Bureau de Cursos e Concursos;
- Presidente do Instituto Brasileiro de Estudos do Direito – IBED;

- Presidente do Sindicato das Instituições Particulares de Ensino Superior do Estado de Pernambuco – SIESPE de 2001 a 2008;
- Presidente da Associação Brasileira das Mantenedoras de Faculdades Isoladas e Integradas – ABRAFI de 2008 a 2016;
- Presidente da Associação Brasileira das Mantenedoras do Ensino Superior – ABMES;
- Presidente do Fórum das Entidades Representativas do Ensino Superior Particular – FÓRUM.

FONTES: Chaparral Pro

#Novo Século nas redes sociais